# 장애인복지론 (4판)

윤상용 이승기 서동명 염태산 공저

신정

# 4판 머리말

초판이 나온 지 어느 덧 10년이 다 되어간다. 2판이 새로운 저자를 영입하여 장애인복지실천과 관련된 2개의 장을 새롭게 구성하는 등 적지 않은 변화를 시도한 판이었다면, 3판은 2판과 동일한 목차하에 주요 장의 핵심 통계를 업데이트하는 소소한 변화를 시도한 판이었다고 할 수 있다. 이번 4판은 새로운 장을 2개나 추가하고 동시에 기존의 장들을 통합하거나 삭제하였다는 점에서 어떻게 보면 책이 출간된 이후의 가장 큰 변화를 보인, 개정판이라고 할 수 있을 것이다. 이렇게 적지 않은 변화를 시도한 배경에는 무엇보다 저자들이 장애를 바라보는 관점과 장애인정책의 역동적 변화를 통합적으로 조망하는 안목에서 적지 않은 변화(혹은 성장이라고도 할 수 있는)가 있었기 때문이다. 더불어 앞선 판에서 충분한 퇴고의 시간을 갖지 못하여 독자들의 가독성을 저해하였다는 뒤늦은 자각과 따라서 반드시 이를 바로잡아야 한다는 부채감이 전면 개정 작업을 시도하게 한 또 다른 배경이었다. 그러기에 출판사를 통해 많은 대학에서 지난 1~3판을 교재로 채택하였다는 얘기를 접했을 때 느꼈던 감정은 감사함보다는 부끄러움이었다.

저자들은 오랜 기간 대학에서 장애인복지론을 강의해 오고 있으며, 한국장애인복지학회라는 학술적 담론장을 주 무대로 장애라는 존재론적이고 사회적인 것이기도 한 현상/사태에 대한 사유 혹은 지적작업의 결과를 발표하거나 토론하면서 학계와 현장의 동료들과 지속적으로 소통하고 있다는 점에서 어쩌면 장애인복지 담론의 최전선에 서 있는 연구자들이라고 자평할 수 있을 것이다. 이렇듯 수많은 청중들을 상대로 오랫동안 장애에 대한 이야기(강의와 연구)를 해 오면서 저자들은 4판 개정을 앞두고 장애를 이야기할 때 반드시 다루어져야 할 주제들이 무엇일지 고심하였으며, 이는 다음과 같은 범주와 질문들로 추려졌다.

첫째, 장애의 정의: 장애란 무엇인가, 손상과 장애는 어떻게 다른가? 손상은 비정상/무능력/결함으로 받아들여져야 하는가? 장애는 갖는 것인가 아니면 겪는 것인가?

둘째, 장애와 존재: 장애(손상)의 원인은 무엇인가? 그(그녀)는 왜 장애(손상)를 갖게 되었는가? 손상과 장애는 어떻게 경험(체현)되는가? 장애는 사회적으로 어떻게 재현되는가?

셋째, 장애와 윤리: 타자 윤리로서, 어느 날 갑자기 혹은 무엇으로도 해명할 수 없는 이유로 손상을 갖고 억압적 환경 속에서 살아가는 어떤 인간의 실존(혹은 예정되었으나 아직 오지 않은 나의 미래)에 대해 동료 인간인 우리는 어떤 태도를 취해야 하는가?

넷째, 장애와 정의(justice): 사회와 공동체는 그들을 어떻게 대우해야 하는가? 사회와 공동체는 그들을 구체적으로 어떻게 지원하고 있는가?

이들 네 가지 주제에 맞춰 새롭게 목차를 구성하고 기존 장을 재배치하거나 누락된 장을 추가하는 것이 가장 이상적인 개정 작업일 것이나, 이는 상당한 시간과 노력을 필요로 한다는 점에서 유보될 수밖에 없었다. 또한 전면 개정은 이 책이 가지고 있는 부족함과 한계를 교수자의 노련함과 역량으로 보완하면서 강의의 틀거리를 구축하신(그저 감사하다는 말 외에는 드릴 말씀이 없는) 동학 및 동료 교수님들에게 커다란 부담을 줄 것이라는 점도 다음 혹은 대안을 기약하기로 한 배경이었다. 결과적으로 이러한 이유로 4판은 전면 개정이 아니라 중폭의 개정이 되었다.

4판은 2판과 3판의 부(部) 목차인 장애의 이해, 장애와 사회보장, 장애와 사회복지실천에 장애인복지의 이슈와 전망을 추가하였으며, 각 부에 포함된 장 중 일부를 삭제, 재배치, 추가하는 방식으로 이루어졌다. 4판에서 이루어진 주요 변화를 구체적으로 살펴보면, 우선 장애의 정의와 장애와 존재 및 장애와 정의 등의 이슈를 포괄적으로 다루는 1부 장애의 이해에서는 장애인복지이념의 현 실태는 결국 법령에 근거한 인권 혹은 권리로 수렴된다는 점에서 2부 장애와 사회보장의 총론에 해당하는 새로운 장이 필요하다는 판단하에 4장 장애와 권리를 추가하였다. 또한 장애와 장애인을 둘러싼 사회적 인식의 형성과 변화에 대한 통시적 이해가 필요하다는 판단하에 2장 현대 장애인복지의 역사를 전면 수정하여 근대를 분기점으로 근대 이전과 이후에서 현재에 이르기까지 서구의 역사를 중심으로 장애라는 사태와 관련된 총체적 역사를 개괄하였다. 더불어 3부 14장에 있던 생애주기와 서비스 접근을 보강하여 6장 생애주기별 장애인 특성과 지원 방안으로 배치하였는데, 이는 생애주기별 관점이 2부 장애와 사회보장 및 3부 장애와 사회복지실천에 공히 적용되는 관점(perspective)이라는 점을 반영한 것이다. 마지막으로 1부에 포함되었던 5, 6장 중점지원 대상 장애인(여성장애인과 발달장애인)은 4장 장애범주와 유형별 특성과의 중복 및 2부 장애와 사회보장의 각 장에서 녹여낼 수 있다는 점을 이유로 삭제하였다.

이렇듯 1부가 큰 폭의 변화를 보인 것에 비해 2부와 3부는 기존의 장을 그대로 유지하고 대신에 내용을 보강하거나 관련 통계자료를 업데이트하는 수준의 소폭의 변화를 시도하였다. 2부 장애와 사회보장에서는 7장 장애인복지 법률 및 전달체계를 장애인복지 전달체계 및 인력으로 변경하였는데, 이는 1부 4장 장애와 권리에서 장애인복지 법률을 다루는 것이 타당하다는 판단과 함께 최근에 다양한 서비스 제공기관이 등장하면서 장애인복지영역에 종사하는 인력을 개괄적으로 소개하는 내용이 추가될 필요가 있다고 판단하였기 때문이다. 또한 12장 최근 쟁점과 전망은 장애와 사회보장을 넘어서 장애와 사회복지실천에까지 영향을 미치는 이슈라는 점에서 탈시설화를 포함한 자립지원 주거 이슈 및 디지털사회로의 급격한 전환 속에서 장애인복지의 과제와 미래에 관한 이슈 등 새로운 내용을 추가하여 4부 장애인복지의 이슈와 전망의 장으로 배치하였다. 3부 장애와 사회복지실천은 앞서 생애주기와 서비스 접근이 1부로 배치된 것을 제외하면 기존 장을 그대로 유지하면서 내용을 보완하였다.

자기성찰과 동료 교수자들의 피드백을 기반으로 출간된 4판이 여전히 부족한 점이 있음에도 불구하고 3판보다 더 나은 책이 되었다는 평가를 받을 수 있다면 저자들에게 그보다 더한 성취와 보람은 없을 것이다. 4판의 흠결에 대해 비판과 지적을 경청하고 지속적으로 보완 수정하겠다는 약속과 함께, 이번 4판이 나오기까지 변함없는 격려와 지원을 마다하지 않으신 도서출판 신정의 최용구 대표, 장만동 이사 및 편집부 직원들께도 심심한 감사를 표한다.

2025년 1월

저자 일동

# 3판 머리말

이 책의 개정판(2판)이 나온 지 3년의 세월이 지났다. 개정판은 장애인의 생활 실태와 정책 영역의 변화를 반영하고, 1판에서 충분하게 소개하지 못했던 장애인 대상의 사회복지실천 영역을 보강하는데 초점을 두고 기존의 14장을 3부 16장으로 재편하였다. 이러한 노력 덕분인지 이 책은 많은 독자들의 사랑을 받았다. 이 자리를 빌어서 독자들에게 감사를 드린다.

개정판이 나온 지 또 3년이 지났다. 지난 3년간 장애인복지 분야에서는 많은 변화가 있었다. 최근 장애인복지 분야에서의 가장 중요한 변화는 '장애등급제 폐지와 맞춤형 종합지원체계 구축, 그리고 탈시설 정책'이 될 것이다. 물론 등급제 폐지가 아니라 등급제 개편에 불과하고, 최근 진행되고 있는 '맞춤형 종합지원체계 구축과 탈시설 정책' 역시 이름뿐인 정책이라는 문제 제기가 지속되고 있지만, 장애인복지 분야 정책과 제도, 그리고 실천영역 모두 패러다임의 변화가 구체적으로 시작되었다고 할 수 있다. 이러한 변화의 양상을 통해 장애인복지 분야가 다른 사회복지 분야의 발전을 선도하는 역할을 하고 있다고 할 수 있을 것이다.

3판은 개정판에서 제시된 3부 16장의 형식에 대한 수정은 하지 않았다. 그러나 최근 변화된 장애인복지 정책과 제도의 내용을 충실하게 반영하여 수정·보완하고자 노력하였으며, 국내·외 통계수치 등을 최근 자료로 수정하였다. 이와 함께 저자들이 대학에서 장애인복지론을 강의하면서 아쉽거나 부족하다고 느꼈던 내용을 추가하였다.

이러한 변화에도 여전히 부족함은 발견될 것이다. 내용상 부족하거나 변경이 필요한 부분은 이후 지속적인 개정작업을 통해서 수정·보완할 것을 약속드린다. 아무쪼록 이 3판이 장애인복지에 대한 학생들의 관심과 이해를 높이는데 도움이 되기를 바란다.

2022년 2월 저자 일동

# 2판 머리말

한국의 장애인복지는 발전과 변혁의 기로에 서있다. 발전은 예산규모의 확대와 제도의 확충과 신설에서 확인할 수 있으며, 변혁은 장애인복지의 체질이 양적 성장에서 질적 성장으로 전환하는 데에 따른 성장통에서 엿볼 수 있다. 이번 책은 이러한 발전과 변혁을 두루 아우르면서 대학의 학부생들이 장애인복지를 가능한 한 쉽게 입문할 수 있도록 기획되었다.

장애인복지와 관련하여 이해하고 들여다보아야 할 분야는 실로 다양하고 무겁다. 장애인은 다른 대상과 달리 모든 연령에 걸쳐 문제와 이슈들이 잠복해 있고, 장애유형에 따라 전 생활영역에서 상이한 목소리와 욕구를 드러내고 있기 때문이다. 장애유형별로 펼쳐지는 목소리는 서로 반대에 서 있기까지 하다. 신체와 정신영역을 포괄하며 질주하는 장애는 인간의 역사 속에서 숨 쉬어 왔고 앞으로도 그럴 것이다. 장애인복지를 둘러싼 무겁고 깊이 있는 논쟁 속에서, 학생들이 알아야 할 부분을 발췌하고 정리하기 위해 저자들은 고심을 거듭하여 내용을 구성하였다.

1판이 나온 지 3년이 경과한 지금, 저자들은 그간 장애인의 생활실태 및 각 정책 영역의 변화를 반영하고 더불어 1판에서 충분히 소개하지 못한 장애인 대상의 사회복지 실천 영역을 보강하는 데 초점을 두고 3부 16장으로 구성된 개정판을 출간하게 되었다. 1부 장애의 이해는 장애개념과 정의, 현대 장애인복지의 역사, 장애인복지의 이념과 태도, 장애범주와 유형별 특성, 중점지원대상 장애인(1), 중점지원대상 장애인(2) 등 6개의 장으로 구성하여 장애가 무엇이고 장애를 갖고 살아가는 사람들에 대해 국가와 사회가 어떻게 인식해 왔고 대우해 왔는지, 그리고 장애인 중에서 더 큰 어려움을 갖고 있는 사람들이 누구인지 등 장애인복지의 기초적인 지식을 제공하는 데 목적을 두었다. 2부 장애와 사회보장은 장애인복지관련 법률 및 전달체계, 장애와 소득보장, 장애와 고용보장, 장애와 교육보장, 장애와 사회서비스, 최근 쟁점과 전망 등 6개의 장을 구성하여 장애인과 가족의 다양한 욕구를 충족하기 위한 주요 사회보장제도의 원리와 현황 그리고 발전 방향 등을 다룸으로써 장애라는 사회적 위험에 대응한 국가와 사회의 역할에 대한 개괄적 이해를 습득하는 것에 목적을 두었다. 마지막 3부 장애와 사회복지실천은 장애인복지서비스 제공기관, 생애주기별 장애인서비스 접근, 장애인복지 프로그램 개발과 관리, 장애인복지 분야의 사례관리 등 4개의 장으로 구성하여 지역사회에 존재하는 다양한 장애인복지기관에 근무하는 사회복지사가 장애인과 가족을 대상으로 직접적인 서비스를 제공할 때 요구되는 실천적인 지식을 습득하는 것에 목적을 두었다.

장애계가 한 목소리를 내지 못하고 늘 갈등하고 대립하면서도, 여전히 발전을 향해 나아가는 것은 인간의 복잡성을 응축하여 보여 주는 깊이 있고 거대한 담론의 장이 전제되어 있기 때문이다. 이러한 복잡성과 갈등 상황을 이해하기 위한 토대로 이번 개정판이 작은 기여를 할 수 있기를 희망한다.

끝으로 이번 개정판이 나오기까지 변함없는 격려와 지원을 마다하지 않으신 신정출판사 최용구 대표, 장만동 전무 및 편집부 직원들께도 깊은 감사를 표하고 싶다. 이분들의 헌신적인 노력이 없었다면 이번 개정판의 출간은 또 뒤로 미루어졌을 것이다.

2019년 2월

윤상용 · 이승기 · 서동명 · 염태산

# 머리말

한국의 장애인복지는 발전과 변혁의 기로에 서있다. 발전은 예산규모의 확대와 제도의 확충과 신설에서 확인할 수 있으며, 변혁은 장애인복지의 체질이 양적 성장에서 질적 성장으로 전환하는 데에 따른 성장통에서 엿볼 수 있다. 이번 책은 이러한 발전과 변혁을 두루 아우르면서 대학의 학부생들이 장애인복지를 가능한 한 쉽게 입문할 수 있도록 기획되었다.

장애인복지와 관련하여 이해하고 들여다보아야 할 분야는 실로 다양하고 무겁다. 장애인은 다른 대상과 달리 모든 연령에 걸쳐 문제와 이슈들이 잠복해 있고, 장애유형에 따라 전 생활영역에서 상이한 목소리와 욕구를 드러내고 있기 때문이다. 장애유형별로 펼쳐지는 목소리는 서로 반대에 서 있기까지 하다. 신체와 정신영역을 포괄하며 질주하는 장애는 인간의 역사 속에서 숨 쉬어 왔고 앞으로도 그럴 것이다. 장애인복지를 둘러싼 무겁고 깊이 있는 논쟁 속에서, 학생들이 알아야 할 부분을 발췌하고 정리하기 위해 저자들은 고심을 거듭하여 내용을 구성하였다.

이 책은 14장으로 구성되어 있다. 장애의 개념과 범주, 현대 장애인복지의 역사, 장애인복지의 이념과 태도, 장애범주와 유형별 특성은 장애인복지의 기초적인 지식을 제공하고자 구성되었다. 이후 장애인복지 제도를 아우르는 장애인복지관련 법률 및 전달체계, 소득보장, 고용서비스, 교육보장, 사회서비스 및 서비스 제공기관 등 장애인의 기본적인 삶을 가능하게 하는 주요핵심 제도를 배치하여 심화적 학습이 가능하도록 노력하였다. 나머지 장들은 장애인에 대한 이해를 보다 심도 있게 하도록 생애주기별 장애인에 대한 서비스 접근, 여성장애인, 발달장애인으로 구성하였고, 마지막으로 장애인복지와 관련된 현안과 쟁점들을 고찰하여 학생들이 현재 논란되고 있는 이슈를 이해하고 향후 장애인복지의 미래를 조망할 수 있도록 하였다.

장애계가 한 목소리를 내지 못하고 늘 갈등하고 대립하면서도, 여전히 발전을 향해 나아가는 것은 인간의 복잡성을 응축하여 보여 주는 깊이 있고 거대한 담론의 장이 전제되어 있기 때문이다. 이러한 복잡성과 갈등 상황을 이해하기 위한 토대로써 이번 책이 작은 기여를 할 수 있기를 희망한다.

끝으로 이 책이 나오기까지 끈기 있는 인내력을 발휘해 주신 신정출판사 최용구 대표, 장만동 이사 및 편집부 직원들께도 깊은 감사를 표하고 싶다. 이분들의 헌신적인 노력이 없었다면 이 책의 출간은 또 뒤로 미루어졌을 것이다.

2016년 2월

이승기 · 윤상용 · 서동명

# 차례

## CHAPTER 03 | 장애의 이념과 태도 / 69



## CHAPTER 04 | 장애와 권리 / 92

## CHAPTER 05 | 장애범주와 유형별 특성 / 112



## CHAPTER 06 | 생애주기별 장애인의 특성과 지원 방안 / 144



# PART 02 장애와 사회보장

## CHAPTER 07 | 장애인복지 전달체계와 인력 / 176

## CHAPTER 08 | 장애와 소득보장 / 199



## CHAPTER 09 | 장애와 고용보장 / 219



## CHAPTER 10 | 장애와 교육보장 / 243

## PART 03 장애와 사회복지실천

PART 01

# 장애의 이해

# 01 Chapter
# 장애의 개념

주요 학습문제

- 장애란 무엇인가?
- 장애 개념은 어떻게 변화해 왔는가?
- 장애 개념의 변화가 보여주는 특징은 무엇인가?
- 우리나라 장애 관련 법률에서는 장애를 어떻게 정의하고 있는가?

## 1. 장애인 명칭

장애가 무엇인지 살펴보기 이전에 먼저 장애를 갖고 있거나 혹은 장애를 경험하는 사람, 즉 장애인을 부르는 명칭에 대해 살펴보자.[1] 우리나라에서 처음으로 장애인을 지칭하는 용어를 공식적으로 사용하게 된 계기는 1981년에 제정된 「심신장애자복지법」에서 '심신장애자(心神障礙者)'라는 용어를 사용하면서부터이다. 그러나 이 용어는 심신장애자의 '者'가 사람을 비하하는 의미를 갖는다는 지적에 따라, 1989년 「장애인복지법」에서 '장애인(障碍人)'으로 용어를 변경하였다. 여기서 '障'은 세상으로부터 막힌다는 의미이고, '碍'는 세상으로부터

1) '장애를 갖고 있는 사람'으로 정의하는 것과 '장애를 겪는 사람, 장애를 경험하는 사람'으로 정의하는 것은 장애를 바라보는 서로 다른 관점을 반영한다. 이는 이어지는 장애개념 모델과 3장 장애인복지의 이념과 윤리에서 좀 더 자세하게 설명한다.

도피하거나 거리낀다는 의미이다. 자구대로 해석한다면 장애인은 '세상으로부터 막히고, 그래서 세상으로부터 벗어나 있는 사람'이라는 의미이다. 이렇듯 공식적인 명칭은 장애인이나, 방송이나 신문 등 매스컴에서는 '장애우(障碍友)'라는 용어도 많이 사용하고 있는데, 이는 장애를 가진 친구라는 뜻으로 1990년대 중반 한 시민단체가 장애인에 대한 부정적 인식을 해소하기 위한 목적으로 사용하면서 확산된 것으로 추정된다.

그렇다면 다른 나라에서는 장애인을 뭐라고 부를까? 중국에서는 잔질인(殘疾人)이라는 용어를 사용하는데, 이는 질병이 치료되지 않고 남아 있는 상태의 사람이라는 의미이다. 일본에서는 장해인(障害人)이라는 용어를 사용하는데, 이는 불편하고 해로움을 입은 사람이라는 의미이다. 서양에서는 과거에 장애인을 지칭하는 용어로 'the disabled people'을 많이 사용하였으나, 최근에는 'people with disabilities'이라는 용어도 많이 사용하는 추세이다. 더불어 다른 한편에서는 장애를 지칭하는 용어가 부정적이라는 문제를 제기하면서 'differently abled people', 'physically challenged people'이라는 중립적이거나 긍정적인 용어를 사용하는 사람들도 있다. 이처럼 장애를 지칭하는 용어는 다양하며, 다양한 용어는 다른 개념을 반영한다(김용득 외, 2016).

한편 장애인이 아닌 다른 사람을 어떻게 불러야 할까? 즉 장애인에 반대되는 개념은 무엇일까? 예전에는 '정상인' 혹은 '일반인'이라고 하였으며, 지금도 이러한 표현은 종종 볼 수 있다. 그러나 정상의 반대말이 비정상, 일반의 반대말이 특수라는 것을 생각하면, 이들 용어는 자연스럽게 장애인이 비정상인이자 특별한 사람이라는 인식을 불러일으킨다. 오늘날 누군가가 장애인이라는 말 대신에 비정상인이라는 말을 쓴다면 그를 교양을 갖춘 사람으로 보기는 어려울 것이다(정상과 비정상에 대해서는 3장에서 다룬다). 하지만 일반인은 어떨까? 장애인이 '일반적이지 않다'고 생각하면 장애인의 반대되는 개념을 일반인이라고 하여도 될 것 같은 생각이 든다. 하지만 장애인도 우리의 보통의 이웃일 뿐 특별한 사람은 아니다. 따라서 모든 장애인 역시 일반인이며, 장애인이 일반인이 아니라고 보는 시각은 잘못되었다고 할 수 있다. 따라서 장애인의 반대개념, 장애인이 아닌 사람을 지칭하는 올바른 표현은 '비(非)장애인'이라고 할 수 있다. 장애인, 즉 장애가 있는 사람의 반대말이니 비장애인, 즉 장애가 없는 사람이라는 것이 가장 적합할 것이다.

장애 유형별로 살펴보면 더 다양한 용어가 존재한다. 예를 들어 청각장애인, 즉 농인(聾人)의 반대되는 개념으로 청인(聽人)이라는 단어를 사용하고 있다. 한편 시각장애인, 즉 맹인(盲人)의 반대되는 개념으로 정안인(正眼人)이라는 단어를 사용하고 있다. 이는 장애, 비장애가 아니라 농인이 아닌 모든 사람은 청인이며, 맹인이 아닌 모든 사람은 정안인이라는 의미라고 할 수 있다.

## 2. 장애개념 및 변화

### 1) 장애의 세 가지 차원 및 장애 개념 모델

장애라는 용어는 일상에서 빈번하게 사용되고 있지만, 이 개념은 모호하고 복잡하며 논쟁의 여지가 많다. 무엇보다 장애는 사회적으로 규정되는 사회적 구성물(social construct)이다. 이는 사회를 구성하는 다양한 요소들의 상호작용과 그러한 상호작용이 발생하는 시간과 공간속에서 장애는 각기 서로 다르게 규정된다는 것을 의미한다. 더불어 장애는 객관적이면서도 주관적인 특성과 함께 다차원적인 개념으로서 정의하기가 매우 어렵다.

이렇듯 복잡한 개념인 장애를 이해하기 위한 첫 번째 단계는 장애를 구성하는 하위 차원 혹은 장애의 다차원적 속성을 살펴보는 것으로, 이는 인간의 본질 혹은 인간다움의 조건과 밀접한 관련이 있다. 인간이 인간이기 위해서는 무엇보다 유기체로서 생명 활동을 하는 몸/신체가 있어야 한다. 그리고 신체를 기반으로 한 자기 관리, 학습과 지식적용, 의사소통 등 개인의 생명 유지와 사회구성원으로서 요구되는 활동, 나아가 정치, 경제, 문화 등 사회의 각 부문에 참여하고 자기실현을 이루기 위한 다양한 활동은 인간다움의 또 다른 영역이다. 즉 신체와 활동, 참여는 인간 존재와 삶의 본질이며 인간다움의 핵심 조건이라고 할 수 있다. 장애의 다차원적 속성은 인간을 규정하는 이들 세 가지 영역으로부터 도출되며, 각각의 영역에서의 어떤 특정한 상태를 일컫는다. 일반적으로 신체의 특정한 상태는 손상, 활동과 참여의 특정한 상태는 각각 활동 제한과 참여 제약으로 명명된다. 이들 손상, 활동 제한, 참여 제약의 개념과 특징을 살펴보면 다음과 같다.

첫째, 손상은 신체 구조적, 해부학적 기능 및 심리적 구조나 기능의 일시적이거나 영구적인 손실 또는 이상성(異狀性, abnormality)[2]을 말하며 이는 병리적 상태가 외재화된 것을 의미한다.

둘째, 활동 제한은 일상적으로 기대되는 개인의 통합된 활동의 제한을 의미한다. 활동 제한은 정신적·신체적 손상의 결과 또는 그 상태에 대한 개인적 적응의 결과로 일어날 수 있으며, 활동을 지원하는 사회적지지 체계의 부재나 불충분으로 인해 발생하거나 악화되기도 한다.

셋째, 참여 제약은 교육, 취업, 결혼, 정치 등 사회의 각 부문에 참여하는 과정에서 개인이 경험하는 문제를 의미한다. 즉 손상과 활동 제한이 있는 개인이 동등하게 사회에 참여하지 못하는 상태가 참여 제약이며, 이는 활동 제한과 마찬가지로 사회적지지 체계의 부재나 불충분으로 인해 발생하거나 악화될 수 있다.

---

2) 손상에 관한 정의에서 보다 많이 사용되는 용어는 '비정상성'이다. 그러나 이 책에서는 손상이 유기체인 인간이 살아가면서 갖게 되는 보편적 속성, 즉 유전, 질병과 사고, 노화로 인한 손상으로부터 자유로운 인간은 아무도 없다는 관점하에(WHO & World, 2011), 부정적 가치 판단이 내포된 비정상성이라는 용어를 사용하지 않으려고 하였다. 더불어 손상의 상태는 결국 신체 기능과 신체 구조에 관한 정규분포에서 예외 혹은 이상치에 해당하는 사례로 볼 수 있다는 점도 고려하여 결론적으로 '이상성'이라는 용어를 채택하였다.

**표 1-1 | 장애를 구성하는 하위 차원/속성**

<table>
<tr><th>구분</th><th>특정 상태</th><th>용어</th></tr>
<tr><td>신체</td><td>• 유전, 질병이나 사고로 인해 신체구조나 물리적, 심리적 기능상의 상실이나 이상성</td><td>손상</td></tr>
<tr><td>활동</td><td>• 일상의 과업에서 기대되는 개인의 통합된 활동의 제한<br>- 옷 갈아입기, 목욕하기, 식사하기, 화장실 사용하기 등 일상생활수행능력(Activities of Daliy Living)의 제한<br>- 전화 사용하기, 물건사기, 식사준비, 집안일, 약 챙겨먹기, 대중교통수단 이용하기, 금전관리 등 기초사회생활 수행능력(Instrumental Acitivities of Dailuy Living)의 제한<br>- 학습, 지식적용, 과업완수, 의사소통, 대인관계 등 사회활동에서의 능력 제한</td><td>활동 제한</td></tr>
<tr><td>참여</td><td>• 교육, 취업, 결혼, 정치 참여 등 사회 참여의 제약</td><td>참여 제약</td></tr>
</table>

출처: WHO(1980). ICIDH: International classification of impairments, disabilities and handicaps. Geneva: Author. p.14를 토대로 작성.

요약하자면, 손상, 활동 제한, 참여 제약은 장애인의 신체적 특징(손상)과 이들이 일상생활 및 사회생활에서 경험하는 어려움(활동 제한과 참여 제약)을 나타내는 것으로 장애의 다양한 모습이라고 할 수 있다.

장애를 이해하기 위한 두 번째 단계는 이들 장애를 구성하는 다양한 요소들 중에서 무엇이 더 근본적이고 핵심적인 것인가에 대한 서로 다른 입장(우리는 이것을 일반적으로 장애 개념 모델이라고 부른다)을 살펴보는 것이다. 먼저 개인 모델(individual model) 또는 의료 모델(medical model)이라고 불리는 장애 모델은, 장애의 세 가지 요소 중 손상, 즉 신체구조 또는 신체기능의 이상(異狀) 상태가 근본적인 문제이며 결국 손상이 활동 제한과 참여 제약을 초래하는 원인이라고 설명한다. 손상을 곧 장애로 간주하는 이 모델은 역사적으로 가장 먼저 등장하였고 오랫동안 유지되었다.

두 번째 장애 개념 모델은 사회 모델(social model)로, 이 모델에 따르면 장애의 본질은 손상을 가진 개인들이 경험하는 사회적 불이익(활동 제한과 참여 제약)이며, 이는 개인 모델에서 이야기하고 있는 것처럼 손상에 수반되는 당연한 결과가 아니라 손상을 야기하고 손상을 가진 개인에 대해서 배려하지 않는 사회환경에서 비롯된 것이라고 설명한다. 다시 말해서 사회 모델에서의 장애란 의료 모델에서 이야기하는 손상 그 자체가 아니라 손상을 가진 개인의 활동과 사회 참여를 제한하는 모든 형태의 사회적 억압을 말한다. 손상과 장애를 구분하며, 손상이 없거나 경미한 사람을 기준으로 하여 구성된 사회환경을 장애로 간주하는 이러한 입장은 역사적으로 개인 모델보다 늦게 등장하였으며 서구의 민권운동, 복지권 운동의 영향을 받아 발전하였다고 볼 수 있다(이는 2장에서 자세히 다룬다).

마지막으로 손상과 사회적 불이익이라는 각기 다른 차원에 초점을 두고 장애를 설명하는 기존의 두 가지 모델을 통합하는 새로운 모델이 등장하였는데, 이는 통합 모델 또는 생심리사회모델(bio-psycho-social model)이라고 칭한다. 이 모델에서는 손상과 사회환경 모두에 초점을 두며 결국 장애란 손상을 가진 개인과 사회환경 간 부적응 상태 혹은 부정적 상호작용의 결과로 손상을 가진 개인이 활동 제한과 참여 제약을 경험하고 있는 상태로 정의된다. 이렇듯 장애를 손상과 사회환경과의 복잡하고 역동적인 관계에서 발생하는 것으로 파악하는 통합 모델은 개인 모델과 사회 모델보다 시기적으로 나중에 등장하였으며, 장애인정책에 관한 전 세계 국가에 적용되는 보편적 규범이라고 할 수 있는 유엔

**표 1-2 | 장애 개념 모델 비교**

| 구분 | 개인 모델<br>(의료 모델) | 사회 모델 | 통합 모델<br>(생심리사회모델) |
|---|---|---|---|
| 장애 개념 | 개인의 손상에서 비롯된 활동과 참여의 제한 | 손상을 가진 개인의 활동과 참여를 제한하는 모든 형태의 사회적 억압(차별) | 손상을 가진 개인과 사회환경 간 상호작용에서 비롯된 활동과 참여의 제한 |
| 장애의 원인 | 손상을 가진 개인 | 억압(차별)적 사회환경 | 손상을 가진 개인과 사회환경의 부정적 상호작용(관계) |
| 목표 | 손상(능력)의 회복 | 장애의 제거<br>(장애 없는 사회) | 손상(능력)의 회복과<br>환경의 개선 |
| 장애분류체계(WHO) | ICIDH(1980) | - | ICIDH-2(1997) →<br>ICF(2001) |

장애인권리협약이 통합 모델의 장애 개념을 채택한 데서 알 수 있듯이 오늘날 가장 널리 받아들여지고 있는 장애 개념이다.[3)]

## 2) 세계보건기구 장애분류체계의 변화

앞에서 살펴본 장애 개념 모델의 변화는 국제사회의 공중 보건을 책임지는 기구인 세계보건기구(World Health Organization: WHO)에서 발표한 장애분류체계가 어떻게 변화되었는지를 살펴봄으로써 확인할 수 있다.

복잡한 장애 개념에 대한 표준을 정립함으로써 개별 국가들이 장애인에 대한 보건의료 및 사회정책적 지원을 용이하도록 할 필요성이 있다는 판단하에, 국제사회는 1980년대에 들어서서 장애에 대한 공식적인 정의 및 분류체계를 정립하는 노력을 본격적으로 기울여 왔다. 그러한 노력의 결과물로서 세계보건기구는 1980년에 ICIDH(International Classification of Impairments, Disabilities, and Handicaps) 분류체계를 발표하였으며, 이어서 1997년에 장애개념에 대한 새로운 접근을 모색하기 위하여 ICIDH-2를 제시하였고, 이에 대한 검토 결과를 토대로 2001년 ICF(International Classification of Functioning, Disability and Health)를 승인하였다. 이렇듯 세계보건기구가 장애분류체계를 지속적으로 개정하게 된 것은 앞서 언급한 바와 같이 장애를 어떻게 정의할 것인가에 대한 다양한 관점과 시대적 상황을 적절하게 반영하고자 하였기 때문이다. 여기에서는 최초의 국제 장애분류체계로서 의의를 가지고 있는 ICIDH(1980)와 ICIDH-2(1997)의 구조적 틀은 유지하되 세부적인 측면에서 ICIDH-2를 발전적으로 계승하였다고 평가할 수 있는 ICF(2001)를 중심으로 국제사회의 장애개념 변화 양상을 살펴보고자 한다.

---

3) 2006년 제정된 유엔장애인권리협약은 전문에서 '장애는 점진적으로 변화하는 개념이며, 손상을 지닌 사람과 그들이 다른 사람과 동등하게 완전하고 효과적으로 사회에 참여하는 것을 방해하는 태도 및 환경적인 장벽 간의 상호작용으로부터 기인하는 것'으로 개념화하였다(보건복지가족부, 2009).

### (1) ICIDH

세계보건기구는 기존에 발표한 국제질병분류체계(international classification of diseases: ICD)를 근간으로 하여 1980년에 장애를 이해하는 새로운 접근으로 국제장애분류체계(ICIDH)를 제시하였다. ICIDH에 따르면, 질병이나 사고에 의해 발생한 손상(impairment)이 활동제한(disability)을 가져오며, 이러한 활동제한이 다시 참여제약(handicap)을 발생시키는 일방향의 관계로 장애를 설명하고 있다.[4] 덧붙여 ICIDH는 손상, 활동 제한, 참여 제약이라는 이들 3가지 차원에 대한 정책적 행동지침 및 대안으로 1차적 손상은 예방, 2차적 활동 제한은 재활, 3차적 참여 제약은 기회의 균등화를 제시하고 있다(임종호 외, 2010).

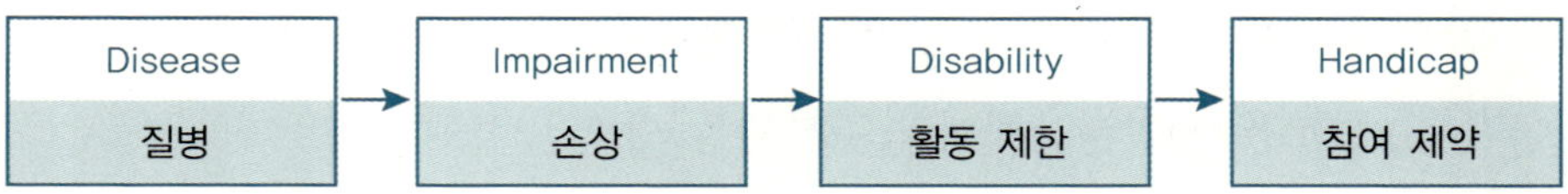


**그림 1-1 | ICIDH의 장애개념**

출처: WHO(1980). ICIDH: International classification of Impairments, disabilities and handicaps. Geneva: Author.

이렇듯 세계보건기구가 질병분류체계와 구분되는 장애 개념을 채택한 이유는 손상, 활동 제한, 참여 제약 등의 하위 개념 구분을 통하여 장애를 설명함으로써 손상이나 활동 제한의 측면과 함께 참여 제약을 경험하는 상황을 강조하기 위한 것이었다. 이러한 장애 개념을 따르게 되는 경우에는 장애의 의학적 원인과는 별개로 참여 제약을 받는 결과를 중심으로 장애를 설명할 수 있기 때문에 장애에 대한 사회적 책임론이 확장될 가능성이 높아졌다.

4) 손상과 활동 제한 그리고 참여 제약의 연쇄적 관계는 예시를 통해 더욱 잘 이해할 수 있다. 예를 들어, 언어(language)/청각(hearing)/시각(vision)의 신체기능적 손상은 말하기(speaking)/듣기(listening)/보기(seeing) 활동의 제한으로 이어지며, 이는 결과적으로 이러한 활동에 기초한 고도의 과업 수행이 요구되는 고용(일)에서의 불리함, 즉 참여제약을 유발한다. 또한 신체구조의 해부학적 손상은 옷입기/음식먹기라는 활동의 제한으로 이어져 궁극적으로 신체적 자립에 있어서 불리함이라는 참여 제약을 가져온다.

예를 들어, 20대의 타이피스트와 50대의 사업체 사장이 각기 다른 이유로 오른쪽 새끼손가락의 둘째마디가 절단되는 사고를 입었다고 하자. 이 경우에 의학적 손상은 동일하다. 활동 제한의 경우 직업적 측면에서 보면 20대의 타이피스트는 문서작성 속도가 상당히 느려질 것이다. 반면에 50대 사업체 사장의 경우는 직무 능력이 크게 저하되지는 않을 것이다. 참여 제약의 차원에서 보면, 그 차이는 더욱 심각해질 수 있다. 타이피스트의 경우는 과거의 문서작성 직무의 70% 정도 밖에 수행하지 못하게 되어 특별한 사회적 개입이나 조치가 없다면 보수가 30% 삭감되거나 해고되는 상황에 이를 것이다. 반면에 50대의 사장은 과거의 직위나 보수가 그대로 유지될 것이다. 이렇게 보면, 참여 제약을 강조하는 입장을 취하게 되면 의학적 손상이나 활동 제한이  참여 제약으로 연결되지 않도록 사회가 개입하는 것이 중요해질 것이다.

이렇듯 ICIDH는 질병분류체계와 구분되는 새로운 장애개념을 제시하고 특히 참여 제약을 장애의 한 요소로 제시하였다는 점에서 긍정적으로 평가할 수 있다. 그러나 ICIDH는 장애의 출발점을 질병과 손상으로 보고 있고, 장애의 진행방향이 일방향적이며 지나치게 단순한 도식화라는 비판을 받게 되었다. 즉, 장애를 개인이 지닌 손상에서 비롯된 것으로 규정함으로써 장애를 사회 문제가 아닌 개인의 문제로 바라보고 있으며, 더불어 참여 제약이 손상과 활동제한의 연쇄적 영향에 따른 결과로 설명하고 있다는 점을 고려할 때 결국 ICIDH는 장애 개념의 개인(의료) 모델을 반영한 장애분류체계라고 할 수 있다.

### (2) ICF

세계보건기구는 1997년에 제안된 ICIDH-2를 근간으로 5년 동안의 현장검증과 국제회의를 거쳐 2001년 5월에 세계보건위원회(World Health Assembly)에서 ICF를 세계적으로 통용될 수 있도록 승인하였다. 2001년 발표된 ICF는 ICIDH-2에서 제시되고 있는 대부분의 내용을 계승하면서[5], 분류체계와 언어사용을 보다 긍정적이며, 환경지향적인 맥락에서 수정한 결과라고 할 수 있다.

ICF는 장애를 가지고 있는 사람들에게만 적용될 수 있는 것이 아니라, 모든 사람의 건강에 관련된 요소들을 설명해 줄 수 있는 보편적 적용이 가능한 틀이다. ICF는 인간의 기능과 기능의 제한 요소들의 연관된 상황을 묘사할 수 있도록 해준다. ICF는 크게 2개의 영역으로 나뉘는데, 첫 번째 영역은 기능수행(Functioning)과 장애(Disability)이며, 두 번째 영역은 배경 요인(Contextual factor)이다.

기능수행과 장애 영역은 다시 신체기능과 구조, 활동과 참여 등 2개 하위 영역으로 구성된다. 신체기능은 심리적 기능을 포함하는 신체계통의 생리적 기능을 말하며, 신체구조는 기관, 팔다리 및 그 구성요소들과 신체의 해부학적 부위를 말한다. 손상은 현저한 변형이나 손실에 의한 신체기능 또는 구조에서의 문제이다. 활동은 개인이 과제나 행위를 실행하는 것이며, 참여는 생활의 상황에 관여하는 것이다. 활동 제한은 개인이 활동을 실행하는 동안 겪을 수 있는 어려움을 의미하며, 참여 제약은 개인이 생활의 상황에 관여하는 동안 경험할 수 있는 문제를 의미한다. 활동과 참여의 구성요소 영역은 생활영역 전 범위를 포괄하는 단일 목록으로 제시되며,[6] 개별 영역에서 과제나 행위를 수행하는 개

---

5) ICIDH가 발표된 지 17년이 지난 1997년에 발표된 ICIDH-2는 장애개념의 획기적 전환을 확인할 수 있는 매우 중요한 문서이다. 장애 개념화와 관련한 ICIDH-2의 주요한 특징을 살펴보면, 우선 장애를 구성하는 하위차원의 용어를 기존의 '손상(impairment)', '활동제한(disability)', '참여제약(handicap)'이라는 부정적 용어에서 '신체기능/구조(body functions /structures)', '활동(activities)', '참여(participation)'라는 용어로 중립적 용어로 변경하였는데(WHO, 1997), 이는 장애를 모든 사람이 생의 과정에서 일시적 혹은 영구적으로 경험할 수 있는 보편적 상태로 이해하고자 하는 의도를 반영한 것이라고 할 수 있다. 이보다 더 극적인 변화는 손상→활동제한→참여제약이라는 일방향의 연속적 과정으로 장애를 개념화했던 것에서 탈피하여, 신체기능/구조, 활동, 참여가 서로 영향을 미치며, 동시에 사회환경 요인(environmental factors)과 개인특성 요인(personal factors)이라는 외부 요인이 이러한 상호작용에 영향을 미쳐 개인의 장애가 결정되는 복합적/상호작용적 관점으로 장애를 개념화하였다는 것이다(WHO, 1997). 특히 사회환경적 요인이 장애 개념화에 포함된 것은 손상을 가진 개인의 활동과 참여를 제한하는 사회환경을 장애로 규정하는 사회 모델을 반영한 것이라고 할 수 있다.

6) 이는 개인적 측면과 사회적 측면을 구별하는 것이 어려운 것처럼, "활동"과 "참여"를 구별하는 것 역시 어려움을 의미한다. 활동과 참여는 학습과 지식적용, 일반적 과제와 요구, 의사소

인의 '능력(Capacity)'과 개인이 현재 환경에서 무엇을 하는지 혹은 무엇을 경험하는지를 나타내는 '수행(Performance)'으로 각각 측정된다.

한편 배경요인은 개인의 삶과 생활에 대한 모든 배경을 나타내며, 여기에는 환경 요인과 개인 요인의 두 가지 구성 요소가 있다. 환경요인은 사람이 생활하고, 그들의 삶을 수행하는 물리적, 사회적 및 태도적 환경을 구성한다. 이 요인들은 개인에게 외적인 것이고 사회구성원으로서 개인의 활동과 참여 또는 신체 기능이나 구조에 긍정적이거나 부정적인 영향을 미칠 수 있다. 또한 개인 요인은 개인의 삶과 생활에 대한 특정 배경으로 건강상태나 환경에 해당하지 않는 개인의 특성들로 구성된다. 이러한 요인에는 성별, 인종, 연령, 생활방식, 습관, 대처 방식, 사회적 배경, 교육, 직업, 과거나 현재 사건, 전반적인 행동 패턴, 성격, 개인의 심리적 특성 및 기타 특징들이 포함될 수 있으며, 이들 요인

**표 1-3 | ICF의 개요**

<table>
<tr><th>구분</th><th colspan="2">1부: 기능수행과 장애</th><th colspan="2">2부: 배경 요인</th></tr>
<tr><th>구성요소</th><th>신체기능 및 구조</th><th>활동과 참여</th><th>환경 요인</th><th>개인 요인</th></tr>
<tr><td>영역</td><td>신체기능<br>신체구조</td><td>삶의 영역<br>(과제, 행위)</td><td>기능수행과 장애에<br>대한 외적 영향</td><td>기능수행과 장애에<br>대한 내적 영향</td></tr>
<tr><td>구성물</td><td>신체기능의 변화<br>(생리학적)<br><br>신체구조의 변화<br>(해부학적)</td><td>표준 환경에서<br>과제를 실행하는<br>능력<br><br>현재 환경에서<br>과제를 실행하는<br>수행력</td><td>물리적, 사회적 및<br>태도적 측면에서<br>촉진하거나<br>저해하는 영향력</td><td>개인 특성의<br>영향력</td></tr>
<tr><td rowspan="2">긍정적 측면</td><td>기능적, 구조적 통합</td><td>활동, 참여</td><td rowspan="2">촉진요소</td><td rowspan="2">적용 안됨</td></tr>
<tr><td colspan="2">기능수행</td></tr>
<tr><td rowspan="2">부정적 측면</td><td>손상</td><td>활동 제한,<br>참여 제약</td><td rowspan="2">장해요인<br>/저해요인</td><td rowspan="2">적용 안됨</td></tr>
<tr><td colspan="2">장애</td></tr>
</table>

출처: WHO(2001). ICF: International classification of functioning, disability and health. Geneva: Author.

---

통, 이동, 자기 관리, 가정생활, 대인상호작용과 대인관계, 주요 생활영역, 지역사회생활, 사회생활 및 시민생활을 포괄한다(ICF, 2001).

들의 전부 또는 일부는 기능수행과 장애에 영향을 미친다. 지금까지 살펴본 ICF의 개요는 〈표 1-3〉과 같다.

이러한 ICF는 장애에 대한 개인 모델과 사회 모델의 통합을 위한 노력의 결과라고 할 수 있다. 기능수행에 대한 다양한 관점을 통합하기 위해 생심리사회적 접근을 사용하며, 따라서 ICF는 생체학적, 개인적 및 사회적으로 건강에 대한 다양한 관점을 일관성 있는 견해에서 통합하려는 시도를 하고 있다(ICF, 2001). 즉 개인이 유기체로서 고유의 신체기능과 신체구조를 유지하고 생존을 위한 신체활동과 사회구성원으로서 기대되는 다양한 활동과 참여를 적절히 수행하고 있는지 혹은 그렇지 못한지[7]는 개인의 건강상태(질병, 질환)와 배경 요인(환경 요인과 개인 요인)의 상호작용의 결과라고 보았다(그림 1-2 참조). 이는 손상의 전제 위에 활동제한이 논의되고, 활동제한의 전제 위에 참여제약(사회적 불리)의 여부를 판단하는 일방향적 관계로 장애를 개념화했던 ICIDH와 결정적으로 다른 점이다.

이를 보다 잘 이해하기 위해 예시로 호흡기 질환으로 호흡기능에 문제가 있는 상황을 가정해 보자. 호흡기능과 호흡기의 구조, 호흡기능의 제한으로 인한 활동제한의 정도, 이로 인한 사회적 참여 제약의 정도는 상호작용하면서 기능을 표현한다. 호흡기 질환의 특징이나 정도라는 건강조건과 대기의 청정도라는 환경 요인, 당사자의 연령이나 문제에 대처하는 스타일 등의 개인 요인들의 상호작용에 의해 신체기능과 구조, 활동, 참여가 규정되며, 또한 이들 요소 간에도 상호작용한다는 것이다(김용득 외, 2016).

---

7) ICF(2001)에서는 신체기능/신체구조의 유지, 활동과 참여의 적절한 수행 상태를 'Functioning'으로 그렇지 못한 상태를 'Disability'로 명명하고 있다. ICF 국문 2차 번역본(WHO 외, 2016)에서는 이를 기능수행과 장애로 번역하였다.

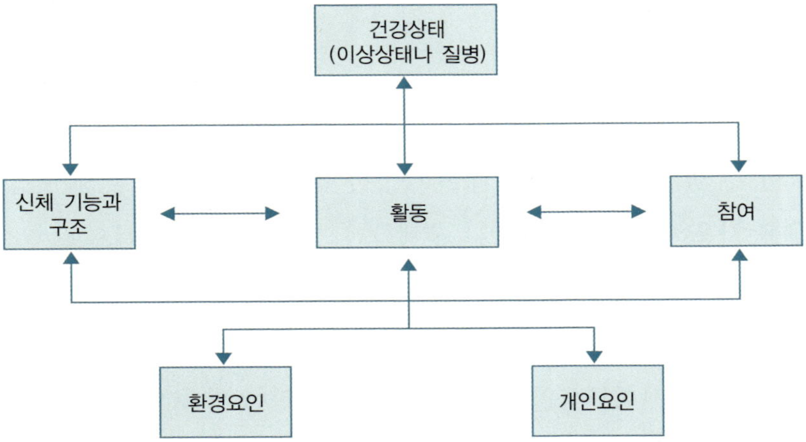


그림 1-2 | ICF 구성요소 간의 상호작용 관계

출처: WHO(2001). ICF: International classification of functioning, disability and health. Geneva: Author.

### (3) 세계보건기구 장애분류체계 변화의 특징

장애 개념에 대한 새로운 접근에서 확인되는 변화의 특징은 다음과 같이 요약될 수 있다.

첫째, 가장 대표적인 변화는 배경 요인이라는 영역을 통하여 환경 요인과 개인 요인을 동시에 강조한다는 점이다. 이는 장애의 사회 모델과도 관련이 있다. 장애에 대한 사회 모델은 환경의 중요성을 강조하며 동시에 장애인 당사자가 적합한 환경에서 자기결정과 선택을 할 수 있어야 함을 강조한다.

둘째, 장애를 규정하는 개념이 단순모델에서 복합모델로 변한다는 점이다. 장애를 규정하는 과거의 모델은 손상이나 활동 제한을 강조하는 개인 모델에 기반한 것이었으나, 사회 모델이 그 설득력을 확장하게 됨에 따라 사회 모델의 요소를 통합하여 개인 모델과 사회 모델을 동시에 적용하여 장애를 설명하려는 시도들이 이루어지고 있다.

셋째, 장애의 개념 규정에서 긍정적인 용어사용을 강조한다. ICF에서는 손상, 활동제한, 참여제약 등의 용어를 사용하지 않고 신체구조와 기능, 활동과 참여, 환경 요인, 개인 요인 등을 주요 구성요소로 하고 있는 점도 이런 맥락이다(김용득 외, 2016).

### 3) 환경의 중요성

'장애란 무엇인가'와 관련하여 사회 모델과 ICF는 결국 손상을 가진 개인이 살고 있는 환경의 중요성을 강조하는 것이라고 할 수 있다. 이는 유사한 건강상태나 손상을 가진 사람일지라도 처한 환경에 따라 삶의 모습은 완전히 다를 수 있음을 시사한다. 이렇듯 개인의 환경은 장애의 경험 및 정도에 지대한 영향을 끼친다. 접근할 수 없는 환경은 사회참여와 사회통합을 가로막는 장벽을 만들어 냄으로써 장애를 만들어 낸다. 이러한 환경의 부정적인 예는 다음과 같다.

- 수어통역사가 없는 청각장애인
- 접근 가능한 화장실 혹은 엘리베이터가 없는 건물을 이용하는 휠체어 사용자
- 화면읽기 소프트웨어가 없는 컴퓨터를 사용하는 시각장애인

반대로 환경을 변화시키면 장애인의 삶의 질을 개선할 수 있다. 그러한 변화는 입법, 정책 변화, 능력의 개발, 기술 개발 등으로 달성될 수 있으며, 이로 인한 구체적인 변화의 예는 다음과 같다(WHO, 2011).

- 건축·도시 시설환경과 이동수단의 접근 가능한 디자인
- 감각적 손상을 가진 사람도 이용 가능한 도로표지판
- 더욱 접근 가능한 보건, 재활, 교육, 지원서비스
- 장애인들이 일할 수 있고 취업할 수 있는 더 많은 기회

환경을 구성하는 요인들은 위에서 언급한 물리적 접근성이나 정보 접근성보다 더 광범위한 것으로서 여기에는 장애인에게 국가와 사회로부터 어떠한 도

움이 제공되는지(정책), 그리고 그러한 도움이 어떠한 과정을 통해 제공되는지(서비스 전달체계), 나아가 장애인과 함께 살고 있는 사회구성원들이 장애를 어떻게 이해하고 어떠한 태도를 보이는지(지식과 태도)도 환경을 구성하는 매우 중요한 요소이다.

## 3. 우리나라 장애 관련 법령에서의 장애 정의

### 1) 사회보장제도에서의 장애 정의

현대 사회에서 장애가 무엇인지, 그리고 장애 정의가 어떻게 달라지고 있는지는 장애인을 돕기 위해 개별 국가에서 시행하고 있는 다양한 장애 관련 사회보장제도에서 누구를 급여(서비스) 대상자로 선정하고 있는지, 즉 수급자격을 살펴보면 알 수 있다. 일반적으로 사회보장제도에서의 장애 정의는 앞서 살펴본 장애 개념 모델과는 커다란 괴리를 보인다. 이론과 가치의 측면에서 더 타당하고 더 바람직한 장애 개념화를 시도하는 것과 막대한 예산의 확보와 행정 비용을 수반할 수밖에 없는 사회보장제도의 수급 자격을 바꾸는 것은 전혀 다른 차원의 일이다. 따라서 장애 관련 사회보장제도에서의 장애 정의 변화는 늘 장애 개념 모델의 변화보다 느릴 수밖에 없고 이러한 이상(담론)과 현실의 괴리는 모든 국가에서 공통의 이슈이다.

일반적으로 다양한 장애인의 욕구를 충족하기 위한 각각의 장애 관련 사회보장제도는 고유의 목적을 달성하는 데 적합한 별도의 장애 정의를 규정하고 있다. 이는 손상의 영향 혹은 장애의 경험이 개인마다 다를 수밖에 없고, 더불어 하나의 제도로 모든 장애인의 다양한 욕구를 충족하는 것이 비효율적이라고 보기 때문이다. 여기에서는 장애 관련 사회보장제도를 크게 소득보장, 고용서비스, 사회서비스, 특수교육서비스로 분류하고 각각의 제도에서 어떻게 장애를 정의하고 있는지 살펴보고자 한다.

먼저 장애인과 그 가족에게 최저 수준의 생활을 할 수 있는 현금을 지급하는 소득보장제도에서의 장애는 손상으로 인해 소득활동능력(근로능력)에 심각한 제약을 경험하고 있는 상태를 의미하며, 손상의 결과로서 근로 능력(work capacity) 또는 소득 활동 능력(earning capacity)의 손실을 규명하는 데 초점을 둔다. 한편 인적자본의 부족 및 장애에 대한 편견으로 인해 취업하기 어려운 장애인에게 취업에 필요한 기술 훈련과 의무고용제도 등을 통해 취업의 기회를 제공하는 고용서비스에서의 장애란 일반적으로 의학적 손상으로 인해 취업 및 직업수행에 있어서 상당한 지원을 필요로 하는 상태를 의미하는데, 특히 소득보장제도와 다른 점은 고용을 목표로 한다는 점에서 최소한의 근로능력이 있음을 규명하는 데 초점을 둔다.

또한 활동 제한으로 인해 타인의 도움 없이는 일상생활을 수행하기 어려운 장애인을 대상으로 신체활동, 가사, 이동, 사회 참여 등의 영역에서 직접적인 지원을 하는 사회서비스에서의 장애는 손상으로 인해 일상생활 및 사회활동을 수행함에 있어 타인의 도움을 상당히 필요로 하는 상태로 정의되며, 장애인 개인의 건강상태와 기본적인 과업수행능력 간의 관계를 규명하는 데 초점을 맞추고 있다. 끝으로 학령기 장애아동과 평생교육 욕구가 있는 성인 장애인을 대상으로 교육과 학습의 기회를 제공하는 특수교육서비스에서의 장애는 손상으로 인해 학업 능력의 제약이 있는 상태로 정의된다.

### 2) 주요 장애 관련 법률에서의 장애 정의

우리나라에서 시행하고 있는 다양한 장애인복지제도는 여러 법률에 근거를 두고 있는데, 대표적으로 「장애인복지법」, 「장애인연금법」, 「장애인활동지원에 관한 법률」, 「장애인고용촉진 및 직업재활법」, 「장애인 등에 대한 특수교육법」 등이 있다. 이들 각 법률은 주요 선진국에서와 마찬가지로 법률이 정한 목적에 따라 해당 급여(서비스)를 필요로 하는 자격기준으로서 장애를 다르게 규정하고 있다고 할 수 있으나, 다른 주요 선진국들이 제도별로 비교적 명확히 구분되는 장애 정의를 가지고 있는 것과 달리 우리나라의 경우에는 「장애인복지법」의 장애 정의를 다른 법률이 준용하는 형태를 취함으로써 제도별로 그 차이가 크지 않다고 할 수 있다.

### (1) 장애인복지법

20여 개가 넘는 장애 관련 법령 중에서 장애 정의와 관련하여 기준이 되는 법은 「장애인복지법」이다. 「장애인복지법」은 제2조에서 장애를 다음과 같이 정의하고 있다.

> ① "장애인"이란 신체적 · 정신적 장애로 오랫동안 일상생활이나 사회생활에서 상당한 제약을 받는 자를 말한다.
> ② 이 법을 적용받는 장애인은 제1항에 따른 장애인 중 다음 각 호의 어느 하나에 해당하는 장애가 있는 자로서 대통령령으로 정하는 장애의 종류 및 기준에 해당하는 자를 말한다.
> 1. "신체적 장애"란 주요 외부 신체 기능의 장애, 내부기관의 장애 등을 말한다.
> 2. "정신적 장애"란 발달장애 또는 정신 질환으로 발생하는 장애를 말한다.

이러한 「장애인복지법」의 장애 정의는 개인/의료 모델에 가깝다고 할 수 있다. 앞서 살펴본 장애의 다차원적 요소에 비추어 「장애인복지법」상의 장애 정의를 분석해 보면, 우선 '신체적, 정신적 장애로 오랫동안 일상생활이나 사회생활에서 상당한 제약을 받는 자'는 신체구조 또는 신체기능에 발생한 손상이 원인이 되어 활동 제한과 참여 제약이 발생한 것이라는, 즉 손상→활동제한→참여제약의 일방향의 관계를 명시하고 있다. 이는 결국 「장애인복지법」상 장애 정의가 장애의 다차원적 요소 중에서 손상을 장애 정의의 가장 본질적이고 주요한 속성으로 간주하는 개인/의료 모델에 부합하고 있음을 보여주는 것이라고 할 수 있다.

「장애인복지법」상 장애 정의에서 알 수 있는 두 번째 특징은 장애의 종류를 제한하고 있다는 것이다. 「장애인복지법」 시행령에서는 장애의 종류를 크게 신체적 장애와 정신적 장애로 구분하여 총 15개의 장애 종류를 명시하고 있다. 장애 종류는 단계적으로 확대되어 왔는데, 1981년 5개(지체장애, 시각장애, 청각장애, 언어장애, 지적장애)에서 2000년에 새로이 5개(뇌병변장애, 심장장애, 신장장애, 발달장애, 정신장애)가 추가되어 10개가 되었으며, 2003년에 다시 5개(호흡기장애, 간장애, 안면장애, 장루 · 요루장애, 뇌전증장애)가 추가되어 15개가 된 이래로 현재까지 유지되고 있다. 이렇듯 장애 종류가 최초 5개에서 현행 15개까지 확대되었으나 특정 영역의 손상만을 장애로 인정하는 '폐쇄적 장애' 개념은 변하질 않고 있는데, 절대 다수의 선진국들이 국가로부터 지원을 받을 수 있는 자격으로서 장애의 종류를 제한하지 않는 '개방적 장애' 개념을 택하고 있는 것과 비교할 때, 매우 특수한 경우이다.

**표 1-4 | 장애인의 종류 및 기준**

| 종류 | 기준 |
|---|---|
| 지체장애인 | 가. 한 팔, 한 다리 또는 몸통의 기능에 영속적인 장애가 있는 사람<br>나. 한 손의 엄지손가락을 지골(指骨: 손가락 뼈) 관절 이상의 부위에서 잃은 사람 또는 한 손의 둘째손가락을 포함한 두 개 이상의 손가락을 모두 제1지골 관절 이상의 부위에서 잃은 사람<br>다. 한 다리를 가로발목뼈관절(lisfranc joint) 이상의 부위에서 잃은 사람<br>라. 두 발의 발가락을 모두 잃은 사람<br>마. 한 손의 엄지손가락 기능을 잃은 사람 또는 한 손의 둘째손가락을 포함한 손가락 두 개 이 상의 기능을 잃은 사람<br>바. 왜소증으로 키가 심하게 작거나 척추에 현저한 변형 또는 기형이 있는 사람<br>사. 지체(肢體)에 위 각 목의 어느 하나에 해당하는 장애정도 이상의 장애가 있다고 인정되는 사람 |
| 뇌병변장애인 | 뇌성마비, 외상성 뇌손상, 뇌졸중(腦卒中) 등 뇌의 기질적 병변으로 인하여 발생한 신체적 장애로 보행이나 일상생활의 동작 등에 상당한 제약을 받는 사람 |

| 종류 | 기준 |
|---|---|
| 시각장애인 | 가. 나쁜 눈의 시력(공인된 시력표에 따라 측정된 교정시력을 말한다. 이하 같다)이 0.02 이하인 사람<br>나. 좋은 눈의 시력이 0.2 이하인 사람<br>다. 두 눈의 시야가 각각 주시점에서 10도 이하로 남은 사람<br>라. 두 눈의 시야 2분의 1 이상을 잃은 사람<br>마. 두 눈의 중심 시야에서 20도 이내에 겹보임[복시(複視)]이 있는 사람 |
| 청각장애인 | 가. 두 귀의 청력 손실이 각각 60데시벨(dB) 이상인 사람<br>나. 한 귀의 청력 손실이 80데시벨 이상, 다른 귀의 청력 손실이 40데시벨 이상인 사람<br>다. 두 귀에 들리는 보통 말소리의 명료도가 50퍼센트 이하인 사람<br>라. 평형 기능에 상당한 장애가 있는 사람 |
| 언어장애인 | 음성 기능이나 언어 기능에 영속적으로 상당한 장애가 있는 사람 |
| 지적장애인 | 정신 발육이 항구적으로 지체되어 지적 능력의 발달이 불충분하거나 불완전하고 자신의 일을 처리하는 것과 사회생활에 적응하는 것이 상당히 곤란한 사람 |
| 자폐성장애인 | 소아기 자폐증, 비전형적 자폐증에 따른 언어·신체표현·자기조절·사회적응 기능 및 능력의 장애로 인하여 일상생활이나 사회생활에 상당한 제약을 받아 다른 사람의 도움이 필요한 사람 |
| 정신장애인 | 다음 각 목의 장애·질환에 따른 감정조절·행동·사고 기능 및 능력의 장애로 일상생활이나 사회생활에 상당한 제약을 받아 다른 사람의 도움이 필요한 사람<br>가. 지속적인 양극성 정동장애(情動障碍, 여러 현실 상황에서 부적절한 정서 반응을 보이는 장애), 조현병, 조현정동장애(調絃情動障碍) 및 재발성 우울장애<br>나. 지속적인 치료에도 호전되지 않는 강박장애, 뇌의 신경학적 손상으로 인한 기질성 정신장애, 투렛장애(Tourette' s disorder) 및 기면증 |
| 신장장애인 | 신장의 기능장애로 인하여 혈액투석이나 복막투석을 지속적으로 받아야 하거나 신장기능의 영속적인 장애로 인하여 일상생활에 상당한 제약을 받는 사람 |
| 심장장애인 | 심장의 기능부전으로 인한 호흡곤란 등의 장애로 일상생활에 상당한 제약을 받는 사람 |
| 호흡기장애인 | 폐나 기관지 등 호흡기관의 만성적 기능부전으로 인한 호흡기능의 장애로 일상생활에 상당한 제약을 받는 사람 |
| 간장애인 | 간의 만성적 기능부전과 그에 따른 합병증 등으로 인한 간기능의 장애로 일상생활에 상당한 제약을 받는 사람 |
| 안면장애인 | 안면 부위의 변형이나 기형으로 사회생활에 상당한 제약을 받는 사람 |
| 장루·요루 장애인 | 배변기능이나 배뇨기능의 장애로 인하여 장루(腸瘻) 또는 요루(尿瘻)를 시술하여 일상생활에 상당한 제약을 받는 사람 |
| 뇌전증장애인 | 뇌전증에 의한 뇌신경세포의 장애로 인하여 일상생활이나 사회생활에 상당한 제약을 받아 다른 사람의 도움이 필요한 사람 |

### (2) 장애인연금법

「장애인연금법」은 비장애인에 비해 소득이 낮고 빈곤 위험이 큰 장애인의 생활 안정을 제공하기 위한 목적으로 2010년 7월에 시행되었으며, 법 제2조에서 '중증장애인이란 「장애인복지법」 제32조에 따라 등록한 장애인 중 근로능력이 상실되거나 현저하게 감소되는 등 장애 정도가 중증인 사람으로서 대통령령으로 정하는 사람'으로 정의하고 있다.

### (3) 장애인 활동지원에 관한 법률

「장애인 활동지원에 관한 법률」은 신체적 · 정신적 장애 등의 사유로 혼자서 일상생활과 사회생활을 하기 어려운 장애인에게 제공하는 활동지원급여 등에 관한 사항을 규정하여 장애인의 자립생활을 지원하고 그 가족의 부담을 줄임으로써 장애인의 삶의 질을 높이는 것을 목적으로 2011년 5월에 시행되었으며, 법 제2조에서 '장애인이란 「장애인복지법」 제2조에 따른 장애인'으로 정의하고 있다.

### (4) 장애인고용촉진 및 직업재활법

「장애인고용촉진 및 직업재활법」 제2조에서 '장애인이란 신체 또는 정신상의 장애로 장기간에 걸쳐 직업생활에 상당한 제약을 받는 자로서 대통령령으로 정하는 기준에 해당하는 자'로 규정하고 있다. 그리고 동법 시행령에서는 '「장애인복지법」 시행령 제2조에 따른 장애인 기준에 해당하는 자'와 '국가유공자 등 예우 및 지원에 관한 법률 시행령 제14조제3항에 따른 상이등급 기준에 해당하는 자'로 규정하고 있다.

### (5) 장애인 등에 대한 특수교육법

「장애인 등에 대한 특수교육법」 제15조에서 특수교육대상자의 기준으로 '시각장애, 청각장애, 지적장애, 지체장애, 정서 · 행동장애, 자폐성장애(이와 관련된 장애를 포함한다), 의사소통장애, 학습장애, 건강장애, 발달지체, 그 밖에 두 가지 이상의 장애가 있는 경우 등 대통령령으로 정하는 장애 등에 해당하는 사람 중 특수교육이 필요한 사람으로 진단 · 평가된 사람'으로 규정하고 있다. 시행령에서는 특수교육대상자 선정기준을 제시하고 있는데 그 내용은 다음과 같다.

**표 1-5 | 특수교육대상자 선정기준**

| 종류 | 기준 |
|---|---|
| 시각장애를 지닌 특수교육대상자 | 시각계의 손상이 심하여 시각기능을 전혀 이용하지 못하거나 보조공학기기의지원을 받아야 시각적 과제를 수행할 수 있는 사람으로서 시각에 의한 학습이 곤란하여 특정의 광학기구 · 학습매체 등을 통하여 학습하거나 촉각 또는 청각을 학습의 주요 수단으로 사용하는 사람 |
| 청각장애를 지닌 특수교육대상자 | 청력 손실이 심하여 보청기를 착용해도 청각을 통한 의사소통이 불가능 또는 곤란한 상태이거나, 청력이 남아 있어도 보청기를 착용해야 청각을 통한 의사소통이 가능하여 청각에 의한 교육적 성취가 어려운 사람 |
| 지적장애를 지닌 특수교육대상자 | 지적 기능과 적응행동상의 어려움이 함께 존재하여 교육적 성취에 어려움이 있는 사람 |
| 지체장애를 지닌 특수교육대상자 | 기능 · 형태상 장애를 가지고 있거나 몸통을 지탱하거나 팔다리의 움직임 등에 어려움을 겪는 신체적 조건이나 상태로 인해 교육적 성취에 어려움이 있는 사람 |
| 정서 · 행동장애를 지닌 특수교육대상자 | 장기간에 걸쳐 다음 각 목의 어느 하나에 해당하여, 특별한 교육적 조치가 필요한 사람<br>가. 지적 · 감각적 · 건강상의 이유로 설명할 수 없는 학습상의 어려움을 지닌 사람<br>나. 또래나 교사와의 대인관계에 어려움이 있어 학습에 어려움을 겪는 사람<br>다. 일반적인 상황에서 부적절한 행동이나 감정을 나타내어 학습에 어려움이 있는 사람<br>라. 전반적인 불행감이나 우울증을 나타내어 학습에 어려움이 있는 사람<br>마. 학교나 개인 문제에 관련된 신체적인 통증이나 공포를 나타내어 학습에 어려움이 있는 사람 |
| 자폐성장애를 지닌 특수교육대상자 | 사회적 상호작용과 의사소통에 결함이 있고, 제한적이고 반복적인 관심과 활동을 보임으로써 교육적 성취 및 일상생활 적응에 도움이 필요한 사람 |
| 의사소통장애를 지닌 특수교육대상자 | 다음 각 목의 어느 하나에 해당하여 특별한 교육적 조치가 필요한 사람<br>가. 언어의 수용 및 표현 능력이 인지능력에 비하여 현저하게 부족한 사람<br>나. 조음능력이 현저히 부족하여 의사소통이 어려운 사람<br>다. 말 유창성이 현저히 부족하여 의사소통이 어려운 사람<br>라. 기능적 음성장애가 있어 의사소통이 어려운 사람 |
| 학습장애를 지닌 특수교육대상자 | 개인의 내적 요인으로 인하여 듣기, 말하기, 주의집중, 지각(知覺), 기억, 문제해결 등의 학습기능이나 읽기, 쓰기, 수학 등 학업 성취 영역에서 현저하게 어려움이 있는 사람 |

| 종류 | 기준 |
|---|---|
| 건강장애를 지닌 특수교육대상자 | 만성질환으로 인하여 3개월 이상의 장기입원 또는 통원치료 등 계속적인 의료적 지원이 필요하여 학교생활 및 학업 수행에 어려움이 있는 사람 |
| 발달지체를 보이는 특수교육대상자 | 신체, 인지, 의사소통, 사회·정서, 적응행동 중 하나 이상의 발달이 또래에 비하여 현저 하게 지체되어 특별한 교육적 조치가 필요한 영아 및 9세 미만의 아동 |
| 두 가지 이상 중복된 장애를 지닌 특수교육대상자 | 다음 각 목의 구분에 따른 장애를 지닌 사람으로서 제1호(시각장애)부터 제6호(자폐성장애)까지의 규정에 따른 특수교육대상자에 대한 각각의 교육지원만으로 교육적 성취가 어려워 특별한 교육적 조치가 필요한 사람<br>가. 중도중복(重度重複)장애: 다음의 구분에 따른 장애를 각각 하나 이상씩 지니면서 각각의 장애의 정도가 심한 경우. 이 경우 장애의 정도는 법 제14조제1항에 따른 선별검사의 결과, 제9조제4항에 따라 제출한 진단서 및 「장애인복지법 시행령」 제2조제2항에 따른 장애의 정도 등을 고려하여 정한다.<br>1) 지적장애 또는 자폐성장애<br>2) 시각장애, 청각장애, 지체장애 또는 정서·행동장애<br>나. 시청각장애: 시각장애 및 청각장애를 모두 지니면서 시각과 청각에 의한 학습이 곤란하고 의사소통 및 정보 접근에 심각한 제한이 있는 경우 |

## 4. 전망과 과제

세계보건기구의 ICF 및 유엔장애인권리협약을 통해 국제 사회에서 보편적으로 받아들여지고 있는 장애 개념 모델이 사회 환경의 영향을 적극적으로 반영한 통합모델 혹은 생심리사회모델로 변화되었고, 더불어 주요국들의 경우 다양한 장애 관련 사회보장제도에서 고유의 목적에 맞는 장애 정의를 채택하고 있는 경향에 비추어 볼 때, 우리나라에서의 법적 장애 개념과 관련하여 다음과 같은 문제점을 지적할 수 있다.

첫째, 장애인복지법상 장애 정도 기준에 반영되어 있는 장애 개념이 여전히 개인/의료 모델로서 ICIDH 모형에 기반을 두고 있으며, 이로 인해 장애인복지의 사각지대가 광범위하게 발생하고 있다는 점이다. 소득보장제도와 고용서비스 및 사회서비스 등 다양한 장애인복지 제도별로 별도의 수급 자격 기준(장애 정의)을 설정하고 있는 주요 선진 외국과 달리 우리나라의 경우에는 「장애인복지법」의 장애 정도 심사가 공공 및 민간 장애인복지서비스의 진입 단계로 기능하는 매우 중요한 의의를 갖고 있다. 그러나 현행 「장애인복지법」의 15개 장애 종류의 장애 정도 기준은 의학적으로 진단된 신체적, 정신적 손상 중심의 기준으로서, 장애의 또 다른 차원인 활동 제한(일상생활수행능력 또는 근로능력의 제약 등)과 참여 제약(이동, 교육, 고용, 정치, 문화/여가 등에서의 배제)들을 거의 고려하지 않고 있다. 결과적으로 손상의 정도는 크지 않으나 활동의 어려움과 사회적 배제를 경험하고 있는 잠재적 장애인들이 장애인복지 혜택을 받을 수 없어 서비스의 사각지대로 존재할 가능성이 매우 큰 상황으로, 결국 가장 중요한 '참여'라는 요소를 배제하고 있는 상황이다.[8)]

둘째, 개인/의료 모델의 장애 개념을 적용하고 있음에도 현행 장애 종류가 모든 신체적, 정신적 손상을 포괄하지 못하고 있다는 점이다. 2021년부터 예외적 장애인정제도가 시행되어 15개 장애 종류에 해당하지 않는 자도 장애인으로 인정받을 수 있는 절차가 마련되었다는 점에서 과거보다 진일보했다고 할 수 있으나[9)], 여전히 장애 종류는 동일하게 15개로 유지되고 있고 이에 해당하지 않는 신체적, 정신적 손상을 가진 자는 국가에 대하여 별도의 구제 신청을 해야 하며, 장애로 인정되는 경우에도 예외적 장애라는 꼬리표가 붙는다는 점에서 이는 장애를 자격 있는 장애와 자격 없는(예외적) 장애로 구별 짓는 또 다른 계층화라고 할 수 있다. 즉 현재의 장애 종류는 특정 질환과 손상 중심의 폐쇄적 체계라는

---

8) 장애인복지법에서는 '참여' 대신에 '일상생활이나 사회생활에서의 제약'이라는 용어를 사용하고 있다. 그러나 실제 장애 유무와 장애정도를 판정할 때 개인의 질병과 손상 정도만으로 파악할 뿐 일상생활이나 사회생활에 제약에 관한 기준은 거의 찾아볼 수 없다.

9) 2021년부터 예외적 장애인정제도가 도입된 것은 2019년 11월 대법원 판결에 따른 것이다. 즉 15개 장애 종류에 포함되지 않는다는 이유로 행정관청으로부터 계속적으로 장애 등록을 거부당했던 뚜렛증후군 환자가 행정관청을 상대로 한 지속적인 소송 끝에 2019년 11월에 대법원으로부터 승소 판결을 받았으며, 결국 해당인은 정신장애로 등록할 수 있게 되었다. 이후 주무부처인 보건복지부는 예외적 장애인정제도라는 공식적 절차를 마련하여 15개 장애 종류에 해당하지 않는 자도 장애 정도 심사를 거쳐 장애로 인정될 수 있는 길이 열리게 되었다.

점에서 사회복지의 중요한 가치인 형평성을 심각하게 저해하고 있다.

이러한 문제 인식을 바탕으로 우리나라 장애인 범주를 확대하기 위한 방안을 다음과 같이 제시할 수 있다. 먼저 「장애인복지법」 제2조(장애인 정의)의 장애 개념을 수정하여, 장애(개인이 겪고 있는 일상생활 및 사회생활의 상당한 제약)가 개인의 손상에 의해서만 비롯되는 것이 아니라 손상을 지닌 개인과 사회적·환경적 장벽의 상호작용으로 발생하는 것이라는 오늘날 국제사회가 합의하고 있는 보편적 장애 개념으로의 변화를 추진해야 한다. 두 번째로 손상보다 활동 제한과 참여 제약을 위주로 장애 여부를 결정함으로써 손상의 정도는 경미하더라도 실제 생활에서 활동과 사회참여의 어려움을 경험하는 모든 사람들이 장애인으로 인정받을 수 있도록 단계적으로 장애 범주를 확대하거나 주요 OECD 국가들에서와 같이 궁극적으로는 장애 범주를 폐지하는 것을 추진할 필요가 있다.

## 생각해보기

1. 우리나라 「장애인복지법」상의 장애인 정의는 장애 개념 모델 중 어느 모델에 더 부합하는가?
2. 우리나라 「장애인복지법」상의 장애인 정의는 변화하는 장애 개념을 반영하고 있는가?
3. 우리나라 「장애인복지법」상의 장애 범주는 적합한가?
4. 우리나라 장애인복지 관련 법률의 장애인 정의가 조금씩 다른 이유는 무엇인가?

# 02 Chapter
# 장애의 역사

**주요 학습문제**

- 장애인은 어떻게 대우받아 왔는가?
- 장애인이 그러한 처우를 받게 된 원인은 무엇인가?
- 장애인에 대한 공적 지원체계로서 장애인정책은 어떻게 형성되었는가?
- 장애인권운동 이후 장애인정책은 어떻게 변화되었는가?

## 1. 개요

인간은 사회적 존재이다. 이 말은 인간은 출생과 생애 그리고 죽음에 이르기까지 삶의 모든 과정을 홀로 경험하지 않고 타인과의 관계인 사회 속에서 경험한다는 의미이다. 즉 인간은 사회에서 태어나며 사회에서 살아가다 사회에서 죽음을 맞는다. 1장에서 살펴봤듯이 장애란 철저히 사회적 현상이다. 손상을 곧 장애로 환원하는 것도, 손상과 장애를 구분하는 것도 사회적으로 결정되며, 손상을 무능력/비정상으로 간주하거나, 한 개인의 고유한 정체성/개성으로 간주하는 것도 사회적 현상에 다름 아니다.

이렇듯 인간의 본질이 사회적 존재이고 인간이 지닌 고유한 속성 중 하나인 장애 역시 사회적 개념임을 고려할 때, 장애를 갖거나 혹은 겪고 살아가는 한 인간 존재인 장애인이 주류 사회에서 어떻게 받아들여졌고 어떻게 대우받아 왔는지, 그리고 그러한 대우에 어떻게 대응했는지를 살펴보는 장애의 역사는 장애에 대한 사회의 역사이기도 하다. 본 장에서는 특정한 주제 혹은 현상을 실태와 맥락을 중심으로 살펴보는 역사학의 한 분야인 미시 사회사에 해당하는 장애의 역사를 근대 이후를 중심으로 개략적으로 살펴보고자 한다. 근대를 분기점으로 삼은 것은 생산체제(자본주의)와 정치체제(민주주의)의 전환이 가져온 근대의 시작이 장애에 대한 인식과 장애인에 대한 처우에 있어서 그 이전 시대인 고대와 중세와 근본적인 차이를 가져온 결정적 배경이었다는 인식에 기반한 것이다. 구체적으로 근대 이후 장애인은 어떻게 사회로부터 어떠한 대우를 받아왔는지, 그러한 처우의 사회적 배경(원인)은 무엇이었는지, 그리고 그러한 주류 사회의 처우에 대해 장애인은 어떻게 대응(저항)했는지 마지막으로 그러한 저항의 성취라고 할 수 있는 장애인복지(정책)는 어떻게 달라졌는지 등을 살펴보고자 한다.

## 2. 장애인에 대한 사회적 처우

근대 이전에 장애인이 사회에서 어떤 처우를 받아왔는지 명확히 알기란 어렵다. 관련 기록도 절대적으로 부족하고 연구도 많지 않기 때문이다. 근대 이전까지 거슬러 올라가 장애의 역사를 다룬 주요 연구들을 살펴보면, 이 시기 장애인에 대한 처우는 크게 두 가지 입장으로 나뉜다. 첫째는 근대 이후보다 오히려 장애인에 대한 처우가 나았었다는 것이고, 둘째는 그럼에도 장애인들은 비장애인들에 비해 사회적으로 차별을 받았으며 가족과 사회에 큰 부담이었다는 것이다.

미국의 장애 역사를 연구한 닐슨(Kim E. Nielsen)에 따르면, 북아메리카에 유럽인이 도착하기 전, 장애를 가진 토착민의 일상은 장애가 없는 토착민의 그것과 크게 다르지 않았다. 대부분의 토착민 공동체에서는 오늘날 '장애'에 해당하는 개념이나 단어를 가지고 있지 않았으며, 가혹한 자연 환경과 부족 간 전쟁, 야생동물의 습격과 질병으로 인해 후천적 장애가 너무 흔했기 때문에 장애는 특별한 것이 아니었다. 더불어 모든 사람은 자신의 고유한 재능을 가지고 있고 그러한 재능은 공동체의 다른 사람과 나눌 수 있고 궁극적으로 공동체에 도움을 줄 수 있는 것으로 여겨졌다는 점에서 오늘날 장애인이 사회적으로 배제되고 문화적으로 낙인 및 가치 절하되는 현상과는 커다란 차이가 있었음을 보고하고 있다.[1)]

북아메리카에 정착한 초기 식민지 시대의 유럽인들 역시 개인이 노동할 수 있는 한, 특히 산업화 이전 시기에 장애인들은 대개 노동할 수 있었는데, 이러한 신체장애에 사람들은 주목하지 않았다. 그러나 이 시기 유럽인들은 청각장애, 지체장애 등 신체장애와 달리 인지장애, 정신장애에 대해서는 예외적 현상으로 인식했고 이들에 대한 돌봄과 보호와 관련된 법률과 정책을 만들고자 노력하였다. 당시에는 이들을 돌보는 것은 일차적으로 가족의 몫이었고, 가족이 돌보지 않거나 돌볼 수 없는 경우에는 마을의 책임으로 하였다. 산업화 이후 일상화된 이들의 감금과 격리는 반드시 필요하다고 판단되는 경우에만 시행되었다(Nielsen, 2020). 영국의 지적 장애 역사를 다룬 재럿(Simon Jarrett)의 '백치라 불린 사람들'에 따르면, 18세기 중후반까지도 소위 백치라 불린 사람들은 가족, 친구, 지역사회의 사랑과 보호 속에서 비교적 동등한 인격체로 대우받고 살았

1) 닐슨은 토착민 공동체에서 선천적으로 '농(deafness)'을 갖고 태어난 아이의 일상적 생애를 다음과 같이 묘사하고 있다. "그 아이는 성장 과정에서 거의 대부분의 경우 자신이 속한 공동체와 소통할 수 있었고, 격리되거나 배제되지 않았다. 다른 모든 사람들 역시 겪을 수 있는 다양한 삶의 위협을 이겨내고 살아남는다면, 아이는 파트너를 만나 즐길 수 있을 것이고 나이가 들면서 주변의 아이들을 간지럽히고 가르치는 소중한 노인이 될 수도 있었을 것이다. 조화롭게 살아가게 된다면, 아이는 자신의 재능을 찾았을 것이다. 그것은 뜨개질 실력이었을 수도 있고, 특별히 향긋한 허브를 잘 찾아내는 능력일 수도 있다. 아이가 성장하면서 그 재능을 공동체와 나누고, 그 공동체의 사람들은 자신의 재능을 아이와 나누었을 것이다. 필요하다고 여겼다면 불편함을 해결하고 조화를 찾기 위한 성공적인 치료 의식이 진행되었을 것이다. 그러나 누구도 치료의 결과가 그 젊은 여성이 소리를 듣게 되는 일이라고 기대하지는 않았다. 그러한 변화는 필요하지 않았기 때문이다(닐슨, 2020: 47)."

다(Jarrett, 2022).

산업화 이전 시기의 장애인에 대한 이러한 묘사는 자칫 과거에 대한 낭만이 되기 쉽다. 이 시기에도 장애를 가진 토착민과 유럽인들이 살아가는 물질적인 현실은 비장애인들에 비해 훨씬 가혹했다. 장애를 가진 토착민은 추장이 될 수 없었으며, 이들의 장애는 이상적인 몸에서 멀어진 것으로 이해되었다(Nielsen, 2020). 또한 산업화가 본격화하기 이전인 18세기 말에 지적장애인의 재산권 행사가 제한되고 왕과 귀족이 합법적으로 그들의 재산을 처분할 수 있는 경제적 착취가 빈번했음을 기억할 필요가 있다(Jarrett, 2022).

그럼에도 장애인들에 대한 사회적 인식과 처우가 급격하게 바뀐 것은 근대의 등장, 즉 산업화가 본격화한 이후이다. 이 시기 장애인의 처우가 어떠했는지를 상징적으로 보여주는 핵심적인 사건은 기형쇼(freak show)와 강제불임, 그리고 시설화이다. 기형쇼란 생물학적으로 희소한 무언가를 전시하는 행위로서, 대개 특정 신체 부위가 비정상적으로 크거나 작은 신체 이형을 가진 사람, 남성과 여성의 성징을 모두 가진 사람, 희귀한 병에 걸린 사람 등이 전시 대상이 되었는데 오늘날의 기준에서 보자면 이들은 모두 장애인이었다. 17세기 중반 잉글랜드에서 샴쌍둥이 형제였던 밥티스타 콜로레도 형제가 찰스 1세에게 전시된 이래로 기형쇼는 19세기에 들어서 미국과 유럽 각지에서 매우 인기 있는 엔터테인먼트 산업으로서의 위상을 갖게 되었으며, 영국과 프랑스 등 자본주의 체제 경쟁을 선도했던 국가들이 자국의 산업적 성취 수준을 전시하기 위한 목적으로 개최했던 19세기 만국박람회의 주요 이벤트 중 하나였다. 이러한 기형쇼의 유행은 신체적 다름이 비정상이며 상업적 이익을 위한 전시의 대상이 되어도 전혀 문제가 되지 않는 당시의 사회적 분위기를 보여주는 상징적 일례라고 할 수 있다.

산업화가 본격적으로 전개되면서 그 이전 시기에 존중받았던 각 개인의 다양한 능력은 산업적 생산에 참여할 수 있는 노동능력을 중심으로 위계화되었다. 즉 제품을 생산하는 표준 공정에서 요구되는 직무능력을 어느 정도 가지고 있느냐에 따라 노동시장에서 더 유리하거나 더 불리한 지위를 갖게 되었고 이러한 능력을 가지고 있지 못한 경우에는 아예 노동시장에서 배제되어 무용하거나 잉여의 존재로서의 지위를 갖게 되었다. 자국의 곧 역사가 곧 이민의 역사이기도 한 미국의 경우 1882년 이민법 제정과 1924년 이민법 개정을 통해 노동능력이 없는 자에 대한 이민을 엄격히 제한하였다. 1882년 법은 "정신이상자, 백치 또는 스스로를 돌보지 못해서 공공의 부담이 되는 모든 사람"의 입국을 금지했으며, 1891년에는 "스스로를 돌보지 못해서"라는 말 대신에 "공공의 부담이 될 것 같은"으로 대체되었다. 그리고 1903년에는 뇌전증을 가진 사람이 추가되었고, 1907년에는 "저능아"와 "정신박약인"이 더해졌다. 이러한 경향의 정점은 1907년 인디애나주를 시작으로, 30개가 넘는 주에서 통과된 강제불임을 합법화하는 단종법이다. 단종법의 대상이 누구인지와 관련하여 당시 사회적으로 널리 통용되던 "사회적으로 부적절한 계급"에 포함되는 사람의 대부분은 장애인이었다(Nielsen, 2020).[2)]

근대에 들어서 장애인이 사회적으로 배제되고 착취와 억압의 대상으로 전환되었음을 보여주는 상징적 사건 중 마지막은 장애인의 삶의 거처가 자신이 태어나서 살았던 마을(지역사회)에서 지역사회와 격리된 대규모 집단 시설로 강제로 옮겨지는, 소위 시설화이다. 미국의 경우 1860년 남북전쟁부터 1920년 초반까지 장애인 시설이 급증하였으며, 동시에 정신이상, 정신박약자들을 위한 교육과 사회화를 위한 목적으로 설립되었던 학교가 구금을 위한 장소, 즉 시설로 전환하는 현상이 만연하였다. 그렇다면 이 시기 수용시설에 있지 않았던 장애

2) 닐슨(2020: 216-217)에 따르면, 해리 러프킨이 개발한 단종법 모델은 "사회적으로 부적절한 계급"의 사람을 다음과 같이 매우 광범위하게 정의했다. 1. 정신박약인 2. 정신이상자(사이코패스 포함) 3. 범죄를 저지를 수 있는 자(비행인과 불량인 포함) 4. 뇌전증 환자 5. 알코올 의존자(습관적인 술꾼을 포함해서) 6. 병든 자(결핵, 매독, 나병 그리고 합법적으로 격리될 수 있는 다른 만성 감염병) 7. 맹인(시력이 심각하게 손상된 사람 포함) 8. 농인(청력이 심각하게 손상된 사람 포함) 9. 기형 신체 소유자(불구 포함) 10. 의존하는 사람(고아, 무능력자, 노숙자, 부랑자, 극빈자)

인들의 삶은 어떠했을까? 당시 미국의 도시들은 "어글리 로(Ugly laws)"라고 불리는 법을 통과시켰는데, 이 법률은 장애인의 공공장소 출입을 금지하는 것이 주된 내용이었다.[3)]

이제 오늘 우리가 살고 있는 시기인 현대의 장애인 처우를 살펴보자. 오늘날 장애를 갖고 살아가는 시민들이 사회 속에서 경험하는 현상과 관련하여 수많은 학자와 연구기관들이 객관적인 조사와 사회적 통계를 기반으로 장애인들의 평균적 삶을 보고하고 있지만, 그 어떠한 조사 결과와 사회적 통계보다 더 생생한 진실을 보여주는 것은 장애를 갖고 있는 당사자들이 기록한 문헌들일 것이다. 과학과 지식을 명분으로 인간 능력을 표준화하고 이에 미치지 못하는 상태를 결함과 비정상으로 구분하여 사회적으로 억압하고 격리하였던 근대보다 1960년대 이후 인권 운동과 복지국가 이념에 따른 사회보장제도의 확립으로 현대에 들어서 장애인의 삶은 분명히 나아졌고 개선되었다고 할 수 있을 것이다. 그럼에도 사회구조적으로 그리고 일상에서 장애인이 경험하는 억압적 체현(embodiment)의 현실은 크게 달라지지 않았다. 지금도 대다수의 장애인들은 과거에도 그랬듯이 여전히 가난하고 무기력하며, 사회적 지위 또한 낮다.

장애 당사자 관점에서 미국의 장애인 운동(해방) 역사를 기록한 찰턴(James I. Charlton, 2009)의 '우리 없이 우리에 대한 것은 없다(Nothing about us without us)'에서는 오늘날 대부분의 장애인이 경험하는 일상생활 속 모습을 7가지로 구분하였다. 눈에 보이지 않는다는 것 그리고 버려진다는 것, 지원 서비스의 결여, 자선을 통한 통제, 장애의 계급화(장애범주간 위계)[4)], 폭력에의 취약성, 비접근성, 지방과 도시 생활의 격차가 바로 그것이다. 미국의 정치철학자 영(Iris M. Young,

3) 1867년 샌프란시스코는 "병에 걸렸거나, 신체에 영구적인 손상을 입었거나, 몸이 훼손된 사람, 혹은 어떤 형태로든 신체가 기형이거나 보기 흉하거나 역겨운 존재"들을 "도시의 거리, 고속도로, 주요 도로, 공공장소"에서 추방했다(닐슨, 2020: 177)

4) 같은 장애라 하더라도 어떤 장애냐에 따라서 사회적 처우가 다름을 의미한다. 일반적으로 자기주장이 가능하고 사회적 지원의 역사가 오래된 지체장애와 시각장애가 가장 낫고 그 다음이 청각장애이며, 발달장애 및 정신장애를 포함한 정신적 장애가 가장 열악하다.

2017)도 이와 비슷하게 현대의 장애인이 경험하는 억압을 착취, 주변화, 무력함, 문화제국주의, 폭력으로 묘사하였다.

## 3. 장애인에 대한 사회적 처우의 배경

근대 이후 현대에 이르기까지 장애인이 사회적으로 억압받고 배제되며, 비장애인에 비해 낮은 사회적 지위와 삶의 질을 경험하는 근본적인 원인은 무엇일까? 장애에 대한 일반적 인식대로 그들이 능력이 없거나 절대적으로 부족하며, 심각한 결함이 있거나 비정상이기 때문일까? 능력의 유무 혹은 우위, 그리고 정상과 비정상/결함은 원래부터 존재하던 선험적이고 자연스러운 것인가? 아니면 누군가가 혹은 특정한 사회체제가 어떠한 의도를 가지고 만들고 이를 대부분의 사회구성원으로 하여금 당연한 것으로 받아들이게 한 것인가? 이러한 상반된 논점은 이미 1장에서 장애 개념에 관한 상반되는 입장(모델)인 개인 모델과 사회 모델의 비교를 통해 살펴본 것이기도 하다. 오늘날 개인 모델로 장애를 이해하는 것은 이미 상식에서 벗어나는 일이고 이미 국제사회에서 보편적으로 받아들여지고 있는 장애 개념이 사회 모델을 반영한 생심리사회모델임을 고려할 때, 장애가 무엇인지를 밝히고 더불어 장애를 갖고 살아가는 사람들의 실체적 삶의 진실에 다가가는 것은 오직 '사회적(the social)' 관점[5]을 통해서

5) 여기서 사회적(the social)은 '개인적인 것(the individual)'의 반대 개념으로서 '사회적인 것(the social)'을 의미한다. 사회적인 것의 본질적 속성은 크게 집합적(collective), 선험적(the a priori), 실천적/구성적(constructive)으로 구분된다(김기덕 외, 2024). 사회가 집합적이라는 의미는 모든 인간은 출생과 생애 그리고 죽음에 이르기까지 삶의 전 과정을 홀로 경험하지 않고 타인과의 관계인 사회 속에서 경험한다는 것으로, 사회에서 태어나며 사회에서 살아가다 사회에서 죽음을 맞이하는 사회적 존재로서의 인간을 의미한다. 사회가 선험적이라는 의미는 인간은 자신이 결정하지 않은, 주어진 사회구조의 영향을 끊임없이 받으며 살아간다는 것을 의미하며, 사회가 구성적이라는 의미는 선험적으로 인간을 구속하는 사회는 인간이 만든 것이며, 따라서 사회는 인간의 힘으로 변화시킬 수 있다는 것을 의미한다.

만 가능하다.

장애의 억압적 체현과 장애인의 열악한 삶의 배후에 사회가 있다는 사회적 관점과 관련하여 이 책에서 주목하는 구체적인 현상 혹은 원인은 생산체제의 변화, 지식체제의 변화 그리고 그러한 변화를 추동하는 요인으로서 권력의 작동이다. 산업자본주의라는 생산체제의 등장과 본격화로 인해 표준적인 노동능력이 인간다움을 증명하는 거의 유일한 기준이 됨으로써 이러한 근대 표준시민으로서의 자격을 갖지 못한 장애인이 빈곤과 강제불임, 시설로의 수용이라는 사회적 억압을 경험하였다는 사실은 이미 언급한 바 있다. 영국의 저명한 장애학자인 올리버(1990)는 이를 다음과 같이 생생하게 묘사하고 있다.

> "개인들 각자가 능력껏 생산과정에 이바지했던 협력적 농촌 기반 시스템에서 개인을 임금노동자로 조직한 도시와 공장 기반 시스템으로 노동조직이 바뀌면서, 심각한 결과가 초래되었다. '19세기 노동시장의 작동은 모든 유형의 장애인을 효과적으로 시장의 밑바닥으로 처박아 버렸다(Morris, 1969, p. 9).' 그 결과, 장애인은 사회와 교육의 골칫거리로 간주되었고, 더 많은 장애인들이 구빈원, 수용시설, 격리시설, 특수학교를 비롯한 온갖 종류의 시설에 격리되면서 주류 사회에서 밀려났다(p. 51, 52)."

이러한 생산체제의 변화와 함께 장애인에 대한 부당한 처우의 원인이 된 것은 근대 과학과 민주주의 정치체제의 형성과 발전이라고 할 수 있다. 근대 의학 기술의 발달로 장애는 죄의 징벌이나 신으로부터의 저주라는 도덕적 모델에서 벗어나 질병과 의학적 손상으로 인식되었고 이는 질병과 손상의 부재라는 건강으로부터의 일탈, 나아가 정상으로부터의 일탈인 비정상적 상태라는 부정적 개념을 획득하게 되었다. 더불어 19세기에 등장한 진화생물학은 적자생존 개념을 인간에 적용함으로써 인류를 유전학적으로 개량할 것을 목적으로 하여 여러 가지 조건과 인자 등을 연구하는 학문인 우생학을 출현시킴으로써 지적장애인과 정신장애인 등 장애인에 대한 강제불임과 사회적 격리를 정당화하는 지적 근거로 활용되기에 이르렀다.

한편, 모든 시민의 존엄과 자유를 이념적 배경으로 하는 근대 민주주의 정치제제의 등장은 민주주의를 수행하는 이상적 시민의 요건으로서 독립적인(의존적이지 않은) 개인을 상정하였다. 이러한 개인주의 이데올로기의 확산에는 자본주의 생산체제도 커다란 영향을 미쳤는데, 즉 자본과 임금노동이라는 자본주의 체제의 생산관계는 필연적으로 노동의 상품화를 필요로 하며, 상품화된 노동의 담지자로서 개인은 사회집단의 일부에서 분리될 필요가 있었다. 결함 없는 노동능력을 갖고 있으며 비의존 상태에 있는 독립적인 개인이라는 바람직한 근대적 인간관은 노동능력도 없으며 생애 대부분의 과정에서 지속적인 의존상태에 있을 수밖에 없는 장애인을 부정적으로 여기고 사회적으로 가치절하하는 사회적 인식을 형성하고 강화하였다.

근대 이후 장애인의 사회적 억압과 관련한 세 번째 배후인 권력의 작동은 앞서 살펴본 생산체제와 지식체제의 변화가 자연발생적인 현상이 아니며, 소수의 인간이 다수를 합법적으로 지배하기 위한 권력을 생성하고 유지 · 강화하고자 하는 정치적 현상임을 의미한다. 자본주의 생산체제에서 최대의 이익을 얻고자 하는 자본가, 그리고 장애를 질병으로 규정하고 다름과 차이를 치료가 필요한 의료적인 것으로 다룸으로써 권력을 유지하고자 하는 보건의료전문가, 시민 대다수의 민의를 대변하기보다 특권층의 이해를 대변함으로써 정치권력을 획득하고 유지하는 정치 세력이 득세하고 있음을 볼 때, 이러한 권력의 작동이야말로 근대를 지나 현대에도 지속되는 장애인의 억압적 현실의 근본적인 배후라는 주장은 시사하는 바가 매우 크다.[6]

---

6) 프랑스의 대표적인 현대철학자 중 한 명인 푸코는 규율권력, 생명권력 등의 개념을 창안함으로써, 근대 사회시스템이 학교, 병원, 감옥의 설치와 진단과 분류에 관한 지식 축적을 토대로 모든 시민과 일탈자에 대한 진단/훈육(교육, 감시, 처벌)을 통해 근대가 원하는 유순한 몸과 유순한 정신을 가진 개인(체제에 저항하지 않는 개인)을 주조하고 개인으로 하여금 이러한 지배이데올로기를 내면화하고 순응하게 하였다고 비판하였다.

## 4. 장애인정책의 형성과 한계

장애인복지는 선천적 혹은 후천적 원인에 의해서 손상된 몸을 지닌 채로 살아가는 사람들에 대한 사회적 지원 체계를 의미하며, 20세기 중반 복지국가의 등장 이후 전면화된 사회보장(social security)의 한 축을 이룬다. 특히 20세기 초반에 발생한 2번의 세계대전은 현대 장애인복지의 토대가 마련되는 결정적 계기를 제공하였다. 구체적으로 제1차 세계대전이 끝나고 예전 같으면 사망했을 군인들이 전쟁에서 부상을 입어 장애인이 된 상태로 돌아오자 이들에 대한 국가의 지원 대책이 필요했으며, 이에 장애를 개인의 문제가 아닌 국가의 책임으로 인정하면서 현대적 의미의 장애인복지가 시작되었다(임종호 외, 2010). 대략 1910년에서 1960년대까지를 포괄하는 이 시기는 장애인복지의 태동기라고 할 수 있는데, 이 시기 장애인복지의 특징을 요약하면, 국가(혹은 국가를 대리한 전문가)가 장애인을 주류 사회 및 지역사회에서 분리하여 보호(수용) 및 치료(재활)하는 것이라고 할 수 있다. 이제 더 구체적으로 이 당시 장애인들이 사회적으로 어떠한 처우를 받았는지 살펴보자.

이 시기는 전쟁에서 부상을 입어 장애인이 된 상이군인을 위한 직업재활, 의료재활을 중심으로 장애인제도가 마련되기 시작되었다. 또 경증장애인을 대상으로 하는 직업재활이 활성화되었으며, 장기적인 치료와 훈련이 필요한 중증장애인에게는 생활시설에서의 의료재활을 중심으로 심리, 사회, 교육 등 각 영역의 재활서비스가 도입된 시기라고 할 수 있다. 이 시기 주요 국가들이 도입한 각종 제도들을 소개하면 다음과 같다.

제1차 세계대전(1914~1918)이 끝나고 영국에서는 1919년 퇴역상이군인을 일정 비율(대개 5%) 이상 고용한 경우에 정부 계약에 우선권을 주는 등의 임의 할당제도를 시행하였는데(Malisoff, 1952), 이는 1944년에 제정된 영국 「신체장애인고용법」의 근간이 되었다. 또 이탈리아에서는 1921년 전쟁에서 장애를 입은 장애인의 고용의무를 정한 법률[7]이 제정되었으며, 미국 연방정부는 1921년 보훈청을 설립하였다. 1923년 국제노동기구(ILO)는 퇴역 상이군인을 중심으로 신체장애인의 고용촉진 방법을 연구하기 위해 소집한 제네바 전문가회의에서 '법률에 의한 고용의무'라는 수단이 필요함을 지적하였다. 한편 이 시기 산업재해의 증가는 장애에 대한 사회적 인식을 확산시키는 요인이 되었다. 미국의 경우 연방정부가 직업 훈련과 상담에 재정을 지원하게 하는 재활프로그램들이 1918년과 1920년에 연방의회를 통과하였다. 미국 적십자사를 비롯한 자선단체들도 장애인 고용 전담부서를 신설했으며, 1935년 프랭클린 루즈벨트 대통령은 성인장애인을 평생 지원하는 프로그램이 담긴 「사회보장법」에 서명하였다(Shapiro, 1994: 62).

제2차 세계대전(1939~1945)은 세계 전역에 걸쳐 제1차 세계대전보다 훨씬 더 많은 피해를 가져왔으며, 이 전쟁이 끝난 후 세계 각국에서는 장애인의 고용에 관한 법률을 적극적으로 제정하였다. 제2차 세계대전 중(1944년) 열린 ILO(국제노동기구) 26차 총회에서는 필라델피아 선언[8]을 채택하였는데, '노동은 상품이 아니다. 빈곤과 실업 문제는 세계 평화에 위협이 된다'는 등의 기본 원칙을 확인하였으며, 1944년 3월 영국에서는 「신체장애인고용법」이 제정되었다. 한편 미국에서는 1946년 척수마비상이군인회(Paralyzed Veterans of America: PVA)가 자신들의 의료혜택을 강화하기 위해 결성되었고, 그 이듬해에는 재활훈련을 마친 사람들의 고용문제를 다루는 대통령위원회가 설립되었다(Shapiro, 1994: 62-63). 이탈리아에서는 1947년 10월 산업재해와 직업병에 의해 신체장애인이 된 자에 대하여 의무고용을 규정하는 「산재장애인 의무고용법」, 1950년 6월에는 전쟁에

---

7) 이 법률에서는 관공서에 대해서는 우선 고용, 민간사업소에 대해서는 종업원 10인 이상의 경우, 20인을 넘을 때마다 1인의 의무고용을 행할 것을 규정하였다(정무성 외, 2012).

8) 필라델피아 선언은 1944년 5월 10일 미국의 필라델피아에서 개최되었던 국제 노동 기구(ILO) 총회에서 채택된 선언으로서, 국제 노동 기구의 목표와 목적, 회원국의 정책에 지침이 되는 모든 원칙을 담고 있다(이종훈·김희남, 2006).

의해 상당한 정도로 노동력을 상실한 모든 자에게 법률 적용을 규정한 「전쟁신체장애인의무고용법」, 1953년 2월에는 공무원, 직업군인이 업무수행 중에 신체장애인이 된 경우 적용되는 「국가봉사신체장애인 의무고용법」이 제정되었다. 한편 독일(서독)은 1953년 3월 종전의 법률을 통합하여 「신체장애인고용법」을 제정하였다. 이 법률에서 신체장애인이라 함은 종전의 전쟁, 산업재해에 의한 것 외에 '나치의 박해에 의한 것'을 추가하고, 소득활동을 50% 이상 상실한 자로 규정하였다. 또 프랑스는 1955년에 군인이었던 자, 재혼하지 않은 전쟁미망인 등에게 적용하는 「할당고용법」, 1957년 11월 모든 신체장애 근로자에게 적용되며, 직장재적응, 직업재교육 및 직업훈련, 우선고용, 보호고용 등에 대하여 규정한 「재활기준법」을 제정하였다.

한편 1955년에 열린 국제노동기구(ILO) 총회에서는 장애인 직업재활에 관한 국제적 기준을 권고[9)]하게 되는데, 이 총회에서는 비장애근로자의 해고나 이동(displacement)을 하지 않는다는 조건하에 일정비율의 장애인을 고용할 것, 장애인을 위하여 지정된 직종을 유보할 것, 중증장애인에게 적합하다고 인정되는 직종에는 고용의 기회나 우선권을 주는 조치를 취할 것 등을 제시하였다. 1960년대는 세계 경제의 고도성장기로 노동력의 필요에 따라 각국이 노동정책을 더욱 강화시킨 시기로서, 벨기에는 1963년에 「장애인고용법」, 오스트레일리아는 1969년에 「보호고용법」을 제정하였다. 미국은 1967년에 지난 1920년에 제정된 「직업재활법」을 개정하여 중도장애인의 직업훈련을 확대하였다. 이와 같이 선진 각국에서는 직업 재활을 위한 카운슬링, 직업평가, 직업적응훈련, 기능훈련 등 직업재활과정에 대한 체계기반이 강화되었으며 일부 국가에서는 특색 있는 보호고용제도가 개발되었다(정무성 외, 2012).

9) R099 - Vocational Rehabilitation(Disabled) Recommendation, 1955(NO. 99).

## 5. 장애인권운동 이후 장애인정책의 변화

두 번의 세계대전과 종전 이후 새로운 사회정치체제로서 복지국가의 등장 및 자본주의 황금기와 궤를 같이한 복지국가의 확대는 그 이전과 비교하여 분명히 장애인의 삶의 질을 향상시켰다. 장애연금, 장애수당 등의 현금급여가 장애인과 보호자들에게 지급되고, 보호작업장 등과 같은 장애인 전용 일터의 설치와 함께 공공기관 및 민간기업이 장애인을 일정 비율 이상 의무적으로 고용하도록 하는 고용할당제가 도입되었으며, 주거 및 일상생활을 지원하는 장애인 시설과 장애유형별로 초중등 교육과정에 해당하는 의무교육서비스를 제공하는 특수학교와 특수학급이 설치되고 운영됨으로써 많은 장애인들이 생존할 수 있었고 최소한의 인간적 존엄을 유지할 수 있었다.

그러나 여전히 주류 시민 및 사회 일반의 장애인에 대한 근본적인 시각은 바뀌지 않았다. 이 시기 자본주의가 고도로 발전하는 과정 속에서 장애인은 생산에 참여할 수 없거나 생산성이 극히 낮은 노동불능자 또는 노동능력제약자라는 인식이 더욱 공고해졌으며, 그래서 경제적으로 자립할 수 없고 가족 및 사회에 지속적으로 의존해야만 하는 항구적 의존대상자, 더불어 비정상과 표준으로부터 일탈된 몸을 지니고 있기에 전문가의 원조계획에 순응하면서 끊임없이 정상의 몸으로 거듭나야 하는 환자라는 인식은 불변하였으며 오히려 확고해졌다. 즉 복지국가는 장애인을 사회보장급여를 수급하고 사회서비스를 제공받는 수급자/수혜자로 변모시켰지만 여전히 이등시민과 비정상적 존재로 처우하였다고 할 수 있다.

1960년대 말에 유럽에서 시작되어 북미로 확산된 신사회운동은 장애인에 대한 사회적 처우를 시혜가 아니라 권리로 전환시키고자 한 장애인권운동을 촉발하는 계기가 되었으며, 이로 인해 1970년대 이후 복지국가의 장애인정책은 이전의 장애인복지 태동기와는 확연히 구분되는 장애인복지 전환기 및 발전기로 이행하게 된다. 이들 두 시기에 장애인정책이 구체적으로 어떻게 변화하였는지를 살펴보기에 앞서 장애인정책의 역사적 변곡점을 만들어낸 신사회운동이 무엇인지 살펴보자.

제2차 세계대전 종전 이후 황폐화된 전후 경제의 재건에 대한 사회적 수요와 맞물려 과학기술의 발달에 따른 생산기술의 혁신이 거듭 이어지면서 서유럽과 북미 국가를 중심으로 약 30여 년에 걸친 지속적인 고도성장의 시대가 도래하였다. 그리고 그에 따른 결실로서 노동자의 임금과 시민의 소득이 증가하고 상품과 재화의 대량소비로 이어지면서 생산체제의 물적 토대가 확대되고[10], 물질적 안락함과 풍요로움이 자본주의 체제를 살아가는 시민의 최우선 목표가 되는 물질만능주의 가치관이 팽배하였다.

그러나 고도의 경제성장과 물질적 풍요로움 이면에 가족과 사회생활에 영향을 미치는 사회적 해체, 범죄와 폭력의 증가, 생태 위기, 다양한 정치 불안 등 20세기 후반 자본주의를 특징짓는 또 다른 모습이 있었다. 일부 사회학자들은 이러한 자본주의의 모순에 주목하면서 20세기 후반 자본주의를 후기 자본주의(late capitalism) 시대, 탈산업사회(post-industrial society) 혹은 탈자본주의사회(post-capitalist society)의 도래로 명명하였다. 결국 이는 1960년대 말부터 서구 사회에서 기존의 노동운동을 중심으로 하는 계급 투쟁적 성격의 사회 운동에 변화를 초래하여 환경운동, 여성운동, 평화운동 등의 새로운 가치를 추구하는 운동이 일어나게 되는데, 이를 신사회운동(新社會運動)이라고 한다.[11] 구체적으로 1970년대 이후 지역 단체, 환경주의자, 실업자, 복지 수혜자, 소수자 집단 그리고 '일반적으로 권리를 박탈당한 사람들' 등으로 구성된 다양한 운동들이 등장했으며(Castells, 1978; Touraine, 1981; Boggs, 1986; Oliver, 2006에서 재인용), 장애인권

10) 구체적으로 기업이 더 많은 이윤을 얻고자 상품과 재화 생산에 필요한 원료를 저개발국가와 지구생태계로부터 더 많이 채취하고 이를 가공하는 생산공장이 더욱 늘어나며 제품과 소비 시장을 연결하는 도로와 항만 등 물류가 더욱 확장되는 현상을 의미한다.

11) 이상수(2006). Basic 고교생을 위한 사회 용어사전. 네이버 지식백과.

운동 역시 이러한 흐름 속에서 흑인인권운동, 여성해방운동의 뒤를 이어 스웨덴 등 북유럽국가, 영국과 미국 등을 중심으로 본격적으로 전개되었다.

신사회운동으로서 장애인권운동은 장애 당사자의 조직화와 함께 기존의 장애인정책을 갱신해야 할 당위성과 방향을 제시하는 새로운 장애인복지 이념을 제시하였는데, 노멀라이제이션, 장애의 사회모델, 자립생활 이념 등이 이 시기에 등장하여 현재까지도 지대한 영향을 미치고 있는 대표적인 장애 담론이라고 할 수 있다(이들 이념은 3장에서 자세히 다룬다). 이렇듯 장애당사자 조직화라는 정치적 성과와, 변화의 당위성과 방향을 담은 강력한 담론의 선점은 1970년대 이후 서구를 중심으로 다양한 장애관련 입법 요구라는 실천적 운동으로 이어졌으며, 실제 수많은 법률과 정책 및 제도들이 그러한 운동의 성과로서 입법화되고 시행되기에 이르렀다. 이러한 장애인권운동이 지향하는 요구들을 수렴해 보자면, 결국 장애 당사자인 '나'는 삶을 구성하는 정치의 소비자이자 삶을 주도하는 정치의 행위자로서 비장애인과 동등하거나 보통의 삶을 살아갈 수 있는 권리가 있으며 따라서 사회와 국가 공동체는 이러한 삶이 가능하도록 사회적 장벽과 억압을 해소하고 필요한 서비스와 급여를 반드시 제공해야 한다는 것이다. 이러한 요구에 대한 사회적 수용의 성격을 갖는, 1970년대 이후 현재에 이르기까지 서구 국가들에서의 장애인복지의 주요 변화들을 장애인복지 전환기, 장애인복지 발전기, 장애인복지 도약기로 구분하여 살펴보면 다음과 같다.

### 1) 장애인복지 전환기(1970년대)

1960년대 들어 시설 중심의 장애인보호를 반대하는 노멀라이제이션(Normalization) 운동이 스웨덴 등 북유럽을 중심으로 시작되었다. 이러한 노멀라이제이션은 장애인도 비장애인과 같은 권리와 의무를 가져야 하며, 장애인에게 일반적인(normal) 생활조건에서 최대한 자신의 능력을 개발할 수 있도록 장애인 개개인의 욕구에 적절한 처우나 교육 또는 훈련을 포함하여 다른 모든 시민에게 주어지는 것과 동일한 조건을 제공하는 것을 의미한다. 이러한 흐름은 장애에 관한 기존 정책의 대안으로서 자리를 잡게 되고, 세계 각국으로 확산되어 1971년 유엔(United Nations: UN)에서 '정신지체인 권리선언(The Declaration of the Rights of Mentally Retarded Persons)'을 채택하는 이념적 배경이 되었다. 유엔은 1971년 '정신지체인 권리선언'에서 '정신지체인은 국민으로서 일반시민과 동등한 기본적 권리를 가진다.'고 선언하였다. 이어 1975년 '장애인 권리선언(The Declaration of the Rights of Disabled Persons)'을 채택하여, '모든 장애인은 인간으로서의 존엄성을 존중받아야 할 권리가 있고, 모든 사회활동에 참여할 권리가 있다.'고 하였으며, 이에 모든 국가는 장애인의 권리를 보호하고 이를 보장하는 적극적 시책을 펼칠 것을 촉구하였다.

이 시기 각국의 장애인 관련 제도 등을 살펴보면 다음과 같다(정무성 외, 2012). 앞서 살펴본 것처럼 스웨덴에서는 1960년대 말부터 노멀라이제이션 운동에 따라 전통적인 장애인복지정책 방향에 변화가 일어나기 시작하였다. 이에 1970년대 이후 외딴 곳에 있는 대규모 시설의 장애인 수용을 금지하였으며, 중증장애인을 제외하고 시설보다는 위탁양육가정이나 부모 또는 본인의 가정에서 생활하게 하는 것을 원칙으로 하였다. 영국은 1970년에 「만성질환자 및 장애인 법」을 제정하여 중증장애인의 사회적 자립 욕구에 대처하도록 하였다. 독일은 이전까지 전쟁희생자 원호와 재해보험의 이원적 구조로 이루어지던 체계를 1970년 4월 연방정부의 「장애인 재활촉진을 위한 활동강령」에 의해 하나로 조정하였으며, 1974년에는 법적의무고용확정, 납부금제도 확립, 해고제한 등의 내용과 보호작업장을 설치하여 중도장애인에 대한 정책 강화를 제시한 「중증장애인법」을 제정하였다. 미국은 1970년에 장기적인 서비스를 필요로 하는 발달장애인 및 중증장애인에 대한 생활의 장을 제공해서 사회적 통합을 지원하고자 「발달장애인서비스 및 시설건축물법」을 제정하였다. 또 1973년에는 지난 1920년부터 시행해 온 「직업재활법」을 「재활법」으로 명칭과 내용을 변경하여 제정하였으며, 1975년에는 「장애아동교육법」을 제정하여 모든 장애아동들이 장애의 정도와 관계없이 '질 낮은 방문교육' 대신 비장애아동과 마찬가지로 학교에서 교육을 받게 하였다.[12] 1978년에는 「장애인 부조 및 권리법」이 제정되어 종래에 사용되어 오던 장애의 분류별 정의를 삭제하고 사례관리를 통한 장애인의 욕구충족을 중시하는 행정방식을 도입하였다.

한편 이 시기 미국에서는 1972년 캘리포니아 '버클리 자립생활센터'에서 시작된 자립생활운동(the Independent Living Movement)이 전국으로 빠르게 퍼져나갔다. 1977년 52곳이던 자립생활센터는 10년이 안 되어서 약 300곳으로 늘었으며, 대부분은 자립생활센터의 원조이자 가장 활동적인 버클리센터를 본보기로 삼았다. 그리고 1978년 연방의회가 연방정부 재활국장에게 자립생활센터를 운영하고 있는 주에 예산을 지원할 수 있는 재량권을 주면서 중요한 전기가 마련되었는데, 이는 장애인들이 스스로 운영하는 프로그램에 필요한 예산을 확보할 수 있게 되었다는 것을 의미한다(Shapiro, 1994).[13] 이후 1981년에는 전미자립생활협의회(NCIL)가 설립되어 보다 체계적인 장애인운동의 기틀이 마련되었다.

---

12) 1973년 제정된 「재활법」에서 가장 중요한 조항은 504조(Section 504 of the Rehabilitation Act)에 덧붙어 있는 4개의 조항인데, 이것은 연방정부의 지원을 받는 기관이나 프로그램이 '장애가 있다는 이유만으로(solely by reason of handicap)' 차별하는 것을 금지하는 조항들이다. 당시 미국 보건교육복지부장관 조셉 칼리파노는 이 조항의 시행에 반대하여 「재활법」이 연방의회를 통과한 이후, 4년 동안 법안에 서명을 하지 않았다. 이에 미국장애인들은 25일 동안 샌프란시스코에 있는 보건교육복지부지방사무소를 점거하는 등 격렬한 운동을 벌였으며, 이러한 장애인들의 저항에 의해서 칼리파노는 1977년 4월 28일, 의회에서 법안이 통과된 지 4년 만에 수정 없이 재활법안에 서명하였다. 한편 칼리파노는 「재활법」을 서명하면서, 1975년에 제정하였으나 시행을 미루고 있던 「장애아동교육법」에도 함께 서명하였다. 이 법률의 제정으로 상당 수 장애인의 대학진학을 가능하게 하는, 소위 좋은 교육을 받는 새로운 장애아동들의 시대를 열게 되었다(Shapiro, 1994: 64-70).

13) 자립생활센터가 미국 전역에 퍼져나가면서 장애인과 그 가족, 전문가들 사이에서 새로운 장애인권운동의 철학이 확산되었다. 그들은 자립생활이라는 새로운 이상을 주장하였다. 자립생활센터들은 의사나 치료사들 그 누구도 장애인 당사자보다 장애인의 욕구를 더 잘 아는 사람은 없다고 주장하였으며, 자신들의 자조 프로그램을 운영하고 스스로 의사를 결정하는 새로운 모델을 제시하였다(Shapiro, 1994: 73).

또 세계 최초로 '건축물 설비에 관한 미국기준설계서'가 작성된 후 1970년대에 들어와서는 영국, 스웨덴, 캐나다, 뉴질랜드, 독일(서독), 일본 등의 선진국은 도로, 공공시설, 도시계획에 있어서 장애인 생활권의 장벽제거정책(배리어 프리, Barrier Free)을 시행하게 되었다.

결국 1970년대는 장애인권리선언과 노멀라이제이션 운동 등의 영향을 받아 생활시설 중심의 장애인복지로부터 지역 중심의 직업재활이 강화된 시기이며, 자립생활운동 등 중증장애인의 사회통합을 지향하는 장애인복지의 형태로 변하기 시작한 시기라고 할 수 있다.

## 2) 장애인복지 발전기(1980년대)

1976년 유엔 총회의 결의에 따라 유엔은 1981년을 '세계장애인의 해(International Year of Disabled Persons)'로 정하고, '완전한 참여와 평등(Full Participation and Equality)'을 주제로 하여 세계적으로 운동을 전개하였다. 이를 계기로 많은 개발도상국가에서 장애인정책의 지속적인 전기가 마련되었다. 이에 유엔은 회원국들이 장애인 정책을 지속적으로 추진하도록 촉구하기 위해 1983~1992년을 '유엔 장애인 10년(UN Decade of Disabled Persons)'으로 선포하고 이를 실천하기 위한 구체적 지침으로 '장애인에 관한 세계행동계획(World Program of Action Concerning Disabled Persons, 1983)'을 발표하였다. 이 행동계획은 '완전한 참여'를 실현하는 내용으로 장애인의 주체적 사회생활 운영, 장애인의 사회적 공헌, 장애인의 정책결정단계의 참가 등을, '평등'을 실현하는 내용으로는 다른 국민과 같은 수준의 생활, 평등한 분배 등을 실천하도록 하였다.

이 시기 각국의 주요 법률제정 내용은 다음과 같다(정무성 외, 2012). 영국은 1981년 「장애인법(the Disabled Persons Act)」과 1986년 「개정장애인(서비스, 상담 및 대리)법」을 제정하였다. 1981년 법에서는 장애인에 대한 일상생활의 편의를 도모하기 위해 건축물의 출입구에 장애인 편의시설 및 주차공간 확보에 대한 규정이 명시되었고, 1986년의 「개정장애인(서비스, 상담 및 대리)법」에서는 지방정부의 장애인에 대한 서비스(욕구평가, 교육, 의료, 돌봄)에 대한 책임을 명시하고, 장애인을 위한 서비스의 계획부터 실행까지, 모든 정책결정 시 장애인 혹은 대리인의 의견이 수렴되도록 조치해야 함을 명시하고 있다. 스웨덴은 1986년 「발달장애인 특별서비스법(the Act on Special Services for Developmentally Disabled Persons)」을 제정하여, 발달장애인을 가정에서 돌보는 보호자의 휴식서비스(respite service), 시설에서 생활하는 장애인을 위한 상담과 필요한 사회복지서비스를 규정하였으며, 미국도 1984년 「발달장애인법(Developmental Disabilities Act)」을 제정하였다. 한편 1980년 세계보건기구(WHO)에서는 국제장애분류(International Classification of Impairment, Disabilities, and Handicaps: ICIDH)를 발표하고 이 분류기준을 적용할 것을 권장하였다. 그리고 1970년에 시작된 자립생활운동이 1980년대에 미국 전역은 물론 전 세계적으로 확산되었다.

### 3) 장애인복지 도약기(1990년대 이후)

1990년대 들어서 역사적으로 가장 중요한 것은 1990년 7월 「미국장애인법(Americans with Disabilities Act: ADA)」의 제정이다. 이 법은 장애라는 이유로 차별을 받지 않도록 하기 위해 장애인 고용 시 차별금지 규정, 교통정책과 관련된 규정, 건축물에 관한 규정, 통신관련 규정 등 사회적 · 물리적 환경에 대한 내용을 포괄적으로 다루고 있다(에이타 야시로 외, 1993; 임종호 외, 2010).

이 법의 제정취지는 다음과 같다. 장애문제 해결은 장애인 인권보장을 바탕으로 해야 하고, 장애인 재활의 궁극적인 목표인 장애인의 평등하고 완전한 사회참여와 통합을 달성하는 데는 장애인의 재활과 더불어 균등한 기회부여가 그 전제 조건이 되며, 균등한 기회부여를 가로막는 가장 큰 장애요인은 사회적 · 물리적 장벽이다. 따라서 장애인에 대한 차별행위를 막기 위해서는 구체적으로 이를 규제하는 입법조치가 필요하다.

이 법은 15인 이상의 공공 및 민간 사업장에 적용되는데, 장애인의 고용, 공공서비스와 교통 및 시설 이용, 통신 서비스 이용에서의 차별을 금지하고 있다. 구체적으로는, 장애인의 근무여건에 적합한 환경, 물리적 접근권의 보장, 청각장애인을 위한 통신 중계 서비스(Telecommunication Relay Services: TRS) 등을 명시하고 있다. 또한 건축물의 접근성을 높여 장애인의 출입과 이용을 손쉽게 할 것을 명시하고 있으며, 교통시설이나 수단에서 모든 장애인의 이용이 가능하도록 하는 것을 원칙으로 하여 새로 도입하는 버스나 지하철, 열차 등 모든 대중교통수단도 장애인의 출입이 가능하도록 설계 · 제작하여야 한다고 규정하고 있다(정무성 외, 2012). 미국에서의 법 제정에 이어 호주와 영국이 각각 1992년과 1995년에 「장애인차별금지법」을 제정하였다.

결국 1990년대는 1970년대와 80년대를 걸쳐 구축한 장애인복지가 재활전문가뿐만 아니라 장애인 당사자와 가족, 주민과 정부의 정책적인 참여에 따라, 장애인 당사자의 사회통합을 위한 장애인의 전인적 능력개발과 사회접근보장을 위한 건축물 개선, 주택개선, 이동 시스템의 개선, 사회심리적 주민의식 개선 등의 지역사회개발이 병행되는 형태로 총체적인 개념의 장애인복지가 형태를 갖추기 시작한 시기라고 할 수 있다(정무성 외, 2012).

한편 유엔은 장애인의 인권과 관련해서 '정신지체인 권리선언', '장애인 권리선언' 등을 1970년대에 이미 채택하였지만, 이 선언들은 법적 구속력을 가지지 못했다. 이에 보다 강력한 규정인 '유엔장애인권리협약'을 2006년 유엔총회에서 채택[14]하였으며, 회원국은 각국의 입법기관에서 정식 비준절차를 밟고 협약의 내용을 준수하도록 하고 있다. 이 협약은 모든 장애인이 인권과 기본적 자유를 완전하고 동등하게 향유하도록 보장하고 보호하고 장려하여, 장애인 고유의 존엄성을 존중하도록 함을 목적으로 하고 있다. 특히 이 협약의 특징은 단

14) '유엔장애인권리협약'은 유엔이 8번째로 채택한 인권협약으로 2006년 9월 제61차 유엔총회에서 채택되었다.

순히 정부관계자들만의 특별위원회를 통해 만들어진 것이 아니라 각국에서의 비정구기구(NGO) 성격의 장애단체들의 적극적인 참여를 독려하고, 이들의 의견을 대다수 반영하였다는 점이다. 즉 전세계 장애인들의 오랜 기간의 장애운동이 집약된 결과라 할 수 있다(임종호 · 이영미 · 이은미, 2016). 협약의 주요 내용을 보면 다음과 같다(김미옥 외, 2006).

첫째, 장애인의 모든 인권과 기본적인 자유를 완전하고 동등하게 누릴 수 있도록 증진, 보호 및 보장하고, 장애인 고유의 존엄성을 존중하도록 장려함을 목적으로 하고 있다(제1조). 둘째, 장애인권리협약은 기존의 장애인 인권 규정에 비해 상당한 수준의 내용적 구체성과 강제성을 특징으로 하고 있는데, 예를 들어 장애여성(제6조) 및 장애아동(제7조) 규정의 신설, 법 앞의 평등 및 사업에 대한 접근 등 동등한 법적 능력 부여(제12조 및 13조), 비인도적인 처우 금지(제15조, 16조, 17조), 자립과 이동권 보장(제9조 접근성및 제18조 이동과 국적의 자유, 제19조 독립생활, 제20조 개인의 이동 등) 및 권리협약에 대한 당사국의 강력한 의무이행(제32조, 33조, 35조, 36조 등)을 강조하고 있는 등 국제법적 지위를 공고히 하고 있다. 셋째, 기존의 국제규정에 비해 근본적이며 중요한 기본적 원칙들을 제시하고 있다는 특징이 있다. 구체적으로 (1) 천부적인 존엄성, 선택의 자유를 포함한 개인의 자율성 및 자립에 대한 존중, (2) 비차별(차별금지), (3) 완전하고 효과적인 사회참여 및 통합, (4) 인간의 다양성과 인류의 한 부분으로서의 장애인에 대한 차이의 존중 및 수용, (5) 기회균등, (6) 접근성, (7) 남성과 여성의 평등, (8) 장애아동의 점진적 역량존중 및 정체성 유지를 위한 권리존중의 제반원칙을 규정하고 있다. 넷째, 장애에 대한 인식개선을 위해서 각 국가에서 실질적이고 적절한 대책을 강구하도록 규정하고 있다.

## 생각해보기

1. 장애의 역사를 배우는 것이 왜 중요한가?
2. 이 책에서 근대 이후 변화된 장애인에 대한 사회적 처우의 배후로 지목한 요인들 외에 다른 요인은 없는가?
3. 장애인권운동에 영감을 주었던 흑인인권운동, 여성주의운동과 장애인권운동이 다른 점은 무엇인가?

03 Chapter

# 장애의 이념과 태도

**주요 학습문제**

- 장애 이념은 무엇이며 어떻게 구분되는가?
- 장애인복지정책과 서비스에서 장애인복지 이념은 어떻게 실현할 수 있을까?
- 장애인에 대한 비장애인의 태도는 어떠한가?
- 수용과 참여는 어떠한 차이가 있는가?

## 1. 장애 이념의 구분

장애 이념이란 장애란 무엇인지, 장애인이 경험하는 삶의 본질과 그 원인은 무엇인지, 사회(공동체)는 장애에 대해 어떻게 접근해야 하며 구체적으로 어떻게 대우해야 하는지와 관련된 모든 사회적 담론(이야기)을 의미한다. 이러한 장애 이념은 크게 다음과 같이 구분할 수 있다.

첫째, 장애란 무엇인가, 손상된 몸의 존재(장애인)가 경험하는 삶의 본질이 무엇인가에 관한 담론으로서 이들 이념은 장애의 존재론이라고 불릴 수 있다. 장애의 존재론은 개인모델, 사회모델 및 통합모델 등 장애가 무엇인지를 이야기하는 장애 개념론과 손상된 몸의 존재(장애인)가 경험하는 삶의 모습이 어떠한지에 대해 해명하는 손상된 몸(장애인)의 존재론으로 나뉜다. 우리는 이들 이념을 1장과 2장에서 살펴보았다.

둘째, 공동체(사회)는 장애를 어떻게 다루어야 하는가, 사회는 장애인을 어떻게 대우해야 하는가, 장애인에 대한 사회적 지원은 구체적으로 어떻게 이루어져야 하는가와 관련된 이념으로 이는 장애의 정의(Justice)론이라고 불릴 수 있다. 장애의 정의론은 현대 복지국가에서 시행하고 있는 장애인에 대한 사회적 지원체계인 장애인복지에 가장 잘 투영되고 적용되고 있다는 점에서 이 책에서는 장애인복지 이념을 중심으로 장애의 정의론을 살펴볼 것이다.

셋째, 어느 날 갑자기 혹은 무엇으로도 해명할 수 없는 이유로 손상을 갖게 된, 그리고 손상된 몸의 존재에 대한 고려가 부재하거나 혹은 불충분한 사회환경 속에서 살아가는 어떤 인간의 실존(혹은 예정되었으나 아직 오지 않은 나의 미래일수 있는)에 대해 동료 인간(시민)은 그들에 대해 어떤 태도를 취해야 하는가와 관련된 이념으로 이는 장애의 윤리론이라고 불릴 수 있다. 이 책에서는 비장애인의 장애인에 대한 태도를 중심으로 장애의 윤리론을 살펴볼 것이다. 특히 이를 장애의 존재론과 장애의 정의론에 이어 맨 마지막에 배치한 것은 사회적으로 형성된 어떠한 현상을 경험하고 있는 누군가에 대한 올바른 태도는 현상에 대한 충분한 앎(지식)으로 비롯된다는 인식에 기반을 둔 것이다.

## 2. 장애인복지 이념

장애인복지는 장애인이라는 특정 인구집단을 대상으로 하고 있다. 따라서 우리 사회의 장애인복지를 정확하게 이해하기 위해서는 이와 관련하여 논의되고 있는 이념에 대한 이해가 먼저 선행되어야 한다. 최근까지 서구사회에서 산업혁명 이후에 변화된 장애관련 이념은 주로 대립되는 이념으로 설명되어 왔다. 분리와 통합, 개인 책임과 사회 책임, 전문가 주도와 당사자 주도 등이 바로 이것이며, 이는 각각 '분리와 노멀라이제이션', '개별 모델과 사회 모델', '재활모델과 자립생활모델'로 설명되어 왔다. 여기에서는 이러한 대립되는 이념을 넘어 장애인복지에서 지향해야 하는 이념이 무엇인가에 대해서 살펴본다.

### 1) 장애인복지의 기본 이념

#### (1) 인권존중

장애인의 기본적인 이념을 정립하기 위해서는 장애인에 대한 사회적 평가가 지난 오랜 역사동안 편견이나 차별에 근거하고 있었다는 사실을 먼저 인식해야 한다. 그리고 이와 동시에 장애인이 한 사람의 인간으로서의 존엄성을 갖고 있으며, 인간으로서 당연히 가져야 할 권리와 의무가 있다는 인권과 인간존중의 이념에 대해서 알아야 한다.

세계인권선언(1948) 제1조에서는 장애인을 포함한 모든 사람은 태어날 때부터 자유롭고 동등한 존엄성과 권리를 가지고 있다고 하였고, 정신지체인권리선언(1971) 제1조에서는 국민으로서 최대한 다른 일반 시민과 동등한 기본적 권리를 가진다고 규정하였으며, 장애인권리선언(1975) 제3조에서도 장애인은 인간으로서의 존엄성이 존중되고 같은 나이의 시민과 동등한 기본적 권리를 가지고 있다고 말한다. 또한 1983년 유엔총회에서 채택된 '장애인에 관한 세계행동계획'의 제2항에는 '세계적으로 5억 이상의 인구가 정신, 신체 또는 감각기관의 손상으로 인한 장애를 가지고 있지만, 이들도 다른 사람과 동등한 권리와 평등한 기회를 누려야 한다'고 말하고 있으며, 제26항에서는 '장애인은 다른 사람과 동등한 권리를 가지고 있음과 동시에 당연히 동등한 의무를 지고 있다'고 하여 장애인도 비장애인과 똑같이 대등한 인간으로 보고 있다. 한편 2006년 유엔총회에서 채택된 '장애인권리협약(CRPD)'에는 제1조에서 '이 협약의 목적은 장애인이 모든 인권과 기본적인 자유를 완전하고 동등하게 향유하도록 증진, 보호 및 보장하고, 장애인의 천부적 존엄성에 대한 존중을 증진하는 것이다'고 규정하여 장애인의 인권존중과 인권의 존엄성, 그리고 비장애인과 같은 인권의 대등성을 규정하고 있다.

이러한 인권존중의 의무는 우리나라 「헌법」에서도 규정하고 있다. 「헌법」 제10조에서는 '모든 국민은 인간으로서의 존엄과 가치를 지니며, 행복을 추구할 권리를 가진다. 국가는 개인이 가지는 불가침의 기본적 인권을 확인하고 이를 보장할 의무를 진다.'고 규정하고 있는데, 이는 장애인도 다른 비장애인들과 마찬가지로 동등한 인권을 가지고 있다고 규정한 것이라고 볼 수 있다. 이는 「헌법」 제34조 제1항에서 '모든 국민은 인간다운 생활을 할 권리를 가지고 있다.'는 규정을 통해서도 확인할 수 있다.

이와 같이 국제선언과 협약, 우리나라의 「헌법」 등에서 공통적으로 제시하고 있는 장애인 복지의 기본 이념은 결국 '인간의 가치 실현'이라고 할 수 있다. 즉 각 인간은 존중받을 가치를 지니고 있으며, 또한 민주사회 내에서 생계를 유지할 수 있는 권리를 가지고 있다는 것이다.

### (2) 평등과 참여

장애인들은 비장애인과 다른 차별적 취급을 배제하고 이 사회에서의 통합을 지속적으로 주장하였다. 그럼에도 불구하고 현재까지 학교, 직장, 공공시설 등에서 장애인을 분리시켜 왔다. 오랜 역사적 소산으로서 존재하는 장애인에 대한 편견과 차별[1] 속에 현재도 많은 장애인들이 생활하고 있다.

장애인의 완전한 참여와 평등이 진행되어 장애인도 비장애인도 분리되지 않는 체계가 형성되는 상태를 통합(integration)이라 한다. 그러나 참여는 평등이 이루어져야만 실현될 수 있다. 이러한 편견이나 차별은 복지 선진국에서도 완전히 사라지지 않고 있다. 그러나 복지 선진국들이 장애인의 인권을 존중하는 이념은 우리나라와 비교가 되지 않을 정도로 진전되어 있다. 우리나라의 현대 사

1) 편견과 차별의 의미를 살펴보면 다음과 같다. 편견(prejudice)은 특정 집단이나 범주에 대한 개인의 비호의적인 믿음을 의미하며, 차별(discrimination)은 한 집단에 비호의적인 행위와 활동으로 소수집단의 성원들에 대한 특정의 기본적인 권리나 기회를 박탈하는 것을 의미한다. 결국 편견은 일종의 믿음이며 차별은 행동이라고 규정할 수 있다.

회에 뿌리 깊이 박혀 있는 편견이나 차별에 대하여 평등의식이 존중되지 않는 한 장애인복지는 발전이 없을 것이다.

### (3) 기회균등화와 노멀라이제이션

1970년대 장애인복지를 주도했던 각종 권리선언에서 주장했던 장애인의 기본적인 권리들이 1980년대 이후 세계장애인의 해 선언과 장애인에 관한 세계행동계획, 아·태 장애인 10년 선언 등에서 보다 적극적으로 추진되어 기회균등화에 기여하였다. '기회균등화'란 물리적·문화적 환경, 주택과 교통, 사회적인 서비스와 보건서비스, 교육과 취업의 기회, 스포츠와 레크리에이션 시설을 포함한 문화·사회생활 등 전반적인 사회기구를 모든 사람이 이용할 수 있도록 하는 것이다(남상만·나운환·유명화, 2002). 즉 장애인이 장애라고 하는 특징을 가진 한 사람의 사회구성원인 한, 모든 사람들이 공유하는 사회는 당연히 장애인에게도 개방되어야 하며, 별도의 생활의 장과 특별한 시설에 장애인만을 수용하거나 격리한다고 하는 것은 부자연스러운 것이다.

장애인과 비장애인의 생활 간에 차별이 없어지고 평등이 당연한 것이 되었을 때 장애는 일반적인(normal) 것이 된다. 이러한 기회균등화의 원리에 의해 실현된 차별이 없는 상태가 바로 노멀라이제이션(normalization)[2)]이라고 할 수 있다. 이것은 장애인도 사회의 동일한 구성원으로서 비장애인과 동일한 삶의 장소와 동일한 생활양식을 유지하여야 한다고 보는 관점(김용득 외, 2012)으로, 장애를 가진 사람을 장애인으로 취급하는 것이 아니라 한 사람의 인간으로서 보통의 생활환경 속에서 일반적인 생활을 하는 사회의 실현을 꾀하려는 생각이다.

산업화 이후, 생산력이 떨어지는 장애인은 다른 사람들의 생산에 방해가 되

---

2) 노멀라이제이션(normalization)은 현재 우리나라에서 많은 경우 '정상화'로 번역되어 사용되고 있다. 그러나 정상화라는 용어는 정상과 비정상이라는 것을 연상시켜, 분리의 반대 의미, 즉 통합을 설명하지 못하고 있다. 이에 본 장에서는 번역하지 않고 '노멀라이제이션'이라는 단어를 그대로 사용하고자 한다.

기 때문에 시설 또는 의료기관에 분리되어 보호, 치료를 받아야 하는 존재가 되었다. 이 시기부터 장애는 비정상적이고 바람직하지 못한 상태이며, 장애인은 영구적으로 다른 사람에게 의존하여야 하는 존재로 규정되었다. 이런 의존적 상황의 지속은 장애인 스스로 자신의 문제에 자주적으로 대처하는 능력을 약화시켰고, 사회적 책임 주체에서 제외되도록 함으로써 장애인을 사회와 분리되도록 하였다(김용득 외, 2012).

이러한 분리에 반대되는 의미로 사용되는 노멀라이제이션은 1959년 덴마크의 지적장애인부모회에서 처음으로 사용한 용어로, 이후 1960년대 후반 북유럽에서 발달장애인서비스 실천의 원칙으로 제기되어 시설보호에 반대하며, 일상적인 생활 형태와 리듬을 강조하는 개념으로 발전하였다. 즉 대형시설에 대한 반대와 시설 중심의 장애인 재활서비스에 대한 개선책으로 장애인에게도 비장애인과 같은 정상적이고 일상적인 생활 형태와 리듬을 찾아주자는 것이었다. 노멀라이제이션 이념은 기존의 장애인을 분리시키는 재활중심 이념에 반대하며, 정상적이고 일상적인 생활 리듬을 존중할 것을 강조한다. 또한 개인의 성장과 발달에서 일반적인 발달경험, 인생주기에서의 선택의 자유, 정상적인 이웃과 함께하는 일반적인 가정에서의 삶, 지역사회에 통합되어 있는 삶을 강조하는 이념(오혜경, 1999)으로 주로 장애인의 일상생활을 비장애인과 동일하거나 비슷한 리듬을 찾아주자는 것이다. 즉 아침에 일어나고 저녁에 잠자리에 드는 등의 행위를 포함하는 하루 일과에서의 일반적인 리듬, 일주일에 낮 시간의 5일은 직장에 나가서 일하고, 시간과 주말은 휴식을 취하는 일주일의 일반적인 리듬, 일 년 중 특정시기에 휴가가 있고, 휴식 기간을 가지는 등의 일 년 동안의 일반적인 리듬 등을 서비스 분야에서도 동일하게 적용되어야 함을 주장한다(김용득 외, 2012; Cocks, 2001).

노멀라이제이션의 제창자인 뱅크 미켈슨(Bank-Mikkelsen)은 이를 구현하기 위해서 인간생활의 조건을 주거조건, 일과, 여가의 3가지로 나누어서 그 각각의 국면이 어떠해야 하는가를 제시하였다(신현석, 2012). 즉, 주거조건에서 장애아,

특히 지적장애아동의 생활을 일반화하기 위해서는 시설이 아닌 부모의 집에서 가족들과 함께 살도록 하고, 성인장애인의 경우는 다른 성인들과 함께 생활하도록 하며 가능한 한 자립할 수 있는 여건을 조성하는 것이다. 일과에 대해서는 장애아동의 경우에는 교육을 받을 권리가 다른 아동들과 동등하게 존중되어야 하며, 성인의 경우 능력에 맞는 노동을 할 수 있는 여건이 마련되어야 한다. 또한 여가에 있어서도 다른 사람과 똑같이 여가시설을 이용할 수 있는 기회와 권리가 확보되어야 한다.

이와 같이 노멀라이제이션 이념은 장애를 가진 사람을 단지 '장애인'으로 취급하는 것이 아니라 그전에 한 사람의 인간으로서 일반적인 생활환경 속에서 일상적인 생활을 하도록 하는 사회의 실현을 꾀하려는 이념이라고 할 수 있다. 노멀라이제이션 이념은 이후 1970년대와 80년대 초반을 거치면서 울펜스버거(Wolfensberger)에 의하여 사회적 역할의 가치화(Social Role Valorization: SRV)[3]로 정교화되었으며, 장애인복지서비스 제공에 있어서의 강력한 하나의 이념으로 그리고 장애인복지 분야의 서비스 질을 개선시키는 데 중요한 기준으로 평가되고 있다.

이러한 노멀라이제이션 이념이 잘 정착되어 있는 사회라면 장애인에 대한 배려는 오히려 장애인을 차별하는 것이 될 것이다. 그러나 아직 우리나라와 같이 발달이 덜 되어 있는 사회에서는 장애인이 필요로 하는 생활조건을 강화하여 복지의 기초를 향상시켜 나가는 것이 필요하다.

---

3) 사회적 역할의 가치화(SRV)는 1960년대 후반에 형성되어 발전되어 온 노멀라이제이션 이론에 입각하여 1983년 미국에서 울펜스버거에 의해 체계화된 이론이다. 사회적 역할의 가치화는 능력과 가치를 중요하게 생각하는 사회에서 가치를 인정받지 못하는 사람들이 이러한 가치절하를 극복하기 위해 그 사회나 가정, 학교, 직장 등에서 가치 있다고 평가받는 역할을 수행할 수 있도록 하는 것을 목표로 한다. 이에 따라 장애인도 가치 있게 평가되는 사회적 역할을 잘 수행하면 개인의 속성이 높이 평가된다는 것이다. 이러한 목표를 달성하기 위해 이 이론에서는 개인의 능력을 향상시키는 방법과 가치절하를 가져오는 사회적 이미지와 환경개선 전략을 제시하고 있다.

### (4) 사회통합[4)]

#### ① 통합의 개념

통합이란 한 개인이 일반 지역사회 안에 가치 있는 사회적 역할을 할 수 있는 인격적 개인으로 성공적인 참여를 하는 것[5)]이다. 여기의 중요한 단어는 '개인(personal)'과 '참여(participation)'이다. 개인이 사회에 통합되기 위해서는 '집단, 특히 가치가 저하된 사람들의 집단'이 아닌 '개인' 그 자체의 관점에서 보아야 한다. 그리고 참여는 어느 장소에 단순히 몸이 간다는 의미가 아니라 사회적으로 인정받는 방식을 통해 '개인적으로 참여'하는 것을 의미한다.

또한 통합이란 필요한 지원 없이 어떤 지역사회로 사람을 밀어 넣는 것[6)]이 아니다. 지역사회 안에 소집단의 사람들을 가져다 놓는 것도 아니고, 버스로 한 집단의 사람들을 다른 사람들이 살고 있는 마을에 데려가는 것도 아니다. 이러한 방식의 통합은 사람들이 지역사회에 참여하고 배울 수 있는 기회를 제한함과 동시에 '사회적 기능이 저하된 사람들의 집합체'를 만들 뿐이다. 또 통합이란 사회적 기능이 저하된 사람들을 또 다른 사회적 기능저하의 위험에 처한 사람들과 함께 하도록 하는 것도 아니다. 예를 들면 노인을 대상으로 하는 서비스에 단순히 장애인을 함께 하도록 하는 것은 오히려 양쪽 집단 모두에게 더 많은 기능저하를 가져오게 할 수 있다.

한편 적절한 지원이나 편의가 없는 상태에서 지역사회에 장애인을 배치한다는 것도 역시 통합이라고 할 수 없다. 예를 들어 일반학교에 다니는 지적장애 아동들이 필요한 사회적 기술을 배우지 못하고 필요한 지원을 받지 못한다면 다른 비장애 아이들로부터 소외되고 분리되는 것은 당연한 결과이기 때문이다.

---

4) 이 부분은 '김용득, 유동철 외 7인(2005)의 「한국 장애인복지의 이해」의 '1.장애인복지 이념의 동향'의 내용 중 일부를 중심으로 정리하였다.

5) 콕스(Cocks)교수는 통합에 대해서 다음과 같이 정의하고 있다.
Integration involves the personal participation in valued activities, contacts and relationships, with ordinary and valued citizens, in valued physical and social settings.

6) 이것은 '통합(integration)'이 아니라 '덤핑(dumping), 즉 쏟아 붇는 것'이라고 할 수 있다.

또 중증의 시각장애 혹은 청각장애를 갖고 있는 아동이 아무런 지원 없이 일반 학교에 다니고 있다면 학교 내에서의 소외와 분리가 더욱 더 심화될 수 있을 것이기 때문이다. 또한 통합은 사회적 기능이 저하된 사람들이 분리된 채로 집단화되어 있는 환경에 일반적으로 사회적 역할을 하는 사람들이 투입되는 것도 아니다. 왜냐하면 통합이란 가치 있는 물리적·사회적 환경 속에서 일상적으로 사회적 역할을 수행하는 사람들과의 접촉과 활동을 의미하며, 이들 관계에 사람들이 개인적으로 참여하는 것을 의미하기 때문이다.

### ② 노멀라이제이션과 사회통합

사회적 기능이 저하된 사람들이 성공적으로 사회통합을 이루기 위해서는 여러 가지 지원이 꼭 필요하다. 이러한 지원은 이념적인 측면과 동시에 행정적인 측면에서도 이루어져야 한다. 그리고 만일 어떠한 영역에서 통합이 성공적으로 이루어지지 못하는 경우에는 충분하고 다양한 지원 서비스가 추가로 이루어져야 할 것이다.

앞서 살펴본 것처럼 노멀라이제이션은 사회적 기능이 저하된 사람이나 집단이 가능한 다양한 영역과 높은 수준의 사회적 기능을 할 수 있는 생활에 통합될 수 있는 기회를 가질 것을 요구한다. 사회적 기능이 저하된 사람들이 지역사회의 일반적인 가정에서 살 수 있어야 하며, 사회적 기능을 잘 수행하는 사람들과 단순히 가까이에서 사는 것이 아닌 같이 살 수 있어야 한다. 일반인들(비장애인들)과 동등한 교육을 받고, 같은 장소에서 일할 수 있어야 하며, 통상적인 활동에 속하는 종교, 여가, 쇼핑 등 모든 활동에 이들이 적극적으로 참여할 수 있어야 한다는 것을 의미한다. 노멀라이제이션이 함의하는 사회통합의 유형은 매우 구체적이다. 이는 '개인(personal)의 사회통합'과 '가치 있는 사회적 역할을 수행하는(valued) 사회통합'이다.

### (5) 자립생활이념

최근까지 장애인복지정책을 지배해 온 이념은 재활이념이었다. 재활이념에 의한 재활모델에 따르면, 장애인은 일상적인 활동을 부적절하게 수행하여 자신의 능력을 적절하게 발휘할 수 없거나 직업을 갖기 위한 준비가 되지 않아서 취업 등에 부적절한 것으로 정의되어 왔다. 이 경우 모든 문제는 개인에게 있는 것이 된다. 따라서 변화가 필요한 쪽은 장애인 개인이며, 장애인들은 자신들의 문제를 해결하기 위하여 의사, 물리치료사 등의 전문가의 지도에 따라야 한다. 여기서 장애인 개인은 환자나 클라이언트의 역할을 하도록 기대될 뿐이다. 신체적 기능의 회복이나 직업을 얻는 것이 재활의 목적이므로 재활의 성공은 장애인이 얼마나 규정된 치료체계에 잘 순응하느냐에 달려 있다(김용득 외, 2012). 즉 재활모델에서 바라보는 장애인서비스는 의료적 회복과 고용적합성이 초점이었으며, 장애인을 의존적이고 수동적인 존재로 간주하고 있다. 여기서 장애인에게 요구되는 역할은 환자역할(sick role)과 손상된 역할(impaired role)이다.

자립생활이념에 의한 자립생활모델은 이러한 재활모델로부터 탈피하고자 하는 목적으로 시작되었다. 장애정도가 너무 심해서 재활서비스를 통해서는 특별한 성과를 기대하기 어려울 것으로 생각되었던 중증장애인들이 적절한 지원서비스를 통해 지역에서 자립생활이 가능하다는 것을 보여주었다. 이러한 사실이 이례적인 것이 아니라는 생각이 퍼져나가면서 대부분의 장애인, 그중에서도 중증장애인들은 재활모델을 부정하고 자립생활모델을 지지하게 되었다(김용득 외, 2012; De Jong, 1981).

장애인 자립생활에 대한 개념적 접근을 살펴보면 다음과 같다(최윤영 · 이경준, 2010)[7]. 전미장애인자립생활협의회(National Council on Independent Living: NCIL)는

---

7) 자립과 자립생활의 사전적 의미는 신체적 · 경제적으로 다른 사람에게 의지하지 않는 것, 자신의 힘으로 살아가는 것을 의미한다고 할 수 있다. 즉, 의사결정과 일상생활에 있어서 타인에 대한 의존을 최소한으로 하면서 스스로의 선택에 의하여 자신의 생활을 관리하는 것을 의미한다. 그러나 장애인에게 자립생활이라는 의미는 이러한 사전적인 의미와는 조금 다른 좀 더 포괄적인 정의가 필요하다고 할 수 있다.

'삶에 대한 자기 결정에 대하여 타인의 개입 또는 보호를 최소화하여 스스로의 삶에 대하여 선택하고 결정하는 모든 과정에 장애인 당사자가 참여하는 과정'이라고 자립생활을 정의하였다. 이러한 맥락에서 존스(Jones, 1993)는 '장애인 자신의 건강관리, 식사조절, 취침시간과 같은 모든 일상의 활동뿐만 아니라 보호자의 결정, 금전관리, 거주지 결정까지 모두 스스로의 선택과 판단에 의해 의사결정과정에 참여하는 과정'이라고 정의하였다. 즉 모든 장애인은 자신의 생활 전반을 조정하고 관리할 수 있는 사람이며, 장애인은 인간으로서 필요한 원조와 지원을 바탕으로 스스로 자신의 삶의 목표를 성취할 수 있다는 신념을 전제로 하고 있다. 또한 장애인 당사자 중심, 지역사회 중심, 인권중심을 지향한다고 할 수 있으며, 장애인 문제를 의료적, 직업 훈련적 접근이 아닌 인권적, 장애인 주체적 관점으로 바라보았다. 따라서 장애인을 '치료대상자'나 '클라이언트'가 아닌 '소비자'와 '이용자'로 보았다. 여기서 전문적 재활과정과 같은 사회 통제 기제는 오히려 장애인의 역량을 기르는 데 방해물이 되고, 장애인의 선택권과 자기결정권, 그리고 개별적 지역사회 생활 중심 서비스 제공이 필요하다고 주장하였다. 재활모델과 자립생활모델을 비교하면 다음의 〈표 3-1〉과 같다.

표 3-1 | **재활모델과 자립생활모델의 비교**

| | 재활모델<br>(Rehabilitation Model) | 자립생활모델<br>(Independent Living Model) |
|---|---|---|
| 문제의 정의 | 신체적 손상/직업기술의 부족 | 사회적 억압/전문가 · 가족에의 의존 |
| 문제의 위치 | 장애 개인<br>(disabled individual) | 환경과 사회/재활 과정<br>(disabling society) |
| 문제의 해결 | 의사, 물리치료사, 작업치료사,<br>재활상담가, 사회복지사 등 전문가 | 동료상담원, 옹호, 자조,<br>소비자주권 사회적 장애 제거 등 |
| 장애인의<br>사회적 역할 | 환자 및 클라이언트 | 소비자 |
| 통제조정자 | 전문가 | 소비자 자신 |

| | 재활모델 (Rehabilitation Model) | 자립생활모델 (Independent Living Model) |
|---|---|---|
| 접근방법의 특징 | - 개인적 비극이론에 기초함<br>- 개인적인 치료에 의존한 재활<br>- 의료적 접근(병리적 차원)<br>- 전문가집단에 의해 조정, 관리, 지배됨<br>- 전문가적 지식 요구됨(예: 정신의학, 의사, 간호사, 심리학자, 각종 치료사 등) | - 사회적 억압이론, 정상화 이론, 통합화 이론에 기초함<br>- 사회적 문제, 사회적 행동과 조치가 요구됨<br>- 자조 활동적 접근<br>- 개인, 집단적 책임<br>- 장애에 대한 경험적 체험이 요구됨 |
| 기타 특징 | 개인의 적응(심리적응, 사회적응 등), 개인적 정체성, 편견, 태도, 보호, 통제, 보호가 요구됨 | 장애에 대하여 있는 그대로 승인하는 긍정과 지지(affirmation), 집단적 정체성, 차별, 행동권리, 선택, 정치, 사회적 변화 요구됨 |
| 추구하는 결과 목표 | 최대한의 일상생활활동 | 자립생활 |

### (6) 개별화(Personalization)

우리 사회가 장애인을 보는 시각은 장애를 통하여 그 사람을 보는 것으로, 우리 사회는 그 사람의 전체를 한 유형의 장애인으로 규정하는 경우가 많다. 그러나 장애는 그 사람이 가진 신체의 일부일 뿐이며, 하나의 특징이라고 할 수 있다. 각 개인은 분할할 수 있는 기계적인 집합체가 아니라 유기적인 하나의 전체로서 보아야 한다. 장애인도 마찬가지이다. 장애를 가지고 있기는 하지만 한 인간으로서 하나의 전체인 것이다. 그러므로 장애를 지닌 신체의 일부분에만 주목하여 사람으로서의 본질을 잘못 보아서는 안 된다.

장애에 주목하는 잘못된 태도 중 가장 흔한 것이 같은 장애를 가진 사람을 모두 동일한 유형의 사람[8])으로 파악하는 것이다. 같은 장애를 가지고 있어 그 장애인이 겪는 어려움이 비슷하게 보인다고 하더라도 각기 다른 개성과 상황, 인생의 과제를 가지는 개인에게 있어서 그것이 같은 의미를 가질 수는 없다. 장애에 의미를 부여하는 것과 문제를 해결하는 수단에는 그 개인에 따라서 각기 다

8) '장애유형별 특성이 무엇일까'라고 생각하는 것이 바로 이런 것을 의미한다고 할 수 있다.

른 방식이 적용되며 이에는 높은 개별성이 있음을 알아야 한다.

지금까지 장애인복지에서 제시되는 이념에 대해서 살펴보았다. 유엔장애인권리협약 등의 국제적인 선언과 규약, 그리고 우리나라의 「헌법」 등을 보면 장애인의 존엄과 가치 등에 대해서 비교적 명확하게 규정하고 있다. 그러나 이러한 규범에서 인간의 존엄과 가치 등이 아무리 잘 규정되어 있다고 하더라고 수많은 편견과 차별로 인하여 실제 기본이념이 실현되고 있지 않은 것이 우리의 현실이다. 장애인 당사자와 가족, 그리고 사회복지사 등은 모두 이러한 이념이 우리사회에서 현실화될 수 있도록 좀 더 노력하여야 할 것이다. 이를 통해 장애인이 자유롭고 평등한 사회참여를 할 수 있고, 온전한 사회통합이 실현될 수 있을 것이다.

## 3. 장애인에 대한 비장애인의 태도

일반적으로 '태도'는 인지적 요소와 감정적 요소, 그리고 행동적 요소 등 3가지 요소[9]를 가지고 설명한다. 즉 비장애인이 장애인에 대해서 가지고 있는 인식과 감정, 그리고 행동 혹은 행동하고자 하는 경향이 어떠한가 하는 것을 함께 볼 때 '태도'를 온전히 파악할 수 있을 것이다.

장애인은 예로부터 많은 경우 멸시를 받으며 무능력자로 취급되어 왔으며, 장애를 가지고 있는 것이 동일한 특성을 소유하고 있는 것과 마찬가지로 인식

9) 인지적 요소: 인식이라고 불리며 대상에 대한 개인의 관념적인 지각과 관련된 것을 의미함. 사회적 인식이란 타인에 대한 일반적 기대감과 예상이라고 볼 수 있음.
감정적 요소: 대상에 대한 개인의 좋고 나쁜 느낌이나 감정에 관한 측면을 의미함.
행동적 요소: 대상에 대한 개인의 전반적인 행동적 경향, 즉 어떠한 행동을 하고자 하는 경향을 의미함.

되어 왔다. 장애인은 무능하고, 문제가 있으며, 경우에 따라서는 가까이 해서는 안 되는 사람으로 인식하고 있는 것이다. 이러한 인식에 따라 부정적인 감정을 갖고, 단순한 자선을 베풀거나 배척하는 부정적인 행동을 취하고 있는 것이다. 그리고 이러한 장애인에 대한 비장애인의 부정적인 태도는 지금도 여전히 진행형이라고 할 수 있다.

## 1) 장애인에 대한 비장애인의 부정적인 태도 형성 배경

### (1) 장애인과 비장애인 간의 의사소통 장벽

"장애가 과연 어떤 것인지를 왜 비장애인들은 이해하지 못할까?"

이 말은 장애를 가진 사람들이 그것을 비장애인들에게 이해시키려고 할 때의 어려움을 표현하는 것과 같다. 왜 비장애인들은 장애인을 이해하지 못할까? 장애라는 것을 어떻게 하면 장애인들이 비장애인들에게 설명할 수 있을까? 이에 대해서 어빙 케네스 졸라(Irving Kenneth Zola)는 다음과 같은 의견을 제시하고 있다(Marineli & Dell Orto, 1997).

나는 지팡이를 짚고 긴 다리 버팀목과 등보조대를 대고서 뻣뻣하게 걷는 장애인이다. 대체로 나는 나의 외모가 상당히 남과 다르다고 생각하고 그래서 쉽게 알아볼 수 있을 것이라고 생각한다. 그러나 몇 년 동안 나는 다른 사람으로 오해되곤 했다. 대개 낯선 장소에서 모르는 사람들은 나를 톰, 딕, 혹은 해리라고 부르며 인사했다. 내가 그 사람이 아니라고 설명하면, 그제서야 그들은 미안하다고 하면서 '마치 그 사람 같군요.'라고 했다. 운명일지 몰라도 나는 우연히 톰, 딕, 혹은 해리라 불리는 사람을 만났는데, 그는 키가 나보다 몇 인치 크거나 혹은 작았으며 몸무게는 40파운드가 더 나가든지 덜 나가는 사람이었다. 또한 양다리 절단으로 목발이나 휠체어를 사용하는 하반신장애인들이었다. 나는 그 후로도 계속 다른 사람으로 착각되어 성가심을 당했는데, 어떻게 '단 하나뿐인 나라는 존재'가 '그'로 착각되는지 궁금하기조차 했다. 결국 내가 알게 된 것은 많은 사람들에게 있어 나는 장애인일 뿐이라는 사실이었다. 비장애인들의 눈에는 나와 다른 장애인들이 모두 비슷하게 보이는 것이다.

우리는 우리와 외모가 다른 외국 사람을 볼 때, 쉽게 구분하지 못하는 경우가 있다. 즉 겉모습이 전혀 비슷하지 않지만, 단지 외국인이라는 이유로 비슷하게 인식하는 경우를 주위에서 많이 볼 수 있다. 비장애인이 장애인을 보는 것이 이것과 같은 것은 아닐까? 비장애인의 눈에는 자신과 다른 장애인들이 모두 비슷하게 보이는 경향이 있다.

① 말하는 어려움에 관하여(on the difficulty in telling)

장애인이 자신의 장애를 비장애인에게 설명하고, 이해시키는 것은 매우 어려운 작업이다. 이에 대해서 어빙 고프만(Erving Goffman)은 장애인, 여성, 흑인 등 소위 '소수'집단 대변자들은 성공적인 적응자(adapter)이기 때문에 유리한 지위를 차지하며, 그 결과 여러 의미에서 장애인 집단보다 비장애인, 남성, 백인 등 소위 '다수'집단에 가깝다는 사실에 주목했다(Marineli & Dell Orto, 1997). 즉 '소수' 집단을 대변하는 당사자들도 소수집단을 대표할 수 있는 인물이 되지 못한다는 것이다. 소위 장애를 '극복'한 사람이 많은 것이다. 이와 같이 성공하고, 유명한 장애인들이 제공하는 메시지는 무엇일까? 여기에는 장애가 있어도 성공할 수 있다는 긍정적 메시지가 존재한다. 그러나 이 메시지에는 미국의 루즈벨트 대통령, 영국의 스티븐 호킹 교수 등이 그들의 장애를 극복할 수 있었던 것처럼, 모든 장애인들이 그러할 수 있고 또 그래야만 한다는 메시지가 함께 담겨 있다. 그리고 이러한 장애극복에 실패한다면, 그것은 장애인 개인의 문제이고 그의 성격적인 문제이자 동시에 부족함 때문이라는 것이다. 즉 장애인이 자신의 장애를 극복하고, 비장애인 중심의 사회에서 성공을 하면 이는 스스로가 잘했기 때문이다. 하지만 만일 실패한다면 이것도 장애인 자신과 성격의 문제이자 동시에 그의 부족함 때문이라고 하는 셈이다.

한편 모든 장애인들이 자신들을 비장애인과 동일시하기 때문에 말을 하는 것이 어려운 것만은 아니다. 경우에 따라 장애인 스스로가 장애인으로서의 자신의 정체성(identity)을 드러내는 것이 자신에게 이익이 되지 않는다고 생각하기 때문에 이와 같이 행동하는 경우도 있다.

모든 사람들은 자신의 정체성을 노출시킬 것인가와 관련하여 이득이 될 때는 노출하고, 해가 될 때는 안 하는 경향이 있다. 그런데 장애인이 자신의 장애를 적극적으로 말하게 되는 순간, 즉 장애인으로서 자신의 정체성을 드러내게 되는 순간, 비장애인 중심의 사회에서 이에 대한 반응은 부정적인 경우가 많다. 즉 득보다는 해가 되는 경우가 많은 것이다. 이러한 경험을 한 장애인들은 자신의 장애를 이야기하지 않거나 말하기 어려워하는 상황이 발생한다고 할 수 있다.

### ② 이야기를 듣는 것에 관하여(on the story to be told)

앞서 제시한 위대한 성취자 이야기는 비장애인뿐만 아니라 성공한 장애인 당사자, 즉 성취자들 자신에게도 자신이 장애인이라는 생각을 하지 못하게 만드는 경향이 있다. '당신도 알겠지만, 나는 당신을 결코 장애인으로 생각하지 않는다.'고 말할 때, 장애인들은 그것을 즐겁게 받아들인다. '그렇게 큰 어려움을 어떻게 이겨냈는가?'라는 질문을 받고 장애인들은 그 질문에 대답한다. 그러나 이 말을 받아들이고, 이 질문에 대답할 때, 장애인들은 점점 더 자신의 장애문제에서 멀어지게 된다(Marineli & Dell Orto,1997). 즉 성공한 장애인들이 정작 장애문제에서 멀어지게 되는 것으로, 비장애인들은 주로 만나게 되는 장애인으로부터 '장애인의 이야기를 듣는 경험'이 사라지게 되는 결과를 가져오게 된다. 왜냐하면 장애인들이 현재의 '비장애인 중심 사회'에 성공적으로 적응을 하는 과정은 장애를 갖고 있다는 생각을 벗어 던지는 것이고, 동시에 장애인으로 살아가는 데에서 오는 생활의 불편함을 부인하는 것이기 때문이다.

#### (2) 가족 안에서의 장애인 특성

한편 장애인은 흑인 등 다른 소수 집단과 또 다른 특성을 갖고 있다. 즉 다른 소수집단이 자신들이 중심이 된 어떤 하위문화 속에서 성장하여 일련의 규범과 기대를 형성해 나가는 반면 장애인들은 그렇지 못하다. 예를 들어 흑인아동은 흑인들로 구성된 가족에서 태어나 그 세계 속에서 사회화된다. 그러나 장애아동들은 대부분이 비장애인, 소위 정상인들로 구성된 가족에서 태어나 그 세계 속에서 사회화된다. 장애인들은 자신들이 질병을 가지고 있으며, 비정상적이며, 병약하다는 이야기를 계속 듣게 되어, 이 과정을 되돌려 놓을 기적, 즉 정상의 세계로 복귀시켜 줄 새로운 약이나 수술을 간절히 원하게 되는 경향을 띠게 된다. 예를 들어 "검은 것이 아름답다", "자매애는 강하다"는 말은 통할 수 있다. 그러나 "시각장애여, 영원하라!", "나는 소아마비인 것이 기쁘다!"라고 외칠 수 있을까? 이러한 긍정적이고도 공통된 정체성의 근거는 아직 마련되지 못했다.

이러한 이유들로 인해, 장애인이 살아가는 세계는 그 구조와 내용이 단편적이다. 따라서 그 세계를 다른 사람들에게 전달해 주는 것은 물론, 자신의 경험 안에 통합시키기가 매우 어렵다. 이와 같이 장애와 관련된 여러 가지 경험의 이야기는 말하기도, 듣기도 어렵다. 이러한 이유로 장애인과 비장애인이 서로를 이해하는 데 어려움이 있다고 할 수 있다.

### 2) 장애인에 대한 사회적 수용과 참여

#### (1) 수용(acceptance)과 참여(participation)

사회적 수용을 이야기하기 위해서는 먼저 수용과 참여를 구분하여야 한다. 수용과 참여는 '비수용'과 '비참여'를 가지고 설명하는 것이 쉬울 것이다. 비참여는 '장애인이라는 현실로 인해 제한이 있는 사회적 활동에 대한 분별 있는 자제'라고 정의를 내릴 수 있다. 비수용은 '비장애인의 부정적인 태도로 일종의 추방'이라고 할 수 있다. 즉, '참여'의 주체는 장애인 당사자이고, '수용'의 주체는 비장애인이 되고 장애인은 대상이 되는 것이다. 이것은 굉장히 중요한 문제이다.

예를 들어 장애인과 비장애인 모두 한쪽 다리가 없는 장애인이 프로야구선수로 활약하기를 기대하지는 않는다. 물론 본인이 그러한 활약을 하고 싶을 수는 있지만, 현실적으로 참여하는 것은 불가능하며, 구단에서도 받지 않을 것이다. 그러나 구단에서 이 장애인을 받지 않는다고 해서 이를 '비수용'이라고 아무도 생각하지 않는다. 이는 단지 '비참여'의 문제일 뿐이다. 이러한 주체의 차이는 비참여와 비수용의 문제를 바라보는 시각을 다르게 변화시킬 수 있다. 즉, 비참여와 관련해서는 아무런 문제도 되지 않는다. 진정으로 중요한 문제는 '비수용'이다. 이러한 '비수용'을 어떻게 해결할 수 있을까? 이에 대해서 다음과 같은 예문을 먼저 살펴보자(Marineli & Dell Orto, 1997).

> 모든 사람이 춤추러 갔다. 그들은 데이트를 즐겼지만, 나는 집에 머물렀다. 다른 친구들은 내가 춤을 출 수 없다고 생각했으며, 누구도 나에게 춤을 추러 가자고 이야기하지 않았다.

위와 같은 것은 무엇이 잘못된 것일까? 비장애인들은 종종 장애인들의 참여가 불가능하다고 생각하는 경우에는 그것을 제안한 것 자체가 좋지 않은 행동이라고 생각하는 경향이 있다. 그러나 참여를 권하는 경우가 장애인들의 감정을 상하게 할 위험은 적다고 할 수 있다. 오히려 참여자체를 권하지 않는 것이 더욱더 문제가 될 가능성이 높다. 이에 대한 해결책은 할 수 있느냐 없느냐에 대한 판단을 장애인이 하도록 하는 것이다. 이는 '비수용'을 '비참여'로 전환시키는 중요한 변화이다. 다음과 같은 예문을 앞서 살펴본 예문과 비교해서 보면 무엇이 다른지 쉽게 알 수 있을 것이다(Marineli & Dell Orto,1997).

나는 낚시를 하지 못하는 것에 관해 기분 나빠하지 않는다. 나는 그들을 따라가 지켜 보는 것만으로도 즐겁다.

#### (2) 장애인 참여활동 시 고려사항

비장애인이 장애인을 활동에 참여시키고자 할 때, 즉 비장애인이 장애인과 함께 활동을 할 때 고려할 것은 무엇이 있을까? 무엇보다 비장애인이 감수해야 할 불편함이 어디까지인지를 명확하게 하는 것이 필요하다. 만일 불편함이 사소한 정도라면 젊은이가 노인과 동행할 때 걸음을 천천히 걷는 것과 같이 비장애인들은 그 불편함을 당연한 것으로 받아들일 것이다. 또 장애인의 참여를 보다 쉽고 덜 어색하게 하기 위해 계획을 약간 변경하는 것도 필요하다. 예를 들어 한쪽 팔만 있는 장애인과 함께 식사를 한다면, 식사에서 스테이크는 제외하고, 한 손으로 먹을 수 있는 것으로 준비한다. 또 다리가 불편한 사람들이 함께 하는 레크리에이션 활동이 있다면 비교적 움직임이 크지 않은 프로그램을 진행하는 것 등이 예가 될 것이다.

### 3) 장애인에 대한 비장애인의 태도 개선 방안

장애인에 대한 비장애인의 태도를 개선시키는 방법에는 무엇이 있을까? 여기서는 개인의 태도를 변화시키기 위해 주로 많이 실시하는 '역할연습(role play)'과 장애인에 대한 사회적인 태도를 변화시키는 방법에 대해서 살펴보고자 한다.

#### (1) 개인의 태도 변화시키기

장애인에 대한 비장애인의 태도를 개선하기 위하여 많은 곳에서 실시하고 있는 것이 역할연습(role-play), 즉 '장애체험'이다. 많은 기관에서 휠체어를 타보거나, 시각장애체험을 하는 등의 체험활동을 많이 하고 있다. 이러한 장애체험은 장애에 대한 이해를 높이는 데 도움이 되지만, 이와 함께 장애인에 대하여 동정심을 유발하고, 장애인의 능력을 평가절하 한다는 의견도 제시되고 있다 (Marineli & Dell Orto,1997). 예를 들어 휠체어를 타보는 것은 '나약하고 좋지 못하며, 불안하고, 동정적이라는 느낌'을 가지게 된다. 청각장애의 경험은 '스스로가 위축되는 경향이 있으며, 우울한 느낌'을 가지게 되며, 시각장애는 '외로움, 공포, 무기력한 느낌'을 갖게 된다. 또한 지체장애는 '타인에 대한 의존, 당황감 등을 경험'할 수 있다고 알려져 있다. 이러한 감정은 자칫하면 비장애인이 경험하여 느끼게 된 감정을 그 장애를 갖고 있는 모든 장애인의 전체적인 삶에 투사하는 것이 될 수도 있다. 즉 장애인에 대해서 동정심을 갖게 하는 경험이 될 수 있다.

그렇다면, 긍정적인 방향의 역할 연습은 무엇이 있을까? 이러한 역할 연습에서 가장 중요한 것은 '역할 바꾸어 보기'라고 할 수 있다. 예를 들어, 팔에 장애가 있는 사람의 역할을 통해서 다른 사람의 도움을 받아 식사를 하였다면, 그 후 역할을 바꾸어서 식사를 도와주는 역할을 반드시 하도록 하는 것이다. 휠체어 이용 장애인 체험에서는 휠체어를 타보는 것과 휠체어를 밀어주는 역할을 번갈아 하는 것이다. 또 시각장애인 체험에서도 시각장애인과 그의 안내자의 역할을 번갈아 맡는 것을 예로 들 수 있다. 이러한 활동을 통해서 참석자가 장애인과 비장애인, 내부자와 외부자의 입장을 모두 경험할 수 있고, 이를 통해 얻은 양자에 대한 직접적인 지식을 원조 관계에 이용할 수 있다는 것을 보다 현실적으로 인식하게 한다는 점에서 보통의 장애체험 절차와는 다르다고 할 수 있다. 또 이러한 형태의 역할연습은 '문제의 개선'에 초점을 둔다는 점에서 '장애를 느끼는 것'에 초점을 두는 기존의 역할연습과 다르다고 할 수 있다.

### (2) 사회의 태도 변화시키기

장애인에 대한 비장애인들의 태도 개선방안에는 장애인과의 접촉강화, 장애에 대한 정보제공, 그리고 접촉과 정보의 결합 등이 있다.

첫째, 장애인과의 접촉강화는 장애인과 여러 가지 상황에서 만나는 것이다. 이에 대한 다양한 연구 결과 접촉만으로는 본질적으로 장애인에 대한 비장애인의 태도를 의미 있게 변화시키지 않는 것으로 나타났다.

둘째, 장애인에 대한 정보제공이 있다. 이는 여러 가지 형태를 통해 장애인에 대한 정확한 정보를 제공하는 방법이다. 예를 들어 책을 통해 이러한 정보를 제공할 수도 있고, 강의나 토론, 영화감상이나 기관 견학의 형태 등이 있다. 그러나 이러한 정보제공만으로는 의미 있는 태도변화가 나타나지 않았다. 예를 들어 장애관련 영화 감상이나 기관 견학은 기관이나 기관종사자들에 대한 평가는 긍정적인 방향으로 변했지만 지적장애아동 등 장애인 당사자에 대한 태도는 긍정적인 변화를 보이지 않았다는 연구결과가 있다. 이는 장애인에 대한 지식은 늘어났지만, 긍정적인 변화는 발생하지 않은 것을 의미한다.

셋째, 접촉과 정보를 모두 제공하는 것으로 앞서 제시한 2가지 방법을 함께 실시하는 것이다. 강의나 토론, 영상 시청, 책을 통해 정확한 정보를 제공하고, 비장애인들에게 장애인과 함께 할 수 있는 다양한 접촉경험을 함께 제공하는 것이다. 이와 같은 2가지 활동을 함께 수행하게 되면, 장애인에 대한 인식과 태도가 긍정적으로 변화할 수 있는 것으로 조사되었다. 결국 지식 없는 접촉은 제한적으로 효과가 있거나, 혹은 기존의 부정적 태도를 더욱 견고하게 만든다. 한편, 접촉이 없는 정보제공은 지식은 증가시키지만 태도에 어떠한 영향도 미치지 못한다.

### 4) 장애인에 대한 비장애인의 태도 개선의 의미와 과제

앞서 지적한 것처럼 장애인에 대한 비장애인의 부정적인 태도를 개선하도록 노력하는 것은 장애인들이 비장애인 중심의 사회에서 살아가는 데 매우 중요한 요소이다. 장애인에 대한 부정적인 태도를 감소시키기 위해서는, 장애인이 비장애인과 마찬가지로 서로 다른 관심, 개성과 성격을 갖고 있을 뿐 비장애인과 같은 일상적인 생활을 한다는 것을 비장애인에게 인식시켜야 한다. 장애인에 대한 비장애인의 잘못된 태도가 형성된 가장 큰 이유는 비장애인 중심인 이 사회에서 장애인들이 잘 안 보이기 때문이다. 우리의 현실을 보면 장애인들이 밖으로 나올 수 없고, 밖에 나오면 불편한 시선을 받아야 하며, 막상 나와도 갈 곳이 없다. 비장애인들에게는 매우 익숙한 거리, 학교, 식당은 물론이고, 영화관, 놀이공원 등에서 장애인을 볼 수가 없는 것이다. 비장애인의 입장에서는 장애인이 잘 보이지 않게 되고, 안 보게 되니까 관심도 없고, 때로는 잘못된 인식을 하고, 어색하게 느끼게 되는 것이다. 나아가 이러한 낯선 사람과 함께하지 않으려 하는 것이다.

그러면 이러한 문제를 어떻게 해결할 수 있을까? 이에 대한 답은 이미 제시되어 있다. 즉, 비장애인 중심의 사회에서 장애인들이 자주 보여야 한다. 특히 아이들에게 장애인에 대한 정확한 정보를 제공하고, 적절한 교육을 실시하며, 장애인과 자주 만나서 꾸준한 접촉을 하게 하는 것이 중요하다. 사실 제대로 된 장애인에 대한 태도 개선 정책이란 장애인을 낯설게 여기지 않도록 하는 것이 본질이라고 할 수 있다. 학교에서 자연스럽게 옆에서 볼 수 있고, 또 교과서에서 쉽게 배울 수 있도록 하여야 한다. 직장이나 교회·성당·절 등 종교시설, TV 등 대중매체에서도 쉽게 접할 수 있어야 한다. 버스나 지하철 등 대중교통을 타거나 극장, 놀이공원을 가도 쉽게 만날 수 있어야 한다. 그리고 이러한 접촉은 대상으로서의 접촉이 아니라 친밀한 이웃으로서의 접촉이 되어야 할 것이다.

## 생각해보기

1. 장애인복지 분야에서 노멀라이제이션을 추구하는 이유가 무엇인가?
2. 장애인에 대한 비장애인의 태도개선 방법에는 무엇이 있는가?
3. 비장애인 중심의 우리 사회에서 장애인의 통합과 사회참여를 높이기 위한 방안에는 무엇이 있을까?

04 Chapter

# 장애와 권리

주요 학습문제

- 권리란 무엇인가?
- 이념과 권리의 관계는 어떠한가?
- 장애와 권리를 어떻게 이해할 것인가?
- 장애인의 권리보장을 위한 법 체계는 무엇인가?
- 장애인의 권리보장을 위한 과제는 무엇인가?

## 1. 권리의 개념

### 1) 권리의 개념 및 근거

권리는 자신이 원하는 것을 실현할 수 있는 힘, 일정한 이익을 누리기 위해 법에 의해 부여된 힘을 말한다(서동명, 2022). 이러한 힘을 가지기 위해서는 그 힘의 근거가 필요하며 현대 사회에서는 법이 그 근거가 된다. 법에 근거가 있다 하더라도 법의 성격과 내용에 따라 힘의 강도가 달라진다. 법은 그 성격과 내용에 따라 위계적 체계를 가지고 있다. 위계적 체계라 함은 수직적 체계를 의미하므로, 법이 수직적 관계에서 어떠한 위치를 차지하는지에 따라 위상이 달라진다.

헌법은 한 국가의 정체성과 통치구조를 담고 있는 가장 근본적인 법이며 수직적 관계에서 가장 윗단을 점하고 있다. 모든 법은 헌법에 기반하고 있으며 헌법에 위배되어 만들어진 법은 무효가 된다. 헌법 아래에 위치하고 있는 법이 우리가 일반적으로 칭하는 법률이며, 그 법률 아래 시행령과 시행규칙 등이 수직적으로 자리하게 된다. 헌법, 법률, 시행령, 시행규칙으로 이어지는 수직적 관계는 법에 기반한 권리의 강도를 결정하는 근거가 된다. 헌법에 근거한 권리가 가장 강하며 시행규칙에 근거한 권리가 가장 약하다.

법의 내용은 권리의 강약을 결정하는 또 하나의 요인이다. 헌법의 내용 중에서 국민에게 가장 직접적으로 적용되는 권리는 기본권이다. 기본권은 국민이면 누구나 가지고 있는 기본적 권리이며 기본권은 그 내용에 따라 다양하게 구분된다. 기본권의 대표적인 내용으로는 자유권적 기본권과 사회권적 기본권이 있다.

신체적 자유 및 정신적 자유와 같은 다른 주체로 부터 자신이 침해받지 않는 것을 본질로 하는 자유권적 기본권은 국민 누구에게나 보편적으로 적용되지만, 사회적권 기본권은 사회적 약자 등에 대한 권리 강화를 목적으로 하기 때문에 그 대상이 한정되어 적용되곤 한다. 이에 따라 자유권적 기본권에 비해 사회권적 기본권은 그 힘의 강도가 약한 경우가 일반적이다.

헌법에 규정된 기본권을 기반으로 각 법률에 권리의 내용이 구체화 된다. 우리가 일반적으로 행사하는 권리라 함은 각 법률에 기반한 권리를 말한다. 법률에 기반한 권리도 규정의 내용에 따라 권리의 강도가 달라진다. 가장 강한 경우는 법률에 명시된 권리가 이행되지 않는 경우 소송을 통해 이를 강제적으로 실현할 수 있을 때이다. 법률에 규정된 사회복지와 관련된 권리를 사회보장수급권이라고 일반적으로 칭하는데 해당 사회보장수급권이 법에 명확히 명시되고 소송을 통해 강제적 보장을 받을 수 있는 경우에는 그 힘이 매우 강하게 된다. 대표적으로 「국민기초생활보장법」이나 사회보험법에 따른 각종 법정 급여가 이에 해당한다.

이와는 달리 법에는 권리로 규정되어 있으나 강제적 수단이 없는 권리도 많은데, 이 경우 그 권리에 기반한 힘의 행사가 미약하거나 선언적인 것에 머무르게 된다. 예를 들어 「장애인복지법」에 규정된 장애인의 각종 권리 중 강제적인 이행이 어려운 경우가 이에 해당한다.

이와 같이 장애인이 행사할 수 있는 권리가 있음에도 불구하고 그 행사의 정도는 법의 성격과 그 내용에 따라 다르며 장애인의 삶에 꼭 필요한 권리의 경우 그 힘을 보다 강하게 규정해 나갈 필요가 있다.

### 2) 이념과 권리

장애인복지의 이념은 장애인의 삶의 증진을 위한 목표이자 방향성으로 작용한다. 이념은 장애인복지 발전의 방향성을 제시하지만 그 자체로써 장애인의 삶의 증진을 위한 보장 수단으로 기능하기는 어렵다. 장애인의 일상적인 삶을 구체적으로 보장하기 위해서는 그 실현 수단이 확보되어야 하며 대표적인 것이 법에 기반한 권리이다. 법에 기반한 것이 아닐 경우 그 행사가 매우 제약되고, 시혜적 급여로 인식되게 된다. 이 경우 제공되는 급여는 권리를 기초로 행사되는 것이 아니므로 불안정성이 내재적 특징이 된다. 시혜적으로 제공되는 급여는 언제든 없어지거나 제약될 수 있기 때문이다.

이러한 시혜적 급여는 장애인복지의 이념과 상호 관련을 맺으면서 발전하기보다는 괴리된 채 주어진다. 장애인복지의 이념이 꿈꾸는 목표에 관심이 있는 것이 아니라 당장의 현실을 해결하기 위해 급여가 만들어지고 시행되기 때문이다.

이에 반해 법에 기반한 권리에 따른 급여는 안정성을 확보하게 되고 정도의 차이가 있지만 장애인복지의 이념적 목표와 연동되게 된다. 이런 점에서 이념은 법적인 권리 형성의 기반으로 작용할 수 있다. 이것은 법적 권리가 이념과 현실을 이어주는 매개체로서의 역할을 수행한다는 것을 의미한다. 이념이 보다 명확하게 설정되어 있고 이를 달성하기 위한 권리가 법적으로 마련되어 있을 때 현실에서의 보장은 보다 정교하고 수준 높게 이루어진다.

제3장을 통해 장애인복지의 이념이 다양한 형태로 존재함을 알 수 있었다. 인간으로서 기본적으로 가지고 있는 인권, 평등과 참여, 노멀라이제이션, 사회통합, 자립생활 및 개별화는 장애인복지가 지향하는 이념이다. 이러한 이념과 연동되어 법적 권리가 형성될 때 장애인복지는 한층 발전하게 된다.

따라서 장애인복지의 이념을 달성하기 위해 이에 적합한 권리를 제도화하고 미흡한 부분에 대한 지속적인 점검을 통해 완결성 있는 체계를 구축해야 한다. 이념을 간과한 권리는 정당성과 지속성을 담보하기 어렵고 단편적인 양상으로 나타나게 된다. 이념적 기반을 탄탄히 갖춘 권리의 형성이 중요한 이유이다.

## 2. 인간과 권리

모든 인간은 인간으로서의 존엄성이 있으며 천부인권을 가진다. 인간은 그 자체로 모두가 평등하며 자신의 삶을 결정하고 실현하는 주체로서의 삶을 영위해야 한다. 인간으로서 고유하게 가지는 권리를 인권이라고 하며 인권은 인간의 보편적 권리라고 할 수 있다.

인권은 생명을 가진 인간이면 누구나 가지는 가장 근원적 권리이다. 모든 인간은 인권의 주체이며 국적, 성별, 종교, 사회적 지위 등 그 어떠한 상황도 인권을 제약하지 못한다. 장애도 인권을 훼손하지 못하며 인권은 그 자체로서 존재하고 기능한다.

인간의 존엄성은 누구에게나 적용되는 보편성을 가지는 인권의 핵심적 가치이다. 이러한 생각이 법에 반영된 가장 명확한 권리가 헌법의 기본권이다. 헌법의 기본권 중 사회권적 기본권은 장애인복지와 관련하여 그 근거가 된다. 기본권 및 이를 토대로 형성된 법에 근거한 권리는 누구에게나 평등하고 보편적으로 적용된다.

장애인도 인간으로서 이러한 인권의 주체가 되는 것은 당연하다. 그러나 이러한 인간으로서의 권리가 장애인이 일상적인 삶에서 겪는 불리함을 해결하는 보장 수단이 되지는 못한다. 누구나 인간다운 삶을 살아갈 권리, 차별받지 않을 권리, 사회구성원으로서 역할을 수행할 수 있는 권리가 주어져 있지만 그러한 권리는 장애라는 현실 앞에서 일정 정도 무력화된다.

인간으로서의 인권 보장이 장애인이 인간으로서 누릴 수 있는 권리의 보장으로 이어지지 않는다는 사실은 도처에서 발견된다. 교육에서 있어 비장애인과 평등한 기회를 가져야 하지만 장애인은 여전히 비장애인에 비해 충분한 기회를 가지고 있지 못하다. 장애인은 비장애인과 같은 일상적 경험을 누리는 삶을 살지 못한다. 누구에게나 보장되어 있는 권리처럼 보이지만 장애인에게는 보장되지 않는 권리가 여전히 우리 사회에 자리하고 있다.

이러한 상황은 장애인이 비장애인과 더불어 살아가기 위해 모든 인간이 누리는 인권을 보장받아야 하며, 그들의 실제적 삶이 보장되어야 한다는 것과 이를 담보할 있는 권리적 측면에서 특별한 보완책이 필요하다는 것을 시사한다.

# 3. 장애와 권리

## 1) 장애의 권리성

우리 사회는 시민법 원리에 기반하고 있다. 시민법은 자본주의 시대가 전개되면서 그간의 신분제 사회의 질서를 대체하는 자유와 평등에 기반한 사회 체계 구축의 토대가 되었다. 시민법은 인간을 합리적 판단이 가능하고 자신의 의사에 따라 자유롭게 결정할 수 있는 주체로 상정한다. 이러한 상황에서 개인은 한 사회에서 자신의 노력에 의해 다른 사람의 결정에 구속되지 않고 자유롭게 살아갈 수 있다.

그러나 이러한 자유로운 사회는 시간이 지날수록 개인의 역량과 배경의 차이, 그간 답습해 온 차별적 문화와 관행 등 수많은 요인에 의해 더 이상 자유로운 사회가 아닌 힘의 불균형이 고착화된 사회로 변해간다. 이제 더 이상 자신이 자유로운 결정을 하는 주체가 아닌 다른 주체의 결정이나 환경에 의해 억압당하고 속박당하는 상황이 된다. 경제적 불평등, 차별, 구조적 계층화는 만성화된 현실이 된다.

장애는 초기의 합리적인 인간상을 구현하고자 했던 시민법이 예정하는 사회에서 인간을 가장 소외되고 주변부적 삶으로 전락시키는 요인으로 작용했다. 장애는 사회 구성원으로서 사회에 기여할 수 없는 원인이 되며 장애인은 장애로 인해 사회적 역할을 수행할 수 없을 것이라는 생각이 지배적으로 펴져나갔다.

또한 시민법 원리에 기반한 자유로운 권리를 행사할 수 없게 하는, 장애와 같은 상황을 초래하는 것은 궁극적으로 개인의 책임이라는 생각이 사회에 만연하게 되었다. 장애에 어떠한 권리를 부여할 수 없으며, 다른 사람 혹은 한 사회의 이타적 동기에 의한 자선이 장애에 대한 지원의 근거가 되었다.

이후 시민법의 원리가 수정되면서 사회의 구조적인 문제에 대한 새로운 발견이 이루어졌다. 자유롭지만 불공정한 계약이 만연하고, 자유롭지만 인권 침해적 근로 환경이 지속되고, 자유롭지만 자유롭지 못한 사회가 지속되면서 자유로운 인간상에 대한 사회의 제한이 필요해졌다. 시민법이 예정한 합리적이고 자유로운 인간상을 더 이상 충분히 보장하지 못하는 사회가 되면서 힘의 불균형과 불평등을 완화하고 제한하려는 노력이 이루어졌다. 이러한 불합리한 상황을 타개하기 위해 힘이 약한 사회구성원에게 일정한 권리를 부여하여 이를 해결하고자 하는 새로운 인식이 나타났다.

장애로 인해 자유로운 인간으로서의 삶을 보장 받지 못하는 경우가 대표적이다. 더 이상 장애가 개인의 책임이 아니라, 한 사회의 질서 속에서 인간으로서의 삶을 성취하기 위해, 사회적 책임에 따른 조치가 필요함을 이해하게 된 것이다.

장애라는 상황을 해결하기 위해 자선에 의한 지원이 아니라 장애에 권리성을 부여하고 불리한 상황을 권리의 행사를 통해 해결하는 것이 필요하게 되었다.

한 사회의 구성원이 자신이 자유롭게 결정하는 삶을 살아가지 못하는 것이 사회적 구조에 의한 것이라면 그것은 사회가 해결해야 하고 그 해결은 법적 보장을 통해 이루어져야 한다. 장애로 인해 불리함을 겪는 상황을 타개하기 위해 장애에 권리성을 부여해야 하며, 이를 통해 문제를 해결하는 것은 사회적 책무가 된다.

## 2) 장애 권리성의 발현 형태

장애에 대한 권리성 부여가 사회적 책무라 할지라도 그 발현 형태는 사회마다 매우 다르다. 장애를 바라보는 이념과 태도는 한 사회에서 사회적 책무의 정도를 가르는 가장 핵심적인 요소가 된다. 우리가 이미 장애인복지의 이념에서 보았듯이 한 사회가 이념에 기반하여 체계를 구축할수록 그 책무성의 강도는 커지게 된다.

또한 장애의 권리성을 인정하더라도 장애를 바라보는 시각에 따라 권리의 보장 정도가 달라지게 된다. 장애에 대한 시각 중 개인모델은 장애의 책임이 여전히 장애인 당사자에게 있다고 보며, 사회모델은 사회적 구조와 환경이 장애를 만들어낸다고 인식한다. 두 가지 모델 중 사회적 책임성에 강조를 두면서 장애 문제에 대한 적극적 대처를 요구하는 것은 사회모델이다. 따라서 사회적 책임에 대한 문제를 강조하고 이에 기반한 법적 권리가 구축될 때 장애에 대한 사회의 보장은 보다 강화된다.

우리 사회는 여전히 사회모델에 기반한 장애에 대한 태도에 있어, 유보적이다. 대표적으로 장애의 개념은 ICIDH에 기반하여 손상에 기초한 의학적 기준을 활용하는 초기 발전단계에 머물러 있다. 이것은 인권, 사회통합, 자립생활과 노멀라이제이션과 같은 이념에 대한 사회의 수용이 매우 낮은 수준임을 보여주는 것이다. 개인모델이 여전히 우위를 점하고 있으며 장애를 해결하기 위한 사회적 책무의 기능은 여전히 미약하다.

우리 사회에서 장애에 대한 대응을 가장 명확하게 보여주는 것은 권리보장 체계이며 권리보장은 결국 법에 의한 보장을 의미하므로 이에 대해 살펴보기로 한다.

## 4. 장애인의 권리보장을 위한 법 체계

### 1) 헌법

장애인의 권리보장을 위한 법 중 가장 기본적이고 근원적인 법은 「헌법」이다. 헌법의 기본권에는 목적론적 기본권, 평등권, 자유권적 기본권, 경제적 기본권, 정치적 기본권, 사회권적 기본권 등이 있으며 이중 장애인복지와 가장 관련되어 있는 것은 사회권적 기본권이다.

**표 4-1 | 헌법상 기본권의 종류와 내용**

| 기본권의 유형 | 구체적 내용 |
|---|---|
| 목적론적 기본권 | 인간의 존엄성과 가치 · 행복추구권 |
| 평등권 | 법 앞에서의 평등 |
| 자유권적 기본권 | 신체 · 정신적 자유 |
| 경제적 기본권 | 재산권 · 직업의 자유 |
| 정치적 기본권 | 정치적 자유 · 참정권 |
| 사회권적 기본권 | 인간다운 생활을 할 권리 |

사회권적 기본권은 헌법 제34조에 규정되어 있으며 제1항 '모든 국민은 인간다운 생활을 할 권리를 가진다' 및 제5항 '신체장애자 및 질병 · 노령 기타의 사유로 생활능력이 없는 국민은 법률이 정하는 바에 의하여 국가의 보호를 받는

다'라고 규정하고 있다. 제5항의 규정에 있는 '장애자'와 같은 규정은 추후 헌법 개정시 '장애인'으로 변경되어야 하며, '국가의 보호를 받는다'라는 규정도 보호가 아닌 권리주체임을 명시하는 규정으로 개정할 필요가 있다.

현행의 사회권적 기본권의 내용은 매우 추상적이어서 기본권 침해가 발생했을 시 이를 구제하는 수단의 근거로 작용하기에는 어려운 부분이 있다. 향후 헌법 개정 시에는 장애인복지의 이념에 관한 사항과 이에 대한 구체적 보장 내용이 헌법에 담겨야 할 것이다.

**표 4-2 | 헌법 제34조**

① 모든 국민은 인간다운 생활을 할 권리를 가진다.
② 국가는 사회보장 · 사회복지의 증진에 노력할 의무를 진다.
③ 국가는 여자의 복지와 권익의 향상을 위하여 노력하여야 한다.
④ 국가는 노인과 청소년의 복지향상을 위한 정책을 실시할 의무를 진다.
⑤ 신체장애자 및 질병 · 노령 기타의 사유로 생활능력이 없는 국민은 법률이 정하는 바에 의하여 국가의 보호를 받는다.
⑥ 국가는 재해를 예방하고 그 위험으로부터 국민을 보호하기 위하여 노력하여야 한다.

## 2) 법률체계

우리나라의 장애와 관련한 법률은 각 영역에 따라 다양하게 제정되어 시행되고 있다. 전 생활 영역에서 비장애인에 비해 열악한 삶의 질을 경험하고 있는 장애인을 대상으로 이들의 삶의 질 향상을 목표로 장애인복지를 위한 법률체계가 마련되어 있다.

우리나라 장애인복지 법률체계를 장애인복지의 두 가지 접근인 주류적 접근(mainstream approach)과 분리적 접근(specialized approach)[1]의 도식으로 구분하면, 우선 기타 관련 법은 소득보장, 의료보장, 고용보장 등 장애인을 포함한 일반

1) 주류적 접근(mainstream approach)과 분리적 접근(specialized approach)의 내용에 대해서는 제7장을 참고.

시민의 해당 욕구를 충족시키고자 하는 주류적 접근을 적용한 법률이라고 할 수 있으며, 일반법과 특별법은 기타 관련법으로 충족되기 어려운 장애인의 특수한 욕구를 충족하기 위한 분리적 접근으로 일반 시민이 아닌 장애인만을 법률 적용의 대상으로 설정한 법률이라고 할 수 있다. 이 중 일반법은 전체 장애인의 일반적인 욕구에 대하여 포괄적으로 대응하는 기본법적 성격을 갖는 법률이라고 할 수 있으며, 특별법은 일반법으로는 충족하기 어려운 특정한 욕구나 또는 일부 장애인의 특별한 욕구를 충족시키는 것을 목표로 일반법에 우선하여 적용되는 법률이라고 할 수 있다.

최초의 장애인복지 법률로서 1981년에 제정된 「장애인복지법」은 다소의 논쟁이 있으나 법률의 내용을 볼 때 전체 장애인의 모든 욕구에 대응하는 일반법이라고 볼 수 있으며, 그 이후에 제정된 「장애인 고용촉진 및 직업재활법」, 「장애인·노인·임산부 등의 편의증진에 관한 법률」, 「장애인 등에 대한 특수교육법」, 「장애인연금법」, 「장애인활동지원에 관한 법률」 등은 특정한 장애인의 욕구를 충족시키고자 제정된 특별법이라고 볼 수 있다.

앞서 말했듯이, 가장 기본적으로 적용되는 법률로는 「장애인복지법」이 있다. 「장애인복지법」은 장애에 대한 전반적인 보장체계를 아우르는 일반법으로 기능을 하며 장애와 관련한 전반적인 보장을 담고 있다. 「장애인복지법」이 전반적인 보장체계를 규정하고 있다면 「장애인차별금지 및 권리구제 등에 관한 법률」(이하 「장애인차별금지법」)은 장애인이 일상적으로 겪고 있는 다양한 차별 및 구제에 대한 내용을 담고 있다. 장애인복지 법률체계를 정리하면 〈표 4-3〉과 같다.

**표 4-3 | 우리나라 장애인복지 법률체계**

| 장애인의 욕구 (장애인복지 영역) | | 분리적 접근 | | 주류적 접근 |
|---|---|---|---|---|
| | | 일반법 | 특별법 | 기타 관련 법 |
| 차별금지 | | 장애인 복지법 | 장애인 차별금지 및 권리구제 등에 관한 법률 | 남녀고용평등과 일·가정 양립 지원에 관한 법률, 고용상 연령차별금지 및 고령자 고용촉진에 관한 법률 등 |
| 소득보장 | | | 장애인연금법 | 국민연금법, 산재보험법, 국민기초생활보장법, 기초연금법 등 |
| 의료보장 | | | 장애인 건강권 보장 및 의료접근성에 관한 법률 | 국민건강보험법, 의료급여법 등 |
| 일상생활 및 사회활동 지원 보장 | | | 장애인활동지원에 관한 법률, 장애인·노인 등을 위한 보조기기 지원 및 활용촉진에 관한 법률 | 노인장기요양보험법 등 |
| 고용보장 및 직업재활 | | | 장애인 고용촉진 및 직업재활법 | 고용보험법 등 |
| 교육보장 | | | 장애인 등에 대한 특수교육법 | 영유아보육법, 초중등교육법, 고등교육법 등 |
| 접근권 보장 | 물리적 접근권 | | 장애인·노인·임산부 등의 편의증진 보장에 관한 법률 | 건축법 등 |
| | 정보 접근권 | | | 정보격차해소에 관한 법률 등 |
| | 이동권 | | 교통약자의 이동편의 증진법 | 대중교통의 육성 및 이용촉진에 관한 법률, 철도사업법 등 |
| 주거보장 | | | 장애인·고령자 등 주거약자 지원에 관한 법률 | 주택법, 임대주택법, 주거급여법 등 |
| 대상 | 장애아동·발달장애인 | | 장애아동복지지원법<br>발달장애인 권리보장 및 지원에 관한 법률 | - |
| | 청각장애인 | | 한국수화언어법 | |

이번 장에서는 「장애인복지법」과 「장애인차별금지법」에 대해 설명하고 이외의 주요 법률 내용은 이 책의 해당 장에서 설명하기로 한다.

## 3) 법률 보장 내용

### (1) 장애인복지법

「장애인복지법」은 '장애인의 인간다운 삶과 권리보장을 위한 국가와 지방자치단체 등의 책임을 명백히 하고, 장애발생 예방과 장애인의 의료 · 교육 · 직업재활 · 생활환경개선 등에 관한 사업을 정하여 장애인복지대책을 종합적으로 추진하며, 장애인의 자립생활 · 보호 및 수당지급 등에 관하여 필요한 사항을 정하여 장애인의 생활안정에 기여하는 등 장애인의 복지와 사회활동 참여증진을 통하여 사회통합에 이바지함을 목적'으로 하고 있다(제1조).

장애인에 대한 전반적인 삶과 권리보장을 목적으로 하여 종합적인 내용을 규정하고 있으나 그 목적과는 달리 장애인복지 이념과 이를 구체화한 보장내용은 아직까지 미흡한 편이다. 대표적으로 「장애인복지법」 제2조 제1항은 장애인의 개념을 '신체적 · 정신적 장애로 오랫동안 일상생활이나 사회생활에서 상당한 제약을 받는 자'로 규정하여 장애를 손상에 기인한 결과로 바라보고 있다. 장애인의 유형과 장애 정도를 의학적 기준만으로 정하여 '오랫동안 일상생활이나 사회생활에서 상당한 제약을 받는' 경우가 어떠한 상황인지에 대해서는 구체적으로 규정하고 있지 않다.

이것은 '오랫동안 일상생활이나 사회생활에서 상당한 제약을 받는' 경우를 의학적 기준에 따른 장애의 정도에 기반하여 유추한다는 것을 의미한다. '상당한 제약을 받는' 다는 것이 의학적 장애의 정도에 비례할 것이라는 현행 규정은 타당하지 않다. 동일한 장애유형과 장애정도라 할지라도 장애인마다 사회적 제약을 받는 정도가 다르며 의학적 장애 정도 외에 교육 정도, 직업 경험, 개인적 역량 등 영향을 미치는 요인이 매우 다양하므로 이와 같은 상황을 반영하는 것으로 개정할 필요가 있다. 이와 같이, 장애에 대한 현행 「장애인복지법」의 태도는 장애인의 삶의 보장에 대한 고민이 초기 단계에 머물러 있는 것으로, 향후 장애 개념에 대한 법 개정을 통해 장애에 대한 이해의 폭을 넓히고 이를 적용시켜 나가야 한다.

### (2) 장애인차별금지 및 권리구제 등에 관한 법률

「장애인차별금지법」은 '모든 생활영역에서 장애를 이유로 한 차별을 금지하고 장애를 이유로 차별받은 사람의 권익을 효과적으로 구제함으로써 장애인의 완전한 사회참여와 평등권 실현을 통하여 인간으로서의 존엄과 가치를 구현함'을 목적으로 한다(제1조).

「장애인차별금지법」 역시 제2조에서 '이 법에서 금지하는 차별행위의 사유가 되는 장애라 함은 신체적 · 정신적 손상 또는 기능상실이 장기간에 걸쳐 개인의 일상 또는 사회생활에 상당한 제약을 초래하는 상태'를 말하는 것으로 규정하고 장애인을 이러한 상태에 있는 사람으로 정하고 있다. 이러한 규정은 「장애인복지법」의 장애인 개념과 동일하며 「장애인복지법」에서의 문제가 반복된다.

「장애인차별금지법」은 차별행위를 크게 4가지로 규정하고 있다. 먼저, '장애인을 장애를 사유로 정당한 사유 없이 제한 · 배제 · 분리 · 거부 등에 의하여 불리하게 대하는 경우', 둘째, '장애인에 대하여 형식상으로는 제한 · 배제 · 분리 · 거부 등에 의하여 불리하게 대하지 아니하지만 정당한 사유 없이 장애를 고려하지 아니하는 기준을 적용함으로써 장애인에게 불리한 결과를 초래하는 경우', 셋째, '정당한 사유 없이 장애인에 대하여 정당한 편의 제공[2]을 거부하는 경우', 마지막으로, '정당한 사유 없이 장애인에 대한 제한 · 배제 · 분리 · 거부 등 불리한 대우를 표시 · 조장하는 광고를 직접 행하거나 그러한 광고를 허용 · 조장하는 경우'. 이 경우 광고는 통상적으로 불리한 대우를 조장하는 광고 효과가 있는 것으로 인정되는 행위이다.

이상의 차별행위가 있을 경우 국가인권위원회의 시정권고와 법무부장관의

---

2) "정당한 편의"라 함은 장애인이 장애가 없는 사람과 동등하게 같은 활동에 참여할 수 있도록 장애인의 성별, 장애의 유형 및 정도, 특성 등을 고려한 편의시설 · 설비 · 도구 · 서비스 등 인적 · 물적 제반 수단과 조치를 말한다(장애인차별금지법, 제4조 제2항).

시정명령 및 소송을 통해 구제받을 수 있다.

## 5. 유엔 장애인권리협약

### 1) 의미

유엔 장애인권리협약(Convention on the Rights of Persons with Disabilities: CRPD)은 2006년 12월 유엔 회원국의 만장일치로 채택되었고, 우리나라 정부는 2008년 12월 동 협약을 비준하여 2009년 1월 10일부터 발효되었다(이석구, 2015). 동 협약은 국내법적 효력을 가지고 우리나라에도 적용되는 법률로서의 위상을 가지고 있다.

협약은 장애인에 대한 지원이 시혜와 동정이 아닌 장애인의 권리를 확보하기 위한 차원이라는 점을 분명히 하고, 장애인과 관련한 사항에 대해 국제적으로 적용되어야 하는 세부적인 기준과 내용을 제시함으로써 국내의 장애인 권리보장을 위한 주요한 기준으로 작용하고 있다.

국제적인 기준과 방향을 알 수 있는 동 협약은 장애인의 권리보장에 있어서 국내외적으로 합의된 규정이라는 점에서 중요한 의미를 지닌다.

### 2) 구성

동 협약은 i) 총론(전문 및 8개조), ii) 실체적 조항(24개조), iii) 장애인권리위원회와 모니터링(8개조), iv) 절차적 규정(10개조) 등 총 50개조로 구성되어 있다. 본 협약내용과 분리되어 유엔을 통한 권리구제 등의 내용을 담은 선택의정서[3)]가 있으며 동 의정서는 18개조로 구성되어 있다.

협약의 목적은 '모든 장애인이 모든 인권과 기본적 자유를 완전하고 동등하게 향유하도록 증진・보호・보장하고, 장애인의 고유한 존엄성에 대한 존중을 증진하기 위한 것이다. 장애인은, 다양한 장벽과의 상호작용으로, 다른 사람들과의 동등한 기초 위에서 완전하고 효과적인 사회 참여를 저해하는 장기간의 신체적, 정신적, 지적 또는 감각적 손상을 가진 사람을 포함한다'로 규정되어 있다(국가인권위원회, 2007).

장애인의 인권에 기반한 인간의 존엄성 증진과, 장애가 단순히 손상에 의해 발생하는 것이 아니라 다양한 장벽과의 상호 작용으로 완전하고 효과적인 사회 참여를 저해 받는 것으로 규정하여 장애에 대한 개념과 이해의 폭을 확장하고 있다.

### 3) 전문(前文)

협약의 전문(前文)은 협약의 배경, 가치와 방향을 담고 있으며 장애인의 권리 보장에 있어서 우리가 가지고 있어야 할 기본적인 인식과 태도에 대한 내용을 규정하고 있다. 전문에는 특히, 장애는 발전하는 개념이며 장애는 다른 사람들과 동등한 기초위에서 완전하고 효과적인 사회참여를 저해하는 태도 및 환경적인 장벽과 손상을 개인과의 상호작용으로부터 야기한다는 것을 인정하고 있다. 또한 장애로 인한 차별의 금지와 장애인에 대한 집중적인 지원, 장애인의 권리와 존엄성을 증진하기 위한 국제적 노력 등을 담고 있다. 다음은 협약의 전문(前文)에 관한 내용이다.

3) 선택의정서는 협약 당사국의 장애인이 국내법적 절차를 거쳤음에도 구제가 어려운 경우에 유엔을 통한 구제절차 등을 담고 있다.

**표 4-4 | 유엔 장애인권리협약 전문(前文)**

이 협약의 당사국은,

(a) 전 세계의 자유, 정의 및 평화의 기초로서 모든 인류의 천부적 존엄성, 가치, 그리고 동등하고 양도 불가능한 권리를 인정하고 있는, 국제연합헌장에 천명된 원칙들을 상기하며,

(b) 국제연합은 세계인권선언과 국제인권규약에서 모든 사람은 어떠한 종류의 차별도 받지 않고 모든 권리와 자유를 누릴 자격이 있다는 것을 천명하고 동의해왔음을 인정하며,

(c) 모든 인권의 보편성, 불가분성, 상호의존성 및 상호관련성과, 차별 없이 완전히 향유할 수 있도록 보장 받아야 하는 장애인의 기본적 자유와 욕구를 재확인하며,

(d) 경제적, 사회적 및 문화적 권리에 관한 국제협약, 시민적 및 정치적 권리에 관한 국제협약, 모든 형태의 인종차별 철폐에 관한 국제협약, 여성에 대한 모든 형태의 차별철폐에 관한 협약, 고문 및 그 밖의 잔혹한·비인도적인 또는 굴욕적인 대우나 처벌의 방지에 관한 협약, 아동의 권리에 관한 협약, 모든 이주노동자와 그 가족의 권리보호에 관한 국제협약을 상기하며,

(e) 장애는 발전하는 개념이며, 또한 장애는, 다른 사람들과 동등한 기초위에서, 완전하고 효과적인 사회참여를 저해하는 태도 및 환경적인 장벽과 손상을 지닌 개인과의 상호작용으로부터 야기된다는 것을 인정하며,

(f) 장애인을 위한 기회의 평등을 보다 고취시키기 위한 국내적·지역적·국제적 수준에서의 정책, 계획, 프로그램 및 활동의 증진, 수립, 및 평가에 영향을 미치는 장애인에 관한 세계행동계획과 장애인의 기회평등에 관한 표준규칙에 포함되어 있는 원칙 및 정책지침의 중요성을 인정하며,

(g) 장애관련 문제를 지속가능한 개발과 관련한 정책의 필수적인 부분으로서 주류화하는 것의 중요성을 강조하며,

(h) 장애로 인한 사람에 대한 차별은 인간의 천부적 존엄성 및 가치에 대한 침해라는 것을 또한 인정하며,

(i) 장애인의 다양성을 더욱 인정하며,

(j) 보다 집중적인 지원이 필요한 장애인을 비롯하여 모든 장애인의 인권을 촉진하고 보호할 필요성이 있음을 인정하며,

(k) 이러한 다양한 기제와 조치에도 불구하고, 장애인은 동등한 사회의 구성원으로서 참여에 대한 장벽에 지속적으로 직면해 있고 세계도처에서 장애인의 인권이 계속해서 침해되고 있음을 우려하며,

(l) 모든 국가, 특히 개발도상국에서의 장애인의 생활환경 개선을 위한 국제적 협력의 중요성을 인정하며,

(m) 지역사회의 전반적인 안녕과 다양성에 대한 장애인들의 가치 있는 현재의 기여 및 잠재적 기여를 인식하고, 장애인의 인권과 기본적 자유의 완전한 향유와 장애인의 완전한 참여의 증진이 장애인의 소속감을 강화시키고 사회의 인적, 사회적, 경제적 발전과 빈곤퇴치에서 상당한 진보를 가져올 것임을 인정하며,

(n) 장애인이 스스로 선택할 자유를 포함하여, 장애인 개인의 자율 및 자립의 중요성을 인정하며,

(o) 장애인은 당사자들과 직접적으로 관련이 있는 정책 및 프로그램을 포함하여 이러한 정책 및 프로그램에 관한 의사결정과정에 적극적으로 참여할 수 있는 기회를 반드시 가져야 한다는 것을 유념하며,

(p) 인종, 피부색, 성, 언어, 종교, 정치적 및 기타 견해, 국적, 민족, 원주민 또는 사회적 출신, 재산,

출생, 연령 혹은 기타 신분에 따라 복합적이거나 가중된 형태의 차별에 직면하는 장애인의 어려운 상황들을 우려하며,

(q) 장애여성과 장애소녀들이 가정내외에서 폭력, 상해 또는 학대, 유기 또는 유기적 대우, 혹사 또는 착취의 더 큰 위험에 직면해 있는 경우가 많음을 인정하며,

(r) 장애아동은 다른 아동들과 동등한 기초 위에서 모든 인권과 기본적 자유를 완전히 향유해야 함을 인정하고, 이를 위해 아동권리협약의 당사국이 이행한 의무들을 상기하며,

(s) 장애인의 인권과 기본적 자유의 완전한 향유를 증진하기 위한 모든 노력에 성인지적 관점을 포함시킬 필요성을 강조하며,

(t) 상당수의 장애인이 빈곤한 상태에서 살고 있다는 사실을 강조하고, 이와 관련하여 빈곤이 장애인에게 주는 부정적인 영향을 다루어야 할 중대한 필요성을 인정하며,

(u) 국제연합헌장에 포함된 목적과 원칙에 대한 완전한 존중과 적용 가능한 인권문서의 준수에 기초한 평화와 안전의 조건들은, 특히 무력분쟁과 외국군의 주둔상황에서 장애인의 완전한 보호를 위하여 필수적임을 명심하며,

(v) 장애인이 모든 인권과 기본적 자유를 완전히 향유할 수 있도록 하기 위한 물리적, 사회적, 경제적, 문화적 환경 및 건강과 교육 그리고 정보와 의사소통에 대한 접근성의 중요성을 인정하며,

(w) 다른 사람들과 그가 속한 지역사회에 대한 의무를 가진 개인은 국제인권장전이 인정한 권리의 증진 및 준수를 위해 노력할 책임이 있다는 것을 인식하며,

(x) 가족은 자연적이고 근본적인 사회의 구성단위이며 사회와 국가에 의해 보호를 받을 자격이 있고 장애인과 그 가족 구성원들은 가족이 장애인의 완전하고 동등한 권리의 향유를 위해 기여할 수 있도록 필요한 보호와 지원을 받아야만 한다는 것을 확신하며,

(y) 장애인의 권리와 존엄성을 증진하고 보호하기 위한 포괄적이고 통합적인 국제협약은 개발도상국과 선진국 모두에서 장애인들의 뿌리 깊은 사회적 불이익을 시정하는 데 중요한 기여를 할 것이며, 시민적, 정치적, 경제적, 사회적 및 문화적 부문에서 장애인이 동등한 기회를 갖고 참여하는 것을 촉진할 것임을 확신하며,

다음과 같이 합의하였다.

출처: 국가인권위원회(2007). 장애인권리협약 해설집.

### 4) 실체적 조항

협약의 실체적 조항은 장애인과 관련한 문제에 대한 내용을 포괄적으로 다루고 있다. 접근성, 생명권, 위험상황 및 인도적 긴급사태, 법 앞의 평등, 사법접근성, 개인의 자유와 안전, 고문이나 잔혹한 또는 비인도적이거나 굴욕적인 취급 및 형벌로부터의 자유, 착취 · 폭력 및 학대로부터의 자유, 개인의 고유성 보호, 이주 및 국적의 자유, 자립적인 생활과 지역사회통합, 개인의 이동, 의견 · 표현 및 정보접근의 자유, 사생활 존중, 가정과 가족에 대한 존중, 교육, 건

강, 선천적 및 후천적 장애에 대한 재활, 근로 및 고용, 적절한 생활수준과 사회적 보호, 정치와 공적 생활 참여, 문화생활·레크리에이션·여가 및 스포츠에 대한 참여, 통계와 자료 수집, 국제협력에 대해 규정하고 있다(국가인권위원회, 2007).

이러한 실체적 조항은 장애인의 모든 생활영역에서의 보장을 목적으로 권리적 측면에서의 접근을 통해 장애인의 삶의 증진을 위한 발전이 필요함을 보여준다.

동 협약의 실체적 조항은 우리 사회가 가지고 있는 장애에 대한 권리보장체체계를 점검하고 지속적인 보완을 해 나가야 하는 내용과 방향을 보여주며 우리 사회가 장애인에 대한 보장을 어떻게 진전해 나갈 것인가를 제시한다는 점에서 매우 중요한 의미를 가지고 있다.

## 6. 장애인 권리보장의 성과와 과제

우리나라에서는 장애인의 권리보장을 발전시키기 위한 노력이 지속적으로 전개되었다. 장애인복지를 전반적으로 규정하는 「장애인복지법」, 장애인의 차별에 대한 문제를 개별법 형태로 다루는 「장애인차별금지법」, 이외에 각 영역에 장애인의 삶의 증진을 위한 보장체계는 계속 발전하고 있다.

유엔 장애인권리협약은 국내법 체계의 정비와 내용적 보완을 위해 주요한 기준점으로 작용하고 있으며 국제적 기준에 맞추는 장애인복지체계로의 발전을 견인하고 있다.

그러나 여전히 장애인복지의 이념적 기초에 의한 탄탄한 권리적 보장의 인정보다는 장애계의 투쟁에 의한 현실적 타개가 변화의 주를 이루어, 제도 발전을 위한 사회적 토대가 허약한 것도 사실이다. 사회 곳곳에 여전히 팽배해 있는 개인적 책임에 근거한 장애에 대한 인식은 장애인의 권리보장의 질적 발전에 제한점으로 작용하고 있다.

향후 장애인복지의 발전은 전체 장애인을 대상으로 획일적으로 집단화한 체계에서 장애인의 개별화에 따른 개인별 보장체계의 수립을 향하고 있다. 개인별 보장체계는 장애인의 권리성을 충분히 인식하고 이를 장애인 개인별로 필요한 급여를 제공하는 시스템의 구축을 통해 실현될 수 있다.

장애인의 권리성 인정이 장애인만을 위한 것이 아니라 비장애인과 장애인의 통합을 위한 기본적 전제임을 인식할 때 우리 사회는 더욱 견고한 토대 속에서 장애인에 대한 지원을 보다 공고히 할 수 있을 것이다.

## 생각해보기

1. 장애는 그 자체로 권리성이 인정되어야 한다는 것은 무슨 의미를 가지는가?
2. 장애인의 권리보장 체계는 장애인의 일상적인 삶을 보장하기 위해 충분한 내용을 가지고 있는가? 이에 대한 개선과제는 무엇인가?
3. 유엔 장애인권리협약이 우리나라의 장애인 권리보장 체계에 어떠한 영향을 주고 있으며 향후 과제는 무엇인가?

05 Chapter

# 장애범주와 유형별 특성

**주요 학습문제**

- 우리나라의 장애범주는 어떻게 되는가?
- 장애유형별 현황과 원인, 세부 유형과 특성은 어떻게 되는가?

## 1. 우리나라의 장애범주: 장애인복지법을 중심으로

장애와 관련하여 우리나라에서 기준이 되는 법은 「장애인복지법」이다. 이 법은 지난 1981년 「심신장애자복지법」으로 제정되어 1989년 「장애인복지법」으로 명칭이 변경되어 현재에 이르고 있다. 1981년에 제정된 「심신장애자복지법」에서는 장애인이라는 용어대신에 '심신장애자'라는 용어를 사용하였는데, 여기서는 '지체부자유, 시각장애, 청각장애, 음성 · 언어기능장애 또는 정신박약 등 정신적 결함으로 인하여 장기간에 걸쳐 일상생활 또는 사회생활에 상당한 제약을 받는 자'로 심신장애자를 정의하고 있다. 이후 1989년 개정된 「장애인복지법」에서는 '지체장애, 시각장애, 청각장애, 언어장애 또는 정신지체 등 정신적 결함으로 인하여 장기간에 걸쳐 일상생활 또는 사회생활에 상당한 제약을 받는 자'로 수정하여 정의를 내리고 있다. 여기서는 심신장애자라는 용어 대신에 장애인이라는 용어를 사용하였으며, 지체부자유를 지체장애로, 정신박약을 정신지체로 변경하였다. 그러나 여전히 지체장애, 시각장애, 청각장애, 언어장애, 정신지체 등 5개 장애유형만을 장애인으로 인정하였다.

1999년 1월 「장애인복지법」이 전면 개정되면서 장애인의 정의가 '신체적 · 정신적 장애로 인하여 장기간에 걸쳐 일상생활 또는 사회생활에 상당한 제약을 받는 자'와 같이 일반적 정의로 바뀌게 되었다. 이 정의는 이후 약간의 수정을 거쳐 지금까지 활용되고 있다. 한편 이러한 장애인의 정의 변경과 함께 2000년과 2003년 2번에 걸쳐서 장애의 범주가 확대되었다. 2000년 1월 1단계 장애범주 확대에서는 '지체장애, 시각장애, 청각장애, 언어장애, 정신지체' 등 기존의 5가지 장애유형에 '뇌병변장애, 발달장애[1], 정신장애, 신장장애, 심장장애' 5가지 유형이 추가로 장애인 범주에 포함되게 되었다.

뇌병변장애는 이전에 지체장애에 포함되어 있던 영역을 분리한 것이며, 나머지 4개의 장애는 새로이 추가된 영역이다. 그리고 지체장애 영역에 왜소장애를 추가하여 지체장애의 범위를 확대하였다. 2003년 7월 당시 10종인 장애의 종류에 '만성 · 중증의 호흡기장애, 간장애, 안면장애, 장루 · 요루장애, 간질장애 등 5종'을 추가하여 장애종류를 15개 영역으로 확대하였다. 한편 2007년 「장애인복지법」 대통령령 개정으로 정신지체는 지적장애로, 발달장애는 자폐성장애로 변경되었으며, 2014년에는 간질장애인을 뇌전증장애인(腦電症障碍人)으로 변경하였다.

2019년 7월부터는 장애인등록과정에서 큰 변화가 나타났다. 기존의 장애인등급제가 폐지되면서, 장애인복지 요구도를 중심으로 장애인지원 종합조사를 하게 된 것이다. 이로 인해, 의학적 기준에 따라 경중을 1~6급으로 나누었던 기존의 장애등급은, 장애인복지 요구도에 따라 '장애의 정도가 심한 장애인', '장애의 정도가 심하지 않은 장애인'으로 구분이 되는 방식으로 변화되었다. 이 과정에서 종전 1~3급 장애인은 '장애의 정도가 심한 장애인'으로, 종전 4~6급

1) 이때 처음으로 발달장애라는 용어가 법적 용어로 사용되었다. 당시에 사용된 발달장애는 지금의 자폐성장애와 동일한 의미로 사용되었다

장애인은 '장애의 정도가 심하지 않은 장애인'으로 일괄 전환되게 되었다. 현재로서는 장애인 등록 기준 사이의 촘촘한 벽을 없앴을 뿐, 개별 맞춤 지원을 위한 장애특성별 요구도를 충분히 고려한 기준은 충분히 마련되지 못한 실정이다. 물론 장애인등록업무와 관련된 행정처리에서 경과적 조치였기에, 추후 장애당사자와 전문가의 의견을 모은 개선책이 필요하다.

현재에도 우리나라 「장애인복지법」 시행령상 세부 장애분류는 15개 장애체계를 유지하고 있다. 이를 장애유형을 세부적으로 분류하면 다음과 같다. 먼저, 신체적 장애와 정신적 장애로 크게 나눌 수 있으며, 신체적 장애는 외부신체장애와 내부기관장애로 정신적 장애에는 발달장애와 정신장애로 구분할 수 있다. 구체적인 장애인의 종류와 기준은 다음의 〈표 5-1〉과 같다.

**표 5-1 | 우리나라 장애인 종류: 장애인복지법**

| 분류 | | 장애유형 |
|---|---|---|
| 신체적 장애 | 외부신체장애 | 지체장애, 뇌병변장애, 시각장애, 청각장애, 언어장애, 안면장애 |
| | 내부기관장애 | 신장장애, 심장장애, 장루·요루장애, 간장애, 호흡기장애, 뇌전증장애 |
| 정신적 장애 | 발달장애 | 지적장애, 자폐성장애 |
| | 정신장애 | 정신장애 |

## 2. 장애유형별 특성

### 1) 외부신체장애

외부신체장애에는 지체장애, 뇌병변장애, 시각장애, 청각장애, 언어장애, 안면장애 등 총 6가지 유형이 있다. 각각의 장애의 현황과 원인, 유형, 특성 및 지원방법에 대해서 살펴보면 다음과 같다.

### (1) 지체장애

#### ① 현황과 원인

지체장애는 지체부자유의 상태로 신체의 골격, 근육, 신경중 어느 부분에 질병이나 외상으로 인하여 기능장애가 영구적으로 남아 있는 경우를 말한다(이채식 외, 2008). 2023년 12월 기준, 우리나라에 등록된 지체장애인은 1,153,501명으로 전체 등록장애인 2,641,896명의 43.7%를 차지하고 있어 15개 장애유형 중에 가장 많은 것을 알 수 있다.

2020년 장애인실태조사(김성희 외, 2020)에 따르면, 전체 지체장애인의 55.2%가 사고로 인해 장애를 갖게 되고 다음으로는 질환이 33.0%로 나타나 후천적 원인인 사고와 질환이 장애발생 원인의 대부분을 차지하고 있다. 지체장애 발생원인을 주된 진단명에 따라서 분류하면, 척추질환이 23.5%로 가장 높은 비율을 차지하였고, 이어서 관절질환 20.2%, 골절 12.6%, 절단 11.3%, 소아마비 5.9% 등의 순이었다.

#### ② 유형

지체장애의 유형에는 절단장애, 관절장애, 마비, 변형 등이 있다. 2020년 장애인 실태조사결과(김성희 외, 2020)에 따르면, 관절장애가 50.8%로 가장 많고, 그 다음 마비 20.0%, 변형 15.6%, 절단 13.6% 순으로 나타났다. 우리나라 「장애인복지법」 시행령에서 정의하고 있는 지체장애인의 정의 및 기준을 살펴보면 다음과 같다.

- **지체장애인(肢體障碍人)**

가. 한 팔, 한 다리 또는 몸통의 기능에 영속적인 장애가 있는 사람

나. 한 손의 엄지손가락을 지골(指骨: 손가락 뼈) 관절 이상의 부위에서 잃은 사람 또는 한 손의 둘째손가락을 포함한 두 개 이상의 손가락을 모두 제1지골 관절 이상의 부위에서 잃은 사람

다. 한 다리를 가로발목뼈관절(lisfranc joint) 이상의 부위에서 잃은 사람
라. 두 발의 발가락을 모두 잃은 사람
마. 한 손의 엄지손가락 기능을 잃은 사람 또는 한 손의 둘째손가락을 포함한 손가락 두 개 이상의 기능을 잃은 사람
바. 왜소증으로 키가 심하게 작거나 척추에 현저한 변형 또는 기형이 있는 사람
사. 지체(肢體)에 위 각 목의 어느 하나에 해당하는 장애정도 이상의 장애가 있다고 인정되는 사람

### ③ 특성 및 지원 시 고려할 점

지체장애의 유형은 매우 다양하기 때문에 공통된 특성을 찾기가 쉽지 않다. 그러나 지체장애인의 경우 운동 제한이 가장 큰 어려움으로 나타나므로, 운동과 이동을 지원하는 서비스가 필수적이다. 이를 위해 전동휠체어나 스쿠터 지원로 이동을 지원하고, 이들이 접근성을 보장하기 위한 장애인 편의시설 설치와 이동로 확보가 요구된다. 또한 장애인 편의시설과 이동로가 적절히 확보되지 않은 공간에의 접근과 이용을 위하여 활동보조서비스도 함께 고려되어야 한다.

먼저 지체장애아동의 경우에는 운동장애로 발생하는 직접적인 요인과 환경의 간접적 요인과의 상호작용에 의해 발달상의 특징이나 문제가 파생되기도 한다. 또 지체장애는 유아기 탐색활동의 제한과 학령기 경험부족을 유발하여 학업부진이나 학습장애를 가져오기도 한다. 따라서 다양한 놀이와 참여 경험을 제공하기 위한 환경을 가족과 사회차원에서 제공해야 한다. 한편 사춘기를 포함한 청년기의 경우에는 자신의 신체나 운동에 대한 열등감이 생기기도 하고, 욕구불만, 열등감, 사회성 미숙 등 개인에 따라 독특한 특성을 형성하는 경우가 있다. 즉 지체장애인은 자신의 장애 때문에 위축되거나 자아개념에 영향을 받을 수 있으며, 운동장애는 자기 가치를 저하시키는 방향으로 작용하기도 한다. 이들 장애청소년과 청년의 긍정적 자아상을 형성하기 위한 전문 상담 및 동료 상담을 충분히 지원해 줄 필요가 있다. 나아가 척수손상의 경우에는 그에

따른 부수적 사항인 욕창관리, 방광관리, 장관리, 호흡기관리, 성기능관리 등과 같은 신체 내적 합병증 관리가 특히 필요하다. 나아가 전체 지체장애인의 절반 가까이가 노인이라는 점을 염두해 둘 때, 노인 지체장애인이 원활하게 운동에 참여할 수 있는 맞춤형 운동 시설과 서비스가 제공되어야 한다.

### (2) 뇌병변장애

#### ① 현황과 원인

뇌병변장애는 지난 2000년 「장애인복지법」의 개정으로 장애범주가 확대되면서 지체장애에서 분리된 것으로, 중추신경계의 손상으로 인한 복합적인 장애로 뇌성마비, 외상성 뇌손상, 뇌졸중 등의 뇌의 기질적 병변으로 인해 보행 혹은 일상생활 동작에 제한을 받는 것을 의미한다. 2023년 12월 기준, 우리나라에 등록된 뇌병변장애인은 240,546명으로 전체 등록장애인 2,641,896명의 9.1%를 차지하고 있다.

뇌병변장애의 원인은 다음과 같이 알려져 있다. 먼저 출산 전의 원인으로는 산모의 풍진, 약물중독, 가스중독, 혈액형 부조화 등이 있으며, 출산시 원인으로는 난산으로 인한 산소결핍, 조산 등이 있다. 한편, 출생 후에는 사고나 외상으로 인한 뇌손상, 질병, 약물남용 등이 있으며, 원인을 알 수 없는 경우 역시 매우 많다.

뇌성마비 일부를 제외하고 뇌병변장애의 상당수를 차지하는 뇌졸중의 경우 대부분 후천적 원인이라고 할 수 있다. 2020년 장애인실태조사결과(김성희 외, 2020), 거의 대부분의 뇌병변장애는 후천적 원인에 의한 것(93.8%)으로 조사되었으며, 이 중에서도 질환이 83.8%로 대부분을 차지하고 있다.

#### ② 유형

뇌병변장애의 유형은 크게 뇌졸중과 뇌성마비, 그리고 외상성 뇌손상으로 나눌 수 있다. 첫째, 뇌졸중(腦卒中, stroke)은 뇌기능의 부분적 또는 전체적으로 급속히 발생한 장애가 상당 기간 이상 지속되는 것으로, 뇌혈관의 병 이외에는 다른 원인을 찾을 수 없는 상태를 일컬으며, 중풍이라고도 불린다. 주요증상으로는 마비, 언어장애(실어증, 조음장애), 시각장애, 인지능력장애, 안면신경마비 등이 있다. 둘째, 뇌성마비(cerebral palsy)는 미성숙한 뇌에 출생 시 또는 출생 후 여러 원인인자에 의해 비진행성 병변이나 손상이 발생하여 임상적으로 운동과 자세의 장애로 일상생활의 곤란을 초래하는 경우를 말한다. 셋째, 외상성 뇌손상은 외상으로 인해 뇌에 손상을 입은 상태를 의미한다. 최근 교통사고, 산업재해, 스포츠 등 각종 사고가 증가하여 외상성 뇌손상이 증가하고 있는 상황이다. 우리나라 「장애인복지법」 시행령에서 정의하고 있는 뇌병변장애인의 정의 및 기준을 살펴보면 다음과 같다.

- **뇌병변장애인(腦病變障碍人)**

뇌성마비, 외상성 뇌손상, 뇌졸중(腦卒中) 등 뇌의 기질적 병변으로 인하여 발생한 신체적 장애로 보행이나 일상생활의 동작 등에 상당한 제약을 받는 사람

### ③ 특성 및 지원 시 고려할 점

뇌병변장애는 지적장애와 시각장애, 언어장애와 청각장애를 동반하는 경우가 많다. 뇌성마비에 동반되는 장애를 구체적으로 살펴보면 지적장애, 경련, 시각장애, 청각장애 등이 있다. 지적장애는 뇌성마비 아동의 약 50%에서 동반되고 있으며, 학습장애 등을 포함하면 약 75%에 이르므로 매우 흔한 동반장애이다. 뇌성마비 아동의 약 50%에서 경련을 동반하며, 사지마비형과 편마비에서 흔하게 발생한다. 뇌성마비 아동의 상당수는 시력저하, 난청, 구강운동장애 등을 동반하는 경우가 있다.

뇌병변 장애도 지체장애처럼 운동과 이동을 포함한 일상생활에 어려움을 많

이 경험한다. 이러한 어려움을 덜어줄 수 있는 재활훈련, 보장구 보급, 편의시설 제공 등이 요구되며, 활동지원서비스 등이 요구된다. 다른 장애가 동반된 뇌성마비 장애인의 경우에는 다양한 재활 서비스와 지원을 맞춤형으로 지원할 필요가 있고, 복합적으로 발생한 장애로 초래될 수 있는 부정적 신체상에 대응하기 위한 심리정서적 지원도 요구된다.

### (3) 시각장애

#### ① 현황과 원인

시각장애는 시기능의 현저한 저하 또는 소실에 의해 일상생활 또는 사회생활에 제약이 있는 것을 의미하는 것으로 시력장애와 시야결손장애가 있다. 2023년 12월 기준, 우리나라에 등록된 시각장애인은 248,360명으로 전체 등록장애인 2,641,896명의 9.4%를 차지하고 있다. 2020년 장애인실태조사 결과, 시각장애의 95% 이상이 후천적으로 발생하였으며, 그 원인은 질환이 41.1%로 가장 많았고, 그 다음은 사고에 의한 경우가 34.8%였다(김성희 외, 2020).

#### ② 유형

시각장애는 크게 시력감퇴에 의한 시력장애와 시야결손에 의한 시야결손장애로 나눌 수 있다. 첫째, 시력장애는 눈의 여러 가지 기능장애를 포괄적으로 나타내는 것으로 안구나 시신경의 장애로 시력(물체의 존재 및 그 형태를 인식하는 눈의 능력)이 저하되는 일이나 그런 상태를 의미하는 것이다. 시력장애의 대부분은 약시에 해당하는데, 약시는 통상적으로 교정시력 0.2 이하로 신문이나 책에 실린 보통 크기의 글자를 읽을 수 없는 경우를 의미한다. 두 번째, 시야결손장애는 시야(visual field)[2]의 이상, 즉 시야의 결손이 생긴 상황을 의미한다.

한편 시각장애인은 맹인과 저시력으로 구분하여 보는 시각이 있다. 미국기준

2) 눈앞의 한 점을 바라보고 응시하고 있을 때 동시에 보이는 범위.

으로 법적 맹(legal blindness)은 두 눈 중 좋은 눈을 교정하여 시력이 0.1 이하이거나 또는 0.2 이상일 경우에 시야가 20도 이하인 경우를 말하며, 저시력(low vision)은 교정시력이 0.1 이상 0.3 이하를 말한다(국립특수교육원, 2009). 「장애인복지법」 시행령에서 정하고 있는 시각장애인의 정의 및 기준을 살펴보면 다음과 같다.

- **시각장애인(視覺障碍人)**

가. 나쁜 눈의 시력이 0.02 이하인 사람
나. 좋은 눈의 시력이 0.2 이하인 사람
다. 두 눈의 시야가 각각 주시점에서 10도 이하로 남은 사람
라. 두 눈의 시야 2분의 1 이상을 잃은 사람
마. 두 눈의 중심 시야에서 20도 이내에 겹보임[복시(複視)]이 있는 사람

### ③ 특성 및 지원 시 고려할 점

시각장애인 상당수는 명암을 구분할 수 있는 광각이 있거나 희미하게나마 색깔을 구분할 수 있거나 또는 여러 가지 정도의 잔존 시각기능을 이용하여 일상생활을 영위하고 있다. 시각장애는 특히 학습상의 어려움이 있고, 신체적 불완전성에서 오는 심리적 불안감이 있을 수 있다. 2020년 장애인실태조사 결과를 보면, 시각장애인 중 점자해독이 가능한 비율은 6.9%에 불과하고, 현재 점자해독을 배우는 중에 있는 비율 2.7%를 합쳐도 10%를 넘지 못한다(김성희 외, 2020).

시각장애인을 비롯한 감각기 장애인은 정보접근, 이동 등에서 상당한 불편함을 경험할 수밖에 없다. 따라서 이들이 원활하게 정보에 접근할 수 있도록 아동기 점자교육, 저시력자를 위한 화면 확대기, 음성안내, 화면해설 등이 매우 필요하다. 또한 안전하게 이동하여 활발한 사회참여를 할 수 있도록 점자블럭, 점자안내표지, 음향신호기 등의 구비, 활동보조 서비스 제공 등이 필요하다.

### (4) 청각장애

#### ① 현황과 원인

청각장애는 청력장애와 평형기능장애로 청각기관의 결함이나 청력이 손실되면서 의사소통에 장애가 오는 경우를 말한다(이채식 외, 2008). 먼저 청력장애는 기질적 혹은 기능적인 장애가 원인이 되어 듣는 기능이 일시적이거나 영구적으로 저하되거나 결여된 상태를 의미하는 것으로, 장애의 정도에 따라 농인과 난청인으로 구분할 수 있다. 한편 평형기능에 장애가 있는 경우에도 청각장애로 판단한다. 2020년 장애인실태조사에 따르면, 청력장애만 가지는 청각장애인의 96% 이상이고, 평형기능장애만 있거나 청력장애와 평형기능장애를 동반한 경우는 4%에 이른다(김성희 외, 2020).

2023년 12월 기준, 우리나라에 등록된 청각장애인은 432,854명으로 전체 등록장애인 2,641,896명의 16.4%를 차지하고 있어 지체장애인 다음으로 많은 숫자를 기록하고 있다. 청각장애의 원인으로는 손상된 위치에 따라 외이손상(주로 출생시 감염)과 중이손상(주로 중이염 혹은 고막파열), 내이손상(주로 선천적 원인), 청력과 관련된 중추신경 손상 등으로 나눌 수 있다. 2020년 장애인실태조사 결과 우리나라 청각장애 발생의 주된 원인에 대해서는 후천적 원인이 77.8%로 가장 많았으며, 세분하여 살펴보면 질환이 57.1%, 사고가 20.7%였다.

#### ② 유형

청각장애는 크게 청력장애와 평형기능장애로 나눌 수 있으며, 청력장애는 다시 농인과 난청인으로 구분할 수 있다. 청력장애란 일반적으로 데시벨(dB)의 소리를 들을 수 있는가와 같은 크기의 소리라도 어음의 청음명료도를 퍼센트로 표시하여 그 장애 정도를 분류할 수 있다. 첫째, 농인(deaf person)은 보청기를 착용하거나 착용하지 않은 상태에서 귀만으로 말을 들어 이해할 수 없을 정도를 의미하는데, 일반적으로 70dB 이상의 소리만 겨우 듣거나 느낄 수 있는 정도의 청력의 손실이 있는 경우를 말한다.[3] 둘째, 난청인(hard-of-hearing person)은 보청기를 착용하거나 하지 않은 상태에서 귀만으로 말을 들어 이해하기가 불가능하지는 않으나 곤란한 정도를 의미하며, 일반적으로 35~69dB의 청력손실이 있는 경우를 말한다. 셋째, 평형기능장애인은 청력기능 손상으로 신체의 평형기능에 장애가 있어 기립, 보행 등에서 일상생활에 불편이 따르는 경우를 말한다. 「장애인복지법」 시행령에서 정하고 있는 청각장애의 종류 및 기준을 살펴보면 다음과 같다.

- **청각장애인(聽覺障碍人)**

가. 두 귀의 청력 손실이 각각 60데시벨(dB) 이상인 사람
나. 한 귀의 청력 손실이 80데시벨 이상, 다른 귀의 청력 손실이 40데시벨 이상인 사람
다. 두 귀에 들리는 보통 말소리의 명료도가 50퍼센트 이하인 사람
라. 평형기능에 상당한 장애가 있는 사람

### ③ 특성 및 지원 시 고려할 점

청각장애인의 일차적인 장애는 소리를 잘 듣지 못하는 것이며, 이로 인해 발생되는 이차적인 장애로 가장 흔한 것이 언어장애이다. 특히 청각장애인은 시각장애인과 함께 교육적으로 불이익을 받거나 사회적으로 소외되는 경우가 많다. 또한 경제생활이나 취미, 오락, 종교생활 등 사회 전 영역에 걸쳐 참여의 기회가 제한되거나 본인의 욕구와는 다르게 차별을 당하게 될 수도 있다. 청각장애인들은 수화(수어)/지화, 구화, 필담, 손발이나 몸짓 등을 의사소통 수단으로 사용하고 있다. 한편 정서불안이나 미숙, 자기중심성, 내향성, 냉담성, 공격성 등의 정신적 특성을 보이기도 하나 이는 청각장애 자체 때문이 아니라 의사소통이 잘 안 되기 때문이며, 그로 인해 스트레스를 많이 받는 환경에 처해 있

---

3) 70dB: 가까이에서 큰 소리로 해야 들림.
80dB 이상: 아무 소리도 들리지 않고 크게 진동하는 소리만 들림.

기 때문이라고 할 수 있다. 2020년 장애인 실태조사 결과를 보면 전체 청각장애인의 74.0%는 보청기를 사용하고 있었고, 인공와우수술을 받은 경우는 4.2%로 나타났다. 청각장애인이 자신의 의사를 다른 사람에게 전달할 때 의사소통을 할 만큼 수화(수어)를 사용할 수 있다는 비율은 12.0%로 나타났다. 청각장애인들은 의사소통의 수단으로 '말'을 가장 많이 사용하는데(84.2%), '수화(수어)' 2.8%, '구화' 5.9%를 사용하는 경우는 극히 적다(김성희 외, 2020).

물론 청각장애인 중에 수화(수어)를 주된 언어로 활용하는 사람이 2.8%에 불과하다. 그러나 2016년 한국수화언어법이 제정되면서, 수화언어(이하 수어)는 국어와 동등한 자격을 가지는 한국농인의 고유한 언어로 공인되었다. 농인은 음성을 매개로 학습되는 국어를 청인(농인의 상대개념)처럼 이해하기 힘들기 때문에, 농문화 속에서 시각 및 동작체계를 바탕으로 만들어진 수어를 쓰는 것이 타당하다고 법을 통해 인정을 받은 것이다. 그러나 수어통역이 이루어지는 영역이 제한적이므로 수어통역의 범위와 영역을 넓힐 필요가 있고, 농인의 실질적 사회참여를 위해서는 청인 사이에서도 수어교육이 확대될 필요가 있다. 한편 농인 이외의 청각장애인에 대해서도 주목할 필요가 있다. 대다수 청각장애인은 보청기를 이용하더라도 명료한 음성 인식이 어렵다. 따라서 학습과 정보취득에 관찰과 활자해독에만 의존하기 쉬워, 다양한 정보에 소외되고 사회적 관계를 맺는데 어려움을 겪을 가능성이 높다. 따라서 청각장애인과의 소통, 안전 확보를 위해 음성 언어와 알림 이외에 다양한 방법을 강구하며 다각적이고 세심한 노력을 해야 한다.

### (5) 언어장애

#### ① 현황과 원인

언어장애는 의사소통의 방해로 사회생활에 현저한 곤란이 생기는 경우를 말하는 것으로, 말이 불완전하거나 말이 쉽게 이해되지 않거나, 음성이 듣기에 거북하거나, 특정 음성의 변형이 있거나, 발성이 어렵거나 말의 리듬, 음조 혹은 고저에 이상이 있거나, 말이 말하는 사람의 연령, 성, 신체적인 발달 정도와 일치하지 않는 특성을 보이는 경우 등을 말한다. 즉, 언어장애인은 음성기능 또는 언어기능에 영속적인 현저한 장애가 있는 사람을 의미하며, 음성 또는 언어장애 때문에 의사소통이 어렵거나 이루어지지 않는 경우를 말한다. 2023년 12월 기준, 우리나라에 등록된 언어장애인은 22,830명으로 전체 등록장애인 2,641,896명의 0.9%를 차지하고 있는 것으로 조사되었다. 언어장애는 청각장애나 지적장애, 뇌병변장애 등 다른 장애와 중복되어 나타나기 때문에 실제 언어장애인은 등록된 언어장애인의 수보다 훨씬 더 많다.

언어장애의 원인을 나누어 보면, 크게 기질적 언어장애, 기능적 언어장애로 구분할 수 있다. 첫째, 기질적 언어장애는 언어장애의 주된 원인으로 구개열(언청)의 조음장애, 실어증, 지적장애, 뇌성마비의 조음장애 등이 여기에 해당된다. 둘째, 기능적 언어장애는 신체적 또는 신경계통의 원인이 발견되지 않는 언어장애를 의미하며 말더듬 등이 주로 여기에 해당된다. 이외에 환경적인 원인 등을 포함한 복합적 언어장애가 있으며, 지적장애, 청각장애 등 다른 장애가 언어장애의 요인이 되기도 한다. 2020년 장애인 실태조사 결과, 언어장애 발생이 후천적 원인인 경우가 57.2%로 가장 많았고, 선천적 원인 21.4%, 원인불명 16.9%, 출생 시 원인 4.6% 순이었다.

### ② 유형

언어장애의 유형에는 조음장애, 음성장애, 유창성 장애 등으로 구분할 수 있다. 첫째, 조음장애(articulation disorder)는 음운장애(phonological disorder)라고도 하며, 말할 때 말소리를 생략, 대치, 왜곡 또는 첨가하는 것을 말한다. 둘째, 음성(말소리)장애(voice disorder)는 후두·구강·비강 등에 장애가 있어 음성장애를 일으키는 것으로, 음도, 강도, 음질이 비장애인의 목소리와 많은 편차를 보이는 특징이 있다. 셋째, 유창성 장애가 있다. 말의 흐름에는 유창성·속도·리듬 등

세 가지 요소가 포함되는데 이 세 가지 요소와 관련하여 말의 흐름에 장애가 발생하는 경우이다. 여기에는 말더듬, 속화증(성급하게 말하기)이 있다.[4] 넷째, 뇌성바미 · 지적장애 · 청각장애에 따른 언어장애와 언어발달지체, 실어증 등이 있다. 2020년 장애인실태조사에 따르면, 언어장애인의 장애형태는 조음장애가 41.2%, 말을 전혀 하지 못하는 경우가 21.7%, 말더듬 18.9%, 언어장애, 실어증 15.8% 순이었다(김성희 외, 2020). 「장애인복지법」 시행령에서 정하고 있는 언어장애의 정의를 살펴보면 다음과 같다.

> • **언어장애인(言語障碍人)**
> 음성기능이나 언어기능에 영속적으로 상당한 장애가 있는 사람

### ③ 특성 및 지원 시 고려할 점

언어장애는 많은 경우 청각이나 지적장애 등 다른 장애와 중복되어 나타나는 경향이 높다. 2020년 장애인실태조사에서 언어장애인들이 다른 사람에게 자신의 의사를 전달할 때 수화를 사용할 수 있는지를 조사한 결과, 의사소통을 할 만큼 수화를 사용할 수 있는 사람의 비율은 11.7%로 조사되었다. 언어장애인들이 의사소통수단으로 주로 사용하는 방법으로 가장 많이 사용하는 의사소통법은 '말'이었다. '말'로 의사소통하는 경우가 50.1%, 몸짓 25.6%, 구화 6.8%, 수화 6.1%, 필담 4.0% 등의 순으로 나타났다.

언어장애는 소통과 사회적 참여를 매우 제한한다. 따라서 비장애인 입장에서 언어장애인도 자신의 언어로, 비언어로 얼마든지 소통과 사회적인 참여를 할 수 있다는 인내심 있고 사려 깊은 태도를 보이고 이들과의 관계를 늘려나가는 노력을 해야 한다. 그러기 위해 비장애인은 언어장애인의 말을 이해해지 못

---

4) 말더듬(stuttering): 말소리, 음절 또는 조음 운동을 비정상적으로 반복, 또는 연장하는 것.
속화증(cluttering): 말더듬과 유사하나, 말더듬과는 반대로 화자가 자기의 말에 주의를 기울이면 개선되고, 이완되어 있을 경우에는 두드러지게 나타남.

하는 상황을 너무 불편해 하여 알아들은 체 하기보다는, 인내심 있게 상대방이 표현하고자 하는 메시지에 집중하고 되물어 이해하려 노력해야 한다. 또한 언어장애는 또한 학습을 방해하고, 부정적인 자아상을 만들어 내는 원인이 된다. 따라서 학습지원, 전문상담지원, 언어치료 등 필요한 지원을 아동기에 집중적으로 제공할 필요가 있다.

### (6) 안면장애

#### ① 현황과 원인

안면장애는 안면부의 변형 또는 기형으로 인하여 사회생활을 하는 데 상당한 제한을 받는 장애이다. 2023년 12월 기준, 우리나라에 등록된 안면장애인은 2,757명으로 전체 등록장애인 2,641,896명의 0.1%를 차지하고 있는 것으로 조사되어 15개 장애유형 중 가장 적은 숫자를 기록하고 있다. 안면장애는 기능상의 특별한 문제점이 없더라도 사회적으로 생활하는 데 큰 어려움을 겪는 사회적 장애의 대표적인 사례로, 지난 2003년 「장애인복지법」 시행령 개정으로 2차 장애인범주가 확대되면서 장애인의 범주에 새롭게 들어가게 되었다. 2020년 장애인실태조사 결과에서 안면장애 발생 원인을 보면, 후천적 원인(화상, 기타 사고 및 외상, 감염 및 중독성 질환)이 76.2%로 가장 높았고, 선천적 원인이 13.3%, 원인불명 10.4%로 나타났다(김성희 외, 2020). 「장애인복지법」 시행령에서 정하고 있는 안면장애의 정의를 살펴보면 다음과 같다.

> • 안면장애인(顔面障碍人)
> 안면 부위의 변형이나 기형으로 사회생활에 상당한 제약을 받는 사람

#### ② 특성 및 지원 시 고려할 점

안면장애는 신체적 손상으로 인한 기능상의 제약과 관계없는 장애, 오히려 신체적 손상이 사회적 차별과 배제로 바로 연결되는 대표적인 사회적 장애로

분류된다. 비장애인 입장에서 안면장애인을 비롯한 장애인의 익숙하지 않은 외형에 불편함과 불쾌함을 느끼면서, 다른 사람을 만날 때 보이지 않는 조심스러운 표현, 딴 곳을 응시, 인위적으로 부산한 행동, 갑작스러운 수다, 어색한 진지함 등 이상한 행동과 태도를 갑자기 보일 수 있다(Davis, 1961). 이러한 상황이 일상의 사회관계에서 반복되면 안면장애인은 자신의 운명을 탓하거나, 위축되어 집에만 있기 쉽다(Goffman, 1963). 즉 고프만에 따르면 안면장애가 오염된 정체성(spoiled identity)이 되어 사회적 관계에 영향을 미친다는 것이다. 비장애인 입장에서, 안면장애인과의 사회적 관계가 어색하고 불편해지는 이유는 정상이라는 이미지에 사로잡혀 상대방이 익숙하지 않기 때문일 가능성이 높다. 따라서 비장애인은 자신이 세운 정상적인 신체상에 대한 기준이 임의적이라고 판단하고, 안면장애인을 포함한 장애인 상대를 하나의 인간으로 존중하는 태도를 가져야 한다.

## 2) 내부기관장애

내부기관장애에는 신장장애, 심장장애, 장루·요루장애, 간장애, 호흡기장애, 뇌전증장애 등 총 6가지 장애가 있다. 내부장애의 현황, 원인과 특성, 그리고 장애판정 기준 등 유형에 대해서 살펴보면 다음과 같다.

### (1) 신장장애

#### ① 현황과 원인

내부기관장애 중 신장장애는 통상적으로 만성신부전증을 뜻하는 말이다. 신장은 피를 걸러주는 역할을 하는 장기인데, 신장장애가 생기면 혈액투석, 복막투석을 통해 그 역할을 대신하거나, 신장이식을 받아야 한다. 2023년 12월 기준, 우리나라에 등록된 신장장애인은 108,623명으로 전체 등록장애인 2,641,896명의 4.1%를 차지하고 있다. 2020년 장애인 실태조사 결과를 보면, 신장장애 발생시기로 30~50대의 중장년 시기에 발생한 경우가 60% 이상이다. 신장장애의 장애발생 원인은 후천적 질환인 경우가 84.7%로 압도적으로 높았다(김성희 외, 2020). 「장애인복지법」 시행령에서 정하고 있는 신장장애의 정의를 살펴보면 다음과 같다.

> • 신장장애인(腎臟障碍人)
> 신장의 기능부전(機能不全)으로 인하여 혈액투석이나 복막투석을 지속적으로 받아야 하거나 신장기능의 영속적인 장애로 인하여 일상생활에 상당한 제약을 받는 사람

### ② 특성 및 지원 시 고려할 점

만성신부전증으로 신장장애가 있는 대부분의 장애인은 혈액투석이나 복막투석 등을 받지 못한다면 심각한 건강악화가 발생한다. 따라서 신장장애인은 지속적으로 의료비를 지출해야 하고, 투석을 위하여 상당 시간을 정기적으로 병원에서 보내야 하므로 안정적인 일자리를 갖기 어려워지는 경우가 많다. 즉 장애로 인한 추가비용 지출, 소득부족으로 어려움을 경험할 가능성이 높다. 신장장애인을 지원할 때는 투석을 정기적으로 잘 받고 있는지 살펴 건강유지를 도와야 하고, 이와 관련하여 경제적 어려움 등의 문제가 있는지 살펴 지원방법을 모색할 필요가 있다. 특히 장애의 정도가 심하지 않은 신장장애인은 직업활동에 대한 욕구가 높으므로 직업활동의 기회를 적절히 제공할 수 있는 방법을 강구할 필요가 있다.

## (2) 심장장애

### ① 현황과 원인

심장장애는 심장의 기능부전으로 인하여 일상생활 정도의 활동에도 호흡곤란 등의 장애가 있어 일상생활 활동에 현저한 제한을 받는 장애이다. 2023년 12

월 기준, 우리나라에 등록된 심장장애인은 4,933명으로 전체 등록장애인 2,641,896명의 0.2%를 차지하고 있다. 2020년 장애인 실태조사 결과, 심장장애는 후천적 심장 질환으로 생긴 경우가 62.3%로 가장 많았고, 선천적 원인 25.7%, 원인불명 7.1% 등으로 나타났다. 「장애인복지법」 시행령에서 정하고 있는 심장장애의 정의를 살펴보면 다음과 같다.

- 심장장애인(心臟障碍人)
  심장의 기능부전으로 인한 호흡곤란 등의 장애로 일상생활에 상당한 제약을 받는 사람

#### ② 특성 및 지원 시 고려할 점

심장장애의 증상으로는 호흡곤란, 경정맥 부종 등이 발생하는데, 일상적인 생활 및 사회생활에서 큰 어려움을 겪게 되며, 특히 직업생활이 어려운 경우가 많아서 경제적 어려움 또한 가중되는 대표적인 장애라고 할 수 있다. 따라서 심장장애인에게는 의료비 지원이 필요하다. 또한 이들은 운동기능이 부족하므로 이를 향상시키기 위한 프로그램과 일상생활지원 서비스, 심장에 무리가 되지 않는 직업활동의 기회가 요구된다. 심장장애인을 지원할 때는 검진을 정기적으로 잘 받고 있는지 살펴 건강유지를 도와야 하고, 이와 관련하여 경제적 어려움 등의 문제가 있는지 살펴 경제적 지원 혹은 고용 지원 등의 방법을 모색할 필요가 있다.

### (3) 호흡기장애

#### ① 현황과 원인

호흡기장애는 폐나 기관지 등 호흡기관의 만성적 기능부전으로 인한 장애로 일상생활을 하는데 상당한 제한을 받는 경우를 말한다. 2023년 12월 기준, 우리나라에 등록된 호흡기장애인은 11,029명으로 전체 등록장애인 2,641,896명의

0.4%를 차지하고 있다. 2020년 장애인 실태조사 결과 호흡기장애의 발생시기를 살펴보면, 40~60대에 발생한 비율이 10명 중 7명 수준으로 높은 경향을 보인다. 호흡기장애의 주된 원인에는 급성과 만성의 기관지염이 있으며, 주증상은 만성적 기침, 객담배출, 호흡곤란 등이다. 또한 잦은 폐렴 및 기관지염을 수반하는 질환인 만성 폐쇄성 폐질환도 있다. 「장애인복지법」 시행령에서 정하고 있는 호흡기장애의 정의를 살펴보면 다음과 같다.

> • 호흡기장애인(呼吸器障碍人)
> 폐나 기관지 등 호흡기관의 만성적 기능부전으로 인한 호흡기능의 장애로 일상생활에 상당한 제약을 받는 사람

### ② 특성 및 지원 시 고려할 점

호흡기 장애인에게 중요한 것은 산소치료 등의 처방과 인공호흡기의 활용 및 관리라 볼 수 있다. 2020년 장애인실태조사에 따르면 산소치료 처방을 받아 가정에서 사용하는 경우는 전체의 36.2%로, 하루 평균 14.7시간을 이용해야 한다.

문제는 많은 시간을 활용하는 과정에 지속적 진료와 간호, 유지비용과 관리 등은 부담으로 느껴지게 된다. 따라서 호흡기 장애인에게는 의료비 및 적절한 의료지원이 진행되어야 한다. 또한 호흡기 장애인에게 무리가 될 수 있는 화학약품, 향수 등의 사용 등에 주의하여 이들의 생명유지에 도움을 주어야 한다. 호흡기 장애인도 다른 내부기관 장애인과 마찬가지로 의료비 지원과 생계비 지원이 필요한 경우가 많다. 이들을 지원할 때는 검진을 정기적으로 잘 받고 있는지 살펴 건강유지를 도와야 하고, 이와 관련하여 경제적 어려움 등의 문제가 있는지 살펴 경제적 지원 혹은 고용 지원 등의 방법을 모색할 필요가 있다.

## (4) 간장애

### ① 현황과 원인

간장애는 간의 만성적인 기능부전과 그로 인한 합병증 등으로 인한 간기능의 장애로 인해 일상생활을 하는 데 상당한 제한을 받는 경우를 말한다. 2023년 12월 기준, 우리나라에 등록된 간장애인은 15,634명으로 전체 등록장애인 2,641,896명의 0.6%를 차지하고 있다. 2020년 장애인실태조사에서, 간장애인의 장애 발생시기를 구체적으로 보면, 50대가 36.8%, 40대가 26.5% 등의 순으로 중년기에 집중적으로 나타났다. 한편 간장애인의 간이식 여부를 보면, 간이식을 한 장애인은 84.2%로 신장장애인이나 심장장애인에 비해서 높은 수치를 기록하였다. 간 장애는 B형 또는 C형 바이러스의 만성적인 감염과 알코올 과다섭취 등의 후천적 원인으로 발생하는 질환이 원인인 경우가 많다. 「장애인복지법」 시행령에서 정하고 있는 간장애의 정의를 살펴보면 다음과 같다.

> • **간장애인(肝障碍人)**
> 간의 만성적 기능부전과 그에 따른 합병증 등으로 인한 간기능의 장애로 일상생활에 상당한 제약을 받는 사람

### ② 특성 및 지원 시 고려할 점

간장애인에게 중요한 것은 적절한 간이식을 통한 건강회복과 관리라 볼 수 있을 것이다. 특히 간장애인에게 알코올 섭취, 피로 등은 간에 상당한 부담을 줄 수 있으므로 피해야 하는 부분이다. 간장애인도 다른 내부기관 장애인과 마찬가지로 의료비 지원과 생계비 지원이 필요한 경우가 많다. 이들을 지원할 때는 검진을 정기적으로 잘 받고 있는지 살펴 건강유지를 도와야 하고, 이와 관련하여 경제적 어려움 등의 문제가 있는지 살펴 경제적 지원을 모색할 필요가 있다. 특히 간이식 이후 회복을 하고 있는 간장애인 입장에서는 무리가 되지

않는 선에서 적절한 고용의 기회를 연결해 줄 필요가 있다.

### (5) 장루 · 요루장애

#### ① 현황과 원인

장루 · 요루장애는 배변기능 또는 배뇨기능의 장애로 인하여 장루 또는 요루를 시술하여 일상생활을 하는 데 상당한 제한을 받는 상태를 의미하며, 대장암이나 방광암 등으로 수술을 받았거나 각종 사고 등으로 인공배뇨관에 의존해 정상적인 배변기능을 상실해서 발생한다. 2023년 12월 기준, 우리나라에 등록된 장루 · 요루장애인은 17,117명으로 전체 등록장애인 2,641,896의 0.6%를 차지하고 있다. 장루 · 요루장애는 40대 이후에 발생한 경우가 90%가 넘은데, 장루 · 요루장애의 발생원인은 질환(주로 종양, 신장, 비뇨, 생식기계 질환)이 대부분이다.「장애인복지법」 시행령에서 정하고 있는 장루 · 요루장애의 정의를 살펴보면 다음과 같다.

> • **장루 · 요루장애인(腸瘻 · 尿瘻障碍人)**
> 배변기능이나 배뇨기능의 장애로 인하여 장루(腸瘻) 또는 요루(尿瘻)를 시술하여 일상생활에 상당한 제약을 받는 사람

#### ② 특성 및 지원 시 고려할 점

장루장애인은 대변이 항문을 통해 배출되지 않고 별도의 개구를 통해 배출되고, 요루장애인은 소변이 별도의 개구를 통해 배출되게 된다. 배출된 대소변은 일회용 주머니에 모아 배출하게 되는데, 이로 인해 자신의 의지와 상관없이 분비물이 나와 불편을 겪게 된다. 또한 분비물을 모아 처리하는 과정에서 발생하는 냄새로 인해 대인관계 등에서 특히 어려움이 있게 된다. 이는 학업, 취업뿐만 아니라 단순한 외출 등 사회적 활동에 제약으로 작용하게 된다.

장루 · 요루 장애인을 지원할 때에는 장애인의 수치심에 대한 감수성을 가져야 한다. 이들은 자신의 장애로 인한 우울과 무기력을 경험하기 쉽기 때문이다. 또한 장루 · 요루 장애인은 가족의 도움을 받는 경우가 많은데, 가족의 지원을 받지 못하는 장애인에 대한 지원방법이 있는지 강구할 필요가 있다. 나아가 장루 · 요루 장애인이 안심하고 활동할 수 있도록 쾌적한 개방 화장실의 확대와 안내 등의 노력도 필요하다(조상은 · 서욱영, 2018).

### (6) 뇌전증장애

#### ① 현황과 원인

뇌전증장애는 뇌전증에 의한 뇌신경세포의 장애로 인하여 일상생활 또는 사회생활을 하는데 상당히 제한을 받는 것을 의미하며, 뇌전증발작이 언제든지 재발할 수 있는 만성적인 질병상태를 말한다. 뇌전증 장애인은 대뇌의 이상 또는 손상으로 원래 갖고 있는 전기에너지가 과도하게 방출되어 주변으로 퍼져나가게 되고, 이로 인해 경련발작, 의식소실 등의 증세가 반복적으로 발생된다(김성회 외, 2020). 뇌전증 장애는 과거 간질장애로 불리다가, 2014년 「장애인복지법」 시행령 개정으로 명칭이 뇌전증장애로 변경되었다. 2023년 12월 기준, 우리나라에 등록된 뇌전증장애인은 6,991명으로 전체 등록장애인 2,641,896명의 0.3%를 차지하고 있다. 2020년 장애인실태조사 결과, 뇌전증은 만 20세 이전에 발생한 경우가 47.4%인 것으로 나타났는데, 다른 장애유형에 비해 비교적 이른 시기에 발생되는 편임을 알 수 있다. 뇌전증장애의 발생 원인을 구체적으로 살펴보면, 후천적 원인에 의한 발생이 57.8%로 가장 높은 비율을 차지했는데, 원인불명도 전체의 24.0%로 매우 높게 나타났다. 「장애인복지법」 시행령에서 정하고 있는 뇌전증장애의 정의를 살펴보면 다음과 같다.

> • **뇌전증장애인(腦電症障碍人)**
> 뇌전증에 의한 뇌신경세포의 장애로 인하여 일상생활이나 사회생활에 상당한 제약을 받아 다른 사람의 도움이 필요한 사람

### ② 특성 및 지원 시 고려할 점

뇌전증의 특성으로는 발작으로 인해 뇌기능이 일시적으로 정지되는 증상이라 볼 수 있다. 사실 뇌전증 질환의 유병률은 인구 1,000명당 4.8명으로 적지 않은 비율의 사람이 뇌전증과 관련된 증상을 가지고 있는 것으로 보인다. 물론 현행 뇌전증장애 진단기준이 매우 엄격하여 뇌전증장애인으로 분류되는 경우는 적다고 볼 수 있지만, 실제로 뇌전증으로 고통받더라도 사회적 차별로 굳이 장애인으로 등록하지 않는 사람도 상당히 있다고 봐야 타당할 것이다.

뇌전증 증상이 계속되는 경우, 뇌 전체에 나쁜 영향을 미쳐 학습장애, 기억력, 집중력, 지능저하와 사회적응능력 저하를 유발될 수 있다. 뇌전증장애인은 갑자기 허공을 응시하고, 멍해지거나 몸의 일부 또는 전체를 뒤틀고 정신을 잃으면서 온몸을 뒤흔드는 갑작스런 행동변화를 보이기도 한다. 물론 뇌전증이 발생하였을 때 적절한 조치를 취하면 일상생활에 문제가 없겠지만, 뇌전증에 대한 부정적 인식이 이들의 사회활동을 저해하고 있는 것이 현실이다. 따라서 우선 뇌전증 증상에 대한 이해를 높이고 누구에게나 발생할 수 있는 일이라 이해할 필요가 있다. 또한 뇌전증 증상 발현 시 당사자를 위해 안전한 환경을 유지해주고, 뇌전증에서 회복되었을 때에 자연스러운 반응을 통해 사회적 관계와 참여에의 불편함이 없도록 분위기를 조성할 필요가 있다. 또한 뇌전증으로 수반될 수 있는 부정적 자기상을 극복하기 위한 심리정서적 지원을 제공할 필요가 있고, 뇌전증 장애와 함께 수반될 수 있는 학습장애나 곤란함에 대처하기 위한 특별한 지원이 연계될 필요가 있다.

## 3) 발달장애

### (1) 지적장애

#### ① 현황과 원인

지적장애는 18세 이전에 정신발달이 불완전하여 지능이 평균 이하로 저하되고, 이로 인하여 자기의 신변 관리와 사회생활에의 적응이 곤란한 상태에 있는 경우를 말한다(김성희 외, 2020). 2023년 12월 기준, 우리나라에 등록된 지적장애인은 229,780명으로 전체 등록장애인 2,641,896명의 8.7%를 차지하고 있다. 2020년 장애인 실태조사 결과 지적장애 발생시기를 살펴보면, '돌 이후'가 72.9%로 가장 많이 발생하는 것으로 나타났다. 하지만, '출생 전 또는 출생 시'19.9%, '돌 이전'이 7.2%순으로 나타나 다른 장애와 달리 선천적인 요인에 의해서 장애가 발생하는 경향이 높은 것을 알 수 있다. 후천적 원인은 질환에 의한 경우가 전체의 2/3 정도가 되고, 사고에 의한 경우가 1/3 정도 된다.

#### ② 유형

현재 「장애인복지법」에는 지적장애는 모두 장애의 정도가 심한 장애인으로 정리하고 있다. 웩슬러 지능지수를 기준으로 지능지수가 70 이하인 사람이 대상이 되는데, 장애의 정도에 따라 일생동안 타인의 보호가 필요한 사람부터, 교육을 통한 사회적, 직업적 재활이 가능한 사람이 모두 속해 있다. 「장애인복지법」 시행령에서 정하고 있는 지적장애의 정의를 살펴보면 다음과 같다.

- **지적장애인(知的障碍人)**

정신 발육이 항구적으로 지체되어 지적 능력의 발달이 불충분하거나 불완전하고 자신의 일을 처리하는 것과 사회생활에 적응하는 것이 상당히 곤란한 사람

### ③ 특성 및 지원 시 고려할 점

지적장애인의 특성에 대해서 살펴보면 다음과 같다. 신체 성장의 경우에는 지적장애를 갖고 있지 않은 아동과 유사하다고 할 수 있다. 다만 운동능력은 비장애아동에 비해 일반적으로 2~4년 정도 뒤떨어진다고 알려지는데, 지적장애가 심할수록 운동기능이 떨어지는 상황이다. 지적활동과 관련해서는 지능의 균형적 발달이 어렵고, 추상화나 일반화가 비장애인에 비해 어려운 상황이다. 특히 언어발달이 전반적으로 떨어진다고 할 수 있다. 행동적인 면에서 살펴보면 욕구 조절, 도덕적·사회적 가치에 대한 의식이 약한 편이고, 학습능력과 관련해서도 주의력이 떨어지고, 복잡한 수 개념이 없으며, 추상성이나 일반화의 능력이 비장애인에 비해 낮으며, 시간과 공간 등의 개념이 희박하다고 할 수 있다. 또한 일상생활적인 면에서 살펴보면, 의사소통능력, 집단생활능력, 이동능력, 자기지향력, 일처리능력, 작업능력 순으로 지체를 보인다고 알려져 있다. 한편 결혼생활과 관련해서는 지적장애인도 임신과 출산이 가능하고, 만족스러운 결혼생활 유지가 가능하다. 다만, 지적장애의 특성상 특히 육아문제 해결을 위한 지원이 필요하다고 할 수 있다.

지적장애인의 이러한 특성은 '완성되지 못한 존재'로 결함에 주목하게 만드는 원인이 된다. 그로 인해 비장애인은 돌봄이 필요한 수동적 객체로 대하거나, 비장애인으로 만들기 위한 치료나 재활의 대상으로만 여기거나, 심지어 이들을 비정상으로 보고 배제하기 쉽다. 그러나 이러한 태도 모두 바람직하지 않다. 지적장애인을 지원할 때 중요한 점은, 장애당사자도 동등한 인격체로 정상적인 생활조건에서 살아갈 수 있도록 지원하는 것에 초점을 두어야 한다는 것이다. 정상적인 생활조건을 제공한다는 것은, 지적 장애인을 비장애인과는 전혀 다른 공간과 상황에 놓이지 않게 만드는 것을 말하는 말하고, 비장애인의 일상과 동일한 리듬과 조건 속에서 함께 살아갈 수 있도록 만드는 것을 말한다(노멀라이제이션). 또한 장애당사자가 다소 서툴더라도 스스로의 결정 속에서 자신이 원하는 삶을 살 수 있다는 것을 믿고, 이들의 결정을 존중하고 충분히 지원해주는 것이 중요하다(자립생활).

지적장애인은 전생애에 걸친 발달과업에 따라, 의료, 교육, 주거, 직업생활, 일상생활 등의 전방위 영역에서 어려움을 가질 가능성이 높다. 따라서 지적장애인의 지원은 지적장애 당사자의 결정을 포괄적이고 통합적으로 지원하면서, 이들의 주체성과 삶의 방식의 정상화를 실현하는 방식으로 전개될 필요가 있다.

### (2) 자폐성장애

#### ① 현황과 원인

자폐성장애는 사회적 상호작용 및 의사소통의 제한, 상동행동 등을 특징으로 한 장애이다. 자폐성 장애는 자폐스펙트럼 장애로 불리기도 하는데, 각각의 문제행동이 광범위하고 복잡한 스펙트럼을 가지고 있기 때문이다. 자폐성장애는 2000년 제1차 장애범주 확대로 장애범주에 포함되었는데, 미국자폐아협회에서는 '전형적으로 출생 후 30개월 이전에 나타나고, 발달속도나 순서에서 장애가 있으며, 감각자극에 대한 장애와 언어 · 인지에서의 장애, 사람 · 사건 · 사물에 반응하는 능력에서의 장애가 있는 경우'를 자폐성장애로 보고 있다. 2023년 12월 기준, 우리나라에 등록된 자폐성장애인은 42,744명으로 전체 등록장애인 2,641,896명의 1.6%를 차지하고 있다. 대체로 모든 장애유형에서 남성이 여성보다 많지만, 특히 자폐성장애인의 경우에는 남성이 35,350명(82.7%)으로 여성 7,394명(17.3%)에 비해 월등히 많은 것으로 조사되었다. 한편 자폐성장애인의 경우에는 지적장애 또는 뇌전증과 같은 동반장애를 함께 갖고 있는 경우가 많은데, 2020년 장애인실태 조사 결과 지적장애만 동반된 경우 43.7%, 지적장애와 뇌전증 모두 동반된 경우는 11.1%였다.

2020년 장애인 실태조사 결과 자폐성장애의 발생시기를 살펴보면, 만 1~4세에서 발생한 경우가 74.6%, 만 5~9세가 19.5% 순이었다. 자폐성장애의 원인은 불확실하나 신경생물학적 원인으로 발생하는 뇌발달의 이상으로 발생하는 것으로 보고 있다. 「장애인복지법」 시행령에서 정하고 있는 자폐성장애의 정의를 살펴보면 다음과 같다.

> • **자폐성장애인(自閉性障碍人)**
> 소아기 자폐증, 비전형적 자폐증에 따른 언어 · 신체표현 · 자기조절 · 사회적응 기능 및 능력의 장애로 인하여 일상생활이나 사회생활에 상당한 제약을 받아 다른 사람의 도움이 필요한 사람

**② 특성 및 지원 시 고려할 점**

자폐성장애의 특성에 대해서 살펴보면 다음과 같다. 첫째, 대인관계 형성 장애가 있다. 출생 후 수개월부터 사람과의 눈맞춤과 신체접촉을 피한다. 한편 낯가림을 보이지 않고, 혼자서 지내기 좋아하고 주 부양자와의 애착형성 안 되는 경향이 있다. 불러도 대답 없고 타인의 존재 인식하지 않는 듯 행동을 많이 보인다. 둘째, 언어장애가 있다. 언어발달이 전혀 안되거나 옹알이와 모방언어가 없는 경향이 많다. 언어발달이 시작되어도 무의미한 되풀이나 선전문구 등을 이야기하거나, 발음과 음의 고저가 특이한 경향을 보인다. 한편 언어가 발달되어도 이해력과 연상이 비장애인과 다른 경향을 보인다. 셋째, 행동장애가 있다. 변화에 대한 저항과 반복적 행동을 보인다. 한 가지 물건에 집착하거나 한 가지 행동을 되풀이하거나, 편식이 심하고 고집이 센 경향이 있다. 넷째, 지적인 능력을 살펴보면, 전체 자폐성장애인의 3/4 정도는 비장애인보다 낮은 경향을 보이며, 절반 이상의 경우 지적장애를 동반한다. 또한 지능이 전반적으로 낮다기보다 불규칙한 지능발달을 보이는 경향이 많은데, 장기기억보다 단기기억에 기억결함이 나타날 가능성이 높다. 한편 고기능 자폐성장애인의 경우 뛰어난 장기기억을 보유하는 경우가 있다.

자폐성장애인도 지적장애인과 마찬가지로 노멀라이제이션, 자립생활에 초점을 두어 지원할 필요가 있다. 다만 자폐성장애인의 경우 사회성의 문제, 행동

장애를 수반한 경우가 많으므로, 원활한 일상생활과 사회통합을 위해 도전적 행동과 낙인을 수정하기 위해 각별한 노력을 기울일 필요가 있다. 이를 위해 긍정행동지원(positive behavior support)이 도움이 되는 것으로 알려져 있다. 긍정행동지원이란 지적 혹은 자폐성 장애인이 상황에 맞는 적절한 행동을 할 수 있도록, 도전적 행동을 유발하는 선행사건이 발생하지 않도록 미리 조정하고, 편안한 상황에서 대안적 생활기술을 가르치는 것을 말한다.

## 4) 정신장애

### (1) 정신장애

#### ① 현황과 원인

지난 2000년 장애인범주의 확대로 새롭게 장애인 범주에 포함된 정신장애는 생물학적 · 심리적 병변으로 인하여 정신기능의 제 영역인 지능, 지각, 사고, 기억, 의식, 정동, 성격 등에서 병리학적 현상이 진행되는 것이라고 할 수 있다. 우리나라에서는 정신장애인에 대한 장애등록을 지속적인 조현병 증상, 조현정동장애, 양극성 정동장애, 재발성 우울장애에 따른 감정조절 · 행동 · 사고 기능 및 능력의 장애로 인하여 일상생활이나 사회생활을 하는 데 어려움이 있어 다른 사람의 도움이 필요한 경우를 중심으로 한정적으로 시행하고 있다.

2023년 12월 기준, 우리나라에 등록된 정신장애인은 104,197명으로 전체 등록장애인 2,641,896명의 3.9%를 차지하고 있다. 2020년 장애인실태조사에서 정신장애의 발생시기를 살펴보면, 20대에 발생한 경우가 32.9%, 30대에 발생한 경우가 21.4%, 10대에 발생한 경우가 17.3%, 40대에 발생한 경우가 16.2% 등의 순으로 조사되어, 비교적 젊은 연령대에 장애가 발생하는 것을 알 수 있다. 정신장애는 전체적으로 조현병의 발생비율이 36.6%로 가장 높았고, 조현병과 기분장애가 함께 존재하는 조현정동장애가 21.5%로 조현병과 관련된 장애의 비중이 높았다. 그 외 우울장애 19.3%, 양극성 정동장애가 14.2%로 나타났다.[5)]

### ② 유형 및 특성

정신장애 정의에서 제시된 주된 정신질환명들에 대해 구체적으로 살펴보면 다음과 같다(김성희 외, 2020).

- **조현병**: 주로 사춘기 전후부터 20대 초반에 발생하는 정신질환으로 환각 등의 지각장애, 망상이나 사고전파 등의 사고장애, 감정이 무뎌지는 감정장애, 무관심 등의 의지장애 등이 나타남.
- **양극성 정동장애**: 기분 및 감정의 변동이 심한 증상이 반복적으로 나타나는데, 기분이 비정상적으로 너무 고양되고, 과대망상, 사고비약, 수면장애(잠을 거의 자지 않음) 등의 증상이 동반되는 조증상태와 기분이 비정상적으로 침울하고, 죄책망상, 자살사고, 수면장애(잠을 너무 많이 자거나 자고 싶어도 잠을 못 잠), 식욕부진, 대인관계 기피 등의 증상이 동반된 우울상태가 반복됨.
- **재발성 우울장애**: 기분이 비정상적으로 침울하고, 죄책망상, 자살사고, 수면장애, 식욕부진, 대인관계 기피 등의 증상이 동반된 우울상태가 반복됨.
- **조현정동장애**: 조현병의 증상과 정동장애(조증 또는 우울증)의 증상이 동일한 정도로 존재함.
- **강박장애**: 불안 장애의 일종으로, 자신의 의지와 상관없이 특정한 사고와 행동을 시도 때도 없이 반복적으로 하는 상태에 진단됨. 강박적 사고가 불안과 고통을 일으키는 것이라면, 강박적 행동은 이를 중화시키기 위해 존재함.
- **뚜렛장애**: 불수의적 움직임과 소리를 반복적으로 보이는 신경질환으로, 운동틱과 음성틱이 1년 이상 나타날 때 진단됨.
- **기면증**: 수면발작(야간에 충분한 수면을 취해도 낮에 심하게 졸음), 탈력 발작(감

5) 한편 2021년 4월부터 기질성 정신장애, 강박장애, 뚜렛장애, 기면증이 정신장애의 범주로 포함이 되었는데, 이와 관련한 현황은 후속 장애인실태조사에서 검토될 수 있을 것임.

정적으로 흥분할 때 힘이 빠지는 증상), 입수면기의 환각, 수면 마비(가위눌림) 등 네 가지의 특징적인 증상을 보이는 수면장애로, 일상생활과 사회생활에 어려움과 위험을 초래함.

다음은 「장애인복지법」 시행령에서 정하고 있는 정신장애의 유형이다.

> • 정신장애인(精神障碍人)
> 다음의 장애 및 질환에 따른 감정조절, 행동, 사고 기능 및 능력의 장애로 일상생활이나 사회생활에 상당한 제약을 받아 다른 사람의 도움이 필요한 사람
> – 지속적인 양극성 정동장애(여러 현실 상황에서 부적절한 정서 반응을 보이는 장애), 조현병, 조현정동장애 및 재발성 우울장애
> – 지속적인 치료에도 호전되지 않는 강박장애, 뇌의 신경학적 손상으로 인한 기질성 정신장애, 뚜렛장애 및 기면증

③ 지원 시 고려할 점

정신장애인을 지원할 때 중요한 것은 장애인을 질환자, 즉 치료의 대상으로만 보는 문제를 극복하는 것이다. 즉, 장애인을 지역에서 독립적으로 살아가는 '전인적인 인간'으로 바라봐야 한다는 것이다. 이를 위해서는 인간으로서 존엄성과 자율성, 자기결정권을 지킬 수 있도록 최소한의 규제를 하고, 일상생활의 패턴과 조건을 정상화해야 한다. 나아가 정신장애인에게 부여된 부정적인 낙인, 그로 인해 발생하는 차별과 억압에 대해 적극적으로 나서 옹호할 필요가 있다.

정신장애인이 적절한 약물치료를 받을 수 있도록 지원받는 것은 중요하다. 그러나 정신장애인 지원의 목표는 약물을 통한 치료(cure)보다는 '정신적 · 정서적 고통을 경험함에도 새로운 의미와 목적을 찾고, 스스로의 방향을 결정하는 자율적 삶을 사는 회복(recovery)'에 있다(강상경 외, 2022). 회복은 완치, 즉 증상이 없는 상태를 말하는 것은 아니다. 오히려 증상이 있어도 한 사람으로서 자

신이 원하는 삶을 자기답게 주도적으로 사는 것이다. 리미 등(Leamy et al., 2011)은 정신건강영역에서 개인의 회복에 대한 논문을 분석하여, 다음의 요소가 회복과정에서 중요하다고 밝힌 바가 있다. 즉 정신장애인에게 회복이 있으려면, 사람과 연결됨(connectedness), 미래에 대한 희망과 낙관(hope and optimism for the future), 자기 정체성 유지(identity), 삶의 의미 정립(meaning in life), 권한부여(empowerment)가 필수적으로 갖추어져야 한다고 강조한 것이다.

## 생각해보기

1. 우리나라 「장애인복지법」에서의 장애인 범주는 적합한가?
2. 장애인범주를 확대한다면 새롭게 추가되어야 할 장애는 무엇이라고 생각하는가? 또 그 이유는 무엇인가?
3. 정신적 장애인을 지원하기 위해 고려해야 하는 중요한 원칙과 가치가 있다면 무엇일까? 이를 구체적으로 실현하는 방법과 예시를 들자면 어떤 것이 있을까?

06 Chapter

# 생애주기별 장애인의 특성과 지원 방안

**주요 학습문제**

- 장애인의 인간발달단계별 특성과 발달과업은 무엇인가?
- 발달단계별 장애인과 가족의 욕구는 어떠한가?
- 발달단계별 장애인복지 전문가의 역할과 과제는 무엇이 있는가?

## 1. 생애주기적 접근

인간은 삶에 있어 생애주기(life span)마다 이루어야 하는 과업이 있으며, 그에 따른 개인적 혹은 사회적 욕구를 갖고 있다. 사회복지분야에서는 생애주기와 인간발달 과정을 중요시하면서 각 단계마다 과업을 완수하고 다음 단계로 발전할 수 있도록 지원하는 것을 주요한 과제로 여겨왔다(임종호 · 이영미 · 이은미, 2010).

인간의 생애주기와 관련된 논의 중에 가장 잘 알려진 것이 에릭슨(Erikson, 1980)의 심리사회적 발달 8단계론이다. 해당 이론에서는 각 단계의 특징에 대해 다음과 같이 설명한다. 첫째, 각 단계는 그 단계가 우세하게 출현하는 최적의 시기가 있다. 둘째, 각 단계는 전 단계의 심리사회적 갈등의 해결과 통합을 토대로 세워진다. 셋째, 각 단계마다 심리사회적 위기가 있어 매 단계 이 위기를 어떻게 해결하느냐에 따라 각 개인의 독특한 성격이 형성된다. 넷째, 모든 단계들은 불변적인 순서로 전개된다. 즉 각 단계는 평생 동안 여러 형태로 존재하지만 각 단계의 위기는 특정시기에 특정한 순서로 나타난다. 그리고 이러한 단계들은 문화적으로 보편적이다.

이 이론의 핵심은 단계별 '위기개념'이다. 에릭슨이 제시한 심리사회적 위기란 발달의 각 단계에서 사회적 환경의 요구에 적응하기 위한 심리적 노력, 일상생활에서 겪게 되는 긴장을 의미하는 것으로, 긍정적 측면과 부정적 측면을 모두 포함한다. 위기의 긍정적인 측면은 성장하는 자아 속에 포함되어 보다 건전한 발달을 주도한다는 것으로 변화발달의 가능성을 높일 수 있는 기회가 될 수 있다. 위기의 부정적인 측면은 갈등이 계속되거나 위기해결에 실패하면 자아 발달은 손상을 입게 되고 부정적 요소가 자아 속에 통합된다는 것이다. 장애인도 생애주기별로 발생하는 위기에 적절하게 대응하여 긍정적 자아 성장을 이룰 수 있도록 지원해 줄 필요가 있다.

그러나 지금까지 장애인과 관련된 생애주기나 발달과업에 대한 논의와 관심은 미흡하다. 장애인의 경우에는 장애유형에 따라 그 생애주기와 발달상의 위기가 다소 다양한 방향과 흐름으로 전개된다는 측면에서, 일률적인 지원을 제공하는 것은 매우 부적절하다. 다만 인간의 생애주기의 보편성에 맞추어 일상을 영위할 수 있도록 적정한 수준에 이를 수 있도록 세심하고 맞춤형 급여 및 서비스 지원이 필요하다고 할 수 있다. 이를 통해 노멀라이제이션과 자립 이념이 장애인의 삶 속에서 실현될 수 있도록 최적의 지원이 이루어져야 하는 것이다.

## 2. 생애주기별 장애인과 가족의 욕구, 그리고 전문가의 역할

장애인은 장애로 인해 신체적, 정서적, 인지적 능력이 감소되거나, 장애로 인해 사회참여 기회가 제한되면서, 생애주기의 다음 단계로 원활하게 이행되기 힘든 조건이 생기게 된다. 이와 관련된 예를 들어보면 다음과 같다. 중증 장애 영아는 보호자의 과잉 돌봄으로 독립성 추구를 위한 다양한 시도를 하지 못하고 보호자에게 종속되는 경향이 생길 수 있다. 또한 신체능력과 연령은 성인인데 인지능력이 충분하지 않을 경우에 각 생애주기에 맞추어 어떠한 활동의 기회를 주어야 할지 혼동스러울 수 있다. 혹은 장애로 인해 취업에 어려움을 겪는 성인은 적절한 직장을 얻지 못하여, 성인으로서의 적절한 성취와 생활유지에 곤란을 경험하거나 새로운 가정을 이루는 경험을 갖기 힘들 수 있다. 여기서는 에릭슨이 제기한 8단계에 맞추어서 각 단계의 특성과 발달과업, 그 시기 장애인과 가족의 욕구, 서비스 개입방안, 그리고 사회복지사 등 전문가의 역할과 과제 등에 대해서 살펴보고자 한다.

## 1) 아동기

### (1) 학령기 이전 아동기

#### ① 영아기(출생부터~18개월)

장애아동에게 이 시기 발달과업으로 중요한 것은 주요 인간관계 및 세상에 대한 기본적 신뢰를 얻는 것이다. 그런데 출생 또는 출생 직후 장애를 갖게 된 영아들은 장애가 없거나 이후에 장애를 얻게 된 사람들과는 애초부터 다른 삶을 시작하게 된다. 무엇보다 이들은 자신의 장애를 인식할 수 있는 인지능력을 갖기 전에 장애를 가짐으로써 세상에 대한 그들의 경험은 모두 장애에 대한 시각(perspective)으로부터 시작된다. 예를 들어 영아기 장애아동의 경우 중환자실로 격리될 경우에는 엄마와 아기의 분리되는 경험을 하게 된다. 또 중환자실의 환경, 즉 일관적이고 애정을 가진 보호자가 없는 환경은 장애아동이 기본적인 신뢰감을 형성하는 데 매우 어렵게 만든다. 또, 빛과 소리 등 비정상적인 정도의 감각자극 등 일상적 돌봄으로 해결되지 않는 고통을 영아는 겪게 된다. 한편 청각장애와 시각장애와 같은 감각장애를 가진 아동은 그들의 장애를 책임져 줄 보호자의 보살핌이 필요하다. 예를 들어 청각장애아동은 시각적인 보살핌이 좀 더 많이 필요하다. 이를테면 부족한 청력을 보충해 줄 수 있도록 부모가 쉽게 볼 수 있는 위치에 있음으로써 아동에게 보호자가 가까이 있다는 것을 알 수 있도록 하는 것이다. 또 시각장애 아동은 아동이 처해 있는 환경 안에 청각적인 자극이나 목소리를 증대시킴으로써 도움을 받을 수 있다(김용득, 2000; Mackeprang & Salsgiver, 1999).

• **부모와 가족**

장애 영아의 부모와 가족 역시 장애로 인해서 많은 어려움을 겪게 된다. 아이의 출생으로 부모와 아이는 서로 사회화를 시키는 과정을 경험한다. 그러나 여기에 장애가 있으면 그 과정이 수월하지 않다. 먼저 부모의 비탄이나 절망(주위 사람의 당황과 실망, 혼란)은 양육적인 행동을 심리적으로 철회하는 결과를 가져온다. 예를 들어 비장애아동에게는 당연히 요구되는 행동, 예를 들어 뒤집기, 배밀기, 기기, 걷기 등의 기본적인 행동을 태어난 지 1년이 지난 후에도 장애아동에게는 요구하지 않게 된다. 또 부모는 장애아동의 양육에 큰 어려움을 겪게 되는데, 예를 들어 뇌성마비 아동의 경우 수유하는 어려움 때문에 어머니의 절대적인 시간을 더 많이 요구하게 되고, 장애아동과 상호작용을 무척 힘들게 만든다. 이는 어머니의 부정적 경험과 반응의 원인이 된다. 한편 자아발달이 충분하지 않은 부모들은 더 어려움을 가지게 된다. 예를 들어 성인초기의 친밀감을 성숙시키지 못한 부모, 너무 어린 부모 등은 장애아동이 있을 경우 스스로 고립되고 외부로부터 필요한 지원을 끌어내기 힘든 경우가 많다.

② 유아기: 초기 아동기(18개월~3세)

초기 아동기 장애아동도 적정한 자율적 행동의 기회를 통해 자신을 둘러싼 환경에 대한 지배감을 형성하는 것이 중요하다. 그러나 장애아동은 이러한 과제를 수행하는 데 상당한 제한을 받게 된다. 첫째, 장애아동의 신체적 측면에서 볼 때, 외부 탐색이 수월하지 못하는 등의 활동제한이 있다. 특히 뇌성마비 아동의 경우 손이나 감각기관, 언어와 상징체계 모두에서 어려움이 있는 경우가 많기 때문에 더욱 힘든 상황을 경험한다. 또한 일관성이 없이 통제와 간섭을 계속하는 어른의 양육태도로 인해 아동은 자기회의에 빠지게 되는데, 이로 인해 아동이 제멋대로 구는 것 같은 모습을 보이기도 한다. 둘째, 부모와 형제의 비정상적인 반응에 의해 영향을 받게 된다. 먼저, 과잉보호적 가족에 의해 아동의 행동이 과도하게 제한되기도 하고, 때로는 공격적이고 부적절한 행동도 부모의 동정심으로 용서되기도 하여 장애아동이 책임 있게 스스로의 행동을 통제할 수 있는 능력을 발달시키지 못하는 경우가 있다. 한편 의료전문가 등에게 여러 차례의 진료 등을 받게 될 때, 장애아동들은 수치심과 의심을 느낄 수 있다. 특히 장애아동에 대해 부모가 과잉보호를 하게 되면 장애아동은 의존적 경향이 강화될 수 있고, 장애아동 스스로도 타인의 눈에 비친 자신의 모습을 인식하면서 수치와 회의의 감정을 강화시킬 가능성이 있다.

• 부모와 가족

아이의 장애로 인해 부모도 이전 발달단계로 퇴행하는 경향을 보일 수 있다. 부모가 스스로 할 수 있는 상황에서도, 재정적이나 정서적 원조를 다른 가족들에게 요청한다거나, 단순히 의료전문가의 기술에 의존하려는 욕구를 보이는 경우도 있다. 부모가 자녀를 양육할 에너지가 있을지라도 부모가 혼란을 경험할 수 있다. 아동의 한정된 능력과 그 아동이 안전하게 할 수 있는 일이 무엇인가에 대해 명확한 답을 찾기 어려워, 아동이 발달과정에서 요구되는 중요한 성취를 이루도록 충분히 지지해 주기 힘들어진다. 예를 들어 뇌성마비 아동은 걷기를 위한 근육통제나 배변통제, 식사통제가 어렵기 때문에, 부모가 스스로의 능력과 기능에 대한 탐색이나 자기통제의 기회를 주기가 어렵다. 더 많은 보호가 필요하지만 기회가 주어진다면 다른 영역에서 탐색과 표현을 위한 능력이 존재하는 시각장애아동을 자녀로 둔 경우, 부모는 자녀에 대한 보호와 발달 사이에서 벌어지는 고민은 더욱 복잡해진다. 한편 부모들이 장애아동에게 몰입하면서, 장애를 갖지 않은 다른 형제자매들의 욕구를 만족스럽게 채워줄 수 없는 경우가 많이 발생하게 된다. 또한 비장애 형제자매 스스로도 장애아동 때문에 그 연령대 다른 아동들이 받지 않아도 되는 도전과 어려움을 겪게 된다. 비장애형제자매가 나이가 많을 경우, 장애형제를 향한 분노가 죄책감으로 귀결되기도 한다.

### ③ 학령 전(前)기(4~6세)

학령 전기의 장애아동도 상징체계, 즉 언어발달이 요구된다. 또한 적절한 신체 경험을 통해 주도성을 확보해야 하고, 기초적인 수준에서의 도덕관념 및 성역할 정체성 등을 확보해야 하는 시기이다. 그러나 장애아동은 어떠한 활동을 계획하고 수행하는데, 직접적 제한을 받는다. 아동이 뛰거나 놀 수 있더라도 치료적으로나 부모의 우려로 금지되는 경우가 많고, 이러한 금지는 권력의 임의적 사용으로 느껴질 수 있다. 반면, 동정적 부모는 훈육 노력을 덜 할 수 있는데, 아동 입장에서는 제한되어야 하는 행동과 규범 등을 배울 기회를 잃게 된다. 이 시기에는 어머니에게 양육책임이 배타적으로 전가되기 쉬운데, 이로 인해 아동은 아버지와의 친밀한 관계 형성에 어려움을 겪게 되거나 성정체감 확립에 부정적 영향을 받을 수 있다. 장애아동들도 이 시기에 주도적으로 활동하려고 시도하지만, 비장애아동에 비해 실패의 경험이 빈번하게 발생한다. 그로 인해 장애아동은 창의와 주도를 통한 성취감보다는 실패에 의한 내적·외적 위축감과 죄책감을 자주 경험한다.

#### • 부모와 가족

양육책임을 전문가에 전적으로 방기하거나 과잉보호하는 경향이 발생하게 된다. 또한 아동에 대한 명백한 기대를 더 이상 갖지 않음으로 방임하는 양육형태가 발생하기도 한다. 부모는 자신의 양육가치와 태도를 점검하고, 장애아동의 주도성을 촉진할 수 있는 적절한 보호와 발달기회 사이에서 균형을 잡을 수 있도록 노력해야 한다.

### ④ 전문가의 역할과 과제

**• 장애아동**

장애아동에 대한 전문가의 역할과 과제를 살펴보면 다음과 같다(이미숙 외 역, 2013: 162-164). 한 개인의 삶에서 자유, 선택 그리고 자기조절은 장애아동과 그 가족의 자기결정을 이해하는 데 가장 핵심적인 것들이다. 자기결정은 한 개인의 가치, 선호, 강점 및 욕구를 고수하면서 삶을 사는 것을 의미한다(Turnbull & Turnbull, 2001). 자기결정이라 하면 우선 청소년과 어른을 생각하게 된다. 그러나 유아기 동안 자기결정을 위한 견고한 기본기를 쌓을 기회를 제공해야 한다는 것이 굉장히 중요하다는 인식이 점차 증가하고 있다. 자기결정은 전 생애를 통해 지속적으로 개발되지만(Turnbull & Turnbull, 2001), 이러한 지원이 생애 초기에 지원되지 않는다면 자기결정력은 쉽게 발현되지 않기 때문이다(Erwin & Brown, 2003; Shogren & Turnbull, 2006). 유아는 가정에서 대부분의 시간을 보낸다. 따라서 가족은 장애아동의 자기결정력 향상에 중요한 영향을 미치게 된다. 연구자들은 전문가와 가족들이 유아의 자기결정 기술을 발달시킬 수 있는 기회를 제공하기 위해 사용할 수 있는 몇 가지 전략을 소개했다(Brotherson et al., 2008; Erwin et al., 2009; Shogren & Turnbull, 2006). 추천된 전략들의 대부분은 자연스러운 환경에서 유아 스스로가 정리정돈하거나 자율적으로 조절할 수 있는 기회를 제공하는 데 초점이 맞추어져 있다. 예를 들어 이러한 전략들은 다음과 같은 사항을 포함한다.

1. 거실에 '유아를 위한 공간'을 만들어라.
2. 유아가 별다른 도움 없이 접근할 수 있는 곳에 장난감을 배치하라.
3. 예측 가능하고 일관된 경로를 배치하라.

4. 유아가 혼자 지낼 수 있는 사적인 공간을 마련하라.
5. 유아의 눈높이에 맞게 사진과 미술작품을 배치하라.
6. 유아가 직접 무엇을 할지, 먹을지, 입을지 결정하게 하라.
7. 연령에 적합한 수준의 위험이 따르는 일을 할 때 유아를 과도하게 보호하지 않도록 주의하라.

• **부모와 가족**

이상의 학령기 이전, 특히 영유아기 부모와 가족에 대하여 사회복지전문가는 어떻게 개입을 하여야 할 것인가? 이 시기에 사회복지전문가는 우선적으로 부모와 가족에 대한 지원에 초점을 맞추어야 할 것이다. 이를 위한 과제를 살펴보면 다음과 같다. 첫째, 부모가 그들이 기대했던 이상적인 자녀의 상에서 현실적 자녀의 상으로 수정하도록 원조해야 한다. 또한 자녀의 장애에 대한 부모의 죄책감을 덜 수 있도록 돕고, 부모가 장애자녀와 친밀한 애정적 관계를 형성하고 유지하여 상호작용이 가능하도록 원조한다. 나아가 장애자녀를 돌보는 구체적인 요령을 가르치는 것도 필요하다. 둘째, 자녀의 출생, 자녀의 장애에 대한 의심, 자녀의 장애진단 전후의 과정에서, 모든 가족이 함께 관심을 가지고 서로의 어려움을 공유하고 협력할 수 있도록 가족을 지지해야 한다. 셋째, 부모가 장애아동에 대해 그의 형제자매에게 얘기하고, 장애아동 이외의 개별 가족의 특수한 욕구를 충족시키도록 돕는다. 넷째, 병원치료 등을 위해서 입원한 장애아동이 있다면, 이 아동이 퇴원 후 지역사회에서 잘 지낼 수 있도록 지원한다.

전문가는 장애아동 양육에 도움이 될 수 있는 다양한 서비스를 소개할 필요가 있다. 보호자는 장애자녀에 대한 양육에 대한 책임을 분담할 다양한 사회제도에 대해 잘 모르는 경우가 상당히 많기 때문이다. 예를 들어 장애인 등록 및 특수교육대상자 등록 절차를 안내해야 한다. 또한 사회서비스 바우처의 형태로 제공되고 있는 장애아동가족지원사업(발달재활서비스, 언어발달서비스), 발달장애인지원사업(장애인부모상담지원), 장애인활동지원서비스를 안내하여 이용을 독려할 필요가 있다. 혹은 장애아동의 보육과 관련하여 장애아전문어린이집, 장애아통합어린이집, 장애인복지관 등 이용을 통해 아동이 다양한 사회환경 속에서 적절한 발달을 이룰 수 있도록 지원할 필요가 있는 것이다.

### (2) 학령기 아동(6~12세)

학령기 장애아동도 학교라는 새로운 장에서 문제해결과 성취의 경험을 통해서 자신의 열등감을 다루고 근면성과 자신감을 이룰 기회가 필요하다. 그러나 장애아동은 사회적 기능의 부족과 이로 인한 친구, 동료들의 인정을 받지 못하는 경험을 하기 쉽다. 장애가 사회적 기능을 손상시키지는 않더라도, 장애아동은 다른 아동에 비해 뒤쳐지고 좌절을 느끼게 된다. 장애로 인해 동료와의 사회적 상호작용이 감소되면서, 장애아동은 친구로부터의 정확하고 자발적인 피드백을 받기가 힘들어 진다. 장애는 부정적 오명(stigma)의 대상이 되기 쉬워서, 장애아동은 장애의 존재를 부정하게 된다. 이 과정에서, 장애아동은 가족 내로 사회적 관계를 철회할 위험이 큰데, 이로 인해 또래와의 관계에서 형성될 수 있는 사회기술, 자아존중감 등이 낮아지기 쉽다. 장애아동은 부모와 학교, 지역사회의 부정적 태도로 인해, 성취의 경험이 부족해질 수 있어 자신의 노력을 통해 문제를 해결해 나가려는 자신감과 근면성이 충분히 발달하지 않을 수 있다.

#### • 부모와 가족

동정적 부모들은 장애아동이 가족 내로 철회할 때, 장애아동에 대한 걱정이 앞선다. 그로 인해 장애아동을 친구나 동료들에게 다시 보내지 못하고, 그들이 스스로 할 수 있도록 하는 생산적인 능력을 장려하지 못하며, 실패 경험자체를 차단한다. 장애아동은 학교에 입학하면서 학급에 속하게 된다. 이들에게는 일반학급(모델링, 경쟁에서의 좌절)을 선택할 것인가, 특수학급(편안함, 경쟁에서 성공경험)을 선택할 것인가가 매우 중요하다. 교사나 부모는 장애아동이 할 수 있는 일을 인식하고 격려하는 것이 중요하다. 특히 부모는 이 시기에 '그냥 놔두는 것'이 중요하다. 왜냐하면 부모-자식관계에서 교사나 동료와의 관계로 아동의 초점이 옮겨가야 하기 때문이다. 또한, 동료와의 경험을 통해, 자신의 적합성과 능력에 대한 감을 갖는 데 매우 중요하다. 장애아동 입장에서, 스스로에 대한 확고한 자기수용의 기회가 충분히 제공되어야, 근면성이 발전할 수 있다.

이 시기 발달에서 장애아동의 중요한 이슈는 장애의 발생 연령이다(김용득, 2000; Mackeprang & Salsgiver, 1999). 생의 초창기에 장애가 발생한 아동은 이 시기에 다른 것이 별로 없다. 그들이 이 나이가 되면, 가족들은 점차적으로 그들의 삶을 변화시킬 것이고, 정서적으로도 아동의 장애에 맞추어 적응해 나갈 것이다. 하지만 이 연령대에 장애를 갖게 되면, 장애아동은 매우 혼란스러울 수 있다. 예를 들어 근육위축과 같은 경우는 이 시기 전까지 진단이 되지 않을 수 있는데, 근육위축을 가진 아동은 점차적으로 신체적인 제약과 한계에 직면하게 되면서, 신체 변화를 혼란스러워하고 낙심하게 될 것이다. 가족들은 장애진단과 평가 과정에서 불확실한 고비를 경험하게 된다. 자아개념은 장애에 대해 반응하며 수정되고, 가족과 사회적 관계도 변화된다. 슬픔과 비통함이 가족으로부터 표현될 수 있으며, 경제적인 부담이 과도해질 수 있다. 이 시기 장애가 발생한 아동은, 장애를 가지고 태어난 아동과는 다른 인지적 · 감정적 · 사회적 변화를 경험한다. 한편 출생하면서부터 직면할 수 있는 차별적인 태도와 경험에 이들의 삶이 제한되지 않았다는 사실은 이점으로 작용할 수 있다. 장애를 갖기 이전에 발달한 개성과 긍정적인 자아개념은, 장애로 인한 변화에 대처하는 중요한 자원이 될 수 있는 것이다.

• **전문가의 역할과 과제**

이 시기에는 형제자매와 아버지를 포함하여 가능한 많은 가족을 진단, 교육 프로그램, 의료적 조치에 관한 의사결정 등에 참여시켜 장애아동을 지원할 수 있는 가족의 힘을 키워 주어야 한다. 또한 또래집단에 대한 개입도 중요하다.

즉 부모, 형제자매와의 관계, 또래집단[1] 등 장애아동에게 영향을 미치는 모든 사람들에 대한 개입이 중요하다. 장애아동이 비장애아동에 비해 사회적 관계 경험이 적은 것은 분명하다. 또 신체장애에 대한 사회의 부정적인 가치관에 의해서 상처를 받게 되고, 그 결과 자기 자신을 경시하고 자책하는 경향을 갖게 된다. 한편 장애아(handicapped child)로서 보지 않고, 장애를 가진 아동(child with a handicap)으로 보는 사람과는 성공적인 관계를 형성하기도 한다.[2] 이 시기 무엇보다 장애아동의 부모에 대해서는 모든 생활 영역에서 가능한 모든 도움을 제공하여야 한다. 예를 들어 부모에 대한 교육프로그램, 일반적인 생활상의 문제에 대한 조언, 장애아동의 이동을 도와주는 장비에 대한 조언, 텔레비전의 오락·교육 프로그램 및 휴대폰 등 스마트 기기에 대한 안내나 장애아를 위한 운동·캠프 등에 대한 안내 등이 제공되어야 한다. 한편 통합적인 환경이 가능하도록 교통과 환경의 개조에도 힘을 써야 한다. 특히 장애아동을 둔 가족 전체를 돕는 것이야말로 장애아를 돕는 최선의 방법이라는 것을 생각하고 지원에 힘써야 한다.

전문가는 학령기 장애아동 양육에 도움이 될 수 있는 다양한 서비스를 소개할 필요가 있다. 예를 들어 특수학교와 일반학교, 통합교육 중에서 어떤 교육환경이 장애아동에게 적합한지 함께 논의하여 대안을 찾을 수 있도록 지원할 필요가 있다. 또한 사회서비스 바우처의 형태로 제공되고 있는 장애아동가족지원사업(발달재활서비스, 언어발달서비스), 발달장애인지원사업(장애인부모상담지원), 장애인활동지원서비스 등 이용을 독려할 필요가 있다. 또한 장애아동의 방과후 활동과 관련하여 다양한 지역사회의 활동 기회를 갖도록 격려하면서, 필

---

1) 놀이를 통해서 아이들은 사회성을 키우게 되는데, 장애아동은 타인의 행동을 모방하기 어려우므로 놀이에 있어서도 기회와 능력발달을 제한받게 된다.

2) 여기서 '장애아(handicapped child)로 보는 것'은 아동의 장애에 초점을 맞추어 보는 관점을 의미하고, '장애를 가진 아동(child with a handicap)으로 보는 것'은 장애를 아동이 지닌 특성 중의 하나로 보는 관점을 의미한다.

요하다면 발달재활서비스, 장애인복지관 프로그램, 청소년발달장애인 방과후 활동서비스 등 이용을 안내할 필요가 있다.

### (3) 아동기의 개입원칙과 개입전략

지금까지 출생부터 초등학교 연령의 학령 아동기까지 살펴보았다. 이 시기 장애아동과 관련하여 전문가의 개입원칙과 전략을 전반적으로 살펴보면 다음과 같다.

• **장애아동에 대한 개입원칙**

첫째, 장애아동 개인, 가족, 사회환경이라는 세 차원의 생태체계에서 위험요인과 보호요인 모두에 대해 포괄적으로 개입해야 한다. 둘째, 지역사회 혹은 이웃사람들과의 상호작용이 중요하다. 지역사회 혹은 이웃과의 밀접한 상호작용을 할 수 있는 프로그램을 통하여 장애아동이 지역사회 내에 통합될 수 있도록 하여야 한다. 셋째, 장애초기부터 지속적으로 개입하는 것 필요하다. 넷째, 아동의 발달에 맞는 적절한 전략을 선택하여, 발달과정에서 발생할 수 있는 문제를 예방하거나 조기에 개입해야 한다.

• **장애아동에 대한 개입전략**

첫째, 위험요인과 스트레스를 감소시키는 데 초점을 두는 것이 중요하다. 사회복지사는 아동의 발달의 내용과 수준을 추적할 수 있는 사정도구를 잘 알고 있어야 하며, 발달환경상의 중요한 특징을 알고 있어야 한다. 또한 고위험가족을 식별할 수 있어야 한다. 예를 들어 아동의 가족 및 발달상황 등에 대한 심층적인 사정이 필요한 경우에는 가계도와 생태도 등을 활용하는 것도 좋을 것이다. 나아가 위험에 대한 인지도식(cognitive scheme)이 왜곡되어 실제적인 위험에 비해 부적절한 정서행동이나 과도한 스트레스를 보이는 경우도 존재한다는 점을 고려하여, 인지처리 방식을 개선하거나 스트레스 감소를 위한 기법을 적용할 수 있는 준비가 되어야 한다. 예를 들어 아동들의 불안이나 우울을 감소시키고 그들의 환경에 대한 대처전략을 강화하는 개인치료, 집단 프로그램 등이 그 예가 될 것이다. 다양한 사회기술훈련, 의사소통 기술 등을 습득할 수 있는 개인, 가족, 집단 프로그램 등을 고려해 볼 수 있다.

둘째, 보호요인과 적응적 대처기술 향상에 초점을 두는 것이 중요하다. 장애아동에게는 지지적 관계를 활용하거나 및 과업성취나 성공을 통한 자존감을 향상시키는 것이 중요하다. 이를 테면 장애아동을 둘러싼 여러 자원 중 지지적 관계를 맺고 있는 부모나 형제자매를 활용한다거나 학교에서의 동료관계를 지지적으로 구성하기 위한 친구 맺어주기 프로그램 등을 활용하는 것이 좋다. 한편 과업성취를 통한 자존감 향상은 장애아동의 능력을 정확히 사정하여 이에 맞는 과업을 부과함으로써 적절한 성취감을 맛볼 수 있도록 모든 프로그램에서 적용되어야 할 것이다. 특히 장애아동들에게 긍정적 기회를 확대하는 방법을 고려하는 것이 중요하다. 예를 들어 다양한 문화체험 프로그램, 장애에 대한 사회인식개선 프로그램, 사회통합 프로그램 등이 그것이다.

### [참고] 장애인에 대한 낙인과 소수민족집단에 대한 낙인의 차이

소수 민족 집단에서 태어난 아동은 자기와 동일한 성원들로 이루어진 소수 민족 집단의 문화 속에서 사회화되고, 부정적인 대우를 받지 않으며 집단 내 어른이나 또래 집단과 원만한 관계를 맺으며 자란다. 반면에 장애아동은 장애를 가진 자신과는 다른 소위 정상적인 부모, 형제, 이웃, 또래 집단에 둘러싸여서 그들이 갖고 있는 장애인에 대한 부정적인 태도를 접하고 공유하게 된다. 게다가 자신과 같은 장애를 가진 사람과 접촉하며 사회적 기술을 개발할 기회를 얻기란 좀처럼 불가능하다. 이에 장애아동은 소수집단에 속한 아동보다도 일반적인 행동기술이나 특히 주류 민족 집단과의 사회적 관계를 유지하는 기술을 경험하고 학습하는 데 많은 어려움을 겪는다. 특히 학교에 갈 때 이러한 경험을 가장 많이 한다.

## 2) 청소년기

장애청소년도 가족으로부터 독립된 자신을 발견하는 것, 즉 자기정체성 확립은 매우 중요한 과제이다. 이 시기 장애청소년의 경우 내적 변화가 특히 많고 장차 사회현상에의 참여에 관한 많은 한계와 제한이 예견되면서, 사회참여에 대한 자신감이 상실하고 긍정적 정체감 형성에 어려움을 겪을 수 있다. 먼저, 장애나 질병으로 인한 소위 무능력화는 청소년을 더 가족에 얽매게 하며 분리나 독립성 성취(경제적, 정서적)를 지연시키게 된다. 한편, 만성적 질병으로 인해 입퇴원을 반복하게 되면 의존성이 강화되기 쉽다. 또한 장애청소년의 기본적 욕구에 대한 주된 책임을 부모가 가질 때, 장애로 인해 다양한 활동에 제한을 받을 때, 이 과정에서 장애청소년 당사자가 자신의 기술과 능력을 불신할 때 등에 특히 어려움을 많이 갖게 된다.

개인적 변화나 치료 때문에 동료 관계가 방해되기도 한다. 특히 장애가 눈에 띄는 경우 부정적 신체이미지를 갖기 쉽고, 이로 인해 이성 관계에 부정적 영향이 생길 수 있다. 육체적으로 눈에 띄는 장애를 가진 청소년이 육체의 완전성과 매력에 대한 이상적인 기준에 도달하기란 어려운 일이다. 왜냐하면 사회적 낙인(stigma)을 수반하기 때문이다. 예를 들어 선천적인 심장질환을 갖고 있는 장애청소년과 얼굴에 보기 흉한 손상을 가진 장애청소년을 비교해 보면 쉽게 알 수 있는데, 전자보다 후자가 더 사회적 낙인을 가질 가능성이 높다. 또한 성적 정체성 형성에 어려움을 겪는다. 장애청소년은 이성을 탐색할 자연스런 기회가 적고, 이들을 비(非)성적(asexual) 존재로 보는 부모의 태도, 의료진의 부정적 태도 등이 성적 정체성 형성을 방해하는 주요 원인이 된다. 한편 부정적 성정체성은 자아 이미지에 부정적 영향을 끼치게 된다. 장애자녀에 대한 부모들의 태도는 대개 억압적이고 통제적이다. 많은 부모들이 그들의 장애자녀를 비성적이고 결혼이나 출산의 가능성이 없는 존재로, 정상적인 성생활을 영위할 수 없는 존재로 간주하는 경향이 있다. 특히 태어나면서부터 장애를 가지고 있을 경우에는 결코 정상적인 성관계를 개발할 수 없다고 생각한다.

한편 청소년기에 장애를 가진 사람들은 이전부터 장애를 가진 청소년들과는 다른 도전들과 마주치게 된다. 때로는 장애 이전의 친구관계를 잃어버리고, 사람들은 장애 동료와 다른 활동을 찾도록 강요당할 것이다. 예를 들어, 음악 감상은 청력을 잃은 사람에게는 불가능할 것이고, 신체적 장애를 가지게 된 사람에게는 비장애청소년과 다른 유형의 스포츠가 필요할 것이다. 장애를 가진 상태에서 정체성의 발달은 특히 장애가 발생한 이후 몇 달 동안 어려울 수 있고 혼란을 일으킬 수 있다. 따라서 청소년기의 발달적 필요를 고려하고 장애를 확인하는 지지적인 환경은 중요하다. 새로운 동료 그리고 좋은 조언자 관계를 개발하는 것뿐 아니라, 친구관계와 가족관계를 유지하는 기회를 갖는다면, 이 과정에서 큰 도움이 될 수 있다(김용득, 2000).

• 부모와 가족

이들의 어려움은 아동기와 매우 유사하다. 특히 중증장애 청소년의 부모는 가중된 어려움을 겪게 된다.

• 전문가의 역할과 과제

이 시기 청소년을 대상으로 하는 전문가들은 다양한 교육과 프로그램을 기획하거나 안내할 수 있어야 한다. 청소년기에 수행되어야 하는 교육에는 성교육과 자기결정 기술이 포함된다(Turnbull et al., 2013). 또 직업재활 프로그램과 다양한 주제의 관계 이슈를 다루는 사회 프로그램 등이 이 시기에 특히 중요하다.

① 성교육과 상담

장애를 가진 청소년들도 결혼에 대한 희망과 자신의 자녀, 그리고 다른 십대들처럼 성에 대한 관심으로 가진다(Murphy & Elias, 2006). 성교육이 장애학생에게 필요하며 바람직한가? 어떤 이들은 '그렇다'고 대답하지만, 또 어떤 전문가들은 '아니요'라고 대답할 것이다. 일반적으로 장애학생을 대상으로 한 성교육은 일반학교에서 쉽지 않다. 그러나 장애 청소년에 대한 성교육을 방기할 수는 없다. 2022년 기준, 한국에서도 장애인권익옹호기관에 접수된 학대 사례 중에 약 13.2%가 성적학대로 보고되었으며, 이 수치는 증가 추세이다(보건복지부 · 중앙장애인권익옹호기관, 2023). 따라서 장애청소년과 가족들에게는 성적학대의 발생 가능성 그리고 예방대책에 대한 정확한 정보가 필요하고(Lesseliers & Van Hove, 2002), 청소년기의 성교육에서 성적 학대를 막기 위한 기술이나 지식은 중요한 주제가 되어야 한다(Lee & Tang, 1998). 특히 지적장애인 등은 장애인은 성범죄의 피해자가 될 뿐 아니라(여성장애인성폭력상담의 80% 이상 차지함), 성범죄의 가해자가 되기도 한다. 이들은 성적 행위의 허용 범위를 포함한 적절한 행위규범을 충분히 배우지 못해, 자신이 부적절한 성적 행위의 대상이 되거나 부지불식간에 성범죄의 가해자로 지목되는 경우가 적지 않다. 따라서 자신과 타인에게 허용되는 행위의 범위를 이해하고, 적절하게 대응하는 사회기술을 충분히 배울 필요가 있다. 또한 안전하고 바람직한 이성교제에 대한 개념을 가지고 데이트 기술을 훈련시킬 필요가 있다. 특히 장애여성은 아동부터 청년기까지 부모 등을 통해 자신의 장애와 성에 대해 부정적 사회적 의미를 전달받고 내면화시키는 경향이 많다. 따라서 이들의 심리적 특성을 이해하고 적절한 사회적 활동과 성활동에 참여할 수 있도록, 자신과 가족 등 주요한 사회체계에 대한 인식개선도 절실히 요구된다.

#### ② 자기결정기술 프로그램(self-determination program)

자기결정의 확립은 유아기에 시작된다. 그러나 자기결정기술 훈련은 다른 어느 시기보다도 청소년기에 더욱 강조되는 영역이다. 왜냐하면 청소년기는 나이가 들어감에 따라서 일상적인 대부분의 생활에서 더 많은 책임을 가지고 수행하게 되며, 자신의 삶의 목표를 설정하고 성취하기 위해 본격적으로 노력해야 하는 시기이기 때문이다(Turnbull et al., 2013). 부모는 자기결정을 독려하는

데 참여할 수 있다. 또한 가족은 자녀가 스스로 결정할 기회, 문제를 해결하고 목표를 정할 기회를 주고 이를 행사하도록 독려할 수 있다. 여기에는 장애청소년이 자신의 삶에 필요한 결정을 능동적으로 그리고 유의미하게 선택할 수 있게 하는 것이 중요하다.

③ 직업재활 프로그램(vocational rehabilitation program)

직업훈련과 동시에 전이(轉移) 과정을 돕기 위한 기회를 제공해야 한다. 특히 청소년기의 발달 과제 성취가 전제되어야 직업훈련이 의미가 있다. 장애청소년을 위한 많은 재활프로그램들이 실패하는 주요 원인은 이것들이 직업훈련이나 직업알선 같은 특정 문제만을 집중적으로 다루었기 때문이다. 직업재활은 청소년의 생활에 영향을 미치는 다른 많은 내외적 요인들을 해결한 후에 최종 산물로 얻어지는 것이다. 직업선택이 이루어지려면 앞서 언급한 분리와 독립의 문제, 신체이미지와 성적 정체성의 형성, 공격성과 우울증의 원만한 해결이 우선적으로 이루어져야 한다.

④ 다양한 주제와 관계 이슈를 다루는 사회 프로그램(social relationship program)

장애아동이 사회적 관계 속에서 다양한 역할을 수행하는 동료 시민이 되기 위해서는 다음과 같은 주제와 내용의 사회적 프로그램이 고려되어야 한다. 첫째, 교사나 영화 속 인물 같은 역할모델이 필요하다. 대부분의 인간은 모방을 통해 사회적 행동을 배우게 되는데, 장애청소년들에게는 이러한 기회가 제한되므로 이들에게 특별한 모델을 제공할 필요가 있다. 둘째, 역할놀이 등이 제공될 필요가 있다. 불안감과 긴장을 줄여줄 수 있는 훈련된 지도자가 있는 집단모임과 같은 상황에서 장애청소년들은 노동자나 대학생 혹은 성적인 배우자의 역할을 연기해 볼 수 있을 것이다. 셋째, 장기적응을 위한 프로그램으로 졸업 후 청소년을 위한 장기 상담이나 적응서비스가 필요하다. 현재, 장애청소년을 위한 이러한 프로그램의 수가 매우 적다. 가장 큰 어려움은 지적장애인 등 장애청소년들이 졸업 후 자신에게 적절한 자리에 곧바로 취직하기가 어렵다는 것이다.

[참고] 장애청소년과 사춘기

나는 장애인이다.
잃어버렸던 사춘기를 찾아 뒤늦게 새로운 삶을 살고 있다. 나는 가족들에겐 항상 부끄럽고 수치스런 숨기고 싶은 존재였다. 형제들은 밖에서 나를 모르는 체 했고, 집에 친구들을 데리고 온 적이 없다. 온 종일 집에만 있는 내가 안쓰러워 외출을 할라치면 난 벌써 두려워진다. 경멸도 아니고 호기심도 아닌 시선들이 동물원 원숭이 쳐다보듯이 나를 바라본다. 그 눈빛들은 도저히 참기 힘들다. 가족들이 나 때문에 왜 그런 대접을 받아야 하나? 난 차라리 집에 갇혀있는 것이 나으리라. 학교마저 장애인인 나를 거부하였다. 엄마가 나를 업고 수많은 특수학교를 두드렸어도 되돌아오는 것은 '입학불가'라는 대답뿐이었다. 남들보다 몇 년을 늦게 들어간 학교에서 나는 장애인이란 이유로 '난쟁이 같다', '병신 같다'는 놀림과 따돌림을 받는다. 공부도 열심히 하고, 잘해 보려 해도 되돌아오는 건 미움뿐이다. 죽으려고도 해보았지만 그것도 이내 실패로 돌아간다. 장애를 모르는 애들은 그럴 수 있다 해도, 휠체어를 밀어주는 봉사자도 장애인을 돕겠다는 전문가도 장애인이 무엇을 필요로 하는지 알지를 못한다. 하긴 장애인끼리도 친구가 되는 것을 꺼려하는데 더 이상 무슨 얘기를 할 수 있으랴.
나는 왜 장애인으로 태어났나? 전생에 무슨 죄를 지었는지…. 이것은 저주가 아닌가? 장애인으로서 할 수 있는 것도 없으며, 못난 존재일 뿐이다. 장애인만의 세계에서 살거나, 수족 같은 부모님과 영원히 살아야 할 것이다. 친구들이 운동장에서 뛰어놀아도 난 홀로 바라보기만 해야 한다. 점점 더 함께 할 수 있는 것이 없어진다. 친구들은 하나둘씩 사라지고, 집안에 어느 순간 혼자 남겨진 나에게는 책만이 유일한 친구가 된다. 책을 통해 세상과 대화하고 관계를 맺는다. 그래도 친구가 그립다. 용기를 내어 다가 서려해도 발길이 떨어지지 않는다. 나는 그저 나에게 누군가 말을 건네주고 다가와 주기를 기다릴 뿐이다.
장애인으로서 나를 돌아본다. 이제 성인이 되어야 할 나이가 되었는데 난 아직도 사춘기에 머물러 있다. 늦게 시작한 학교생활 때문인가, 장애로 인해 사회의 속도에 따라가지 못해서인가, 꽉 막힌 생활에서 벗어나려 안간힘을 다해서 여기까지 왔는데도 아직도 다른 친구들을 따라가기엔 멀기만 하다. 내 맘에 맺힌 한을 알기는 하는가. 내 사연을 알기는 하는가. 나를 보여주려 해도 어떻게 말해야 할지. 내가 생각하는 것이 맞는 것인지 혼란이 온다. 나는 한 껏 농담을 해봐도 사람들은 이해를 못하니… 나는 외계인인가?
나는 그저 한 평범한 사람이고 싶다. 사춘기에 우리도 외모와 이성에 관심을 갖고 있고, 고민도 많다. 때론 반항도 한다. 다만 장애로 인해서 남들과 다른 외모는 스트레스가 된다. 집에만 있다고 아무 옷이나 입으라고 하는 것에 화가 나고, 제대로 나에게 꼭 어울리는 옷을 입고도 싶다. 남들처럼 미팅도 나가고 관심 있는 이성에게 말도 걸고 연애도 하고 싶은 사춘기다. 그리고 사회 속의 한 존재로서 살고 싶다. 부모님 앞에서 칭찬을 받고 싶고, 소중한 친구들과 함께 참여하고 싶다. 학교를 다닐 수 있다는 것만으로도 얼마나 즐겁고 기쁜지 그 누가 알겠는가. 장애를 생각하면 좌절되지만, 그래도 나에게는 내가 어떤 상황에 처했어도 믿어주었던 가족들과 선생님들이 있음을 깨닫는다. 나에 대해 항상 염려와 관심을 아끼지 않는 부모님들, 항상 나를 지켜보고 있는 선생님의 지지와 격려가 나를 새롭게 만든다. 내가 힘이 들고 외로울 때 언제나 찾을 수 있는 종교의 고마움도 느낀다. 조금 더 나아갈 수 있을 것 같다. 세상에서 출발할 용기가 난다.

내가 하고 싶은 많은 것들과 나와 함께 해준 많은 이들이 나를 받아들이게 하는 원동력이 된다. 내가 장애인이라는 것에 얽매일 게 아니라 남과 조금 다르다는 것을 받아들이는 것이다. 누구나 나처럼 살아간다면 나와 같지 않겠는가. 이제는 더 이상 숨어살지 말자. 부딪치면서 강인해지는 것이다. 그동안 집착했던 문 뒤로 나에게 열려있는 더 큰 문이 보인다. 나는 장애를 떠나 소중한 나일뿐이다. 내 모습이 어떠하건 나는 그저 너무나 소중한 한 사람이다. 이제 나 혼자 외출을 한다. 부모를 떠나 혼자 생활도 해본다. 비장애청소년과 같으면서도 다른 사춘기는 이렇게 지나가고 있다.

출처: 김미옥(2003). pp. 239~241.

## 3) 성인기

### (1) 초기 성인기

초기 성인기 장애인도 이성관계 등을 통한 새로운 가족관계로의 이행이 중요한 발달과업이다. 혹은 가족과 분리된 독립적인 공간 속에서 자기만의 생활양식을 누리는 것, 즉 자립생활도 중요한 과업이다. 그러나 이를 성취하기 어려운 조건이 많다. 첫째, 겉으로 드러나는 장애는 장애인이 이성을 찾는 행위를 제한하고, 이동의 어려움은 또래 이성의 접근을 방해한다. 둘째, 성기능을 방해하는 장애는 임신과 출산의 제한 등의 어려움을 수반하게 된다. 또한 장애인을 무성(性)의 존재로 보는 사회적 시선도 장애인의 이성관계를 제한하는 요인이 된다. 셋째, 노동(직업)과 레저 · 레크리에이션 제한이 있다. 직업을 가져야 하는 이 시기 장애는 취업의 기회를 한정하고, 교통이나 건축물상의 장애물 등의 이유로 재정적으로 정부지원에 의존하는 상황이 발생된다. 직업재활서비스 역시 매우 제한된다. 만일 이 시기 가족구성원, 친구, 사회복지사 등의 적극적 지원이 없다면 고립의 위험성도 매우 크다고 할 수 있다. 즉, 이 시기 장애인의 경우 사회 내에서의 자신의 위치와 역할에 관한 정체감이 확립되지 못하였을 때 비장애인보다 더욱 강하고 지속적인 고립감을 느끼기 쉽다고 할 수 있다.

초기 성인기에 장애를 가지게 된 사람들은 일반적으로 자기 생활을 가지고 있다. 그들은 이미 개발된 자기 이미지와 개성을 가지고 있다. 하지만, 장애가 발생하면서 자기 이미지가 변화할 수 있고, 그로 인해 친근한 관계가 수정될 수도 있다. 결혼 초기와 같이 새롭게 형성된 친밀한 관계는 만약 배우자의 한 쪽이 장애를 갖게 되면, 특히 어려움을 겪게 된다. 장애인자립생활센터, 전문가와 동료들의 지원은 장애를 가진 사람이 성공적으로 개인적인 변화에 적응되도록 하고, 장애로 인해 어려움을 겪는 가족들을 지원할 수 있다. 또 이러한 지원은 장애를 받아들이고 자신의 새로운 삶의 상황에서의 문화적 · 사회적 요소에 들어가는 이 시기의 삶을 성공적일 수 있도록 도와준다(김용득, 2000).

• 가족

첫째, 결혼해서 자기 가족이 생기기 전에 장애가 생긴 성인은, 독립했다가도 다시 원가족으로 돌아오는 방법 외에 다른 대안이 없는 경우가 있다. 양육의 역할을 끝냈던 부모의 입장에서는, 다시 돌봄의 역할로 돌아가야 하는 어려움이 있다. 소위 '텅빈 둥지'에 덜 적응된 부모는 돌아온 자녀에게 더 몰입하거나, 과잉보호, 자녀의 성인으로서의 욕구를 간과하는 경향이 나타나게 된다. 따라서 장애 성인으로 하여금 집에서 나가 사회적 활동에 참여하도록 하는 노력이 필요하다. 둘째, 장애인 배우자를 갖게 된 젊은 배우자는 부가적인 책임을 받아들일 발달적 능력을 갖고 있지 않을 수 있다. 부부간 균형 잡히지 않은 책임감을 수용하는 것이 필요하다. 다행히 배우자가 관계를 유지할 정도의 헌신을 할 수 있더라도 몇 가지 적응이 필요하다. 예를 들어 성관계를 제한하는 신체적 제한, 친밀성의 표현상실, 임신 불가, 배우자로서 역할의 변화 등에 대해서 부부간의 적응이 필요하다. 예를 들어 '단지 몸이 약할 뿐'이라는 생각은 장애인 배우자를 성인으로 보게 도와준다. 한편으로 지역사회 자원의 도움 필요하기도 한다.

### • 전문가의 역할과 과제

#### ① 장애당사자

첫째, 장애인의 독립적인 생활을 지원하는 일이 필요하다. 우선 장애인 특성에 맞는 직업에 대한 안내 및 연계, 직업재활 프로그램이 중요하다. 이를 위해 전문가는 장애인고용공단의 고용관련 서비스에 대한 이해를 통해 장애인의 취업을 위해 일자리 기획을 지원하고 경쟁노동시장에 진입하려는 장애인에 대한 옹호활동을 전개할 필요가 있다. 또한 전문가는 경쟁고용이 어려운 장애인을 위해 마련된 다양한 직업재활시설, 장애인일자리에 대한 이해를 바탕으로 취업과 고용유지를 적절히 지원할 필요가 있다. 또한 장애인을 위한 소득보장체계를 이해하여 독립생활을 영위하기 위한 공적 연금, 공공 부조 및 수당에 접근할 수 있도록 지원할 필요가 있다. 나아가 개인예산제가 본격화되면, 장애인이 이루고자 하는 꿈과 독립적 일상을 위한 예산관리 등 서비스를 병행해 나갈 필요가 있다. 만일 취업 등 소득활동이 어려운 장애인이 있다면, 전문가는 이들의 낮활동을 지원하는 다양한 기관(주간보호, 낮활동서비스 등)을 이용할 수 있도록 연계하여, 이들이 보통의 삶을 유지할 수 있도록 지원해야 한다. 다만 여성장애인의 취업률이 남성장애인의 1/3 수준에 그치고, 월평균 소득도 1/2에 미치지 못하는 점을 고려하여, 여성장애인의 취업과 사회참여에 각별히 노력할 필요가 있다.

둘째, 장애인이 독립적인 생활을 하기 위해서는 적절한 주거를 마련할 수 있도록 지원이 필요하다. 장애인의 자립의지와 역량에 따라 거주시설, 자립생활주택, 지원주택, 일반 임대주택, 일반주거 등 다양한 선택을 고려하고, 자신이 원하는 삶의 양식을 성취할 수 있도록 적절히 안내하고, 지역별 장애인자립생활센터, 복지관, 거주시설 등과 적절히 연계하여 지원할 필요가 있다.

셋째, 장애인이 독립적인 생활을 하기 위해서는 사회적 적응을 위해 다양한 훈련이 병행되어야 한다. 훈련주제는 장애에 관한 태도와 가치, 기본적 의사소통기술 훈련 및 실습, 자기주장, 공격적, 비관적 형태의 반응 간 차이, 당황스런 상황에 대한 대처 실습, 스트레스관리와 이완기법 훈련, 지역사회 내에서 지지체계 유지하기 등이 될 것이다.

넷째, 장애인이 독립적인 생활을 통해 스스로의 삶을 영위하기 위해서는 성적인 변화에 대한 적응, 성기능의 변화, 약물치료의 부수효과, 신체이미지 변화, 사회 환경의 변화 등을 스스로 수용할 수 있어야 한다. 워크숍, 집단상담 등을 통해서 이에 대해서 이야기하고, 상담하는 것이 필요하다.

### ② 가족

먼저 장애발생 당시 상황에 빠르게 적응하는 것이 필요하다. 이를 위해 장애 관련 정보를 접하게 하고, 자율성 유지(예: 의료적 의사결정에 참여), 가족 내부 구조의 유지(예: 활발한 가족 간 의사소통) 등을 위한 노력이 필요하다. 다음으로, 발생한 장애에 대한 적응을 하는 것이 필요하다. 먼저 장애인과 가족의 분노가 있을 수 있다. 이때 무기력감과 싸워나갈 수 있고 관련 정보를 얻을 수 있도록 관련 전문가와 상호작용하는 법을 배워야 한다. 또한 가족 내 역할 변화에 적응하도록 하여야 한다. 가정 내 과제 협력을 위한 회의를 개최하는 것 등이 하나의 방법이 될 것이다.

### (2) 성인기(중년기)

중년기 장애인도 새로운 세대를 생산하고 사회적인 기여를 통해 생산성을 확보하는 과업이 중요한데, 그러한 성취가 없다면 자기침체에 빠져 자기만을 위한 몰두 상태에 빠지게 된다. 그러나 불가피한 신체적·정신적 문제 때문에, 사회에 대한 생산적 기여에 충실하지 못할 것이라는 장애인 자신의 부정적 기대, 그리고 장애당사자에 대한 낙인은 성인기 장애인의 자아침체를 더욱 가속시킨다. 특히 장애인에게 있어서는 이 시기 장애의 발생으로 인해 직업적 능력의 상실이나 감소, 가정에서의 경제적 가장의 역할 포기 및 자존심의 포기, 양육자의 역할에서 피양육자의 역할로 갑자기 변화하게 된다. 또한 자녀 양육을 하는데 자신의 역할을 하는 것이 힘들어진다. 자녀에게 역할모델이 되기 힘들고, 성기능의 손상으로 자녀를 가질 수 없게 되기도 한다. 생산적 성인에 필요한 자유로운 에너지를 기대할 수 없고 이런 부재는 자기몰입이나 일시적 침체로 나타날 수 있다.

생에서 중년에는 많은 사람들이 당뇨나 심장질환 같은 질병으로 나이에 따른 장애를 얻기 시작한다. 전통적으로, 이 나이에 장애를 갖게 된 장애인은 보통 장애를 자신의 지배 문화로 인식하지 않는다. 그들은 '문제를 가진 비장애인'으로 스스로를 인식한다. 특히 장애를 가지는 것의 의미를 알고 이것으로부터 성장하는 것은 본인과 사회에도 도움이 될 수 있다. 유사한 장애를 가지고 성공적으로 생활하는 다른 사람들과 네트워크를 가지는 것은 이러한 성장을 촉진하는 훌륭한 방법이다. 한편 새롭게 장애를 얻거나 오랫동안 장애를 가진 사람은 지역사회에서 큰 자산이 될 수 있다. 이 시기에서 오는 성숙과 안정은 이들이 지역사회에 더 큰 영향을 줄 수 있는 기회를 제공한다(김용득, 2000).

- **배우자**

장애는 결혼의 기본적 가정을 침해할 정도로 그 영향이 크다. 먼저, 소득 활동의 책임과 자녀양육의 책임을 배우자가 모두 짊어지게 되기도 한다. 또한 성생활 장애에도 적응해야 한다. 한편으로 자녀를 더 이상 가지기 어려울 수 있다. 장애인인 배우자를 상대배우자는 아이를 하나 더 얻게 되었다고 느끼고, 실제로 그 배우자를 아이 취급하거나 과잉보호 하는 모습이 종종 나타나게 된다. 이는 화난 감정이나 무기력감을 회피하려는 데서 발생한다. 그 결과는 예전에 친밀했던 배우자와의 관계에서 정서적 고립을 가져오게 된다.

• 자녀

무엇보다 역할의 변화가 발생하게 된다. 도움만 받던 아이의 입장에서는 무기력한 부모에게 도움을 주는 일에 적응하는 데 어려움 겪게 된다. 자녀가 어리면 엄마와 아빠가 왜 그들의 욕구에 부응하지 못하는지 이해를 못하며 부모의 무기력한 역할모델에 적응하는 것은 어렵다. 나이든 자녀는 이해는 하지만 걱정한다. 부모를 돌보느라, 자녀들은 자신의 발달과업에 적절하게 대응하기 어려움을 경험할 수도 있다.

• 전문가의 역할과 과제

장애인 당사자에 대한 개입으로 신체적 운동, 배우자와 가족의 참여, 직업훈련, 그룹 프로그램이 있다. 다음으로 가족에게는 장애발생의 상황에서 혼란스런 감정은 어느 가족이나 겪는 것이라는 전문가의 인정이 가장 중요하다. 또, 이 시기 정보제공이 중요하다. 반복설명이 필요하고, 치료계획에 대한 정보제공도 필요하다. 직업상담에 대한 의뢰는 물론, 비직업적 상담도 무시하지 말아야 한다. 재정적 지원과 관련한 자원이 필요하고, 방문간호사나 가정지원서비스도 필요하다. 태도, 가치, 우선순위 변화를 위해 심리치료를 실시할 수 있다. 주로 인지재구조 치료 등이 필요한 시기이다. 한편으로 가족갈등 해결 위해 개방적 토의, 문제 해결 기술, 자기주장훈련 등의 새로운 기술이 필요한 시기이다.

성인 장애인의 복지와 서비스 욕구를 살펴보면, 치료 · 수술과 물리 치료의 의료적 재활을 제외하고 취업알선과 직업훈련의 직업재활이 가장 많이 나타나고 있다. 장애정도가 경증이라면 직업이라는 사회적 역할을 갖고 이를 성공적으로 수행하고자 하는 욕구가 많으므로 장애인 복지서비스에서는 직업 모색부터 독립적인 직업생활을 영유할 때까지 서비스를 제공해야 한다. 한편 그 장애가 중증이라면, 사회에 나와 좀더 발전적이고 긍정적인 여가생활을 향유하며 사회적 관계를 형성, 유지할 수 있도록 돕는 서비스가 필요하다.

한편 중년기 장애 당사자로 가족의 보호를 받던 발달장애인이라면, 가족의 질환과 사망 등으로 뒤늦은 독립생활을 해야 하는 시기가 될 수 있다. 이 시기 전문가의 지원은 초기 성인기 전문가의 역할과 과제로 기술된 내용을 참조할 필요가 있다.

### 4) 노년기

2022년 말 기준, 장애노인은 140만 명을 넘어 등록 장애인 중 52.8%나 차지한다(한국장애인개발원, 2023). 노년기 장애인에게도 자기의 인생을 돌아보면서 인생의 성공과 실망에 적응하면서 자아통합을 이루는 것은 매우 중요한 과업이다. 노년기의 장애특성은 두 가지 측면에서 생각할 수 있다. 첫 번째는 나이가 들어감에 따라 나타나는 여러 가지 생리학적 기능저하나 사고로 장애를 얻는 사람들, 즉 노인성 장애 등의 이유로 장애인이 된 경우이다. 두 번째는 장애를 가지고 살아온 사람들이 노년기를 맞이하는 경우이다. 각각의 상황은 장애라는 상태가 동일하지만 살아온 과정이 달라서 다른 특성을 보이게 된다(임종호 외, 2010).

노년기에 장애를 얻은 사람들은 주로 복합적인 장애를 갖게 된다. 사실 나이가 들면서, 대부분의 사람들은 다양한 상태의 장애를 얻게 되는데, 청각, 시각, 지체장애, 내부 기관 장애 등 신체적 장애들이 흔히 나타난다.[3] 즉 오랫동안

3) 2022년 신규 등록장애인 79,766명 중 노인 등록자의 비율은 55.9%로 높음. 장애 유형 중에 노인의 등록 비율이 높은 순으로 표기하면 다음과 같다. 청각(86.9%), 호흡기(63.2%), 장루요루

살게 되면 누구라도 그 생애에 어떠한 형태의 장애들을 경험하게 된다. 이들은 치료와 보호의 필요성이 매우 높다. 노년기에 장애인이 된 사람들은 일반적으로 장애문화, 또는 같은 장애를 공유하는 사람들과 자신을 동일시하지 않는다.

이전부터 장애를 가지고 살아온 사람들은 삶의 후반부에 장애를 얻은 사람들에 비해서 노령기에 나타나는 문제들을 더 잘 준비할 수 있다. 이들의 삶에서의 경험은 그 자신의 요구와 맞는 중요한 사회적 체계를 다룰 준비를 하게 할 것이다. 하지만, 이들도 그 자신의 오랜 장애의 결과로 수많은 문제점을 가질 가능성이 있다. 특히 장애를 가지고 노년기를 맞는 사람들은 가족과의 연락두절이나 독신 등의 이유로 장기적인 독거생활을 유지해 온 경우가 많으며, 빈곤층이 다수를 차지하고 있다. 이들은 기존의 장애에 노환으로 인한 장애가 추가되어 신체적·정신적 어려움이 가중되고 지속적인 의료지원을 필요로 한다. 이들 중 상당수가 거주시설생활 등으로 인해 생애주기에 따른 적절한 사회경험이 부족하지만, 장애기간이 길기 때문에 변화가 발생하기보다는 노년기 이전의 삶을 잘 유지하며 장애수용과 적응력이 높다고 할 수 있다.

한편, 노년기에 장애를 갖게 되면, 직업이나 자녀 양육 등의 역할에 영향을 받지는 않지만 이제까지의 공유되던 배우자와의 삶을 방해하게 된다. 만일 장애로 인해 성인자녀와 함께 살게 되는 경우, 그들의 생활 스타일을 포기하거나 자신이 짐이 되지 않음을 항변해야 할 수도 있다. 또, 인지능력이 손상되었을 때는 노인이 가질 수 있는 지혜를 기대받지 못하고, 신체적 의존으로 자아통합이 방해받고 절망이 생길 수 있다.

• 가족

장애노인의 배우자는 지금까지의 삶의 패턴을 방해받고 새로운 역할을 강요

---

(56.7%), 시각(54.2%), 뇌병변(53.5%), 신장(50.2%), 지체(49.2%) 등의 순으로 나타남(한국장애인개발원, 2023).

받게 된다. 한편, 자녀는 부모를 보호하는 데 시간과 에너지를 요구받게 된다. 이때 가족의 갈등이 유발될 수도 있다. 특히 부모가 인지적 손상을 입은 경우, 자녀는 보호에 더 많은 부담을 느끼게 된다.

• **전문가의 역할과 과제**

먼저 심리치료(집단 프로그램)와 신체재활(독립생활기술이 중요, 일상생활기술 훈련) 등이 필요하다. 장애노인의 가족에 대해서는 장애에 대한 정보를 제공하고, 보호자에게 문제해결법을 가르치는 것 등이 필요하다. 예를 들어 장애노인 행동분석, 보호자의 감정통제법 등이 그 교육내용이 될 것이다. 한편으로는 외부로부터 지원받을 수 있는 것이 무엇인지, 즉 다른 가족이나 친구, 주간보호나 일시보호 서비스 등에 대해 아는 것이 필요하다.

일상생활을 하는 데 불편한 정도는 나이가 들수록 심해지기 때문에 일상생활을 도와줄 수 있는 프로그램으로 재가서비스에 대한 기본 지식과 서비스 전달체계에 대한 이해가 필요하다. 재가서비스는 주기적인 방문을 통한 밑반찬, 목욕 등의 서비스를 중심으로 일상생활의 불편함을 최소화해 주는 것이 있다. 장애노인에 대한 지원과 돌봄은 노인복지서비스 체계와 통합되어 진행되는 경우가 많은데, 장기요양서비스, 노인맞춤돌봄서비스 등이 그 예가 될 수 있는데, 이러한 서비스는 돌봄이 필요한 노인에 대한 일상생활 지원이 주가 된다. 또한 독거 장애노인의 안전과 관련하여 IOT를 활용한 정서지원, 긴급지원 등의 방법이 있는지 검토하여, 적정한 활용도 요구된다.

지금까지 살펴본 생애주기별 장애인에게 제공되거나 요구되는 주요 급여 및 제도, 서비스를 목록화하면 다음과 같다. 여기에 대한 세부적인 내용은 다른 장에서 논의한다.

**표 6-1 | 생애주기별 장애인에 대한 주요 급여/제도 및 서비스**

| 생애주기단계 | 주요 급여 / 제도 | 주요 서비스 |
|---|---|---|
| 출생 및 영유아기 | - 장애인등록<br>- 특수교육대상자 등록<br>- 장애아동 보육 및 돌봄 제도 (장애아전문어린이집, 장애아통합 어린이집, 아이돌봄서비스 등)<br>- 장애아동가정양육수당 | - 양육상담<br>- 사회서비스 바우처 (장애아동가족지원사업, 발달 장애인 지원사업), 장애인활동지원 서비스<br>- 자기결정력 향상 프로그램 |
| 아동기 | - 장애인등록<br>- 장애인 대상 특수교육<br>- 장애아동가정양육수당 | - 양육상담<br>- 사회서비스 바우처 (장애아동가족지원사업, 발달 장애인 지원사업), 장애인활동지원 서비스<br>- 자기결정력 향상 프로그램 |
| 청소년기 | - 장애인등록<br>- 장애인 대상 특수교육 | - 양육상담<br>- 사회서비스 바우처 (장애아동가족지원사업, 발달 장애인 지원사업), 장애인활동 지원서비스<br>- 성교육과 상담<br>- 자기결정력 향상 프로그램<br>- 직업재활 프로그램<br>- 다양한 주제의 사회 프로그램 |
| 성인기 | - 장애인 등록<br>- 국민기초생활보장제도<br>- 국민연금 장애연금<br>- 장애인연금, 장애수당<br>- 장애인 고용 의무제<br>- 장애인 주거지원 제도 (거주시설, 자립생활주택, 지원주택, 일반임대 주택 등) | - 상담<br>- 장애인 활동지원서비스<br>- 장애인 고용지원<br>- 장애인 직업재활 시설 이용 (근로/보호작업 등, 장애인일자리)<br>- 장애인 주거지원서비스 이용 (거주시설, 자립생활주택, 지원주택)<br>- 장애인 주간보호서비스, 발달장애인 주간활동 서비스<br>- 자립생활훈련 |
| 노년기 | - 장애인 등록<br>- 국민기초생활보장제도<br>- 국민연금 장애연금, 노령연금<br>- 장애인연금/기초연금, 장애수당<br>- 장애인 주거지원 제도 (거주시설, 자립생활주택, 지원주택, 일반임대 주택 등) | - 심리치료와 재활서비스<br>- 노인장기요양서비스(일부 장애인활동 지원서비스)<br>- 장애인 주거지원서비스 이용 (거주시설, 자립생활주택, 지원주택)<br>- 재가노인복지서비스, 노인맞춤돌봄서비스, IOT활용서비스 |

# 3. 생애주기별 가족의 관심사와 성공적 생애주기 전환 방안

지금까지 살펴본 생애주기별 부모와 형제 등 가족의 관심사와 생애주기별로 장애인과 가족이 경험하게 되는 어려움을 극복하고 성공적으로 생애주기 전환을 이루게 하는 방안을 살펴보면 다음의 〈표 6-2〉, 〈표 6-3〉과 같다.

**표 6-2 | 생애주기별 부모와 형제의 관심사**

| 생애주기단계 | 부모의 관심사 | 형제의 관심사 |
|---|---|---|
| 출생 및 영유아기 | - 정확한 진단 받기<br>- 형제자매와 친척들에게 장애 알리기<br>- 서비스를 찾아다니기(지원서비스 결정) | - 형제들의 욕구에 대해 부모의 시간과 에너지 할애가 줄어드는 것<br>- 관심이 줄어드는 것에 대한 질투의 감정<br>- 장애에 대한 잘못된 이해와 관련된 두려움 |
| 아동기 | - 가족기능수행을 위한 일과 세우기<br>- 교육관련 문제에 대한 적응<br>- 일반학급과 특수학급 등 통합관련 문제 결정<br>- 개별화 교육회의 참석<br>- 지역사회 자원 탐색<br>- 교과목 이외 과외 활동 계획<br>- 전문가들과의 긍정적인 관계 형성<br>- 가족과 아동에게 적절한 교육관련 정보 모으기<br>- 아동의 미래에 대한 계획 세우기<br>- 다른 교수 전략 이해하기 | - 신체적 보호의 욕구에 대한 책임을 분담하기<br>- 여자 맏이들이 돌봄 부담을 가질 가능성<br>- 레크리에이션과 여가를 위한 가족자원이 제한되는 것<br>- 친구나 선생님에게 장애형제를 알리는 것<br>- 동생이 장애를 가진 형이나 누나를 앞지를 가능성<br>- 장애형제 통합에 따라 같은 학교에 다니게 되는 문제<br>- 장애에 대한 기본적인 정보의 욕구 |
| 청소년기 | - 만성적 장애에 대한 정서적인 적응<br>- 성적인 문제들에 대한 고려와 이해<br>- 왕따나 또래로부터의 거부 등에 대한 고려<br>- 장애 직업에 대한 계획<br>- 여가활동에 대한 계획<br>- 사춘기의 신체적·정서적 변화에 대한 대처<br>- 학교 교육 이후의 생활에 대한 계획 | - 형제에 대한 과잉동일시<br>- 사람들 사이의 차이점에 대한 폭넓은 이해<br>- 장애가 직업의 선택에 미치는 영향<br>- 낙인의 가능성에 대해서 대처하기<br>- 형제 훈련 프로그램에 참여하는 것<br>- 형제 지지집단에 참여하는 것 |

| 생애주기단계 | 부모의 관심사 | 형제의 관심사 |
|---|---|---|
| 성인기 | - 후견인의 필요성에 대한 준비<br>- 성인기에 희망하는 거주형태에 대한 계획<br>- 성인기의 집중적 지원에 대한 정서적 적응<br>- 가족 이외의 사회화 기회 요구에 대한 계획<br>- 취업이나 직업훈련 프로그램의 시작<br>- 가족 의사결정에 따른 성인기 삶의 변화에 대한 적응 | - 재정적 지원에 대해 책임을 질 가능성에 대한 문제<br>- 유전적 문제와 관련된 걱정을 해결하는 것<br>- 결혼으로 인한 새로운 가족을 장애인에게 소개하는 것 혹은 새로운 가족에게 장애 형제자매를 소개하는 것<br>- 직업 · 주거문제에 대한 정보의 욕구<br>- 형제들의 옹호인으로서의 역할을 분명히 하는 것<br>- 후견인 문제의 가능성 |

출처: Powell, T. H., & Gallagher, P. A.(2000). 형제자매: 장애인 가족의 특별한 관계. 김승돈 외 공역. pp. 94~95; 김미옥(2003). 장애인복지실천론. pp. 259-260; Snell, M. E., & Brown, F.(2008). 중도장애학생의 교육. 박은혜 · 한경근 역. p. 67; 김진우 외(2014). 발달장애인복지론. p. 312 등을 토대로 재구성.

**표 6-3 | 생애주기별 성공적인 전환을 강화하기 위한 방안**

| 생애주기단계 | 성공적인 전환 강화하기 |
|---|---|
| 출생 및 영유아기 | - 자녀들이 일시적으로 유치원에서 분리되는 것에 대해 준비하도록 하라.<br>- 정보를 수집하고 지역사회에 있는 유치원을 방문하라.<br>- 부모를 위한 프로그램에 참여하도록 격려하라(처음 시작하는 부모는 일대일 관계 프로그램에서 숙련된 부모들과 짝이 되도록 하라).<br>- 부모가 학교에 있는 프로그램, 직업 선택, 성인 프로그램과 친숙해지도록 하고, 그것들을 통해 미래에 대해 생각할 기회를 제공하라. |
| 아동기 | - 부모에게 교육과정 선택에 대한 폭넓은 자료를 제공하라.<br>- 개별화교육프로그램(Individualized Education Program: IEP) 모임이 가족의 결속에 대해 힘을 보탠다는 점을 확신시켜라.<br>- 부모를 위한 프로그램, 워크숍 또는 가족지원 프로그램 참여를 격려하고, 다른 부모들과 이행과정과 결과에 대해 토론하도록 하라. |
| 청소년기 | - 가족과 사춘기 청소년이 지역사회의 여가활동에 대해 인지하도록 도와주어라.<br>- IEP 내용을 미래의 직업과 경력을 위한 프로그램에 반영시켜라.<br>- 다양한 직업이나 생활에 대한 선택에 대해 친밀해지게 하라.<br>- 유사한 장애를 가진 성인과의 멘토관계, 좋아하는 성인과의 멘토관계를 발전시키고, 학생이 용기를 가지도록 도와라. |
| 성인기 | - 가족에게 후견인제도, 재산관리, 유언장, 신탁제도에 대한 정보를 제공하라.<br>- 가족 구성원 각 개인에게 책임이 있다는 점을 알게 하고, 적절한 도움을 줄 수 있게 도와주라.<br>- 직업선택에서 장애인과 그 가족에게 도움을 주어라.<br>- 결혼과 관련된 사안과 책임에 대해 이야기하고, 가족의 개념에 대해서 이야기하라. |

출처: Turnbull, A. P.(2013). 장애아가족지원. 이미숙 외 공역. p. 193.

## 생각해보기

1. 비장애아동과 장애아동의 아동기 경험은 어떻게 차이가 나는가?
2. 아동/청소년기 장애인과 성인/노년기 장애인은 어떻게 차이가 나는가?
3. 아동/청소년기 장애인에 대한 전문가의 지원과 성인/노년기 장애인에 대한 전문가의 지원은 어떠한 차이를 두어야 하는가?

# PART 02

# 장애와 사회보장

07 Chapter

# 장애인복지 전달체계와 인력

**주요 학습문제**

- 장애인복지는 무엇이며, 어떻게 이루어지는가?
- 우리나라 장애인복지 전달체계는 어떻게 구성되어 있는가?
- 바람직한 장애인복지 전달체계 개편 방안은 무엇인가?
- 장애인복지전달체계에서 서비스 제공자로서 역할을 수행하는 장애인복지인력은 어떻게 구성되어 있는가?

## 1. 장애인복지의 두 가지 접근

장애인복지란 비장애인에 비해 낮은 수준의 삶의 질을 경험하고 있는 장애인들을 대상으로 이들의 삶의 질 격차를 줄이는 것을 목표로 하는 총체적 개입이면서 동시에 장애인의 기본적인 욕구충족을 목표로 하는 각종 서비스이다. 이러한 장애인복지를 실행하는 데에는 주류적 접근(mainstream approach)과 분리적 접근(specialized approach) 두 가지 접근방법이 있다.

주류적 접근이란 모든 시민을 대상으로 하는 보편적 복지서비스 내에 장애친화적 요소(disability-friendly mechanism)를 삽입하여 장애인이 해당 서비스를 이용하는 데 어려움이 없도록 하는 방식으로 장애인복지를 시행하는 것을 의미한다. 반면에 분리적 접근이란 주류적 접근을 통해서 장애인의 욕구가 충족되기 어려운 경우에 장애인만을 대상으로 하는 별도의 제도 혹은 기관을 설치하여 장애인이 해당 서비스를 이용할 수 있도록 하는 방식으로 장애인복지를 시행하는 것을 의미한다. 이들 두 가지 접근의 구체적인 예를 살펴보면, 장애인을 대상으로 한 교육서비스에 있어서 통합교육은 주류적 접근이며, 분리교육은 분리적 접근이라고 할 수 있다. 또한 장애인의 이동권을 보장하기 위한 운송수단으로서 저상버스는 주류적 접근이며, 장애인콜택시는 분리적 접근이라고 할 수 있다.

장애인복지의 역사와 패러다임의 변화 경향을 볼 때, 이러한 두 가지 접근 중에서 우선적으로 시행되어야 하는 방식은 주류적 접근이라고 할 수 있으며, 분리적 접근은 주류적 접근으로 충족되기 어려운, 즉 특수하거나 혹은 복합적인 욕구를 지니고 있는 장애인을 대상으로 하는 보충적 방식의 장애인복지라고 할 수 있다.

## 2. 우리나라 장애인복지 전달체계

### 1) 장애인복지 전달체계 구성 요소 및 원칙

장애인복지 전달체계란 장애인복지 관련 법률에 근거하여 장애인의 욕구 충족을 목표로 제공되는 장애인복지서비스를 구체적으로 추진하고 실천하기 위해 필요한 자원을 조달, 배분하여 서비스를 실시하는 조직체계를 의미한다.

Chiriacescu(2006)는 유럽연합(European Union) 회원국의 장애인복지서비스 전달체계를 비교하면서 전달체계의 하위체계를 서비스 진입체계(the gate keeping mechanisms), 서비스 질 관리체계(the quality principle, standards and indicators), 서비스 공급자 관리체계(the administrative procedures for licensing(authorisation), contracting and funding of social services), 서비스 공급자 내부 관리체계(the internal regulatory mechanisms), 모니터링 및 평가체계(the monitoring and evaluation mechanisms) 등 5개 하위체계로 세분화하였다.

서비스 진입체계는 욕구의 확인과 서비스 수급 자격 여부를 결정하는 체계를 의미하며, 서비스 질 관리체계는 서비스 진입체계에서 확인된 장애인의 욕구를 충족시키기 위한 양질의 서비스를 제공하도록 하기 위한 서비스 표준 및 지표를 선택하고 정의하는 체계를 의미한다. 우리나라의 경우 장애인복지서비스를 받기 위해서 반드시 거쳐야 하는 장애인 등록제도와 장애인연금, 장애인활동지원, 발달장애인 주간활동서비스 등 개별 급여와 서비스에서 별도로 정하고 있는 수급 자격 및 판정 체계가 서비스 진입체계에 해당된다.

또한 서비스 공급자 관리체계는 서비스 표준에 부합하는 서비스를 제공할 수 있는 서비스 제공 기관을 인증하고, 정부로부터 공공 및 민간 서비스 제공기관으로의 서비스 공급에 대한 공적인 위임과 재정의 지원 등을 관장하는 체계를 의미한다. 우리나라의 장애인복지 관련 대표적인 서비스 공급자 관리체계를 살펴보면, 우선 서비스 제공기관 인증에 해당하는 제도로 장애인복지법에서 정하고 있는 장애인거주시설, 장애인지역사회재활시설, 장애인직업재활시설 등 장애인복지시설 기준이 있으며, 그 밖에 개별 서비스별로 서비스 제공기관의 자격 및 요건 등을 관련 법에 명시하고 있는 대표적인 사례로 혼자서 일상생활 및 사회생활이 어려운 장애인에게 신체활동지원, 가사지원, 이동지원서비스를 제공하고 있는 장애인활동지원기관 지정 제도와 발달장애아동에게 언어재활, 운동재활, 놀이재활 등 다양한 재활서비스를 제공하는 발달장애재활서비스 제공기관 지정 제도 등을 들 수 있다. 또한 정부의 민간 서비스 제공기관에 대한 서비스 공적 위임과 재정 지원 체계의 대표적인 사례로는 시도 및 시군구 등 지방자치단체가 소유한 시설의 민간 운영 위탁 및 보조금 지원제도를 들 수 있다.

서비스 공급자 내부체계는 서비스 공급이 이루어지는 기간 중에 각 서비스 공급자들이 서비스 제공 계획 수립, 직원에 대한 정기적인 평가, 이용자의 참여를 촉진하는 절차 등을 규정하는 체계를 의미한다. 이는 우리나라의 경우 개별 서비스별로 서비스 제공 계획 수립, 이용자 모집 및 참여, 서비스 제공 인력의 채용과 관리 등 서비스 제공 과정 전반에 걸쳐 서비스 제공기관이 어떠한 역할을 수행해야 하는지를 명시하고 있는 정부의 서비스(사업) 매뉴얼과 개별 서비스 제공기관이 자체적으로 마련하여 서비스 제공 과정에 적용하고 있는 각종 규정과 운영 지침 등으로 체계화되어 있다.

마지막으로 모니터링 및 평가 체계는 모든 서비스 제공 단계에서 투명성과 책임성을 입증하고 및 서비스 제공 기관의 변수를 통제하는 것을 가능케 하는 체계를 의미한다. 이에 해당하는 우리나라의 대표적인 사례로는 매 3년마다 시행하고 있는 사회복지시설평가제도와 서비스 제공기관에 운영 보조금을 지급하는 지방자치단체가 관계 법령에 의거하여 정례적으로 시행하고 있는 사회복지시설 지도 점검 제도를 꼽을 수 있다.

장애로 인해 복합적인 서비스를 지속적으로 요구하며, 서비스 접근에 어려움을 경험하는 장애인들을 위해 다양한 서비스를 전달하는 장애인복지 전달체계도 우선 사회복지 전달체계의 일반적 원칙을 구현하는 것이 바람직하다. 일반적으로 사회복지전달체계는 통합성(integration), 포괄성(comprehensiveness), 지속성(continuity), 접근성(accessibility), 전문성(specialization), 책임성(accountability)의 원칙을 따라야 한다(최성재 · 남기민, 2000). 특히 손상과 이동권 제약으로 인해 서비스 전달체계 접근에 어려움이 많은 장애인을 대상으로 하는 장애인복지 전달체계의 경우 다른 인구집단을 대상으로 하는 전달체계보다 이러한 원칙을 최대한으로 구현하는 것이 더욱 중요하다고 할 수 있다. 2007년 이후 보건복지부를 중심으로 지속적으로 전개해 온 장애인복지전달체계 개편 노력은 이러한 장애인의 특수성을 반영하기 위한 것이었다(이는 5절에서 자세히 다룬다).

## 2) 우리나라 장애인복지 전달체계 현황

여기에서는 현재 우리나라에서 장애인이 필요로 하는 각종 서비스와 급여를 제공하는 전체 장애인복지 전달체계 중에서 장애인을 포함한 일반 시민을 대상으로 한 주류화 접근 방식의 전달체계가 아닌 장애인만을 대상으로 하는 분리적 접근 방식의 전달체계를 중심으로 개략적인 현황을 살펴보되, 특히 서비스 제공 주체의 성격 및 서비스 유형을 기준으로 이들 전달체계가 어떻게 구성되어 있는지를 소개하는 것에 초점을 두고자 한다.

### (1) 서비스 제공 주체별 전달체계

서비스 제공 주체에 따른 전달체계는 크게 공공이 직접 서비스를 전달하는 공공 전달체계와 민간이 자발적 혹은 공공으로부터 위탁을 받아 서비스를 제공하는 민간 전달체계로 구분된다. 우선 공공전달체계는 중앙행정 전달체계와 지방행정 전달체계로 나뉘는데, 중앙행정 전달체계의 경우 보건복지부를 주무부처로 하여 고용노동부, 교육부, 문화체육관광부, 과학기술정보통신부, 여성가족부 등이 관련 부처로서 장애인복지서비스를 제공하고 있다.

장애인복지의 주무 부처는 보건복지부이며 장애인복지 정책을 총괄하는 부서로서 장애인정책국을 두고 있으며, 산하에 장애인정책과, 장애인권익지원과, 장애인자립기반과, 장애인서비스과, 장애인건강과 등 5개 과가 편성되어 있다.

교육부는 장애인 교육과 관련된 업무를 총괄하는 부처로서 교육복지늘봄지원국 산하에 특수교육정책과를 두고 있으며, 고용노동부는 장애인 고용과 관련된 업무를 총괄하는 부처로서 통합고용정책국이 있으며 통합고용정책국 산하에 장애인고용과가 있어 장애인고용업무를 담당하고 있다.

그외 저상버스 및 특별교통수단 도입 등 장애인 이동권을 지원하는 부처로서 국토교통부, 장애인의 문화 및 체육을 담당하는 부처로서 문화체육관광부, 자막 · 수어 방송 등 장애인의 정보 접근권과 관련된 정책을 담당하는 부처로서 방송통신위원회, 그리고 장애여성의 역량 강화 및 인권 보호 등을 담당하는 부처로서 여성가족부가 있다.

한편, 부처 간 다양한 장애인정책 업무의 조정을 위한 기구로서 국무총리 소속하에 장애인정책조정위원회를 두어 범부처에 걸친 종합적인 장애인정책계획을 수립하고 관계 부처 간의 의견을 조정하는 역할을 수행하도록 하고 있다.

지방행정 전달체계의 경우 고용센터와 교육지원청 등 부처 산하의 독립적인 지방행정기관이 있는 경우에는 해당 기관이 관련 부처에서 기획한 서비스를 실행하는 일선전달체계로서 기능하며, 보건복지부, 문화체육관광부, 여성가족부 등 독립적인 지방행정조직을 가지고 있지 않은 부처의 장애인복지서비스는 행정안전부 소속의 일반 지방행정조직인 시 · 도, 시 · 군 · 구, 읍 · 면 · 동을 통하여 장애인에게 전달되고 있다. 이 경우 행정안전부 소속의 지방자치단체는 중앙부처의 정책을 기초로 또는 자체적인 프로그램개발을 통해 장애인복지서비스를 제공하고 있는데, 서울특별시, 광역시, 도에는 복지건강국 등이 설치되어 있고 하부기관으로 장애인복지과, 사회복지과 등에서 장애인관련 업무를 담당하고 있다. 특히 지역의 복지욕구에 따른 서비스의 다양화와 질을 제고하기 위해 2005년부터 지방이양사업이 실시된 이후에는 장애인복지서비스를 제공하는 주체로서 지방자치단체의 역할은 더욱 커지고 있다.

민간 전달체계는 자발적 혹은 지방행정기관의 위탁을 받아 지역사회에 거주하는 장애인을 대상으로 장애인복지서비스를 제공하는 민간 기관으로서 사회복지법인, 사단법인, 재단법인, 학교법인 등의 민간 법인과 개인 신고 시설 등이 해당된다. 이들 민간 전달체계는 주로 「장애인복지법」에 근거한 다양한 장애인복지시설 등을 운영하고 있는데, 이들 장애인복지시설은 기능과 역할에 따라 크게 장애인거주시설, 장애인지역사회재활시설, 장애인직업재활시설, 장애인의료재활시설, 그밖에 대통령령에 정하는 시설(장애인쉼터, 피해장애아동쉼터, 장애인생산품판매시설 등)으로 구분된다.

장애인거주시설은 장애인에 대한 주거 및 요양서비스를 제공하는 시설로서 장애유형별 거주시설, 중증장애인 거주시설, 장애영유아 거주시설, 장애인 단기거주시설, 장애인 공동생활가정, 독립형주거서비스제공기관 등이 있으며, 장애인지역사회재활시설은 지역사회장애인을 대상으로 재가서비스, 치료·교육서비스, 문화·여가서비스 등의 다양한 사회서비스를 직접 또는 간접 제공하는 것을 목적으로 하는 시설로서 장애인복지관, 주간보호시설, 장애인체육시설, 장애인수련시설, 시각장애인 등 생활지원센터, 수어통역센터, 점자도서관, 점서 및 녹음서 출판시설, 장애인재활치료시설 등이 있다. 최근에는 지역사회재활시설 분류 안에 장애인의 자립생활 역량을 강화하기 위하여 동료상담, 지역사회의 물리적·사회적 환경개선 사업, 장애인의 권익 옹호·증진, 장애인 적합 서비스 등을 제공하는 장애인자립생활지원시설(장애인자립생활센터)이 새롭게 추가되었다.

또한 직업상담, 직업평가, 직업훈련 및 취업 알선 등의 직업재활서비스를 제공함으로써 장애인의 자립을 도모하는 것을 목적으로 하는 장애인 직업재활시설에는 장애인 근로사업장, 장애인 보호작업장, 장애인직업적응훈련시설이 있으며, 그 외 상담, 진단·판정, 치료 등의 의료재활서비스를 제공하는 장애인의료재활시설과 대통령령으로 정하는 기타 시설로서 피해장애인의 임시 보호 및 사회복귀 지원을 위한 장애인 쉼터와 피해장애아동쉼터, 장애인 생산품의 판매활동 및 유통을 대행하고, 장애인 생산품이나 서비스용역에 관한 상담, 홍보, 판로 개척 및 정보제공 등 마케팅을 지원하는 장애인생산품판매시설이 있다.

지역사회에서 장애인을 대상으로 서비스를 제공하는 민간전달체계에는 지금까지 살펴본 장애인복지시설에 포함되지는 않지만 관계 법령에 근거하여 설치 및 운영되고 있는 기관도 있다. 대표적으로 장애인학대예방 및 피학대 장애인 보호 등의 업무를 수행하는 장애인권익옹호기관, 발달장애인을 위한 개별지원계획 수립과 발달장애인 권리보호 업무 등을 수행하는 발달장애인지원센터, 보조기기가 필요한 장애인에게 적합한 보조기기를 안전하고 편리하게 사용할 수 있도록 상담·평가·적용·자원연계 및 사후관리 등 사례관리 사업과 보조기기 장기 및 단기 대여, 수리, 맞춤 개조와 제작, 보완 및 재사용 사업 등의 업무를 수행하는 장애인보조기기센터, 장애인에 대한 건강검진, 진료 및 재활 등의 의료서비스 제공과 지역의 장애인 건강 보건의료 및 재활의료 사업에 대한 지원 등의 장애인 건강보건관리 업무를 수행하는 장애인보건의료센터 등이 있다.

### (2) 서비스 유형별 전달체계

서비스 유형별 전달체계는 우리나라에서 장애인에게 제공하는 다양한 공공 및 민간서비스를 제공받기 위한 진입단계로서 장애 등록 체계와 소득보장, 고용서비스, 특수교육 및 사회서비스 등 주요 서비스 유형별 전달체계로 나누어 살펴보고자 한다.

#### ① 장애인 등록체계

우리나라에서 장애인이 정부와 지방자치단체 및 민간기업 등에서 제공하는 다양한 장애인복지서비스를 제공받기 위해서는 법정 장애인으로 등록을 해야만 한다. 이러한 장애인 등록제도는 「장애인복지법」에 의거하여 1988년부터 시행되었다. 장애인등록절차는 2011년 이후 크게 변하였는데, 변화의 핵심적인 내용은 장애판정 및 장애정도 결과의 엄격성과 객관성 확보를 위해 장애판정의 절차를 기존 의사 1인의 판정에서 의사의 의학적 소견에 이은 전문평가기관(국민연금공단)의 평가로 개편한 것이다. 이는 그간 장애인으로 등록할 수 없는 자가 장애인으로 등록하고, 장애정도가 심하지 않은 장애인이 장애정도가 심한 장애인으로 판정받는 등 장애판정과 관련한 부정 사례가 지속적으로 언론에 보도된 데 따른 대응조치로, 정부는 2007년부터 장애수당이 대폭 인상되는 시기에 맞춰 기존 장애수당 수급자 중 1, 2급 및 3급 중복에 해당하는 중증장애인의 등급을 재평가하고 신규 신청자의 장애등급을 재평가하였으며, 이후 단계적인 확대를 거쳐 지난 2011년 4월부터 현행의 제도로 전면 개편하였다.

개편된 장애등록체계에서 장애인등록 신청자는 의학적 소견서와 더불어 장애상태의 확인을 위한 '장애정도판정기준'상 장애유형별 참고서식, 검사자료, 진료기록지(주요 진료기록) 등을 반드시 해당 진단의사로부터 발급받아 행정관청에 제출하여야 하며, 장애판정기관인 국민연금공단은 행정관청으로부터 이들 자료를 송부받아 장애평가를 진행한 후 행정관청에 그 결과를 통보하도록 하고 있다.

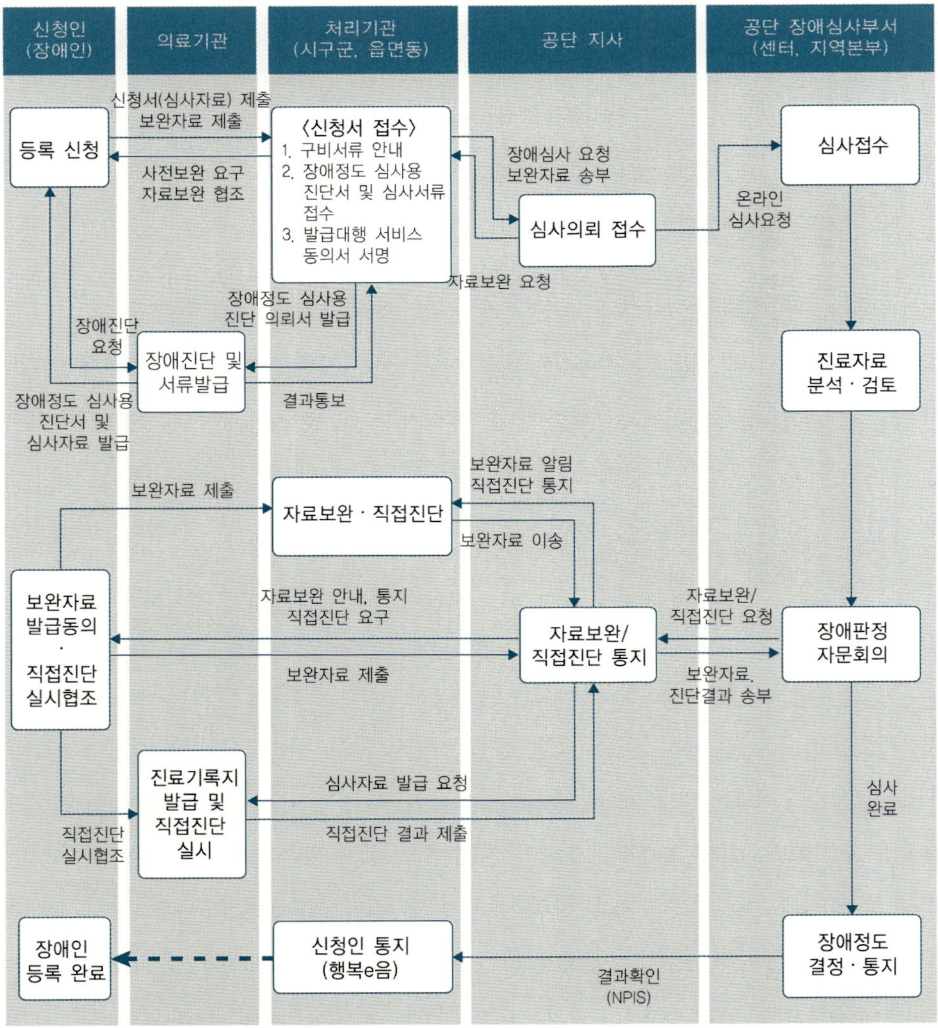


**그림 7-1 | 장애등록 및 장애정도심사 절차**

출처: 보건복지부 홈페이지.

### ② 서비스 유형별 전달체계

현행 장애인복지 전달체계는 서비스 유형에 따라 소득보장 전달체계와 고용 및 직업재활서비스 전달체계, 특수교육 전달체계 및 사회서비스 전달체계로 구분할 수 있다. 우선 소득보장 전달체계는 국민연금과 산업재해보상보험과 같은 사회보험형 장애급여 전달체계와 장애인연금, 장애수당, 장애아동수당 및 각종 추가비용지원 등 비기여형 장애급여 전달체계로 구분할 수 있다. 비기여형 장애급여 전달체계는 주로 보건복지부와 지자체를 통해 전달된다.

고용 및 직업재활서비스 전달체계는 고용노동부와 산하의 한국장애인고용공단 중심의 전달체계와 보건복지부 및 한국장애인개발원이 지자체를 통해 전달하는 중증장애인직업재활서비스 전달체계로 이원화되어 있다. 고용노동부 전달체계는 일반 고용지원서비스와 장애인 고용지원서비스의 통합, 고용지원서비스에 대한 전문성 면에서 장점이 있고, 보건복지부 전달체계는 지자체 수준에서 다양한 지역사회 재활서비스와 통합적, 연속적 전달에 장점이 있다.

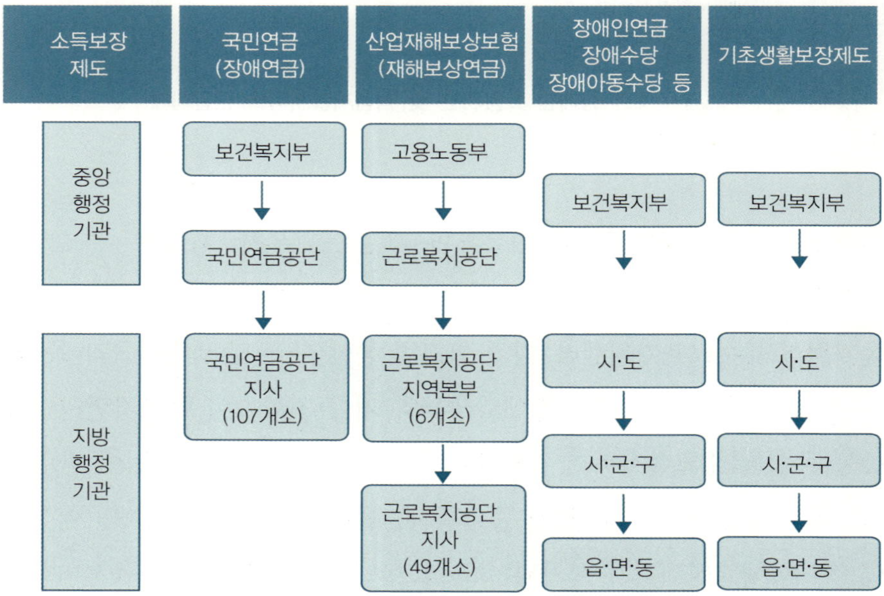


**그림 7-2 | 장애인 소득보장 전달체계 현황**

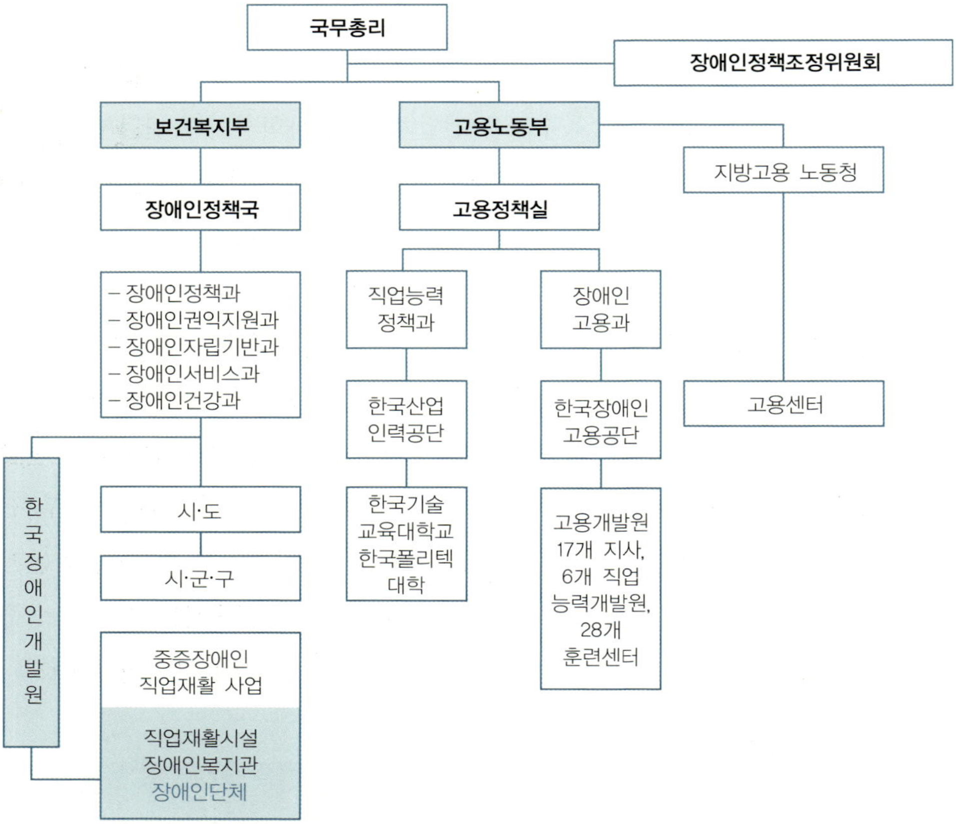


**그림 7-3 | 장애인 고용지원 및 직업재활서비스 전달체계**

출처: 한국장애인개발원(2011). 내부자료를 수정.

특수교육서비스 전달체계는 교육부와 시·도 교육청, 시·군·구 교육지원청, 각급학교 등으로 이어지는 일반 교육서비스 전달체계와 통합되어 있으며, 교육지원청 특수교육지원센터, 각급 학교별 통합 학급 및 특수학급과 특수학교로 구성되어 있다. 최근에는 장애학생들의 대학 진학률이 높아지면서 기존의 초중등 중심 특수교육서비스 전달체계가 고등교육에까지 확대됨에 따라 한국대학교육협의회 산하에 장애인고등교육지원센터와 장애학생이 10인 이상인 대학에 장애학생지원센터가 설치되어 운영되고 있다. 또한 평생교육서비스가 확대되면서 국립특수교육원 산하에 국가장애인평생교육진흥센터와 시군구 장애인평생교육시설이 설치되어 운영되고 있다.

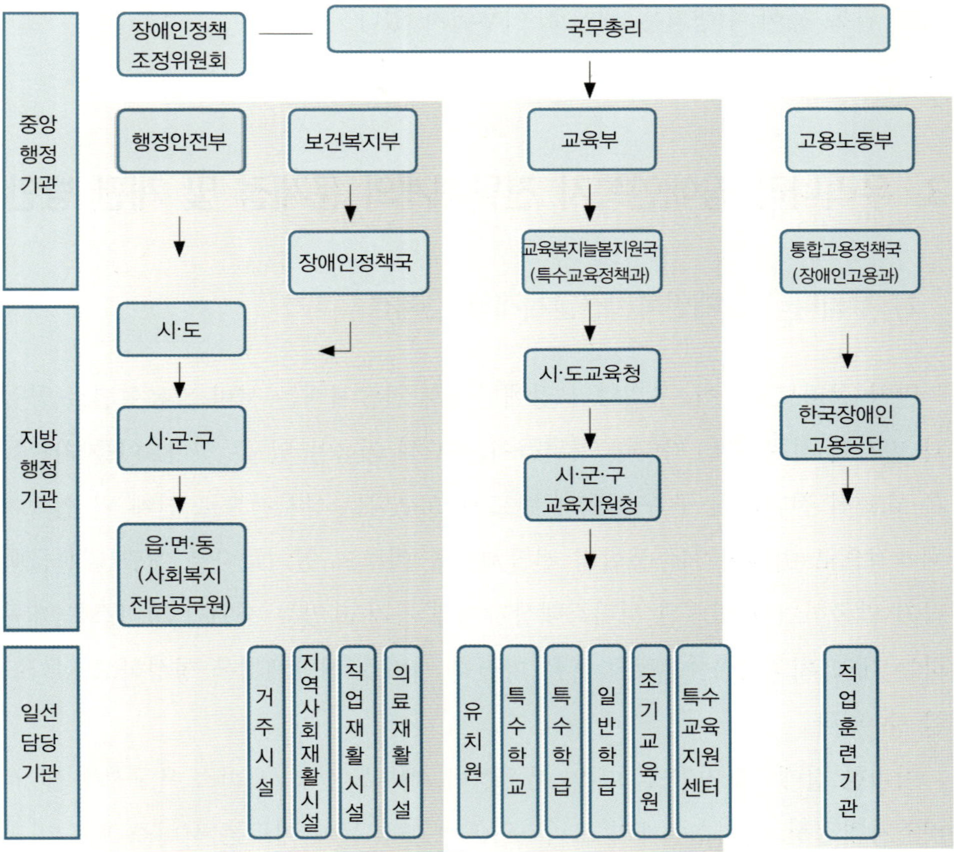


그림 7-4 | **장애인복지서비스 전달체계의 전체적 현황**

마지막으로 사회서비스 전달체계는 서비스 및 서비스 제공기관 유형에 따라 다르게 구성된다. 장애인복지시설 중 장애인거주시설은 보건복지부와 지방자치단체 및 개별 거주시설로 위계화된 전달체계로 구성되며, 장애인복지관, 주간보호시설, 수어통역센터 등의 장애인지역사회재활시설은 보건복지부의 가이드라인에 따라 지방자치단체가 재량권을 갖고 개별 시설을 지원하는 체계로 이루어져 있다. 그 밖에 장애인활동지원제도, 발달재활서비스, 발달장애인활동

서비스 등 장애인 개인에게 서비스 이용권(바우처)을 지급하는 사회서비스는 보건복지부와 지방자치단체를 거쳐 개별 서비스 제공기관으로 예산 지원 및 지도 감독 등이 수행되는 체계로 이루어져 있다.

## 3. 우리나라 장애인복지 전달체계의 문제점 및 개편 방안

### 1) 우리나라 장애인복지전달체계의 문제점

앞서 살펴보았듯이, 우리나라 장애인복지 전달체계는 서비스 유형별로 공공과 민간에 걸쳐 매우 다양한 기관들이 분포해 있음을 알 수 있다. 이들 기관들은 효율적 전달체계 구축을 위해 반드시 요구되는 상시적으로 연계 및 협력이 체계적으로 이루어지는 통합적 전달체계를 이루고 있기보다는 개별 기관들이 각기 발굴하거나 의뢰된 서비스대상자에게 가지고 있는 자원과 서비스를 제공하는 데 그치고 있는 분절적 혹은 파편적 서비스 전달체계를 형성하고 있다고 할 수 있다.

이러한 장애인복지전달체계의 분절성이 서비스 신청, 서비스 욕구사정 및 서비스자격결정, 서비스연계와 모니터링(사례관리) 등에 이르는 서비스 흐름의 과정에서 어떻게 나타나고 있는지를 살펴보면 다음과 같다.

#### (1) 서비스 신청

일부 현금급여(국민기초생활보장제도 생계급여, 기초연금, 장애인연금, 장애수당 등)를 제외하면 대부분의 복지서비스 신청은 책임 있는 정부기관이 아니라 개별적인 민간 사회복지 기관에서 이루어진다. 서비스의 대상과 내용에 따라 다양한 서비스 제공기관이 분포해 있어 이용자가 직접 서비스에 관한 정보를 수집 및 활용해야 하고, 서비스 신청을 위해 개별 기관으로 직접 방문해야 하는 불편이 따른다. 즉, 통합적인 서비스 신청접수창구가 마련되지 않아 서비스 신청이 용이하지 않다는 문제가 지적되고 있다. 서비스는 기본적으로 신청한 이용자에게 제공되는데 이용자의 정보 획득 능력이 서비스수급의 중요한 요인으로 작용함으로써 실제로 서비스 욕구는 훨씬 더 높으나 정보 획득 능력이 상대적으로 취약한 계층의 서비스 수혜율이 낮아지는 역진성이 발생하고 있다. 또한 특정 서비스 신청 시 이용 가능한 전체 복지서비스를 안내하는 시스템도 구축되어 있지 않으며, 추후적인 안내도 충분히 이루어지지 않으므로 서비스 욕구가 있더라도 적기에 서비스 신청이 이루어지지 않아 서비스 개입효과를 기대하기 어렵다는 것이다.

### (2) 서비스 욕구사정 및 자격 결정

시·군·구(읍·면·동)와 개별 서비스 제공기관은 각각 독립적으로 복지서비스 욕구를 사정하고, 서비스 자격을 결정하므로 욕구사정체계의 분산으로 인한 비효율성이 문제로 지적되고 있다. 복지서비스 욕구를 갖고 있는 이용자가 지역사회의 다양한 서비스를 이용하려면 이용자는 개별 서비스 기관을 다시 방문하여 욕구평가를 거쳐야 하며, 장애인연금, 장애수당 등의 현금급여나 장애인활동지원제도, 장애인거주시설 및 장애인이동지원 등 '장애인서비스지원종합조사'라는 표준적 욕구사정이 적용되는 일부 서비스를 제외한 대부분의 서비스에 대해서 욕구평가 및 서비스 자격결정의 실질적 권한이 해당 민간서비스 제공기관에 부여되는 문제의 개선도 시급한 것으로 지적되고 있다. 욕구를 사정하는 통일된 기준이 없는 상태에서 욕구사정을 일선 서비스 제공기관에 위임하는 것은 정부가 서비스 자격 결정에 관한 공적인 책임을 방기하는 것이며, 욕구평가의 전문성과 객관성을 훼손함으로써 이용자의 정당한 서비스 접근을 저해할 수 있기 때문이다.

한편 많은 경우 서비스 자격은 소득수준에 기초해 결정되며, 개별 서비스를 필요로 하는 이용자를 사정할 수 있는 표준화된 욕구평가도구나 욕구사정절차는 제대로 개발되어 있지 않아 욕구사정의 전문성이나 객관성 결여가 문제로 인식되고 있다. 이 같은 욕구사정체계의 문제는 서비스 제공 기관의 편의에 따라 서비스 대상자를 선정함으로써 결과적으로 전달체계의 원칙 중 하나인 형평성을 저해할 우려가 있으며, 동시에 부적절한 대상자에 대한 서비스 제공으로 이어져 자원의 낭비로 이어진다는 비판을 받고 있다.

### (3) 서비스 연계와 모니터링(통합사례관리)

복지서비스가 다양함에도 통합적인 사례관리를 담당할 공식적 기관이 마련되어 있지 않은 현실은 장애인복지 전달체계의 근본 문제로 지적된다. 즉, 공공 및 민간 기관으로부터 장애인복지서비스를 이용하는 이용자에 대한 통합적인 사례관리체계가 구축되어 있지 않아 공공과 민간 서비스 기관 사이의 서비스 연계와 조정이 잘 이루어지지 않으며, 복지서비스 자원의 분배도 통합적으로 이루어지기 어려운 현실이 문제로 인식되고 있다. 행복e음으로 불리는 사회보장정보시스템 도입 후 시·군·구 희망복지지원단 및 읍·면·동 맞춤형복지팀 등을 중심으로 일부 사례관리를 실시하고 있으나 전문성이 낮을 뿐만 아니라 기초보장 수급자 및 저소득층 중심으로 진행되어 상당수의 이용자가 배제되어 있다. 또한 민간 서비스기관으로의 연계와 모니터링도 충분히 이루어지고 있다기 보기 어렵다는 점에서 결국 통합적 사례관리체계의 미흡이라는 근본적인 문제는 해결되지 않았다고 할 수 있다.

이렇듯 사례관리시스템이 미흡한 현실은 자원 배분(예산 투입)의 효과성 파악을 어렵게 하여 기존 제도의 확충 및 신규 제도 도입을 위한 재정 당국 설득에 많은 어려움을 초래하고, 더불어 이용자의 환경 변화에 대응하는 서비스 조정 등의 개입을 어렵게 함으로써 궁극적으로 이용자의 서비스 만족도를 저하시키는 중요한 요인이 되고 있다.

더불어 통합적 욕구사정체계가 미비되어 있다는 점도 사례관리의 어려움을 가중시키는 요인이 되고 있다. 개인의 욕구에 대한 포괄적인 사정은 효율적인 전달체계 운영의 핵심적인 요소이라는 점을 고려할 때, 결국 현재와 같이 서비스 종류에 따라 분절적으로 구축되어 있는 현 욕구사정체계는 이용자 중심의 전달체계 구축을 지향하고자 할 때 반드시 극복되어야 하는 과제이다.

### 2) 장애인복지 전달체계 개편 방안

앞서 살펴본 바와 같이 우리나라의 현행 장애인복지 전달체계는 장애인의 다양한 서비스 욕구에 대한 통합적 사정체계가 결여되어 있으며, 서비스 사례관리시스템의 미흡으로 인한 비효율성이 발생하여 시급한 개선이 필요한 상태라고 할 수 있다. 지금까지는 이러한 문제점을 시정하는 방식으로 각 기관들이 각각의 장애 평가 목적과 형편에 맞추어 장애 평가 기준을 개별적으로 각기 개선하는 방식을 취하였고, 이에 따라 각 기관 간의 서비스 연계나 상호 간 정보공유는 단절될 수밖에 없었다. 또한, 장애인의 복지욕구에 대한 사정체계도 기관에 따라 단편적으로 운영되는 방식을 고수하였으므로, 장애인이 원하는 서비스가 무엇인지를 총괄적으로 파악하고 관리하는 체계와 시스템이 갖추어질 기반이 마련되지 못하고 있었다. 사례관리에 대한 관심이 최근에 증가하고 있기는 하나 장애인의 장애상태와 다양한 욕구를 파악하여 각 분야의 전문가가 참여하는 시스템으로 정착되는 것은 아직 요원해 보이는 것도 사실이다.

따라서 이러한 문제를 극복하기 위해서는, 장애 평가에 있어서 각 분야 전문가의 협조를 이끌어내고, 장애인에 대한 서비스 욕구 평가체계가 갖추어져야 한다. 아울러 이러한 장애 평가와 서비스 욕구 평가를 통한 서비스 제공이 유기적으로 연결되어야 한다. 이와 같은 업무를 시·군·구청장 등 지방정부의 책임으로 수행하는 것이 가장 바람직하지만, 지방정부의 인력, 예산 등의 여건상 필요업무를 충분히 수행하기를 기대하기는 어려운 실정이다.

이러한 관점에서 최근 주요 선진국들이 분산되어 있던 장애인복지 전달체계를 기능적으로 통합하거나 모든 서비스에 적용할 수 있는 단일 욕구사정체계를 구축하고자 전달체계를 재편하고 있는 상황(OECD, 2010)은 국내에 시사하는 바가 매우 크다.

이러한 주요 선진국의 장애인복지 전달체계 개편 경향을 파악하고자 장애인복지 영역을 크게 소득지원, 고용서비스, 사회서비스로 구분하여, 개별 국가별로 각 영역의 전달체계가 장애인을 포함한 모든 시민을 대상으로 한 전달체계(보편형)인지 아니면 장애인만을 대상으로 한 전달체계(특수형)인지, 또한 이러한 전달체계가 소득지원, 고용서비스 및 사회서비스 영역을 모두 포괄하는 전달체계(통합형)인지 아니면 개별 영역만을 다루는 전달체계(분리형)인지를 비교분석한 결과는 다음의 〈표 7-1〉과 같다.

**표 7-1 | 주요 선진국의 장애인복지전달체계에서의 서비스 통합**

| 구분 | 소득지원 | 고용서비스 | 사회서비스 | 유 형 | |
|---|---|---|---|---|---|
| | | | | 보편형 VS 특수형 | 통합형 VS 분리형 |
| 노르웨이 | NAV[1] (고용복지 서비스사무소) | NAV (고용복지 서비스사무소) | NAV (고용복지 서비스사무소) | 완전 보편형 | 완전 통합형 |
| 한국 | 시군구 | - 고용센터<br>- 시군구<br>- 한국장애인 고용공단 | 시군구 | 보편 우위형<br>- 소득지원 · 사회 서비스: 보편형<br>- 고용서비스: 특수형 | 통합 우위형<br>- 소득지원 · 사회 서비스: 통합형<br>- 고용서비스: 분리형 |
| 미국 | Social Security Administration Field office (사회보장 사무소) | Vocational Rehabilitation Agency (직업재활국) | Local Health and Human Services Offices (사회서비스국) | 보편 우위형<br>- 소득지원 · 사회 서비스: 보편형<br>- 고용서비스: 특수형 | 완전 분리형 |
| 프랑스 | MDPH[2] (지역장애인 사무소) | MDPH (지역장애인 사무소) | MDPH (지역장애인 사무소) | 완전 특수형 | 완전 통합형 |

1) Nye arbeids- og velferdsetaten의 약어임.

2) Maison départementale des personnes handicapées의 약어임.

분석 결과, 완전 보편형/완전 통합형(노르웨이), 보편 우위형/통합 우위형(한국), 보편 우위형/완전 분리형(미국), 완전 특수형/완전 통합형(프랑스) 등 네 개 유형이 도출되었다. 각 유형이 어떠한 특징을 보이는지 구체적으로 살펴보면, 노르웨이의 경우 장애인이 필요로 하는 모든 서비스가 전체 시민을 대상으로 한 통합적 전달체계(NAV)를 구축하고 있는 국가로서 주류화 접근을 대표하는 국가라고 할 수 있으며, 반면에 프랑스는 장애인이 필요로 하는 모든 서비스가 장애인만을 대상으로 한 통합적 전달체계(MDPH)를 구축하고 있는 국가로서 분리적 접근을 대표하는 국가라고 할 수 있다. 그리고 한국과 미국은 이들 양 극단의 사이에 위치한 국가로서, 양 국가는 생계 목적의 현금급여와 돌봄서비스 등은 전체 시민을 대상으로 보편적 전달체계에서 제공받고 취업 목적의 고용서비스는 장애인 대상의 독자적 전달체계를 이용하는 공통점을 갖고 있으나, 개별 전달체계가 포괄하는 서비스의 범위는 상이한 것으로 나타났다. 한국의 경우 소득지원과 사회서비스는 시군구에서 모두 주관하고 고용서비스는 시군구와 고용센터/한국장애인고용공단이 각각 운영하는 구조를 보이는 반면, 미국은 소득지원, 고용서비스 및 사회서비스가 모두 개별 기관에서 담당하는 구조를 지니고 있다.

개별 국가의 상황은 각국의 고유한 공공행정 및 사회정책적 전통에 따른 결과로서 무엇이 더 바람직하다고 단언할 수는 없을 것이다. 그러나 주로 소득과 연령 및 성별 등을 기준으로 서비스의 대상 여부를 판별하는 빈곤, 노인, 아동, 청년, 여성 대상의 복지와 달리 본질적으로 손상, 활동, 참여의 다차원적 평가를 기반으로 서비스의 대상과 필요도를 판별하는 장애인복지의 고유한 특징을 고려할 때, 장애인만을 대상으로 모든 서비스 영역의 전달체계를 통합한 전달체계를 구축하여 운영하고 있는 프랑스의 사례는 명확한 장점을 지니고 있다. 다양한 학문적 배경을 가진 전문인력들로 구성된 사정팀이 장애의 정도와 삶에 미치는 영향에 대한 종합적 평가를 토대로 필요한 서비스의 종류와 양을 결정하고, 활동에 제한이 있는 대부분의 장애인들이 개별 기관을 순회하며 유사한 평가 과정을 거치지 않도록 한 곳에서 평가함으로써 장애인의 불편을 최소화하고 있는 프랑스의 사례는 이용자 중심의 통합적 사례관리를 목표로 장애인복지전달체계 개편을 추진할 때 우리나라가 적극적으로 참조해야 할 하나의 전범이라고 할 수 있을 것이다.

## 4. 장애인복지서비스 제공인력

### 1) 장애인복지서비스 제공인력의 의미

장애인복지서비스 제공인력은 장애인이 사회의 일원으로 비장애인과 함께 생활하는데 있어서 불편함이 없도록 모든 영역에 걸쳐 장애인에게 전문적으로 서비스를 제공하고 지원해주는 인력으로 규정할 수 있다(이미정 외, 2010).

이러한 장애인복지서비스 제공인력에 대해서는 여러 가지 법률 및 문헌 등을 통해서 규정되고 있다. 여기에서는 장애인 관련 법률을 중심으로 사회복지사와 특수교사 외에 장애인복지서비스를 제공하는 다양한 전문인력에 대해서 제시하고자 한다.

### 2) 장애인복지서비스 제공인력의 종류

우리나라의 장애인복지서비스는 장애인복지법을 위시하여 다양한 장애인복지 관련 법률로 구성된 장애인복지 법률체계에 기반을 두고 제공되고 있다. 이 중 장애인복지법상 전문인력은 「장애인복지법」 제71조(장애인복지 전문인력 양성 등)와 「장애인복지법 시행규칙」 제55조(장애인복지전문인력의 범위)에서 '의지 · 보조기 기사', '언어재활사', '장애인재활상담사', '한국수어통역사', '점역 · 교정사'를 명시하고 있다. 이 중에서 의지 · 보조기 기사와 언어재활사, 장애인

재활상담사는 보건복지부장관이 발행하는 국가자격증이며, 한국수어통역사(수화통역사)는 한국농아인협회[3]에서, 점역교정사[4]는 한국시각장애인연합회에서 주관하는 국가공인 민간자격증이다.

이외에 산후조리도우미를 추가로 규정하고 있으며 법률에서 규정하고 있지는 않지만, 민간자격증의 일환으로 한국장애인복지학회에서 발급하고 있는 '발달장애인지원 전문가' 자격증이 있다. 또한 「장애인활동지원에 관한 법률, 이하 장애인활동법」 제27조(활동지원사)에서 '활동지원사'를 규정하고 있는데, 활동지원사는 요양보호사 등의 국가자격증과 달리 활동지원사교육기관에서 일정 교육과정을 수료하면 받을 수 있어 일종의 교육 수료증이라고 할 수 있다.[5]

그밖에 「장애인고용촉진 및 직업재활법(이하 장애인고용법)」에서는 중증장애인이 직무를 수행할 수 있도록 지원고용을 실시하는 직무지도원[6]과 중증장애인의 직업생활을 지원하는 사람으로 근로지원인[7]을 규정하고 있으며, 추가로 장애인직업재활상담원[8]을 규정하고 있다. 한편 법률에서 규정하고 있지는 않

---

3) 수화통역사와 유사한 자격증으로 문맹농인과 청인의 의사소통 상황에서 메시지를 전달하거나 의사소통을 촉진하는 역할을 하는 '청각장애인통역사'가 있다.

4) 점역·교정사는 점역사와 교정사가 하나로 합쳐져 있는 자격증이다. 쉽게 설명하면 점역사는 자료를 점자로 번역하고(만들고), 교정사는 번역된(만들어진) 점자가 맞는지 확인(검수)하는 일을 한다고 할 수 있다. 이에 비시각장애인은 주로 점역사, 시각장애인은 교정사로 나누어서 활동을 하게 된다.

5) 한편 요양보호사, 사회복지사, 간호사, 간호조무사 등의 국가자격증 소지자는 활동지원사 자격증이 없어도 활동지원인력으로 업무를 할 수 있다(장애인활동법 제27조 제1항).

6) 중증장애인지원고용은 3~7주(필요시 최대 6개월) 간 사업체 현장훈련을 거쳐 취업을 연계하는 프로그램으로 이 기간 동안 일하는 방법을 알려주고 사업체 적응을 돕기 위하여 직무지도원을 배치한다.

7) 근로지원인 서비스 제도는 업무에 필요한 핵심업무 수행능력을 보유하고 있으나 장애로 부수적인 업무를 수행하는 데 어려움을 겪고 있는 중증장애인 근로자가 근로지지원인의 도움을 받아 업무를 수행할 수 있도록 지원하는 제도를 의미하며, 활동지원인 서비스와 유사한 서비스라고 할 수 있다.

8) 상시 20인 이상의 장애인을 고용하는 사업주는 장애인근로자의 직장적응 및 직업생활 지원을 위하여 의무적으로 장애인직업재활상담원을 두도록 규정하고 있다(장애인고용법 제75조). 이에 한국장애인고용공단은 장애인직업재활상담원 양성교육을 실시하고 있다.

지만, 민간자격증의 일환으로 한국직업재활학회에서 발급하고 있는 '직업능력평가사' 자격증이 있다.

그리고 체육 분야에서는 장애유형에 따른 운동방법 등에 대한 지식을 갖추고 해당 자격종목에 대하여 장애인을 대상으로 전문체육이나 생활체육을 지도하는 사람으로 장애인스포츠지도사 자격을 운영하고 있다. 이는 「국민체육진흥법」에서 규정하고 있는 국가자격증으로 국민체육공단에서 국민체육진흥공단에서 필기시험을 주관하고 있다.

이와 같이 법률에 근거한 장애인복지서비스 제공인력 이외에도 장애인복지 관련 사업의 일환으로 서비스 제공인력을 별도로 명기하고 있는 경우도 있다. 보건복지부에서 사회서비스 전자바우처 사업의 일환으로 실시 중인 '발달재활서비스'의 경우 서비스의 내용을 '언어 · 청능(聽能), 미술 · 음악, 행동 · 놀이 · 심리, 감각 · 운동 등 발달재활 서비스'로 규정하고 있으며, 이에 각 서비스를 제공하는 발달재활서비스 제공인력[9]으로 국가자격증으로 규정된 언어재활(언어재활사) 외에도 청능재활, 미술심리재활, 음악재활, 놀이심리재활, 행동재활, 재활심리, 감각발달재활, 운동발달재활, 심리운동 등의 영역에서 발달재활서비스 자격관리위원회(한국장애인개발원 내)의 심의를 거쳐 자격을 부여하고 있다. 이상의 내용을 정리하면 다음과 같다.

---

9) '발달재활서비스 제공인력의 자격 및 인정 절차 기준(보건복지부고시 제2020-335)' 참조.

**표 7-2 | 법적 근거에 따른 장애인복지서비스 제공인력**

<table>
<tr><th>법적 근거</th><th colspan="2">장애인복지서비스 제공인력</th><th>구분</th></tr>
<tr><td rowspan="6">장애인복지법</td><td colspan="2">의지보조기 기사</td><td rowspan="3">국가자격증(보건복지부)</td></tr>
<tr><td colspan="2">언어재활사</td></tr>
<tr><td colspan="2">장애인재활상담사</td></tr>
<tr><td colspan="2">한국수어통역사</td><td>국가공인 민간자격증(한국농아인협회)</td></tr>
<tr><td colspan="2">점역 · 교정사</td><td>국가공인 민간자격증<br>(한국시각장애인연합회)</td></tr>
<tr><td colspan="2">산후조리도우미</td><td>자격증 없음</td></tr>
<tr><td>장애인활동지원에 관한 법률</td><td colspan="2">활동지원사</td><td>교육수료증</td></tr>
<tr><td rowspan="3">장애인고용촉진 및 직업재활법</td><td colspan="2">직무지도원</td><td rowspan="2">별도 자격증 없음</td></tr>
<tr><td colspan="2">근로지원인</td></tr>
<tr><td colspan="2">장애인직업재활상담원</td><td>한국장애인고용공단 양성교육과정 운영</td></tr>
<tr><td>국민체육진흥법</td><td colspan="2">장애인스포츠지도사</td><td>국가자격증(국민체육진흥공단)</td></tr>
<tr><td rowspan="11">기타</td><td rowspan="9">발달재활 서비스 제공인력</td><td>청능재활</td><td rowspan="9">한국장애인개발원<br>(발달재활서비스 자격관리위원회 심의 후 자격부여)</td></tr>
<tr><td>미술심리재활</td></tr>
<tr><td>음악재활</td></tr>
<tr><td>놀이심리재활</td></tr>
<tr><td>행동재활</td></tr>
<tr><td>재활심리</td></tr>
<tr><td>감각발달재활</td></tr>
<tr><td>운동발달재활</td></tr>
<tr><td>심리운동</td></tr>
<tr><td colspan="2">발달장애인지원전문가</td><td>민간자격증(한국장애인복지학회)</td></tr>
<tr><td colspan="2">직업능력평가사</td><td>민간자격증(한국직업재활학회)</td></tr>
</table>

## 생각해보기

1. 장애인정책을 담당하는 부처 간 협력 및 조정 업무를 수행하는 장애인정책조정위원회의 역할과 기능이 형식적인 수준에 그치고 있다는 비판을 받는 이유는 무엇이며, 바람직한 대안은 무엇인가?
2. 서비스 공급주체와 재원흐름 측면에서 우리나라 장애인복지 전달체계의 특징은 무엇인가?
3. 최근 장애인복지서비스에 대한 원스톱센터(one-stop shop)로서 '(가칭)장애인서비스센터'의 설치가 필요하다는 주장이 공감을 얻고 있다. 이러한 주장의 배경은 무엇인가?
4. 장애인복지 인력이 더 질 높은 서비스를 제공하기 위한 과제는 무엇인가?

08 Chapter

# 장애와 소득보장

**주요 학습문제**

- 장애인은 왜 빈곤한가?
- 장애가 초래하는 경제적 어려움에 대하여 국가와 사회는 어떻게 대응하고 있는가?
- 우리나라 장애인가구의 경제상태는 어떠한가?
- 우리나라에서는 어떠한 장애 소득보장제도를 운용하고 있는가?
- 우리나라 장애 소득보장제도의 바람직한 개선 방향은 무엇인가?

## 1. 장애인의 빈곤 원인

장애인가구는 왜 비장애인가구보다 빈곤하거나 또는 경제적으로 열악할 확률이 높을까? 장애인가구가 비장애인가구에 비해 빈곤율이 높고 소득이 낮다는 것은 유수한 국내외 선행연구를 통해 실증적으로 입증되어 왔다.

장애인가구가 비장애인가구에 비해 상대적으로 빈곤할 수밖에 없는 이유는 두 가지 요인이 복합적으로 작용하기 때문이다. 첫 번째 요인은 장애인가구가 비장애인가구에 비해 생활비가 더 많이 든다는 점이고, 두 번째 요인은 장애인가구의 소득이 비장애인가구의 그것에 비해 낮다는 점이다. 즉, 비장애인가구에 비해 지출은 많고 소득은 적으니 상대적으로 빈곤할 수밖에 없는 것이다.

장애인가구의 소득 수준이 낮은 것은 가구원의 개인 소득이 낮기 때문이다.

장애를 가진 가구원의 경우 장애에서 비롯된 낮은 교육수준, 직업능력의 부족으로 상징되는 인적자본의 취약성과 함께 사회 전반의 장애에 대한 부정적인 인식에서 발생하는 장애인에 대한 차별로 인해 취업의 기회를 얻지 못하거나 취업 중에 있더라도 주로 저임금직종에 종사하는 관계로 소득이 낮을 수밖에 없다. 그리고 비장애 가구원의 경우에는 장애인에 대한 보호 수발로 인해 취업을 하기 어렵거나 취업 중에 있더라도 임시직 등 질 낮은 일자리에 종사하는 비율이 높아 역시 소득이 낮을 수밖에 없다. 한편 장애인의 생활비가 비장애인에 비해 더 많이 드는 것은 장애인의 경우에 의료비, 교육비, 보조기구 구입비, 교통비 등의 영역에서 장애로 인한 추가지출 비용이 발생하기 때문이다.

결국 장애는 추가비용이라는 새로운 지출 요인을 발생시킬 뿐만 아니라 소득 감소까지 유발시켜 마침내 장애를 가진 개인을 빈곤 상태에 이르게 한다는 점에서 '장애는 빈곤의 절친한 친구(disability as a close companion of poverty)'라고 할 수 있다.

## 2. 장애 소득보장체계의 개념

현대 사회에서 장애는 실업, 퇴직, 질병, 가구주의 사망 등과 더불어 소득 상실을 유발하는 대표적인 사회적 위험(social risk)으로 간주되고 있다. 사회보험, 사회수당, 사회부조 등 다양한 정책수단의 조합에 의해 장애인에게 제공되는 '장애급여(disability benefit)'의 제공과 관련하여, 대부분의 국가에서는 장애로 인한 소득 상실을 보전하기 위한 급여(소득보전 급여)와 장애로 인한 추가비용[1] 지출을 보전하기 위한 급여(추가비용 급여)를 장애급여의 두 축으로 삼고 제도

1) 장애로 인한 추가비용은 장애인이 아닌 경우 지출하지 않아도 되지만, 장애인이기 때문에 지출하는 비용을 의미한다.

를 운용하고 있다.

장애급여를 구성하는 이들 두 급여가 어떻게 다른지를 살펴보면, 소득보전급여란 장애인이 장애로 인해 근로능력 또는 소득활동 능력에 심각한 손상을 입어 더 이상 일을 할 수 없어 소득이 단절되는 상황에 있는 장애인과 그 가족이 기본적인 생활을 영위할 수 있도록 하기 위한 각종의 급여를 의미하며, 추가비용급여는 장애인이 무상의 혹은 비용의 일부 부담을 요하는 각종의 서비스를 제공받고도 완전히 충족되지 않은 욕구를 충족하고자 장애인이 추가적으로 지출하는 비용을 보전함으로써 장애인이 비장애인과 동등한 수준의 삶의 질을 영위할 수 있도록 하기 위한 각종의 급여를 의미한다.

**표 8-1 | 장애급여의 구성 요소**

| 유형 | | 보장의 제측면 | 급여종류 | 특성 |
|---|---|---|---|---|
| 소득보전 급여 | 기본급여 | 장애인 개인 소득보전 | 기초급여(정액급여), 소득비례급여 | 장애정도에 따라 차등 |
| | 부가급여 | 부양가족 부양 지원 | 아동부양수당, 성인부양수당 등 | 부양가족 · 결혼 상태에 따라 차등 |
| 추가비용 급여 | | 장애인의 추가비용보전 | 이동수당, 간병수당, 장애아동부양 수당, 중증장애수당 등 | 장애인 개인의 특성에 따라 차등 |

출처: Dixon & Hyde(2000). A Global Perspective on Social Security Programmes for the Disabled People. Disability & Society, 15(5).

현대 복지국가에서는 이러한 소득보전급여와 추가비용급여를 어떻게 운용하고 있는지를 살펴보면 다음과 같다.

## 1) 소득보전급여

근로능력(소득활동능력) 제약으로 인한 소득단절에 대응하는 소득보전급여는 1차 안전망 역할을 하는 급여와 1차 안전망의 사각지대에 있는 장애인을 대상으로 운용되는 2차 안전망 급여가 상호 간에 역할분담하는 위계적 체계(hierarchical system)로 운영된다. 1차 안전망 급여로서 대부분의 국가들이 채택하고 있는 방식은 보험료 납부에 기반한 사회보험이며, 일부 국가들이 보험료 납부라는 기여조건을 필요로 하지 않는 사회수당과 사회부조를 2차적 전략으로 활용하고 있다(Dixon & Hyde, 2000). 여기에서 보험료 납부에 기반한 사회보험급여란 구체적으로 공적연금의 장애연금(disability pension)을 의미한다. 그러나 개인이 근로활동을 하고 그 결과로서 발생하는 소득의 일정 비율을 공적연금의 보험료로 납부한 경우에만 장애연금을 지급받을 수 있도록 하고 있는 전통적인 사회보험 운영 방식하에서는 선천적 장애인이나 근로활동 가능 연령대 이전에 장애가 발생한 장애인 등은 장애연금의 사각지대로 존재할 수밖에 없다. 따라서 이들 장애연금의 사각지대에 있는 장애인의 최저 생활 보장을 위한 별도의 소득보전급여가 필요할 수밖에 없는데, 이러한 2차 안전망 소득보전급여는 일반적으로 소득과 재산 조사를 실시하여 일정 수준 이하에 해당하는 장애인에게 조세를 재원으로 한 사회부조의 형태로 지급되며, 이를 기초장애연금(basic disability pension) 또는 장애인부조(social assistance for the disabled)라고 부른다.

### 2) 추가비용급여

장애 추가비용급여는 특정 인구학적 범주(노인, 아동, 장애인 등)에 속한 계층이면 누구나 가지게 되는 특별한 욕구 즉, 추가적인 생활비 지출에 대응하기 위한 보편적 소득보장제도라고 할 수 있는 사회수당(데모그란트)의 한 유형이라고 할 수 있다. 노인을 대상으로 지급되는 사회수당이 주로 노인의 장기요양(간병)욕구로 인한 추가적인 지출을 보전하기 위한 것이라면, 아동을 대상으로 지급되는 사회수당은 아동의 양육이라고 추가적인 지출 요인에 대응하는 성격을 지니고 있다. 반면에 장애인을 대상으로 지급되는 사회수당은 장애로 인한 이동, 돌봄, 치료, 교육, 보조기기 구입 및 유지 등 다양한 생활영역에서 발생하는 추가적인 지출을 보전하는 것을 목적으로 하는 특별한 급여이다.

현대 복지국가에서 운용하는 추가비용급여의 특징을 살펴보면, 수급 조건에 있어서는 소득과 재산조사를 거쳐 지급하는 사회부조 방식의 추가비용급여가 일반적이긴 하나 영국 등과 같이 소득과 재산조사를 실시하지 않고 지급하는 사회수당 방식의 추가비용 급여도 존재하고 있다. 또한 추가비용급여가 보전하고자 하는 추가비용 발생 영역은 돌봄과 이동이 제일 많았으며, 지급 대상의 연령을 구분하여 성인 장애인과 장애아동을 구분하여 각각 별도의 추가비용급여를 운영하는 형태가 많았다.

## 3. 우리나라 장애인가구의 경제 상태

여기에서는 우리나라 장애인이 경험하고 있는 경제적 어려움이 구체적으로 어떻게 나타나고 있는지를 2023년 장애인실태조사 결과를 중심으로 살펴보고자 한다.

먼저 장애인 중 자신의 주관적 경제적 계층을 살펴보면, '중하'가 46.0%, '하'가 41.1%로 낮게 인식하는 비율이 높았다. 반면에 장애인이 경제적 계층을 '상' 또는 '중상'으로 인식하는 경우는 13.0%로 전체 인구 26.3%에 비해 절반 에 불과하였다.

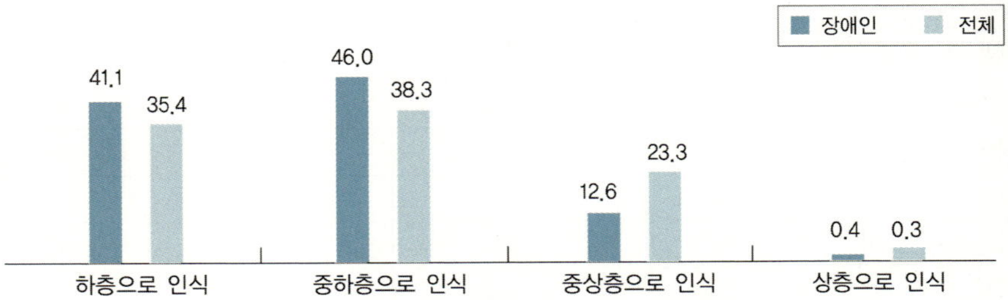


**그림 8-1 | 장애인 및 전체인구의 주관적 소속 계층**

출처: 보건복지부(2024. 4. 30.). 2023년 장애인실태조사 결과 발표 보도자료.

이어서 2023년 장애인가구의 월평균 소득은 3,058천 원으로 전국 월평균 가구소득(2023년 기준 4,834천 원)의 63.3%에 불과하였으며, 장애인가구의 월평균 지출액은 2,426천 원으로 전국 월평균 가구 지출(2023년 기준 3,625천 원)의 66.9% 수준으로 나타났다. 한편, 장애로 인한 평균 추가 소요비용은 월 170.0천 원으로 2020년의 152.6천 원에 비해 증가하였으며, 추가비용 영역에서는 의료비(57.8천 원) 지출이 가장 많았으며, 이어서 보호·간병비(28.2천 원), 교통비(24.1천 원)의 순으로 나타났다.

**표 8-2 | 장애인가구의 월평균 소득액과 지출액** (단위: 천 원)

| 구분 | 2014년도 | | 2017년도 | | 2020년도 | | 2023년도 | |
|---|---|---|---|---|---|---|---|---|
| | 장애인 가구 | 전국 가구 | 장애인 가구 | 전국 가구 | 장애인 가구 | 전국 가구 | 장애인 가구 | 전국 가구 |
| 가구소득액 (전국가구 대비율) | 2,235 | 3,609 (61.9%) | 2,421 | 3,635 (66.6%) | 2,536 | 4,285 (59.2%) | 3,058 | 4,834 (63.3%) |
| 가구지출액 (전국가구 대비율) | 1,706 | 2,822 (60.5%) | 1,908 | 2,761 (69.1%) | 1,895 | 3,288 (57.6%) | 2,426 | 3,625 (66.9%) |

출처: 보건복지부(2024. 4. 30.). 2023년 장애인실태조사 결과 발표 보도자료.

**표 8-3 | 장애로 인한 추가 소요비용(월평균)** (단위: 천 원)

| 구분 | 2017년 | 2020년 | 2023년 |
|---|---|---|---|
| 월평균 총 추가비용 | 165.1 | 152.6 | 170.0 |
| 교통비 | 20.5 | 25.7 | 24.1 |
| 의료비 | 65.9 | 58.5 | 57.8 |
| 보육 · 교육비 | 8.0 | 7.5 | 10.4 |
| 보호 · 간병비 | 20.6 | 21.9 | 28.2 |
| 재활기관이용료 | 4.8 | 2.6 | 4.8 |
| 통신비 | 9.8 | 11.8 | 0.2 |
| 장애인보조기기 구입 · 유지비 | 7.2 | 15.3 | 8.8 |
| 부모사후 및 노후대비비 | 22.9 | 5.5 | 18.5 |
| 장애관련 식비 | - | - | 10.7 |
| 기타 | 5.4 | 3.8 | 6.4 |

주: 2023년 - 장애 관련 식비를 별도 항목으로 조사(2020년까지 '기타'에 포함)
출처: 보건복지부(2024. 4. 30.). 2023년 장애인실태조사 결과 발표 보도자료.

이렇듯 비장애인가구에 비해 현저하게 소득이 낮은 상태에서 장애로 인한 추가비용까지 지출하고 있는 상황은 결국 장애인이 비장애인에 비해 높은 빈곤율을 유지하게 하는 근본적인 요인이 되고 있다. 2023년 기준 전체 장애인 중 절대빈곤층이라고 할 수 있는 국민기초생활보장 생계급여 수급자 비율은 20.8%로서, 이는 2022년 말 기준 전체 인구의 국민기초생활보장 수급자 비율인 4.8%보다 무려 4.3배 높은 수준이다.

결과적으로 장애인들이 현재 경험하고 있는 경제적 어려움은 사회나 국가에 대한 요구 사항에서도 나타나는데, 장애인들이 첫 번째 요구로 꼽은 것은 소득보장으로 전체의 43.9%가 희망하였으며, 이어서 의료보장(26.9%), 고용보장(7.9%), 주거보장(6.5%)의 순으로 나타났다. 의료보장에 대한 욕구의 주 내용이 장애의 지속적 관리 및 유지를 위해 수준 높은 의료서비스를 저렴한 비용으로 이용하고 싶어 하는 욕구라는 점에서 사실 의료보장의 욕구는 소득보장 욕구의 한 범주 혹은 또 다른 표현으로 간주해도 무방하다고 판단되며, 주거보장과 고용보장 역시 소득보장과 함께 장애인의 경제적 자립 및 지원을 목적으로 하는 제도라는 점에서 소득보장의 또 다른 요소라고 볼 수 있다.

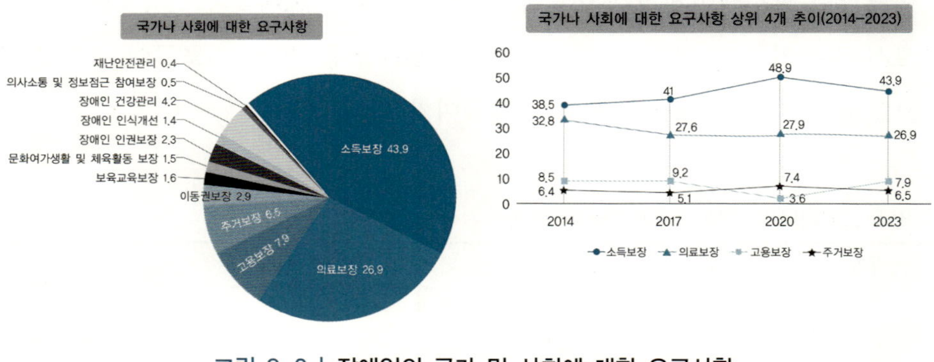


**그림 8-2 | 장애인의 국가 및 사회에 대한 요구사항**

출처: 보건복지부(2021. 4. 21.). 2020년 장애인실태조사 결과 발표 보도자료.

## 4. 우리나라 장애 소득보장제도 현황과 문제점

이렇듯 많은 경제적 어려움을 겪고 있는 장애인을 지원하기 위한 소득보장 제도로서 우리나라는 1988년 국민연금(장애연금) 도입 이후, 1990년 장애수당 도입, 2002년 장애아동수당 도입, 2010년 장애인연금 도입에 이르기까지 지속적으로 장애급여를 확충해 왔으며, 형식적으로는 주요 선진국과 마찬가지로 다층의 소득보전급여체계와 추가비용급여체계를 구축하여 운용하고 있다고 할 수 있다.

**표 8-4 | 우리나라 장애 소득보장체계 현황**

| 구 분 | 소득보전급여 | 추가비용급여 | 목적 |
|---|---|---|---|
| 공적연금 | 장애연금 | - | 소득활동 중 발생한 장애로 인한 소득중단(소득감소)에 대한 보상 |
| 범주형 사회부조 | 장애인연금 (기초급여) | 장애인연금 (부가급여) 장애수당/장애아동수당 | 소득활동 이전에 장애가 발생한 자에 대한 소득지원 및 추가비용 보전 |
| 일반 사회부조 | 국민기초생활보장 제도(생계급여 등) | | 최저생활보장 |

먼저 소득보전급여체계가 어떻게 구성되어 있는지를 살펴보면, 1차 안전망으로서 장애연금(국민연금), 2차 안전망으로서 장애인연금 기초급여, 3차 안전망으로서 국민기초생활보장제도 생계급여가 있다.

**표 8-5 | 우리나라 장애 소득보전급여 체계**

| 구분 | 유형 | 제도명 및 내용 |
|---|---|---|
| 1차 안전망 | 사회보험 | • 장애연금(국민연금)<br>- 가입 후 발생한 질병 혹은 부상이 치료 후에도 신체 또는 정신적 장애가 있는 자로서 국민연금법상 장애등급이 1~4급인 자(단, 4급인 경우에는 장애일시보상금 지급)<br>- 평균 장애연금 지급액 505천 원(2023년 말 기준) |

| 구분 | 유형 | 제도명 및 내용 |
|---|---|---|
| 2차 안전망 | 범주형<br>사회부조 | • 장애인연금(기초급여)<br>- 18~64세의 장애인연금법상 중증장애인으로서 소득하위 70%이하인 자<br>- 최고 334,810원(2024년 기준)<br>※ 장애인연금(기초급여) 수급자가 65세가 되면 기초연금 수급자로 변경됨. |
| 3차 안전망 | 일반 사회부조 | • 국민기초생활보장제도(생계급여)<br>- 소득인정액이 생계급여 기준선 이하(기준 중위소득 30% 이하인 자)인 전체 국민 대상의 보편적 사회부조로서, 장애인가구에 대한 별도의 생계급여 기준 없음 |

한편 추가비용급여체계는 성인 중증장애인을 대상으로 한 장애인연금 부가급여, 성인 경증장애인을 대상으로 한 장애수당, 그리고 장애아동을 대상으로 한 장애아동수당으로 이루어져있다.

**표 8-6 | 우리나라 장애 추가비용급여 체계**

| 구분 | 유형 | 제도명 및 내용 |
|---|---|---|
| 성인 | 사회부조 | • 장애인연금(부가급여)<br>- 만 18세 이상으로서 장애인연금법상 중증장애인으로서 소득하위 70% 이하인 자<br>- 국민기초생활보장 수급자 9만 원, 차상위계층 8만 원, 차상위 초과자 3만 원(2024년 기준) |
| 성인 | 사회부조 | • 장애수당<br>- 만 18세 이상으로서 국민기초생활보장 수급자 및 차상위계층이면서 장애정도가 심하지 않은 자<br>- 최고 6만 원(2024년 기준) |
| 아동 | 사회부조 | • 장애아동수당<br>- 국민기초생활보장 수급자 및 차상위계층이면서 만 18세 미만인 장애 아동<br>- 최고 월 22만 원(2024년 기준) |

이렇듯 다양한 장애 소득보장제도를 운용하고 있지만 장애인가구의 소득이 전체 가구의 2/3에 불과하고 절대빈곤층 비율은 전체 국민의 4.3배에 이를 만큼 열악한 장애인가구의 경제 상태는 쉽게 개선이 되지 않고 있다. 이는 현재 실시되고 있는 장애 소득보장제도의 효과가 크지 않다는 것을 말해 주는 것이

라고 할 수 있다.

구체적으로 우리나라의 장애 소득보장제도가 지니고 있는 문제점을 꼽아보자면, 우선 장애급여를 필요로 하는 장애인에 비해 현재 장애급여를 지급받고 있는 장애인비율, 즉 장애급여 수급률이 낮다는 점을 들 수 있다. 이를 입증하는 실례로서, 2016년 기준, 주요 OECD 국가의 평균 장애급여 수급률은 6.0%인데 비해 우리나라의 장애급여 수급률은 1.8%에 불과하였다. 또한 장애급여 지급액이 장애인의 욕구를 충족하는 데 역부족이라는, 즉 지급액이 낮다는 점 역시 주요한 문제점이라고 할 수 있다. 마지막으로 장애급여 대상자 선정 기준이 합리적이지 않다는 점, 특히 장애로 인해 소득활동을 하기 어려운 장애인의 최저생활보장을 위해 지급되는 소득보전급여(장애연금과 장애인연금 기초급여)의 대상자 선정이 의학적 손상 위주의 평가만으로 이루어지고 있다는 점은 시급히 개선되어야 할 문제라고 할 수 있다.

지금까지 언급한 우리나라 장애 소득보장제도의 문제점을 보다 입체적으로 이해하기 위해 현 제도 중에서 수급자 수가 가장 많고 소요 예산도 가장 큰 장애인연금 기초급여가 국제 비교적 관점에서 어느 정도 수준인지를 비교해 보고자 한다. 이를 위해 우리나라의 장애인연금과 유사한 성격을 가지고 있는 8개 OECD 회원국의 장애인연금을 비교 분석하였다.

우선 지급 대상 기준으로서 장애 요건의 비교 결과를 살펴보면, 노르웨이, 네덜란드, 스웨덴, 핀란드, 덴마크, 아일랜드 등 6개국이 장애로 인해 근로능력을 상실했거나 심각한 손상을 입어 정상적인 소득활동이 어려운 상태를 비기여 연금을 수급할 수 있는 장애 요건으로 설정한 반면에, 이탈리아, 일본 및 우리나라는 의학적 손상 중심의 장애등급(장애율)에 의한 중증장애를 장애 요건으로 설정하였음을 알 수 있다. 장애인연금이 장애가 초래하는 근로능력 손상으로 인한 소득활동의 어려움 혹은 고용기회의 배제에서 비롯된 경제적 비보장에 대응하여 현금급여 지급을 통해 장애인과 그 가족의 최저생활을 보장하기 위한 목적의 소득보전급여임을 고려할 때, 수급요건으로서 장애평가의 핵심 요소는 개인의 의학적 손상이 근로능력(소득활동능력)을 어느 정도 손상시켰는지를 확인하는 것이어야 한다. 따라서 근로능력 상실 정도에 대한 객관적 평가가 고려되지 않은 채 단순한 의학적 손상 수준에 근거하여 비기여 연금 지급 여부를 결정하고 있는 이탈리아, 일본 및 우리나라는 다른 국가와 비교할 때 정책 효과성이 낮을 수밖에 없다.

자산조사를 어떻게 하는지를 살펴보면, 노르웨이와 네덜란드는 자산조사를 실시하지 않고 있으며, 덴마크와 이탈리아는 장애인 개인의 소득만을 조사하고 있다. 한편 일본은 장애인과 배우자의 소득만을 조사하고 있으며, 아일랜드와 우리나라는 장애인과 배우자의 소득 및 재산을 모두 조사함으로써 비교 국가들 중에서 가장 엄격한 자산조사 방식을 시행하고 있음을 확인하였다.

가장 정책적 관심이 높은 급여 수준의 경우, 금액상으로는 이탈리아와 우리나라를 제외한 7개 국가 모두 월 100만 원을 상회하였는데, 가장 지급액이 높은 국가는 덴마크로서 월 3,337천 원이었으며, 가장 낮은 국가는 우리나라로서 월 200천 원(2014년 7월 기준)이었다. 9개 국가의 비기여 연금 지급 수준을 좀 더 객관적으로 비교하기 위해 월 지급액을 해당 국가의 평균소득으로 나누어 본 결과, 우리나라를 제외한 모든 국가에서 장애인연금의 평균소득 대비 비중이 10%를 초과하였고 평균은 23.6%에 이르렀다. 평균소득 대비 비중이 가장 높은 국가는 덴마크로서 무려 50.8%에 달하였으며, 이어서 네덜란드 25.8%, 아일랜드 24.0%, 핀란드 20.0%, 일본 19.8% 등의 순이었다. 우리나라의 경우에는 평균소득 대비 비중이 6.3%로서 주요 선진국과의 격차가 현격하였다(윤상용, 2013).

표 8-7 | 주요 선진국의 장애인연금 비교

| 구분 | | 노르웨이 | 네덜란드 | 스웨덴 | 핀란드 |
|---|---|---|---|---|---|
| 제도명 | | Grunnpensjon (ufør repensjon) | Wet arbeidsongesc hiktheidsvoorziening jonggehandicapten (Wajong) | Grantiersättning (sjuk-och aktivitetsersättning) | Työkyvyttömyyseläke |
| 장애 기준 | | 근로능력손상 50% 이상 | 17세 전에 발생한 장애로 25% 이상의 근로능력 손상 | 최소 25% 이상 근로 능력손상 | 적합 직종에서의 영구적 근로무능력 |
| 자산 조사 | 종류 | 안 함 | 안 함 | 기여연금소득 (장애인) | 기여연금소득 (장애인) |
| | 범위 | | | | |
| 급여 수준[1] | 지급액 | 6,601크로나 (1,292천원 | 1,446.60유로 (2,109천 원) | 983유로 (1,433천 원) | 608.63유로 (887천 원) |
| | 평균 소득 대비 | 18.0% | 25.8% | 16.9% | 20.0% |
| 재원 | | 조세+연기금 | 조세 | 조세 | 조세 |

| 구분 | | 덴마크 | 아일랜드 | 이탈리아 | 일본 | 한국 |
|---|---|---|---|---|---|---|
| 장애 기준 | | 어떤 종류의 유급고용에 종사할 수 없을 만큼 영구적인 근로능력상실 | 적합 직종에서의 근로불가능 (등록시각 장애인) | 최소 74% 이상의 장애율 | 20세 전 장애발생자로서 1, 2급 | 1, 2급 및 3급 중복 |
| 자산 조사 | 종류 | 소득 (장애인) | 소득+재산 (장애인, 배우자) | 소득 (장애인) | 소득 (장애인, 배우자) | 소득+재산 (장애인, 배우자) |
| | 범위 | | | | | |
| 급여 수준[1] | 지급액 | 17,075크로나 (3,337천 원) | 752유로 (1,096천 원) | 278.1유로 (405천 원) | 88천엔 (1,052천 원) | 200천 원 |
| | 평균 소득 대비 | 50.8% | 24.0% | 13.5% | 19.8% | 6.3% |
| 재원 | | 조세 | 조세 | 조세+연기금 | 연기금 | 조세 |

1) 급여수준은 2012년 1월 1인 가구 기준 기본급여 월 최고액이며(단, 한국은 2014년 7월 기준임), 평균 소득대비 비중은 2007년 추정치임(출처: EU, MISSOC).

2) OECD, Pensions at a Glance 2011.

3) 네이버 환율정보(2012. 01. 02. 17:49 63 회차 외환은행 고시기준 매매기준율 적용)

# 5. 장애 소득보장체계 발전 방안

우선적으로 기존 소득보장제도를 강화하는 것을 목표로 장애 소득보장의 예산 비중을 지속적으로 제고하는 노력이 필요하다. OECD 회원국과 비교할 때 우리나라는 전체 장애인복지예산에서 현금급여가 차지하는 비중이 적으며, 이는 OECD 회원국 중에서 두 번째로 높은 장애인 빈곤율을 유지하게 하는 주된 요인으로 작용하고 있다(OECD, 2010). 따라서 이러한 현실을 고려하여 현재의 장애 소득보장체계의 틀을 유지하면서 장애연금, 장애인연금 및 장애수당 등 개별 장애 급여의 확대를 내용으로 하는 단기적 발전 방안을 추진할 필요가 있다. 더불어 장기적인 관점에서 소득보장제도의 효율성을 추구하기 위해 현재의 장애 소득보장체계를 주요 선진 외국과 같이 소득보전급여 체계 중심으로 재편하고 보호수당과 장애인 자산형성지원제도와 같은 새로운 장애 급여를 도입하며 고용서비스와의 연계가 가능하도록 하는 개혁적인 조치들이 이루어져야 할 것이다. 이러한 개편의 기본 방향에 따른 구체적인 추진 과제는 다음과 같다.

## 1) 국민연금의 역할 확대 및 급여 수준 제고

국민연금은 장애가 초래하는 경제적 비보장에 대한 1차의 사회안전망이라고 할 수 있으나, 장애인 중 국민연금에 가입한 비율이 33.3%(2020년 말 기준)에 불과하고 장애연금 수급자가 7만 5천 명에 불과한 점 등으로 미루어 볼 때, 국민연금이 장애에 대한 실질적이고 유효한 소득보장제도가 되기 위해서는 다양한 제도 개선을 수반하는 국민연금의 역할 확대가 무엇보다 중요하다.

첫째, 중증장애인에 대한 사회보험료 지원을 통해 국민연금 가입률을 제고해야 할 것이다. 독일의 경우 중증장애인의 재활과 취업기회를 제공하기 위해 운영되는 공인작업장에서 근로하는 중증장애인의 연금보험료 등 사회보험료는 모두 국고에서 부담하고 있다는 점을 고려할 필요가 있다(우해봉 외, 2010). 최근 도입된 영세 사업장근로자에 대한 국민연금 및 고용보험 보험료 지원(일명 두루누리 사업)과 자영자 등에 대한 보험료지원의 필요성이 제기되고 있는 시점에서 보다 열악한 지위에 있는 이들 중증장애인에 대해서도 추가적인 사회보험료 지원을 통해 연금 사각지대 완화에 어느 정도 기여할 것으로 예측된다.

둘째, 국민연금 비가입자에 대한 재정적 지원을 통해 국민연금 가입을 유도하는 직접적인 가입제고 방안과 더불어 장애인 가입자를 대상으로 노령연금 조기특례 제도를 도입한다면 자연스럽게 장애인에 대한 국민연금 가입을 유도할 수 있을 것으로 판단된다. 독일의 경우 중증장애인에 대해서는 노령연금 지급연령(비장애인 67세, 중증장애인 65세)이 비장애인보다 낮고, 조기노령연금 수급도 비장애인보다 1년 일찍 수급을 허용(비장애인 63세, 중증장애인 62세)한다는 점을 고려할 필요가 있다. 이러한 논리는 장애인이 비장애인에 비해 기대 여명이 짧다는 점에 근거한 것이다.

셋째, 현행 국민연금 장애 개념 확대를 통해 대상범위를 확대할 필요가 있다. 즉, 현재 국민연금제도에 적용되는 장애는 의학적 손상을 기준으로 적용되고 있다. 소득보장제도에서의 장애가 근로불능 또는 근로능력의 심각한 제약으로 정의되고 있음을 고려할 때 주요 선진국들에서와 같이 의학적 손상 외에 기능적 근로능력과 사회환경적 요인을 종합적으로 반영한 장애 평가 체계를 도입하는 것을 적극적으로 추진해야 할 것이다.

넷째, 선천성 장애 등 장애연금 지급 대상이 아닌 경우에도 일정정도 이상의 가입기간을 달성한 장애인에 대해서는 장애연금 특례를 적용할 필요가 있다. 예를 들어, 국민연금제도 도입 전 혹은 가입 이전에 「장애인복지법」상 등록장애인인 경우 국민연금제도에 아무리 기여하더라도 동일 장애에 대해서는 장애연금을 수급할 수 없고 노령연금수급대상자로만 가능하다. 또한, 동 가입자가 국민연금제도에 가입하여 보험료를 납부하는 과정에서 해당 장애가 악화되더라도 동일 장애에 대해서는 그 수급권을 인정하고 있지 않다. 반면, 장애연금 수급권자로서 장애가 악화 혹은 완화될 경우 장애등급이 조정되어 적용된다는 점과 비교할 때 형평성 문제도 존재할 수 있다고 판단된다. 또한, 독일이나 일본의 경우 일정기간 이상(예: 20년 혹은 25년) 보험료를 납부할 경우 공적연금 가입 전 장애에 대해서도 장애연금 수급대상자가 될 수 있는 예도 존재한다. 따라서 우리나라의 경우도 10년 이상(혹은 15년 이상) 보험료를 납부한 자로서 해당 장애의 악화로 근로능력을 상실한 경우 장애연금 수급권을 인정하는 방안을 적극적으로 검토할 필요가 있다.

## 2) 장애인연금 지급 대상 확대 및 지급액 인상

장애인연금이 주요 OECD 회원국에서와 같이 공적연금의 사각지대를 해소하고 중증장애인의 생활안정에 실질적으로 기여할 수 있는 장애 급여로서 운용되기 위해서는 무엇보다 지급 대상과 지급액을 지속적으로 확대할 필요가 있다.

먼저 지급대상 확대와 관련하여, 기초연금의 지급대상을 65세 이상 노인 소득 하위 70%로 설정하고 있는 것을 참고하여, 장애인연금의 지급 대상을 중증장애인 소득하위 70%로 설정하고 있는데, 중증장애인의 월평균 소득이 노인보다 낮다는 점을 고려할 때 향후에도 지속적으로 지급 대상을 확대하는 조치가 있어야 할 것이다.

또한 급여 수준 역시 지속적인 인상이 불가피하다. 2010년 도입 이후 최근에 이르기까지 지속적인 법률 개정을 통해 기초급여의 지급액이 지속적으로 인상되고 있으나, 앞서 살펴본 바와 같이 주요 국가들과 현저한 격차를 보이고 있다는 점을 감안할 때, 장애인연금의 기초급여액을 앞으로도 지속적으로 인상할 필요가 있다.[2] 더불어 지급액 인상과 관련한 단기 목표로서, 물가변동률과 연동되어 매년 지급액이 인상될 수 있는 가능성을 담보하고 있는 기초급여와 달리 부가급여는 지급액 인상이 불확실하다는 점에서, 장애정도가 심한 장애인의

2) 2023년 실질평균임금(353만 원)과 비교할 때, 기초급여액(최고 30.8만 원)은 실질평균임금 대비 8.8% 수준에 불과하다.

월평균 추가비용(2020년 기준 월 24만 원)을 목표로 매년 지속적으로 인상할 수 있는 법적 장치를 마련해야 할 것이다.

### 3) 국민기초생활보장제도 수급 요건에 장애인가구 특성 반영

무엇보다 최후의 사회안전망으로서 역할을 하고 있는 국민기초생활보장제도 내에 장애인 가구 특성을 고려하는 장치, 즉 생계급여 지급을 위한 소득인정액 산정 시 장애인 가구의 다양한 소득 공제 요소 도입을 마련함으로써 실질적 빈곤을 경험하고 있는 장애인 가구의 생계를 보장해야 할 것이다.

장애인의 경우 의료비, 보장구비 등 장애로 인한 추가비용은 지출하지 않으면 일상생활을 유지할 수 없고 생명마저 잃을 수 있는 불가피한 지출을 하고 있는 상황에서 장애인가구는 장애로 인한 추가비용 때문에 비장애인가구와 동일한 소득이라 하더라도 실제 생활에 쓸 수 있는 소득은 비장애인가구보다 더 낮다고 할 수 있다. 따라서 현행수급자 선정을 위한 소득인정액 조사 시 장애인가구의 경우에는 다양한 추가비용에 대한 소득공제를 도입함으로써 실질적으로 빈곤을 경험하고 있으면서도 국민기초생활보장제도의 사각지대에 놓여 있는 상당수의 저소득 장애인가구를 수급 대상에 포함시켜야 할 것이다.

### 4) 고용서비스와의 연계 가능한 장애 소득보장체계로의 개편

장애인과 가족이 장애가 초래한 경제적 어려움에서 벗어나 안정적인 생활을 할 수 있도록 하기 위해서는 소득보장이라는 동일한 목적을 갖고 있는 장애 소득보장제도와 고용서비스가 긴밀히 연계되도록 할 필요가 있으며, 이를 위한 구체적인 제도 개선 방안은 다음과 같다.

첫째, 소득보전급여와 고용서비스와의 적극적 연계를 추진하기 위해서 소득활동능력평가에 따라 소득보전급여 및 고용서비스를 차별화한다.

둘째, 소득활동능력평가에 기반한 소득보전급여로서의 속성을 공유하고 있는 장애연금과 장애인연금의 수급자격기준으로서 소득활동능력 평가 기준을 통일한다.

셋째, 장애연금과 장애인연금에서의 동일한 소득활동능력 평가 결과에 따른 소득보전급여와 고용서비스의 연계는 다음과 같이 실시한다.

- 소득활동능력이 없거나 심각한 제약을 경험하고 있는 장애인의 경우 소득보전급여(장애연금과 장애인연금)의 지급액수준을 강화한다.
- 부분적 소득활동능력이 있는 장애인의 경우 소득보전급여(낮은 수준의 장애연금과 장애인연금)를 일정기간 지급하되 그 기간 동안에 집중적인 맞춤형 고용서비스를 제공하여 취업을 유도한다.
- 소득활동능력에 제약이 거의 없는 장애인의 경우 소득보전급여 대상에서 배제하되, 보편적 고용서비스 강화를 통해 취업을 유도하고 저소득 근로자를 대상으로 하는 근로장려세제 등을 연계하여 자립을 유도한다.

**표 8-8 | 소득활동능력에 따른 장애인 소득보전급여 및 고용서비스 연계 모형**

<table>
<tr><th rowspan="2">소득활동 능력(장애) 정도</th><th colspan="4">소득보전 급여<br>(장애연금/장애인연금 기초급여/기초보장제도)</th><th rowspan="2">고용서비스</th></tr>
<tr><th>기여 여부</th><th>1차 안전망</th><th>2차 안전망</th><th>3차 안전망</th></tr>
<tr><td rowspan="2">소득활동 능력 완전 상실(완전장애)</td><td>기여</td><td>완전 장애연금</td><td>-</td><td rowspan="4"></td><td rowspan="2">원칙적으로 고용서비스 대상은 아니나, 장애인 고용서비스(보호고용, 지원고용) 참여 가능</td></tr>
<tr><td>비기여</td><td>-</td><td>완전 장애연금</td></tr>
<tr><td rowspan="2">소득활동 능력 부분 상실 (부분장애)</td><td>기여</td><td>부분 장애연금</td><td>-</td><td rowspan="2">장애인 고용서비스(의무고용, 보호고용, 지원 고용 등)</td></tr>
<tr><td>비기여</td><td>-</td><td>부분 장애연금</td></tr>
<tr><td rowspan="2">소득활동 능력 양호</td><td>기여</td><td>실업급여</td><td></td><td rowspan="2">국민기초 생활보장 제도</td><td rowspan="2">보편적 고용서비스(취업성공 패키지 등) 또는 장애인고용서비스(장애인취업성공패키지, 장애인 일자리사업) 등</td></tr>
<tr><td>비기여</td><td></td><td>실업부조</td></tr>
</table>

주: 음영부분은 현재에는 운용되지 않고 있으나 향후 도입이 필요한 제도를 의미함.

### 5) 보호수당 및 장애인자산형성지원제도 도입

주요 선진 외국에서 시행하고 있으나 우리나라에는 아직 도입되어 있지 않은 장애급여로서 보호수당과 장애인 자산형성지원제도를 도입한다. 이때 보호수당은 장애인을 보호함으로 인해 소득활동을 하지 못하는 보호자의 기회비용을 보전하기 위한 목적의 급여로서, 장애인 가족이 부담하는 돌봄노동에 대해 사회적으로 보상한다는 의의와 함께 장애인복지법상에 명시되어 있으나 시행되지는 않고 있는 '보호자수당'을 현실화하는 의의를 갖는다.

한편 장애인 자산형성지원제도는 저소득층의 탈수급과 탈빈곤을 위한 새로운 제도로서 확대되고 있는 자산형성지원사업을 장애인의 특성과 욕구를 고려하여 독자적으로 운영하는 제도를 의미한다.[3] 이러한 장애인 자산형성지원제도는 장애인이 경험한 사회적 불이익에 대한 사후적 보상으로서의 성격을 갖는다. 즉 비장애중심주의사회에서 손상을 가진 존재(장애인)에게 구조적으로 작용한 교육 기회 불균등과 그 결과로 형성된 낮은 인적자본으로 인해 노동시장 및 괜찮은 일자리로의 진입을 통한 자산축적의 기회를 제약받은데 대한 사후적 재분배(보상)수단이 장애인 자산형성지원제도의 의의라고 할 수 있다.

이러한 두 제도의 시행과 관련하여 우선적으로는 서울, 경기, 인천, 충남, 강원 등 일부 시도가 선제적으로 시행하고 있는 장애인 자산형성지원제도를 전국의 모든 장애인이 혜택을 받을 수 있도록 먼저 도입할 필요가 있으며, 이어서 영국, 아일랜드, 덴마크 등 보호수당을 지급하고 있는 국가의 사례를 참조하여 저소득 가구를 중심으로 보호수당을 도입할 필요가 있다.

---

3) 정부는 2010년대 들어서 근로빈곤층의 탈빈곤 및 경제적 자립을 위하여 자산형성을 통한 기반 마련을 지원하고자 '희망저축계좌 I·II', '청년내일저축계좌' 등을 운영하고 있다.

**표 8-9 | 국내 장애인 자산형성지원제도 개요**

| 구분 | 서울시 | 인천시 | 경기도 | 충청남도 | 강원도 |
|---|---|---|---|---|---|
| 명칭 | 이룸통장 | 행복씨앗통장 | 누림통장 | 반짝자립통장 | 청년 중증장애인 자산형성사업 |
| 자격조건 | 서울시 거주, 기준중위소득 100% 이하 가구 | 인천시 거주, 기준중위소득 100% 이하 가구 | 경기도 거주 | 충청남도 거주, 기준중위소득 100% 이하 가구 | 공고일 기준 강원도에 1년 이상 거주, 기준중위소득 100% 이하 가구 |
| 장애유형 | 모든 장애 | 발달장애 | 모든 장애 | 모든 장애 | 모든 장애 |
| 장애정도 | 장애 정도가 심한 장애인 | - | 장애 정도가 심한 장애인 | 장애 정도가 심한 장애인 | 장애 정도가 심한 장애인 |
| 연령 | 만 15세 ~ 만 39세 | 만 16세 ~ 만 39세 | 만 19세 ~ 만 21세 | 만 15세 ~ 만 39세 | 만 15세 ~ 만 34세 |
| 근로여부 | × | × | × | × | × |
| 기여여부 | 매월 10만 원, 15만 원, 20만 원 중에 선택 | 매월 15만 원 | 매월 1~10만 원 | 매월 10만 원, 15만 원, 20만 원 중에 선택 | 매월 15만 원~ 20만 원 이상 |
| 지원(매칭) 상한액 | 매월 15만 원, 적립금액과 상관없이 고정 (최대 540만 원) | 매월 15만 원 (최대 540만 원) | 매월 적립금 1:1매칭 (최대 240만 원) | 매월 15만 원, 적립금액과 상관없이 고정 (최대 540만 원) | 매월 15만 원 (최대 540만 원) |
| 지원(매칭) 기간 | 가입 후 3년 | 가입 후 3년 | 가입 후 2년 | 가입 후 3년 | 가입 후 3년 |
| 사용 용도 | 교육, 주거 등을 위한 자립준비, 장기 적립을 위한 미래자산 형성 | 자립 준비금 (교육비, 의료비, 주거비, 직업훈련비 등) | 학자금, 주거마련비용, 창업, 직업 훈련비 등 자립을 위한 자금 | 주택구입, 전월세 보증금 지급, 본인 및 자녀 고등교육비, 기술훈련비, 창업자금, 장애유형별 특성을 감안하여 의료비, 보조기기 구입 등 | 자립 준비금(교육비, 의료비, 주거비, 직업훈련비 등)과 미래자산용도(신탁 등)로 사용 |

출처: 윤상용 외(2023). 장애인 자산형성 지원 방안 연구. 보건복지부·충북대학교 산학협력단.

## 생각해보기

1. 장애 소득보장제도 중 장애연금과 장애인연금(기초급여)은 장애로 인한 소득 중단과 소득 활동기회의 배제로 생활을 영위하기 어려운 장애인과 그 가족의 생계를 지원하는 것을 목적으로 하는 소득보전급여로서의 성격을 지니고 있다. 이러한 관점에서 장애연금과 장애인연금의 현재 급여수준은 어떠하며, 적정한 급여수준의 목표는 무엇이어야 하는가?
2. 장애인연금은 소득보전급여 성격의 기초급여와 추가비용급여 성격의 부가급여가 통합된 급여이다. 소득보전급여와 추가비용급여의 수급 요건으로서 고려되어야 할 핵심적인 장애 평가 기준은 무엇이며, 이러한 기준에 비추어 볼 때 현재 바람직한 장애인연금 수급자 선정 기준은 어떠해야 하는가?

09 Chapter

# 장애와 고용보장

주요 학습문제

- 장애인은 왜 고용이 잘 안 되는가?
- 장애인 고용을 지원하기 위한 고용서비스는 어떠한 유형이 있는가?
- 우리나라 장애인의 고용실태는 어떠한가?
- 우리나라에서 실시하고 있는 장애인 고용서비스의 현황과 문제점은 무엇인가?
- 우리나라 장애인 고용서비스의 바람직한 개선 방안은 무엇인가?

## 1. 장애인은 왜 고용이 잘 안 되는가

1975년 제30차 유엔 총회에서 제정된 장애인권리선언을 보면, "장애인은 경제적, 사회적 보장 및 상당한 수준의 생활을 누릴 권리를 가지며, 또한 능력에 따라 고용을 보장 · 유지하고 유익하고 생산적이며, 보수를 받는 직업에 종사하고 노동조합에 참여할 권리를 가진다"라고 하였다. 이를 통해서 알 수 있듯이 이 세상을 살아가는데 직업은 필수적인 요소이며, 장애인이라고 여기서 예외일 수 없다.

인간이 삶의 가치를 실현하기 위하여 행하는 다양한 정신적 · 육체적 활동을 가리켜 '일'이라고 하며, 인간은 이러한 자아완성과 삶의 가치실현에서 오는 만족감을 갖기 이전에 가장 근본적으로는 생계유지를 위해 직업을 갖는다(송미연,

2001; 이채식 외, 2010에서 재인용). 그러나 장애인의 경우 비장애인에 비해 고용과 관련하여 많은 어려움을 갖고 있다. 장애인은 비장애인에 비해 실업률이 높고, 고용이 잘 안 되는 상황이다. 이러한 이유가 여러 가지가 있겠지만, 다음과 같이 설명할 수 있다.

첫째, 접근기회의 상실이다. 비장애인에 비해 장애인은 정규교육에의 접근이 어렵고, 기술습득의 기회 역시 배제되어 있는 경우가 많다. 이 때문에 비장애인에 비해 장애인의 인적자본 수준이 낮으며, 이 때문에 고용의 기회를 많은 부분 놓치고 있다고 할 수 있다.[1] 물리적 환경의 장벽 역시 취업에 접근할 수 있는 기회의 상실로 이어진다고 할 수 있다. 장애인은 일반적으로 지하철이나 버스 등의 대중교통 이용이 어려운 상황이다. 이 때문에 자가용 등의 다른 교통수단을 이용하게 되고, 이렇게 되면 비장애인에 비해 추가적인 교통비 부담이 발생한다고 할 수 있다. 또한 취업이 어려워 창업을 하려면, 일정 수준의 돈이 필요한데 이러한 창업자금을 만들거나 대여하는 데 비장애인에 비해 어려움이 있다고 할 수 있다.

둘째, 장애인은 생산성이 비장애인에 비해 떨어진다는 생각(오해)이다. 이러한 생각은 장애인을 고용하는 고용주뿐만 아니라, 장애인가족, 심지어 장애인 당사자들에게도 널리 퍼져있는 상황이다. 이로 인해 직장을 구하는 것도 어렵고, 구했다고 하더라도 낮은 급여를 받는 상황이 많이 발생한다고 할 수 있다.

셋째, 장애인에 대한 차별이다. 앞서 살펴본 것처럼 장애인에 대한 오해는 필연적으로 장애인에 대한 차별을 가져오게 된다. 즉 장애인에 대한 편견(낮은 생산성)과 반대로 접근성을 높이기 위한 편의시설 설치비 등 고용비용의 증가

---

1) 인적자본이론에 의하면 개인의 인적자본 투자행위, 즉 학교교육, 직업훈련, 건강 유지 등이 소득결정과 고용결정의 기본요인이라고 할 수 있다. 즉 인적자본이론은 고학력, 고기술, 양호한 건강 → 고생산성 → 직업안정과 고소득이라는 구조적 매커니즘이 작동하고 있다는 것이다. 그런데 장애인은 장애라는 요인으로 인해 생산성이 저하되고 이로 인해 고실업과 저소득에 직면한다고 볼 수 있다. 즉 장애인의 고용률이 낮고, 임금수준이 낮은 것은 장애로 인해 생산성이 낮기 때문이라는 것이다.

로 고용주가 의도적으로 장애인을 채용하려고 하지 않는다. 특히 지적·자폐성 장애인 등 발달장애인에 대한 편견과 차별이 가장 크다고 할 수 있다. 이러한 다양한 이유로 장애인의 고용률이 비장애인에 비해 낮은 수준이라고 할 수 있다. 그러나 장애인에게 취업의 기회를 제공하는 것은 그들에게 소득보장의 기회를 제공하는 것이며, 동시에 자립생활을 위한 기회를 열어주는 것이다.

## 2. 장애인 고용서비스의 유형

주요 선진국들에서 시행하고 있는 장애인 고용서비스는 크게 일반 고용서비스(general employment service)와 중증장애인 대상의 맞춤형 고용서비스(tailored employment service)로 구분되는데, 이들 서비스의 특징과 주요 내용을 살펴보면 다음과 같다.

### 1) 일반 고용서비스

일반 고용서비스는 경쟁 고용서비스라고도 하며, 장애인과 비장애인을 같은 상황에서 고용할 수 있도록 지원하는 방법으로, 주로 경증장애인을 대상으로 하는 지원서비스이다. 이는 비장애인과 동일하게 장애인에게 각종 지원서비스를 실시하는 것으로, 어떻게 보면 장애인을 대상으로 하는 별도의 지원서비스가 없다는 것을 의미한다고 볼 수 있다. 일반 고용서비스의 대표적인 유형에는 장애를 이유로 고용에서 차별을 할 때 고용주를 처벌할 수 있도록 하는 입법적 조치로서 「장애인 차별금지법(Anti-discrimination law)」을 들 수 있다. 세계 최초의 장애인 차별금지법은 1990년대 초 미국에서 제정된 「장애인법(Americans with Disabilities Act)」이며, 이어서 호주, 영국 등에서 제정되었으며, 우리나라의 경우에는 2007년 제정되어 2008년부터 시행되고 있다. 이렇듯 개별법으로서 장애인

차별금지법을 제정하지 않은 국가들은 다양한 방식으로 관련 조항을 입법하였는데, 스웨덴(1999), 노르웨이(2001), 독일(2002) 등에서는 포괄적 차별 금지법을 제정하였으며, 그 밖에 나라들은 차별금지조항을 헌법 혹은 일반 법률에 포함시켰다.

「차별금지법」은 고용의 전 영역에서 또는 고용과정에서 장애인을 차별하는 것을 금지하는 것에 관한 내용을 명시하고 있으며, 특히 고용주들이 사업장에서 장애인을 고용할 때 비용과 불필요한 어려움이 발생하지 않는다면, 직장에서 요구되는 사항들이 장애인에 부합할 수 있도록 각종의 정당한 편의제공을 실시할 것을 권고하고 있다. 고용주가 장애인 근로자에게 정당한 편의를 제공하기 위해 추가적인 비용을 지출해야 한다면, 장애인의 고용가능성은 낮아질 수밖에 없다. 따라서 주요 선진국들은 고용주들을 대상으로 하는 다양한 지원제도를 운영하고 있다. 대표적인 정책으로서 장애인 근로자에 대한 임금 보조를 들 수 있으며, 또한 장애인을 고용한 기업에 세금 감면 등과 같은 다양한 금융 혜택을 제공하고 있다. 그리고 장애인을 고용하는 기업에 편의시설 설치 등에 대한 비용을 지원하고 상담서비스 등을 제공하고 있다. 그 밖에 채용과정에서 장애인에게 가산점 등을 부여하는 등의 적극적 우대조치(affirmative action)도 일반고용서비스에 해당한다고 할 수 있다.

### 2) 맞춤형 고용서비스

맞춤형 고용서비스는 장애인에게 맞추어서 고용을 지원하는 것을 의미하는 것으로, 주로 중증장애인, 그중에서도 근로능력이 있지만, 고용이 어려운 장애인을 대상으로 지원하는 서비스를 의미한다. 여기에는 할당고용, 보호고용, 지원고용 및 유보고용 등의 정책이 있으며, 장애인이 경쟁고용시장에 참여할 수 있도록 능력을 개발하거나 회복시켜 주는 직업재활서비스[2)]도 맞춤형 고용서비스의 하나로 볼 수 있다.

### (1) 할당고용(quotas)

할당고용은 일정규모를 갖춘 공공기관 또는 민간기업에 대하여 전체 근로자 중 일정비율을 정하여 장애인을 채용하도록 강제하는 서비스이다. OECD 회원국 중 1/3 이상이 이러한 할당고용서비스를 실시하고 있다. 할당고용제도는 대개 장애인고용과 관련된 법률에 근거를 두고 있으며, 국가들마다 할당비율은 조금씩 차이가 있다. 이탈리아의 경우 7%로서 가장 높은 할당 비율을 정하고 있으며, 이어서 프랑스 6%, 독일 5%, 호주 4%, 한국 3.8%[3], 터키 3% 등의 순으로 할당 비율을 정하고 있다. 할당고용제도의 적용을 받는 장애인은 별도의 기준에 따라 정하는 것이 일반적인데, 주로 의학적 손상에 기초하여 손상률이 높은 중증장애인을 대상으로 하고 있다. 일례로서 프랑스의 경우에는 의학적 손상률이 50~80%에 해당하는 자를 할당고용대상으로 규정하고 있는데, 손상률이 80%를 초과한 최중증 장애인은 소득보장의 대상이라는 점에서 그리고 손상률이 50% 미만인 장애인은 사회적 배려의 대상이 될 수 없다는 점에서 이들을 제외하고 있다. 할당고용은 일정 수의 상시 근로자를 고용하고 있는 정부를 포함한 공공기관과 민간기업 모두를 대상으로 적용되는데, 우리나라와 스페인과 터키는 상시근로자 수가 50명 이상일 때, 그 외의 나라에서는 15~20명 이상일 때 적용하고 있다. 한편 우리나라를 비롯한 독일, 일본 등 일부 국가에서는 의무고용대상자 중장애 정도가 더 높은 중증장애인을 고용하는 경우에 2명 혹은 3명의 경증장애인을 고용한 것으로 인정해 주는 더블카운트 또는 트리플카운트 제도를 시행하고 있다.

고용할당제도의 준수율은 상대적으로 낮은 것처럼 보이지만, 대부분 나라에서 50~70%의 준수율을 보이고 있다. 대부분의 국가에서 의무고용률을 준수하지 못하는 경우 고용주에게 벌금 성격의 부담금을 부과하며, 이는 직업재활 및

---

2) 여기에는 직업상담, 직업평가, 직업훈련, 취업알선, 사례지도 등의 활동이 포함된다.

3) 정부(지자체)와 공공기관에 적용되는 비율이며, 민간기업에 적용되는 비율은 3.1%이다.

직업훈련 프로그램에 대한 비용 충당 등 장애인 고용을 강화하는 활동을 지원하는 데 사용된다.

### (2) 보호고용(sheltered employment)

보호고용은 경쟁노동시장에서 불리한 중증장애인을 위하여 이들의 근로 욕구를 해소하기 위해 특별히 계획된 조건하에서 행해지는 훈련 및 고용으로 보수가 있는 근로의 기회를 제공하여 장애인의 직업적 욕구를 해소하는 정책이다. 일반적으로 보호고용의 유형으로는 조정된 작업환경에서 장애인에게 근로기회를 제공하는 가장 보편적인 형태인 보호작업장, 그외 기업 내 집단고용, 재택고용 등이 있다.

보호고용의 대상이 되는 장애인은 신체, 정신 혹은 다른 장애사항을 가진 어느 정도의 노동능력을 가진 사람으로 특별한 원조가 없으면 경쟁노동시장에서 고용의 기회를 확보할 수 없는 사람이다. 장애유형별로 보면, 지적장애, 뇌병변장애, 자폐성장애 등이 주 대상이 된다.

이러한 보호고용에 대해서는 찬반 논란이 뜨거운데, 최근 유럽국가를 중심으로 보호작업장의 사회적 기업화가 활발히 진행되고 있다. 보호고용의 대표적인 사례로서 samhall(스웨덴), ONCE(스페인) 등이 있다.

**스웨덴 삼할(samhall) 개요**

- 스웨덴 정부 소유의 장애인 국영기업으로서 전국에 250여 개 지사
- 현재 2만 명의 근로자 중 80%가 장애인 근로자
- 지적장애나 복합장애를 가지고 있는 사람을 40% 이상 우선고용
- 과거에는 핸드폰 배터리 납품, 가구 납품 등 제조업이 대부분이었으나 최근 들어 서비스업

에서 일하는 근로자들이 대부분
- 대표적인 예로, 스웨덴의 맥도널드, 맥스라는 스웨덴기업에서는 사회적 책임(CSR) 차원에서 장애인을 고용
- 삼할과 일하는 많은 기업들이 장애인고용을 위해 삼할과 함께 일한다는 것을 광고 이는 대중들의 지지와 관심을 이끌어내며 기업 이미지에 매우 중요하게 작용

### (3) 지원고용(supported employment)

지원고용은 보호고용의 비판적 대안으로서 1960년대 후반 미국에서 장애인을 위한 재활서비스와 프로그램이 시설 중시에서 벗어나 지역사회 중심으로 재조명되면서 시작되었다. 즉, 기존의 보호고용이 장애인들에게 비장애인과 분리된 장소에서 단순한 작업에 종사하도록 되어 있으며, 이러한 차별적이고 분리된 환경으로 인하여 장애인들이 지역사회의 직업 환경에 수용될 수 있을 정도로 기능할 수 있는 능력과 가능성이 점차 감소되는 문제점이 지적되면서 부각되었다. 미국 「재활법(Rehabilitation Act, PL 102-569)」에서는 지원고용을 '경쟁 고용이 불가능하거나 또는 심각한 장애로 인해 경쟁적 고용이 중단되거나 방해를 받게 되는 중증의 장애를 갖고 있는 개인을 대상으로 지속적인 지원서비스가 제공되는 통합된 환경에서의 경쟁적 고용'이라고 정의를 내리고 있다.

한편 지원 고용의 유형으로는, 직무지도원(job coach)이 장애인과 1:1로 한 조를 이루어 직무를 수행하게 하는 개별화 배치모델(individual placement model), 4명에서 5명의 장애인을 집단으로 동일 직무에 배치하고 해당 업체의 직원에 의해 특별한 지도를 받게 하는 기업 내 집단고용모델(the enclave model), 4명에서 5명의 장애인과 직업코치가 한 조를 이루어 요청이 있는 업체로 이동하면서 작업을 수행하는 이동 작업자 모델(mobile crew model), 먼저 일정 기간 동안 현장 외의 장소에서 특정의 작업에 관해 집단으로 훈련을 받고, 다음 단계로 개별화 배치 모델과 같이 직업현장에 직업 코치에 의해 지원을 받는 고용 훈련 모델(employment training model) 등이 있다(이철수, 2009). 또, 이러한 지원 고용이 제대

로 수행되기 위해서는 고용지도, 전문적 직업훈련, 개인별 맞춤형지도 등이 반드시 필요하며, 교통편의와 보조기기 등이 함께 제공되는 것이 필요하다. 이는 장애인의 유급고용과 직무지도원의 지속적인 지원 등을 핵심내용으로 하는 서비스라고 할 수 있다.

### (4) 유보고용(reserved employment)

유보고용은 영국의 「장애인고용법(1944)」에서 최초로 제시되었는데, 구체적인 내용으로는 '2가지 직종(승강기 안내원, 주차장 안내원)의 고용주는 등록장애인 외에는 고용해서는 안 된다'라고 규정하고 있다(이채식 외, 2010). 이와 같이 유보고용은 일정한 직종을 지정하여 그 직종에 대해서는 특정장애유형의 장애인을 우선적으로 고용하는 제도를 의미한다. 주요 국가들의 유보고용의 현황을 살펴보면 다음의 표와 같다.

표 9-1 | **각국의 유보고용 현황**

| 국명 | 장애유형 | 유보직종 | 주요 내용 |
|---|---|---|---|
| 미국 | 시각장애인 | 자판기, 카페테리아 운영 | 연방정부 및 주정부, 공공기관 내의 자판기, 카페테리아운영권을 시각장애인에게 우선분양 |
| 캐나다 | 시각장애인 | 자판기운영 | 주정부 또는 공공기관 내 자판기 운영권을 각 장애인에게 우선 분양 |
| 대만 | 시각장애인 | 안마업 | |
| 영국 | 장애인 | 승강기 안내원, 주차안내원, 전화교환원 | |
| 일본 | 시각장애인 | 안마업 | 시각장애인의 경우 병원, 진료소에서 지압과 안마 직종의 70%를 고용 |
| 스웨덴 | 시각장애인 | 복권판매업 | 시각장애인협회가 복권 운영권을 갖고 시각장애인이 복권판매를 함 |
| 한국 | 시각장애인 | 안마사 | 장애인고용촉진 및 직업재활법 시행령 제35조 |

출처: 대한안마사협회 홈페이지.

# 3. 우리나라 장애인의 고용실태

2023년 기준 15세 이상 장애인구의 경제활동 참가율은 37.4%, 고용률은 36.1%, 실업률은 3.4%로서, 전체 인구의 경제활동 참가율 및 고용률, 실업률이 각각 65.3%, 63.5%, 2.7%인 것과 비교하면, 전체 인구에 비해 현저히 낮은 경제활동참가율 및 고용률과 전체 인구에 비해 높은 실업률을 보인다.

**표 9-2 | 장애인 경제활동상태 추정(15세 이상 인구, 전체 인구 비교)** (단위: 명, %)

| 구분 | | 15세 이상 인구 | 경제활동인구 | | | 비경제 활동인구 | 경제활동 참가율 | 실업률 | 고용률 |
|---|---|---|---|---|---|---|---|---|---|
| | | | 계 | 취업자 | 실업자 | | | | |
| 장애 인구 | 2021년 | 2,574,907 | 959,950 | 891,804 | 68,146 | 1,614,957 | 37.3 | 7.1 | 34.6 |
| | 2022년 | 2,583,530 | 984,999 | 940,575 | 44,424 | 1,598,531 | 38.1 | 4.5 | 36.4 |
| | 2023년 | 2,589,047 | 968,348 | 935,261 | 33,087 | 1,620,699 | 37.4 | 3.4 | 36.1 |
| 전체 인구 | 2021년 | 45,049,000 | 28,698,000 | 27,550,000 | 1,148,000 | 16,351,000 | 63.7 | 4.0 | 61.2 |
| | 2022년 | 42,245,000 | 29,374,000 | 28,485,000 | 889,000 | 15,871,000 | 64.9 | 3.0 | 63.0 |
| | 2023년 | 45,379,000 | 29,623,000 | 28,835,000 | 787,000 | 15,756,000 | 65.3 | 2.7 | 63.5 |

주: 1) 경활률(경제활동참가율) = (경제활동인구/15세 이상 인구)*100
2) 실업률 = (실업자 수/경제활동인구)*100
3) 고용률 = (취업자 수/15세 이상 인구)*100
4) 증감은 '16년 대비 증감비율을 말함

출처: 한국장애인고용공단(각 연도). 장애인경제활동실태조사; 통계청(각 연도). 경제활동인구조사.

성별에 따라 살펴보면 여성장애인의 경제활동참가율과 고용률은 각각 24.2%, 23.5%로서 남성장애인의 동 비율 47.1%, 45.4%의 절반 수준에 불과한 것으로 나타났다. 또한 연령대에 따라 살펴보면 15~29세 및 30~39세의 청년층의 실업률이 다른 연령대에 비해 높게 나타났으며, 60세 이상 고령장애인의 고용률은 전 연령대 중 가장 낮게 나타났다. 장애정도에 있어서는 중증장애인의 경제활동 참가율과 고용률이 각각 22.3%, 21.5%로 경증장애인의 동 비율 44.2%, 42.7%의 절반 수준에 머물고 있으며, 실업률은 1.3%p 더 높은 것으로 나타났다. 그리고 장애유형별로 살펴보면 정신적 장애인, 내부기관 장애인의 경제활동상태가 상대적으로 열악하며, 특히 지체장애인을 제외한 외부신체신체장애인(뇌병변장애인 등)이 가장 취약한 것으로 나타났다.

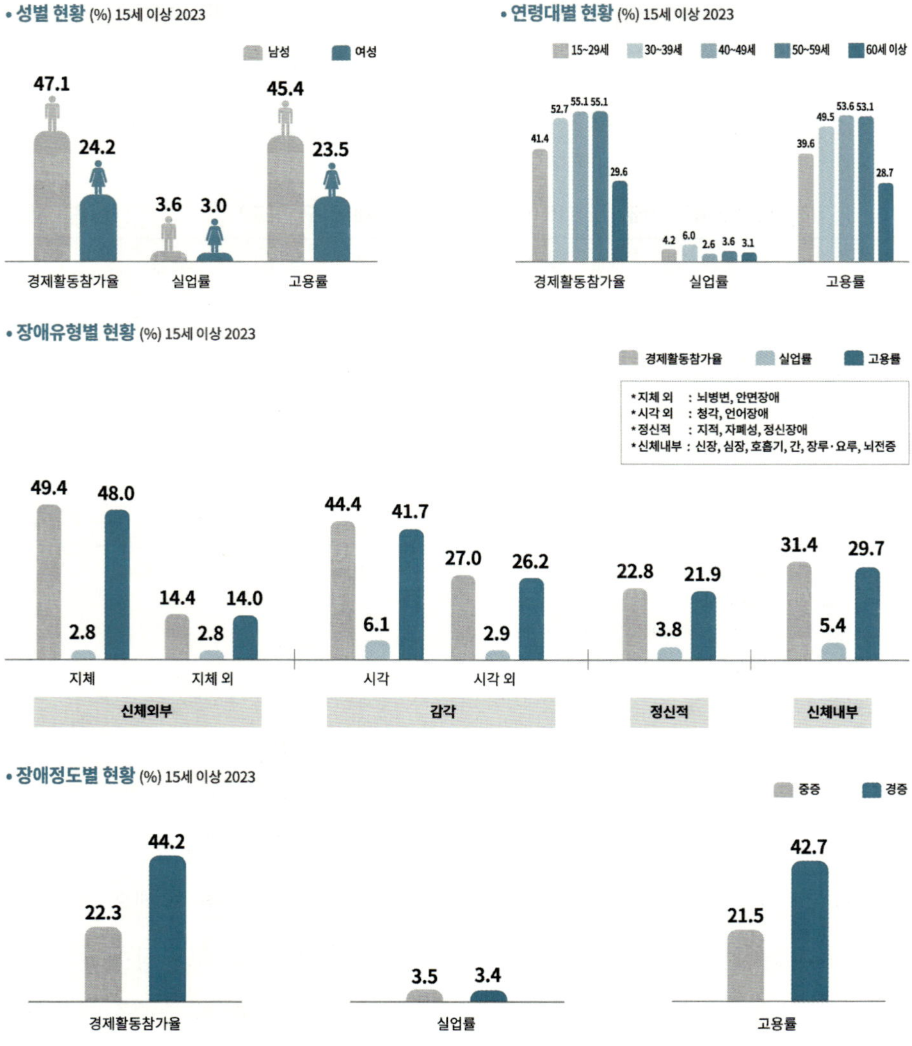


주: 중증장애인은 1-2급에 해당하는 장애인과 뇌병변, 시각, 지적, 자폐성, 정신, 심장, 호흡기, 뇌전증 및 발달장애가 있는 지체장애인 3급에 해당

**그림 9-1 | 주요 변수별 장애인 경제활동상태 추정(15세 이상 인구, 2023년 5월 기준)**

출처: 한국장애인고용공단(2024). 한눈에 보는 2023 장애인통계.

이어서 취업한 장애인의 특성을 살펴보면, 우선 장애인 취업자의 71.2%는 임금근로자, 28.8%는 비임금근로자로 구성되어 있다. 임금근로자는 다시 상용 52.0%, 임시 34.6%, 일용 13.4%로 나눠지며, 비임금근로자는 1인 이상의 유급종업원을 두고 있는 자영업자 18.7%, 혼자서 운영하는 자영업자 74.2%, 무급으로 가족의 일을 돕는 무급가족종사자 7.1%로 구성되어 있다.

장애인 취업자는 전체 인구 취업자에 비해 비임금근로자의 비중이 크며, 임금근로자 중 일용근로자의 비율은 2배 이상으로 높게 나타나고, 비임금근로자의 경우 고용원이 없는 자영업자의 비중이 큰 것으로 나타났다.

한편 '2023년 장애인 경제활동실태조사'에 의하면 장애인 취업자의 직장(일자리) 산업은 '보건업 및 사회복지서비스업'이 15.5%로 가장 높은 비중을 차지하는 것으로 나타났다. 그 다음은 '제조업'(13.4%), '농업, 임업, 어업 및 광업'(11.7%), '도매 및 소매업'(9.4%), '공공행정, 국방 및 사회보장행정'(8.1%) 등의 순으로 나타났다. 반면에 전체 취업자의 경우에는 '제조업'(15.5%), '도매 및 소매업'(11.5%), '보건업 및 사회복지서비스업'(10.1%), '숙박 및 음식점업'(8.0%) 등의 순으로 나타났다.

## 4. 우리나라 장애인 고용서비스 현황과 문제점

우리나라의 장애인 고용서비스는 고용노동부, 보건복지부 및 교육부에서 각각 실시하고 있는데, 각 부서의 주요 정책내용을 살펴보면 다음과 같다. 첫째, 고용노동부는 「장애인고용촉진 및 직업재활법」에 의해서 다양한 장애인 고용정책을 수행하고 있으며, 전문기관으로는 한국장애인고용공단이 있다. 둘째, 보건복지부는 「장애인복지법」과 「장애인차별금지 및 권리보장에 관한 법률」, 그리고 「장애인고용촉진 및 직업재활법」에 의해서 장애인고용정책을 수행하고 있다. 주된 내용은 중증장애인직업재활지원사업과 근로사업장과 보호작업장 같은 직업재활시설 운영, 장애인일자리사업 등의 사업을 실시하고 있다. 장애인 고용과 관련하여 보건복지부의 전문기관으로는 한국장애인개발원, 직업재활시설, 그리고 장애인 복지관이 있다. 마지막으로 교육부에서는 장애인 등에 대한 「특수교육법」에 근거하여, 교육과정으로서 직업지도, 전공과 운영 등을 하고 있으며, 특수학교와 특수교육 지원센터 등의 전문기관을 중심으로 지원하고 있다. 이 중에서 고용노동부와 보건복지부의 고용서비스를 구체적으로 살펴보면 다음과 같다.

## 1) 고용노동부 고용서비스 현황

### (1) 장애인 의무고용제도

우리나라에서는 지난 1990년 1월 장애인고용촉진 등에 관한 법률을 제정하여 300인 이상의 사업장에서 2.0% 이상의 장애인을 고용하도록 하는 장애인의 의무고용제도를 도입하였다. 하지만, 이러한 장애인 고용은 주로 경증의 지체장애인 중심이었으며, 법정 의무고용률 2.0%를 지키는 기업보다 그렇지 않은 기업이 더 많은 상황이었다. 이러한 문제의식에 따라 지난 2000년 「장애인고용촉진 및 직업재활법」으로 개정하면서, 일반취업이 어려운 중증장애인을 위한 직업재활서비스가 제공되는 등 장애인의 고용보장을 위한 노력이 조금씩 이루어졌다. 또 지난 2007년에는 장애인의무고용대상 사업체를 300인 이상에서 조금씩 점진적으로 확대하였다. 2010년에는 상시근로자 50인 이상을 고용하고 있는 사업주에게 그 소속 근로자의 일정비율의 장애인을 고용하도록 하고 있다.

한편 장애인을 고용하기 어렵다고 인정하는 직종의 근로자가 상당한 비율을 차지하는 업종에 대한 '적용제외율제도'가 2006년부터 폐지되어 민간부문은 업종에 관계없이 모든 분야에 장애인고용의무를 적용하고 있으며, 공공부문(공무원)은 고용의무적용 제외직종으로 공안직군, 검사, 경찰 · 군인 · 소방 · 경호 공무원에 한정하여 적용하는 방향으로 수정하여 장애인 고용률을 높이고자 하였다. 민간기업 의무고용률은 2010년 2.3%, 2012년 2.5%, 2014년 2.7%, 2017년 2.9%, 2019년 3.1%로 지속적으로 상향되었으며, 공공부문 역시 2010년 3.0%에서 2017년 3.2%, 2019년 3.4%로 단계적으로 상향되었다. 특히 2020년 코로나19에 따른 경기침체로 민간기업의 경영 여건이 악화됨에 따라 근로취약계층인 장애인의 일자리에 대한 우려가 커지면서 공공기관의 책임을 강화하는 차원에서 공공부문에 한해 2022년에서 2023년까지는 3.6%로, 2024년부터는 3.8%로 의무고용률이 상향되었다.

한편 할당제를 지키지 못하는 경우에는 고용주에 대해서 부담금이 부과되는데, 우리나라에서는 월평균 상시 100명 이상의 근로자를 고용하는 사업주가 장애인고용의무를 이행하지 않았을 경우에는 고용부담금 신고·납부대상 사업주가 되어 일정금액의 고용부담금을 납부하고 있다. 고용부담금은 미달하는 인원에 부담기초액(월)을 곱하여 연간 합산한 금액을 부담금으로 부과한다. 부담기초액은 장애인 고용으로 인해 매월 소요되는 추가비용[4)]의 평균액을 기초로

**표 9-3 | 2024년 장애인 고용부담금**

| 고용의무 충족률 | 부담금(미달 인원 1인당) | |
|---|---|---|
| | 2023년 | 2024년 |
| 고용의무이행률이 3/4 이상~100% 미만 | 부담기초액 (월 1,207,000원) | 부담기초액 (월 1,237,000원) |
| 고용의무이행률이 1/2 이상 ~3/4 미만 | 부담기초액 + 6% (월 1,279,420원) | 부담기초액 + 6% (월 1,311,220원) |
| 고용의무이행률이 1/4 이상 ~1/2 미만 | 부담기초액 + 20% (월 1,448,400원) | 부담기초액 + 20% (월 1,484,400원) |
| 고용의무이행률이 1/4 미만 | 부담기초액 + 40% (월 1,689,800원) | 부담기초액 + 40% (월 1,731,800원) |
| 장애인 미고용 | '23년 최저임금액 (월 2,010,580원) | '24년 최저임금액 (월 2,060,740원) |

출처: 고용노동부(2023. 12. 18.). 공고.

4) 장애인 고용에 필요한 시설·장비 설치·수리비용, 장애인 고용관리를 위한 조치에 필요한 비용, 장애인을 고용하기 위하여 특별히 드는 비용 등.

최저임금액의 60% 이상의 범위에서 정하고 있으며, 장애인 고용률에 따라 부담기초액의 2분의 1 이내의 범위에서 가산하고 장애인을 한 명도 고용하지 않으면 최저임금액을 부과하도록 하고 있다.

한편, 장애인 고용장려금은 의무고용률을 초과하여 장애인을 고용한 사업주에게 지급하는 일종의 인센티브로서, 월별 초과고용 장애인 근로자 수에 지급단가를 곱한 금액을 지급한다. 장애인 고용장려금은 장애인 근로자에게 지급하는 성별 및 장애정도에 따라 다르게 적용할 수 있는데 이 경우 중증장애인과 장애여성에게 대하여 우대하여 정하고 있다. 구체적으로 경증남성 장애인은 35만 원, 경증여성 장애인은 50만 원, 중증남성 장애인은 70만 원, 중증여성 장애인의 지급단가는 90만 원이다.

2023년 12월 말 기준, 의무고용 사업체(32,316개소)의 장애인 고용률은 3.17%로 전년대비 고용률이 0.05%p 상승하는 등 최근 장애인 고용의 증가추세가 지속되고 있다. 부문별로 살펴보면 2022년 12월 말 기준, 국가 및 자치단체(318개 기관)의 장애인 공무원 의무고용률은 2.86%로 전체 장애인의무고용률보다 0.31%p 낮은 것으로 나타났다. 반면에 국가 및 자치단체에 고용된 비공무원 장애인 근로자의 의무고용률은 6.14%로 전체 의무고용률보다 2배 가까이 높았다. 또한 민간부문 중 공공기관(794개소)의 의무고용률은 3.90%로 전체 의무고용률보다 0.73%p 높은 것으로 나타났다. 가장 의무고용인원이 많은 30,897개 민간기업의 의무고용률은 2.99%였으며, 다른 부문과 마찬가지로 상승하는 추세가 지속되고 있다(한국장애인고용공단, 2024).

한편, 2022년 12월 말 기준 부담금을 부과하는 100인 이상 사업체의 장애인의무고용률은 500인 이상 사업체와 500인 미만 사업체에서 상반된 경향을 보였다. 즉 상시근로자 수가 500인 미만 사업체에서는 근로자 수가 많아질수록 고용률이 증가하다가 500인 이상 사업체에서는 근로자 수가 많아질수록 고용률이 낮아졌다(한국장애인고용공단, 2023).

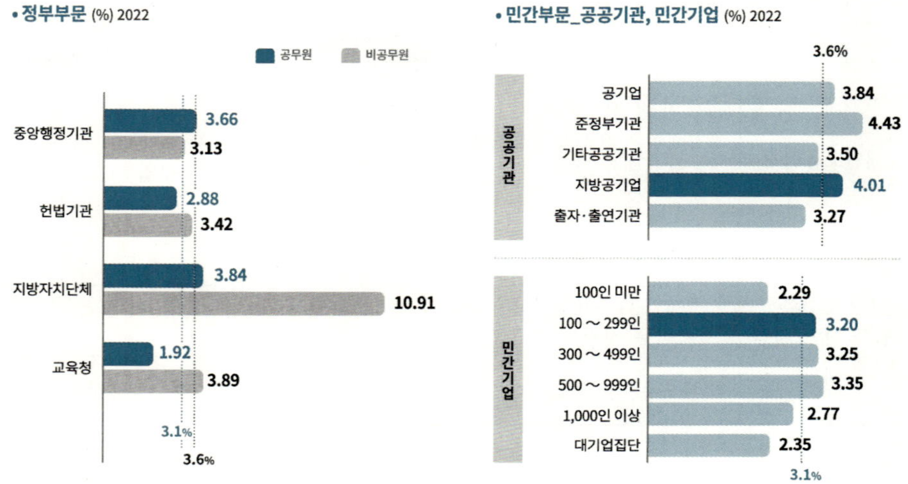


주 1) 2022년 기준 법정의무고용률은 정부부문 공무원, 정부부문 비공무원, 공공기관 3.6%, 민간기업 3.1%임(세로선 참조)
2) 대기업집단: 공정거래위원회 지정 자산총액 10조원 이상 상호출자제한기업집단

그림 9-2 | 장애인 의무고용 현황

출처: 한국장애인고용공단(2024). 한눈에 보는 2023 장애인통계.

### (2) 기타 고용서비스

그 밖에 고용노동부 소관의 장애인 고용서비스를 총괄하고 있는 기관으로서 한국장애인고용공단은 취업지원, 교육훈련, 근로장애인과 사업주 지원 등의 다양한 고용서비스를 실시하고 있다.

표 9-4 | 한국장애인고용공단 장애인 지원 주요 고용서비스 현황

| 구분 | 사업내용 |
| --- | --- |
| 취업지원서비스 | 장애인의 취업 전 준비부터 취업 후 적응까지 체계적 지원 |
| 보조공학기기 지원 | 장애인의 고용촉진과 고용안정을 도모하기 위해 직업생활에 필요한 보조공학기기를 고용유지조건 혹은 무상으로 지원 |
| 근로지원인 서비스 지원 | 직장생활의 부수적인 업무에 근로지원인을 지원해 중증장애인의 직업생활을 지원 |
| 직업능력 개발사업 | 직업능력개발원, 맞춤훈련센터, 디지털훈련센터, 발달장애인훈련센터 운영을 통해 장애인의 장애정도 및 학습능력에 맞춘 직업훈련 기회 제공 |

표 9-5 | 한국장애인고용공단 사업주 지원 주요 고용서비스 현황

| 구분 | 사업내용 |
|---|---|
| 장애인고용환경 개선 융자지원 | • 장애인 고용시설 설치비용 융자: 장애인을 위한 작업시설, 부대시설, 편의시설 등의 설치·구입·수리 목적의 비용 융자<br>• 장애인 고용시설장비 무상지원: 편의시설의 설계·설치·구입·수리, 통근용 승합자동차 구입, 재택근무에 필요한 작업장비의 설치·구입·수리 등 비용 지원<br>• 고령자 고용환경개선자금 융자: 고령자 친화적 시설 또는 장비의 구입·설치·개선·교체 목적의 비용 융자 |
| 장애인 표준 사업장 설립 지원 | • 장애인 다수고용사장인 표준사업장을 설립 운영하거나 설립하려는 사업주에게 비용 지원 |
| 장애인 고용장려금 지급 | 의무고용률을 초과하며 장애인을 고용하고 있는 사업주에게 공용장려금 지원 |

## 2) 보건복지부 고용서비스 현황

### (1) 장애인직업재활시설 운영

보건복지부는 주로 경쟁고용이 되지 못하는 중증장애인들을 대상으로 직업재활시설을 통한 보호고용서비스를 제공하고 있다. 직업재활시설이라 함은 일반작업 환경에서는 일하기 어려운 장애인이 특별히 준비된 작업환경에서 직업훈련을 받거나 직업생활을 할 수 있도록 하는 시설을 말한다. 직업재활시설의 종류에는 장애인근로사업장, 장애인보호작업장, 장애인직업적응훈련시설 등 세 가지가 있으며 이들 시설의 기능 등을 살펴보면 다음과 같다.

표 9-6 | 장애인직업재활시설 개요

| 유형 | 기능 | 최소인원수 및 근로장애인비율 | 급여 지급 |
|---|---|---|---|
| 근로 사업장 | 직업능력은 있으나 이동 및 접근성이나 사회적 제약 등으로 취업이 어려운 장애인에게 근로의 기회를 제공하고, 최저임금 이상의 임금을 지급하며, 경쟁적인 고용시장으로 옮겨갈 수 있도록 돕는 역할을 하는 시설 | • 최소인원수: 근로장애인 30인 이상<br>• 총인원 중 장애인 70% 이상·근로장애인 중 60% 이상을 장애정도가 심한 장애인으로 고용<br>• 재가장애인 50% 이상 | 근로장애인의 2/3에게 최저임금 이상 지급을 위해 노력을 다해야 하며 근로장애인 1인당 월 평균임금은 최저임금의 80% 이상을 유지하도록 노력 |

| 유형 | 기능 | 최소인원수 및 근로장애인비율 | 급여 지급 |
|---|---|---|---|
| 보호 작업장 | 직업능력이 낮은 장애인에게 직업적응능력 및 직무기능향상훈련 등 직업 재활훈련 프로그램을 제공하고, 보호가 가능한 조건에서 근로의 기회를 제공하며, 이에 상응하는 노동의 대가로 임금을 지급하며, 장애인 근로사업장이나 그 밖의 경쟁적인 고용시장으로 옮겨갈 수 있도록 돕는 역할을 하는 시설 | • 최소인원수: 근로장애인 10인 이상<br>• 총인원 중 장애인 70% 이상<br>• 근로장애인 중 80% 이상을 장애정도가 심한 장애인으로 고용<br>• 재가장애인 50% 이상 | 근로장애인의 2/3에게 최저임금의 40% 이상 지급을 위해 최선의 노력을 다해야 하며 근로장애인 1인당 월평균임금은 최저임 금의 30% 이상을 유지하도록 노력 |
| 직업 적응 훈련 시설 | 직업능력이 극히 낮은 장애인에게 작업활동, 일상생활훈련 등을 제공하여 기초작업능력을 습득시키고, 작업평가 및 사회적응훈련 등을 실시하여 장애인보호작업장 또는 장애인근로사업장이나 그 밖의 경쟁적인 고용시장으로 옮겨갈 수 있도록 돕는 역할을 하는 시설 | • 최소인원수: 훈련장애인 20인 이상(근로장애인 고용금지)<br>• 총인원 중 발달장애인 80% 이상<br>• 재가장애인 50% 이상 | 최저임금 기준 적용되지 않음(단, 지자체 예산 확보 시, 훈련수당 지급가능) |

직업재활시설은 2022년 말 기준으로 근로사업장이 70개소, 보호작업장이 682개소, 직업적응훈련시설이 40개소 등 전체 792개소가 설치·운영되고 있다. 이는 2020년과 비교해 근로사업장 3개소, 보호작업장 63개소, 직업적응훈련시설 6개소 등 총 72개소가 증가한 것으로 매년 꾸준히 증가하고 있음을 확인할 수 있다.

**표 9-7 | 직업재활시설 설치·운영 현황** (단위: 개소)

| 구분 | 2020년 | 2021년 | 2022년 |
|---|---|---|---|
| 전체 | 720 | 773 | 792 |
| 근로사업장 | 67 | 68 | 70 |
| 보호작업장 | 619 | 667 | 682 |
| 직업적응훈련시설 | 34 | 38 | 40 |

출처: 이혜경 외(2023). 장애인직업재활시설 실태조사.

이용장애인은 직업재활시설에서 직업재활서비스를 받기 위해 등록된 장애인을 말한다. 직업재활시설 수가 늘어나는 것에 비례해 이용장애인 수도 지속적으로 증가하고 있는 것으로 나타났다. 직업재활시설 이용장애인 수는 2020년 19,734명, 2021년 20,504명(3.9%↑), 2022년 20,819명(1.5%↑)으로 매년 증가하고 있는 가운데, 시설 당 평균 이용장애인은 2020년 27.4명, 2021년 26.5명(0.9명↓), 2022년 26.3명(0.2명↓)으로 지속적으로 감소하였다. 이용장애인 중 여성비율은 2020년 36.5%, 2021년~2022년 36.7%(0.2%p↑)로 증가한 것으로 나타났다(이혜경 외, 2023).

직업재활시설 이용 장애인은 고용계약에 근거하여 임금을 받는 근로장애인과 직업적응능력 및 직무기능향상 훈련을 목적으로 하는 훈련장애인으로 구분된다. 이 중 근로장애인의 실태를 살펴보면, 근로장애인 수는 2020년 12,712명에서 2022년 14,228명으로 증가하였으며, 중증근로장애인 역시 2020년 12,025명에서 2022년 12,997명으로 증가하였다. 근로장애인 월평균 임금은 2020년 522천 원, 2021년 556천 원, 2022년 648천 원으로 지속적 증가하는 것으로 나타난 가운데, 시설유형별로 살펴보면, 보호작업장은 2020년 451천 원, 2021년 487천 원, 2022년 498천 원으로 증가하였고, 근로사업장은 2020년 1,178천 원, 2021년 1,206천 원, 2022년 1,255천 원으로 증가하였다.

근로장애인 월평균 근무시간의 경우 2020년~2021년 106시간, 2022년 119시간으로 나타난 가운데, 시설유형별로 살펴보면, 보호작업장은 2020년~2021년 101시간, 2022년 111시간으로 나타났고, 근로사업장은 2020년 152시간, 2021년 146시간, 2022년 155시간으로 나타났다(이혜경 외, 2023).

### (2) 중증장애인생산품 우선구매 제도

중증장애인생산품 우선구매제도는 경쟁고용이 어려운 중증장애인들을 고용하는 직업재활시설 등의 생산품에 대한 우선구매를 지원함으로써 중증장애인의 직업재활 및 소득보장에 기여하기 위한 제도로서 1999년 「장애인복지법」에 따라 최초 시행되어 오다가 2008년 「중증장애인생산품 우선구매특별법」이 제정되어 중증장애인생산품의 공급자(생산시설)의 판매와 수요자(공공기관)의 구매 편의를 향상시킬 수 있도록 우선구매제도가 개선되었으며, 특히 공공기관마다 물품·용역 총구매액의 1%를 중증장애인생산품으로 구매하도록 하는 조치가 이루어져 소기의 성과를 거두고 있다. 2024년 3월말 기준 중증장애인생산품 생산시설로 지정된 시설은 794개소로 이 중 597개소가 장애인직업재활시설이며, 나머지는 197개소는 장애인단체이다.

### (3) 장애인일자리사업

장애인일자리사업은 미취업 장애인에게 공공일자리를 제공하여 장애인의 사회참여 및 소득보장을 도모하는 사업으로, 지난 2007년 도입되어 지속적으로

**표 9-8 | 2024년 장애인일자리사업 유형별 현황**

<table>
<tr><th colspan="2" rowspan="2">구 분</th><th rowspan="2">사업<br>기간</th><th colspan="4">월 임금(원)</th><th>지원인원</th><th rowspan="2">국고<br>보조율</th></tr>
<tr><th colspan="2">근로시간</th><th>인건비</th><th>운영비</th><th>총인원<br>31,546명</th></tr>
<tr><td rowspan="4">일반형<br>일자리</td><td rowspan="2">전일제</td><td rowspan="2">12개월</td><td>1월~11월</td><td>주 5일<br>(40시간)</td><td>2,060,740원</td><td rowspan="2">231,810원<br>(1인/월)</td><td rowspan="2">7,640명</td><td rowspan="4">서울 30%<br>지방 50%</td></tr>
<tr><td>12월</td><td>주 5일<br>(37.5시간)</td><td>1,932,560원</td></tr>
<tr><td rowspan="2">시간제</td><td rowspan="2">12개월</td><td>1월~11월</td><td>주 20시간</td><td>1,030,370원</td><td rowspan="2">115,900원<br>(1인/월)</td><td rowspan="2">3,975명</td></tr>
<tr><td>12월</td><td>주 19시간</td><td>977,120원</td></tr>
<tr><td colspan="2">복지<br>일자리</td><td>12개월</td><td colspan="2">주 14시간 이내<br>(월 56시간)</td><td>552,160원</td><td>23,690원<br>(1인/월)</td><td>17,294명</td><td>서울 30%<br>지방 50%</td></tr>
<tr><td rowspan="4">특화형<br>일자리</td><td rowspan="2">시각장애인<br>안마사<br>파견</td><td rowspan="2">12개월</td><td>1월~11월</td><td>주 5일<br>(25시간)</td><td>1,291,660원</td><td rowspan="2">153,330원<br>(1인/월)</td><td rowspan="2">1,360명</td><td rowspan="2">전체 80%</td></tr>
<tr><td>12월</td><td>주 5일<br>(23.5시간)</td><td>1,212,780원</td></tr>
<tr><td rowspan="2">발달장애인<br>요양보호사<br>보조</td><td rowspan="2">12개월</td><td>1월~11월</td><td>주 5일<br>(25시간)</td><td>1,291,660원</td><td rowspan="2">155,660원<br>(1인/월)</td><td rowspan="2">1,277명</td><td rowspan="2">서울 30%<br>지방 50%</td></tr>
<tr><td>12월</td><td>주 5일<br>(23.5시간)</td><td>1,212,780원</td></tr>
</table>

출처: 보건복지부(2024). 장애인 일자리 사업 안내.

확대되고 있는 공공일자리 사업이다. 2024년 기준 장애인일자리사업은 다음의 3가지 유형으로 나뉘어 추진되며 총 31,546명에게 일자리를 제공할 계획으로 있다.

### 3) 우리나라 장애인 고용서비스 문제점

우리나라의 장애인 고용서비스의 문제점을 살펴보면 다음과 같다.

첫째, 의무고용정책대상의 광범위성과 의학적 기준에만 의존하는 판정체계라는 문제가 있다. 현행, 의무고용제도는 등록장애인 전체를 고용촉진과 직업재활대상자로 규정하고 있어, 의무고용대상자로서 근로능력이 미약한 직업적 장애인을 판별하는 시스템이 부재한 상황이다.

둘째, 경증장애인 고용쏠림 현상의 문제가 있다. 할당제(의무고용제)의 도입 취지와 달리 의무고용 일자리는 경증장애인이 대부분을 차지하고 있으며, 많은 중증장애인들은 보호작업장 등과 같은 직업재활시설에서 일을 하고 있으며, 상당수가 최저임금을 받지 못하고 있는 상황이다.

셋째, 법정 의무고용률이 단계적으로 상향됨에 따라 실제 의무고용률 역시 지속적으로 높아지고 있으나 여전히 할당 비율을 충족하지 못하고 있는 상황이며, 특히 상대적으로 일자리의 질이 좋은 대기업의 의무고용 이행이 매우 저조한 실정이다.

넷째, 관련 부처 간 역할분담 및 연계가 부족한 상황이다. 분절적 전달체계 및 협력체계 부재로 인해 고용노동부, 교육부, 보건복지부 등 3개 부처 간 정책 연계가 미흡하여 정책의 효율성이 낮은 상황이다.

다섯째, 장애인 고용재원의 부족과 기금의 비합리적 사용의 문제점을 들 수 있다. 의무고용 미이행 사업장의 사업주가 납부하는 부담금으로 조성되는 장애인고용촉진 및 직업재활기금이 전체 장애인 고용서비스 예산에서 절대적 비중을 차지하는 재정구조하에서, 향후 의무고용률 이행률이 높아질수록 부담금 수

입은 줄 수밖에 없으며 이는 결국 장애인 고용서비스 예산이 부족해지는 역설적인 상황을 맞게 될 수밖에 없다. 이와 관련하여 선진 외국의 경우 부담금은 사업주와 장애인 지원을 위해 주로 활용되고, 기관설립, 인건비, 직업능력개발훈련비 등은 일반회계나 사회보험이 담당하는 등 장애인 고용서비스 예산의 재원구조를 다각화하고 있는 것은 적지 않은 시사점을 제공해 준다고 할 수 있다.

## 5. 장애인 고용서비스 개선방안

우리나라 장애인 고용서비스 중에서 실제 장애인의 고용에 가장 큰 영향을 미치는 의무고용제도와 그 밖의 다른 고용서비스를 구분하여 바람직한 개선방안을 제시하고자 한다.

### 1) 의무고용제도

첫째, 의무고용정책의 기조를 고용확대에서 일자리의 질을 높이는 쪽으로 전환할 필요가 있다. 우리나라의 경우 1991년 장애인 의무고용제도 도입 이후 2024년까지 지속적으로 의무고용률(쿼터)을 상향하여 왔으나, 자동화로 인한 노동력수요가 감소하는 후기산업사회적 특성과 장애인구의 급속한 고령화라는 정책 환경을 고려할 때 이러한 정책 기조를 앞으로도 지속할 수 있을 지에 대한 중장기적 검토가 필요하다고 판단된다. 특히 2022년 말 기준 65세 이상 장애인 비율이 52.8%에 달하고 향후에는 이 비율이 더욱 증가할 것이라는 인구학적 전망은 향후 의무고용률을 상향하더라도 실제 취업할 수 있는 장애인구는 제한되어 있다는 점에서 그 효과는 미미할 것으로 전망된다. 따라서 향후 장애인 의무고용 정책의 기본 방향은 제도 도입 후 지금까지 이어져 온 의무고용률 상향을 통한 장애인 고용의 양적 확대 기조에서 현재 적용되고 있는 의무고용 일자리 내에서 상대적으로 질이 좋은 일자리에 장애인 고용이 증가할 수 있도록 하는 장애인 고용의 질적 확대 기조로 전환할 필요가 있다. 일자리의 질을 반영한 의무고용제도라는 의미는 장애인과 비장애인을 포함한 전체 근로자의 일자리에서 질 좋은 일자리에 취업하고 있는 전체 근로자의 비율과 동일한 비율로 장애인 근로자도 그러한 질 좋은 일자리에 취업할 수 있어야 한다는 것이라고 할 수 있다.

둘째, 의무고용 적용 대상 사업장 기준을 확대할 필요가 있다. 일반적으로 기업규모가 클수록 장애인 의무고용률이 낮게 나타나고 있음을 고려하여, 상대적으로 일자리의 질이 좋은 대기업의 장애인 의무고용률을 제고하는 차별적 조치와 함께, 의무고용 적용 대상 사업장 기준을 완화하는 조치가 필요하다. 구체적으로 장애인 의무고용제도를 시행하고 있는 OECD국가의 사례를 반영하여, 현재 50인 이상으로 되어 있는 의무고용대상 사업장 기준을 확대하여 단계적으로 30인 이상 사업장까지 낮추도록 하는 것이 바람직할 것으로 사료된다.

셋째, 합리적인 장애인 의무고용제도 대상자 선정 기준을 마련할 필요가 있다 의학적 기준의 엄격함으로 인해 다른 주요 국가에 비해 한국의 장애출현율은 매우 낮을 뿐만 아니라 장애인구의 급속한 고령화로 인해 등록장애인구를 장애인 고용서비스의 대상으로 설정하고 있는 현 체제하에서는 고용서비스의 효과성을 제고하기 어렵다. 따라서 등록 장애인 모두를 의무고용제도 등 고용서비스 대상으로 설정하는 제도적 관행에서 탈피하여, 등록 장애기준과 별개로 고용서비스의 대상을 선별하는 직업적 장애 판정 기준을 수립하여 이를 토대로 고용서비스의 정책 대상을 확대하는 개혁적 조치가 필요하다. 이를 위해 단기적으로는 2003년 장애범주 확대 이후 추가적인 범주 확대가 없었음을 고려하여, 사회경제적 지원의 필요도를 고려하여 단계적으로 장애 범주를 확대함으로써 장애인 고용서비스 대상을 확대할 필요가 있으며, 장기적으로는 의무고용제도, 지원고용서비스, 보호고용서비스, 재정지원 일자리 사업의 대상자를 선정하는 기준으로서 직업적 장애 판정 기준을 수립할 필요가 있다.

## 2) 기타 고용서비스

첫째, 중증장애인 중심의 고용서비스 내실화가 필요하다. 이를 위해서 먼저 지원고용의 확대 및 체제 개편이 필요하다. 지원고용사업 대상자 확대와 더불어 현재 3~7주간(필요시 최대 6개월)의 현장훈련을 개별특성을 고려해 미국 등의 경우처럼 8개월~1년까지 확대가 필요하다. 또한, 지원고용 현장 훈련 후 사업체 배치비율을 높이고, 필요한 적응지원을 장기간 제공하는 것은 물론, 직무지도원의 역량강화와 근로조건 개선 등의 활동이 필요하다. 다음으로 보호고용 장애인의 최저임금 지급 범위 확대 및 임금보조 등이 시급하다. 다른 나라들처럼 정부가 직업재활시설에서 일하는 중증장애인의 생산성 보전을 위해 임금을 보조하는 것이 필요하다. 예를 들어 보호작업장 근로장애인 2/3 이상에게 최저임금의 40% 이상 지급 규정을 최저임금의 60% 정도를 보장하는 내용으로 개정하는 등의 개선이 필요하다.

둘째, 중증장애인 근로지원인 서비스 확대가 필요하다. 예산 확충을 통해 서비스 대상자와 근로지원인 수를 확대하고, 안정적 재원 확보 및 보편적 사업화를 위해 관련 예산을 장애인고용촉진기금에서 고용보험기금(고용안정사업)으로 전환하는 것이 필요하다.

셋째, 장애인고용서비스 연계강화를 통해 개인별 사례관리체계를 제도화하는 것이 필요하다. 즉, 고용 · 교육 · 복지 서비스 간 분절적으로 운영 · 전달되고 있는 서비스를 유기적 연계를 통해 수요자 중심의 통합적 고용서비스 체계를 구축하는 것이 필요하다.

넷째, 장애인 고용서비스 예산에서 정부의 일반회계 비중을 확대하는 것이 필요하다. 이를 통해 장애인고용공단 관리운영비는 일반회계에서 지원하고, 고용기금은 고용주와 장애인 지원에 활용하는 등의 방안이 필요하다.

## 생각해보기

1. 장애 소득보장제도와 고용서비스는 장애인의 자립을 위한 두 가지 축인 동시에, 상호 간에 긴밀하게 연계되어야 할 보완재적 속성을 지니고 있다. 이러한 견지에서 우리나라 장애인 소득보장제도와 고용서비스 연계 수준은 어떠하며, 연계 활성화를 위한 주요 과제는 무엇인가?
2. 주요 선진국에서 사회통합의 패러다임에 근거하여 보호고용이 축소되는 것과 비교할 때, 우리나라의 대표적인 보호고용서비스인 장애인직업재활시설은 지속적으로 확충되고 있다. 이렇듯 직업재활시설 확충이 지속적으로 이루어지고 있는 배경 혹은 그 필요성은 무엇인가?

10 Chapter

# 장애와 교육보장

**주요 학습문제**

- 장애인교육의 원리는 무엇인가?
- 통합교육과 분리교육의 장단점은 어떻게 되는가?
- 우리나라 장애인교육의 현황은 어떠한가?
- 우리나라 특수교육의 문제점과 개선방안은 어떠한가?

## 1. 장애인교육의 개념과 목적

장애인교육은 각종 교육제도와 방법, 기술 등을 통해 장애인 개개인의 잠재력 개발과 최대한의 능력향상을 도모함으로써 사회생활 적응을 원조하는 교육적 서비스 과정이다. 이러한 장애인교육은 주로 '교육재활'이라는 이름으로 시행되고 있으며, 우리나라에서 교육재활은 크게 3가지 영역으로 구분해서 설명할 수 있다(최윤영 · 이경준, 2010).[1] 첫째, 학교 및 보육 전문시설을 중심으로 이루어지는 특수교육, 둘째, 직업교육, 셋째, 평생교육이다. 이 3가지 영역 중 가장 보편적이면서도 큰 비중을 차지하는 것은 특수교육을 통한 장애인교육이다.

현재 「장애인 등에 대한 특수교육법」에서는 장애인교육을 특수교육이라는 이

1) 한편 직업교육은 직업재활이라는 장애인 고용의 영역에서, 평생교육은 생애에 걸친 전 영역에서 골고루 다룬다고 할 수 있다(김종인 · 우주형 · 이준우, 2007).

름으로 다음과 같이 정의하고 있다. 특수교육이란 '특수교육대상자의 교육적 요구를 충족시키기 위하여 특성에 적합한 교육과정 및 특수교육 관련서비스 제공을 통하여 이루어지는 교육을 말한다'고 정의하고 있으며, 여기서 특수교육 관련서비스란 '특수교육대상자의 교육을 효율적으로 실시하기 위하여 필요한 인적·물적 자원을 제공하는 서비스로서 상담지원·가족지원·치료지원·보조인력지원·보조공학기기지원·학습보조기기지원·통학지원 및 정보접근지원 등'을 말한다. 이를 통해 장애인 및 특별한 교육적 요구가 있는 사람에게 통합된 교육환경을 제공하고 생애주기에 따라 장애유형·장애 정도의 특성을 고려한 교육을 실시하여 이들이 자아실현과 사회통합을 하는 데 기여함을 목적으로 한다.

따라서 장애인교육의 목적은 일반 교육과 다르지 않으며, 단지 일반 교육이 갖는 보편성 내에서 그들의 특수성을 인정하고 고려함으로써 특수교육을 필요로 하는 장애아동의 잠재성을 발굴하고 가능성을 최대한 신장시킴으로써 자립적이고 인간다운 삶의 영위를 위한 기초능력을 배양하는 것에 있다(최윤영·이경준, 2010).

## 2. 장애인교육의 대상

장애인교육의 대상은 주로 특수아동이라고 할 수 있는데, 이 특수아동(exceptional child)이란 '신체적, 정신적, 정서적 혹은 사회적 특성에서 소위 평균(average)이라고 간주되는 것으로부터 벗어나 있고, 이에 그들의 최대한의 능력을 개발하기 위하여 특별한 교육서비스를 필요로 하는 아동'이라고 할 수 있다(Boykin, 1957). 우리나라의 「장애인 등에 대한 특수교육법」에서는 제15조(특수교육대상자의 선정)에서 '시각장애, 청각장애, 지적장애, 지체장애, 정서·행동장애, 자폐성장애(이와 관련된 장애 포함), 의사소통장애, 학습장애, 건강장애, 발달지체 중 어느 하나에 해당하는 사람 중 특수교육을 필요로 하는 사람으로 진단 · 평가된 사람'을 특수교육대상자로 선정하고 있다.

## 3. 장애인교육의 원칙

1975년에 제정된 미국의 「전장애아교육법(The Education for All Handicapped Children Act of 1975, Public Law 94-142)」은 미국을 비롯하여, 전 세계 특수교육계의 지각변동을 몰고 온 법이다. 이 법에서는 장애아동들이 비장애아동들과 함께 동등한 공교육의 기회와 혜택을 이웃한 학교에서 최대한 누리도록 하기 위하여 연방정부와 주정부, 기타 지방의 관련 산하기관들이 적절한 교육 프로그램과 서비스를 마련하여 즉각적으로 시행에 옮길 것을 제시하고 있다. 이 법의 제정을 통해 모든 장애아동은 무상의 적절한 공교육을 받을 권리를 확립하였다(Turnbull et al., 2013). 이 법은 1990년 「장애인교육법(The Individuals with Disabilities Education Act: IDEA)」으로 명칭이 변경되었으며, 이후 몇 차례에 걸쳐서 수정되었다. 「전장애아교육법」부터 「장애인교육법」까지 변함없이 강조되고 있는 특수교육과 관련된 여섯 가지 원칙들은 다음과 같다.

### 1) 배제금지(zero reject)

이러한 배제금지 원칙은 어떠한 학교도 3~21세의 장애학생을 거부할 수 없으며, 장애의 종류와 정도를 고려하여 교육해야 함을 의미한다(Turnbull et al., 2013: 236). 이 연령대의 학생들은 장애유형과 정도에 상관없이 무료의 공교육 혜택을 받음에 있어 단 한 명도 배제되어서는 안 된다. 즉 장애학생의 학업권을 보장해야 하며 이것은 공교육에서의 통합을 지향하고 있다.

### 2) 비차별적인 평가(nondiscriminatory evaluation)

비차별적 평가 원칙은 모든 학생이 공평하고 편견 없는 평가를 통해서 장애 판명이 되어야 함을 의미한다(Turnbull et al., 2013: 241). 특수교육을 필요로 하는 학생들은 어떠한 형태로든 평가로 인한 불이익을 받아서는 안 된다. 다양한 전문가들에 의한 객관적인 평가를 통해 특수교육의 대상이 아닌 것으로 판명되면 그 학생은 더 이상의 평가나 특수교육 및 관련서비스를 받지 않아도 된다. 그러나 장애를 가진 것으로 판명되면 계속적인 평가절차를 진행하는 가운데 어떠한 유형의 특수교육과 관련 서비스를 어느 정도로 받아야 하는가를 결정하여야 한다. 이러한 평가과정에서 있을 수 있는 오류를 최소화하기 위해 다양한 검사를 다양한 전문가들에게서 받아야 하며, 평가결과를 해석함에 있어서 대상 학생의 사회, 문화, 경제, 인종적인 배경 등도 충분히 고려하여야 한다. 즉, 장애유무에 따라 적절한 특수교육 서비스를 계획하고 평가에서 비롯되는 오류의 최소화를 위해 다양한 검사 및 언어나 습관 등 학생의 문화적 배경도 함께 충분히 고려되어야 함을 강조하고 있다.

### 3) 적절한 교육(appropriate education)

적절한 교육이란 학생의 개별적 요구와 역량에 따른 맞춤식 교육을 통해 학생에게 혜택을 주는 것을 의미한다(Turnbull et al., 2013: 243). 즉, 부모나 보호자에게 어떠한 경제적 부담도 주지 않는 가운데 일반학급, 특수학급, 가정, 병원, 시설 및 기타의 장소에서 특수교육요구학생의 교육적인 필요에 맞게 설계된 개별화 교육을 적용함을 의미한다. 미국의 「장애인교육법」은 이러한 개별화 교육 계획을 이원화하여 3세부터 21세까지의 특수교육요구학생들을 위한 계획은 개별화 교육 프로그램(Individualized Education Program: IEP)으로, 출생에서 2~3세까지의 특수교육요구아동 및 가족들을 위한 개별화 계획은 개별화 가족지원

계획(Individualized Family Services Plan: IFSP)이라 규정하고 있다. 즉, 장애학생 개인과 가족의 특성에 맞는 적절한 교육을 제공할 것을 제시하고 있다.

### 4) 최소제한환경(least restrictive environment)

최소제한환경은 개별 장애학생이 비장애학생과 함께 '최대한으로 적절한 범위에서(maximum extent appropriate)' 교육받아야 함을 의미한다. 여기서 '적절한(appropriate)'의 의미는 「장애인교육법」의 "장애의 정도 또는 심각성으로 인해 보충적인 보조도구와 서비스의 사용에도 일반학급에서 만족스러운 성취가 이루어질 수 없을 때에만 특수학급, 특수학교, 기타 분리환경이 허용되는"이라는 문장에서 찾을 수 있다(Turnbull et al., 2013: 246). 즉, 특수교육을 필요로 하는 학생들이 갖고 있는 장애의 종류나 정도에 관계없이 개별적인 필요나 희망에 따라 선정된 지역사회 내의 학교에서, 최대한의 보상적인 노력이나 지원서비스를 제공받는 가운데 일반학생들과 더불어 교육을 받을 수 있도록 배려하여야 한다. 이러한 최소제한환경의 원칙은 주류화(mainstreaming), 물리적인 통합(integration), 완전 통합(inclusion)의 원칙이라고도 하며, 교육에서 제한적인 환경을 최소화함으로써 원만한 교육환경을 갖출 것을 지향하고 있다.

### 5) 적법절차에 입각한 문제해결(procedural due process)

특수교육을 필요로 하는 학생들의 교육받을 권리와 관련하여 분쟁이나 갈등이 생길 경우, 일차적으로 이해 당사자들 간의 중재(mediation)를 시도하며, 이후 문제해결이 되지 않으면 적법한 절차로서의 청문회(due process hearing)를 개최하며, 이를 통해서도 문제 해결이 되지 않으면 최종적으로 법원에 제소하는 절차를 밟는다. 이러한 절차를 통해 도출된 결과는 반드시 서면기록으로 남기고, 부모를 포함한 이해 당사자들에게 통지하여야 한다. 즉, 교육상의 불이익이나 차별이 발생할 경우 이에 대한 합당한 권리의 보장을 요구하는 적법절차를 두고 있다.

### 6) 부모-학생의 참여권리(parent-student participation)

특수교육을 필요로 하는 학생들과 관련된 지역정책이나 교육정책, 평가과정, 개별화 교육계획안 등을 마련하는 과정에 부모와 학생들을 반드시 참여시켜야 한다. 즉, 당사자인 학생과 그들의 보호자가 권익옹호자 내지는 교육관련 서비스 제공에서의 중요한 팀 구성원으로서의 부모와 학생의 참여 권리를 제시하고 있다.

이러한 원칙을 토대로 특수교육의 주요 내용에 대해서 정리하면 다음과 같다(최윤영 · 이경준, 2010). 첫째, 특수교육이 궁극적으로 추구하는 가치는 통합적 교육을 의미한다. 따라서 특별히 필요한 경우를 제외하고는 가급적 일반학교 내 일반학급 내에서 교육을 하도록 한다. 또한 단순히 물리적 배치나 물리적 환경의 개선만으로 통합을 지향하는 것이 아닌, 일반교사와 학생, 모든 부모에 대한 인식의 제고를 통해 장애아동의 특수성과 통합에 대한 이해를 도모하고 개별학습의 중요성에 대한 인식도 함께 지향해야 함을 의미한다. 둘째, 특수교육의 목적은 일반교육의 목적과 다르지 않다. 즉, 자아실현, 인간관계 개선, 경제능력 배양 등 일반 교육의 목적과 동일하게 설정하여야 한다. 셋째, 특수교육의 방법은 일반교육과 다르다는 점을 인정한다. 즉, 장애에 따른 특수성과 그에 합당한 특별한 시설과 교육방법, 특별한 훈련을 받은 전문교사와 여러 가지 보조서비스의 필요성을 인정하고 그 안에 적절한 도모가 이루어져야 한다. 넷째, 특수교육은 장애아동의 발전과 효과적인 교육적 개입원조를 위해 여러 영역 간 전문가들의 종합적이고 협력적인 체계여야 한다. 이를 통해 보다 더 총체적이고 유기적인 관계 속에서 장애아동의 욕구에 기반을 둔 서비스를 계획하고 실천할 수 있어야 한다. 다섯째, 특수아동은 서로 같은 장애 영역이라고 할지라도 그 수준과 정도 등에서 다양하고 복잡한 차이성을 보일 수 있다. 따라서 획일적, 일괄적 또는 보편적 측면의 접근보다는 개별적이고 개성적인 욕구를 인정하고 그에 상응한 개별화 교육프로그램을 조성하여야 한다. 여섯째, 장애아동의 교육은 학문 학습상의 필수 교과지도 외에도 다양한 방법과 수준에 의한 보조서비스가 요구된다. 즉, 치료적 교육서비스를 포함한 의료서비스, 사회생활적응 및 직업훈련, 전환교육 등 각종 훈련 프로그램과 이 과정들에서의 적절한 효과를 가져올 수 있게 기여하는 특별한 시설이나 각종 기자재, 보장구 등이 필요하다.

## 4. 장애인교육에 대한 접근법

### 1) 통합교육과 분리교육

앞서 장애인교육이 궁극적으로 추구하는 가치를 통합교육이라고 제시하였지만, 여전히 모든 장애인이 일반학교 내 일반학급에서 교육을 받는 것은 아니다. 장애인교육은 크게 통합교육(inclusive education)과 분리교육(segregated education)으로 나눌 수 있다. 통합교육은 장애아동들이 비장애아동과 함께 일반학급에서 교육받는 것이라고 할 수 있으며, 분리교육은 일반교육 체제와 분리하여 특수교육기관, 즉 특수학급, 특수학교, 기숙학교, 병원학교 등과 같이 별도의 장소에서 특수교육을 필요로 하는 아동에 대해 교육하는 것이라고 할 수 있다.

통합교육과 분리교육의 차이점을 정리하면 다음의 〈표 10-1〉과 같다.

표 10-1 | 통합교육과 분리교육의 차이점

| | 통합교육 | 분리교육 |
|---|---|---|
| 서비스 개시 | 주로 출생부터 시작 | 주로 초등학교부터 시작 |
| 특수 프로그램 접근 | 통합된 프로그램에 접근 | 분리된 프로그램에 접근 |
| 프로그램의 제공 | 일반교육 프로그램 제공 | 특수 제작된 프로그램 제공 |
| 직업교육 | 지역사회 실제 직업교육 프로그램 적용과 직업경험 | 장애직업교육과정의 적용과 직업경험 |
| 서비스 제공 | 지역사회 내의 일반 기관으로부터 서비스 제공 | 분리된 기관으로부터 사회, 가정, 건강서비스 제공 |
| 시설활용 | 기존의 다양한 시설들을 통합적으로 활용 | 대규모 시설과 기관을 별도로 활용 |
| 사회교육 참여 | 고등교육기관이나 직업훈련 프로그램의 일반훈련 | 장애학생들을 위한 별도의 교육, 직업훈련 |

## 2) 장애인 통합교육

### (1) 통합교육의 개념과 목적

통합교육은 일반적으로 '장애학생들을 비장애학생들의 교육과정에 포함'시키는 것을 의미한다. 우리나라 「장애인 등에 대한 특수교육법」 제2조(정의)에서는 통합교육을 '특수교육대상자가 일반학교에서 장애유형 · 장애정도에 따라 차별을 받지 아니하고 또래와 함께 개개인의 교육적 요구에 적합한 교육을 받는 것을 말한다.'고 정의를 내리고 있다. 한편 카우프만 등(Kauffman et al., 1975)의 정의에 따르면, 통합은 장애아동을 일반학급에 물리적으로 통합하는 시간적 통합 외에도 교수활동적 통합, 그리고 사회적 통합을 모두 포함한다.

시간적 통합(temporal integration)이란 일정 시간 동안 장애가 없는 또래와 동일한 교육환경에 배치하는 것을 의미하며, 교수활동적 통합(instructional integration)이란 일반학급의 학업활동에 의미 있게 참여하는 것을 말한다. 그리고 사회적 통합(social integration)이란 통합되는 학급의 교사와 또래로부터 학급의 구성원으로 수용되는 것을 의미한다. 진정한 의미에서의 통합은 마지막 사회적 통합까지 이루어지는 것을 의미한다(이소현 · 박은혜, 2006; 최윤영 · 이경준, 2010에서 재인용).

### (2) 통합교육의 효과성과 조건

통합교육과 분리교육은 각각 다른 의미를 갖고 있으며, 아직도 많은 부분에서 논의가 진행되고 있다. 통합교육이 좋다는 주장과 분리교육이 좋다는 주장을 정리하면 〈표 10-2〉와 같다.

**표 10-2 | 통합교육이 좋다 vs 분리교육이 좋다**

| 통합교육이 좋다 | 분리교육이 좋다 |
|---|---|
| 1. 분리교육은 민주주의 교육이념과 배치된다.<br>2. 분리교육은 터무니없이 많은 비용을 발생시키면서도 교육성과라는 측면에서는 오히려 통합교육을 통해 얻은 성과보다도 못하거나 대등하다.<br>3. 분리교육은 특수교육요구 아동들의 지역사회 통합에 필요한 기능적인 상호작용 기술의 습득이나 일반화의 문제를 해결할 수 없다.<br>4. 통합교육환경에서 장애아동과 장기간 접촉하는 비장애아동일수록 장애인에 대한 친근감이 높고 편견도 덜하다. 따라서 통합교육은 배려하고 포용하는 평등한 사회도모에 아주 중요하다. | 1. 특수교육요구아동들이 지니는 독특한 특성과 개인차로 인해서 일반교육환경보다도 시설이 좀 더 잘 갖춰지고, 계획된 환경에서의 독특한 교육내용과 방법의 적용을 필요로 한다.<br>2. 특수교육요구아동들의 제반특성과 교육적인 필요를 제대로 충족시킬 수 있을 정도로 준비되지 않은 일반교사에게 일반아동들과 더불어 교육받게 하는 것은 결과적으로 계속적인 실패와 좌절, 그로 인한 학습된 무기력감의 팽배와 자신감 상실을 부추길 뿐이다.<br>3. 특히 청각장애아동과 지적장애아동의 경우에는 통합교육이 반드시 긍정적인 경험을 가져오지 않는다는 연구결과들이 다수 보고되고 있다. 세계청각장애인협회는 청각장애아동을 위한 최적의 교육환경은 교사와 학생이 모두 수어로 모든 의사소통을 할 수 있는 학교이며, 동료 학생들 및 교사들과 의미 있는 상호작용이 배제된 상태에서 단지 통합을 위해 청각장애아동을 일반 학교에 배치하는 것은 청각장애학생을 교육과 사회로부터 배제시키는 것이라고 주장한다. |

통합교육의 효과성에 대해서 장애학생과 비장애학생 각 측면에서 살펴보면 다음과 같다(최윤영 · 이경준, 2010). 먼저 장애아동들은 비장애아동의 행동을 살펴보고, 이들과의 상호작용을 통해 사회적으로 수용되는 다양한 행동을 배우

고, 바람직하지 못한 행동을 감소시키는 등 자신들의 행동을 변화시킬 수 있다. 이는 장애 아동이 사회생활에 필요한 사회성 등을 향상시키는 데 많은 도움이 된다. 또한 장애아동은 언어와 관련하여 다양한 어휘와 바른 언어표현 방식을 배울 수 있다. 또한 비장애아동과 생활을 하면서 장애아동은 숨겨진 잠재력을 발견하고 이를 발휘할 기회를 가질 수 있다. 그리고 장애아동이 또래와 함께 공부한다는 자긍심을 가짐으로써 자아존중감 발달에도 도움이 된다. 한편 비장애아동은 장애에 대한 편견과 선입견을 줄일 수 있으며, 장애에 대해서 일찍 알게 됨으로써 좀 더 성숙해질 수 있다. 구체적으로는 인간의 다양성과 존엄성을 장애아동을 통해 생각해 볼 수 있으며, 다른 사람을 배려하는 태도를 갖는 데 도움이 되는 것이다. 또한 다른 사람을 도울 기회를 가지고, 함께 하는 방법을 배울 수 있다. 결국 장애아동을 이해하고 함께 어울리는 것 자체가 비장애아동에게 효과적인 인성교육이 될 수 있다.

한편 통합교육의 단점에 대해서 생각해 보면 다음과 같다(최윤영 · 이경준, 2010). 먼저, 장애학생의 관점에서 살펴보면 통합교육을 하는 데 교사와 비장애학생, 그리고 학부모의 생각과 태도가 개선되지 않으면 장애학생들이 오히려 상처를 받을 수 있다. 또 학교에 장애인을 위한 편의시설과 교보재 지원 등이 이루어지지 않으면 학교시설 이용 등에서 장애아동들이 제한을 받을 수 있으며, 이는 오히려 장애학생들의 교육권이 침해받는 상황이 될 수 있다. 다음으로 비장애학생의 통합교육과 관련한 문제점을 살펴보면 장애학생에게 관심이 쏠리거나 장애학생의 도전적 행동으로 인해 비장애학생의 교육권이 침해당할 수 있다. 또 교육관련활동을 하는데 장애학생으로 인해 비장애학생들의 선택과 자유가 일정정도 제한될 수 있다.

이와 같은 통합교육이 성공적으로 이루어지기 위해서는 갖추어야 할 몇 가지 전제조건들이 존재한다. 실질적인 통합교육을 위해서는 장애아동의 준비 차원에서 조기통합교육을 통해 사회적 접촉의 가능성을 미리 수용할 것이 강조되며, 비장애아동의 태도 차원에서는 비장애아동을 대상으로 장애에 대한 적절한 오리엔테이션이 강조된다. 일반교사의 태도와 관련해서는 개방적 사고와 책임, 특수교사와의 협력적 문제 해결, 장애학생의 학교와 학급에 대한 소속감 고취 등이 강조되며, 부모의 태도와 관련해서는 부모의 통합교육에 대한 인식 제고와 장애 이해 및 장애와 비장애 부모 모임 등을 통한 상호 이해도모가 중요하다(최윤영 · 이경준, 2010: 140~141).

### (3) 통합교육의 유형과 방법

통합교육은 장애인복지 전반에서 제기되는 노멀라이제이션(normalization) 원칙, 즉 최대한 일반적인(normal) 환경에서 장애인이 생활해야 한다는 원칙을 기본으로 앞서 특수교육 원리로 제시한 배제금지, 비차별적 평가, 적절한 교육, 최소제한적 환경, 적법절차에 입각한 문제해결, 부모-학생의 참여권리 등을 기본에 두고 있다. 이러한 의미에서 특수교육 대상자로 선정된 장애아동은 통합교육을 위한 일반학교의 일반학급 배치를 최우선으로 할 수 있다. 그러나 장애의 유형이나 정도, 일반학교의 환경 등을 고려할 때 일반학교에 설치된 특수학급으로의 배치가 더 좋을 수도 있다. 한편 통합교육과 분리교육은 이분법적으로 나눌 수 있는 것은 아니다. 일반학급에서 장애학생과 비장애학생이 완벽하게 통합되어 교육을 받는 교육부터, 가정이나 병원에서 장애학생이 별도의 개별교육을 받는 것까지 교육의 형태를 다양하게 펼칠 수 있다. 통합교육과 분리교육의 스펙트럼을 넓게 펼쳐보면, 〈표 10-3〉과 같이 나누어서 볼 수 있다.

이러한 교육에서 가장 중요한 것은 장애아동 개인에 맞춘 개별화 교육이다. 즉 장애아동의 특별한 욕구와 함께 가족의 욕구, 환경적인 상황을 함께 고려하여 개인별 맞춤형 교육을 실시하는 것이다. 이러한 것은 장애아동 개인의 상황과 맥락에 따라 일반학급에서 일반아동들과 동등하게 제공받는 일반교육부터 가정이나 병원에서 일대일 교육을 받는 것까지 모두 포괄하는 것이라고 할 수 있다.

표 10-3 | 통합교육-분리교육 형태 스펙트럼

| 단계 | 교육형태 |
| --- | --- |
| 1 | 일반 학급에서 일반아동들과 동등하게 제공받는 일반교육 |
| 2 | 일반교사에게 특수교육상담이 지원되는 일반교육 |
| 3 | 특수교사가 시간제로 일반학급에서 제공하는 일반교육 |
| 4 | 특별지도 교사나 순회교사에 의해 시간제로 분리교육이 제공되는 일반교육 |
| 5 | 시간제로 특수학급에서 제공되는 교육 |
| 6 | 일반아동들과의 사회통합의 기회가 제공되는 전일제 특수학급에서의 교육 |
| 7 | 전일제 특수학급에서의 교육 |
| 8 | 특수학교에서의 교육 |
| 9 | 기숙시설에서의 교육 |
| 10 | 가정이나 병원에서의 교육 |

# 5. 우리나라 장애인교육 정책 현황

## 1) 장애인교육의 법률적 기반

우리나라는 「헌법」 제31조 제1항 '모든 국민은 능력에 따라 균등하게 교육을 받을 권리를 가진다.'는 규정에 근거를 두고, 「교육기본법」 제18조(특수교육)에 '국가와 지방자치단체는 신체적 · 정신적 · 지적장애 등으로 특별한 교육적 배려가 필요한 자를 위한 학교를 설립 · 경영하여야 하며, 이들의 교육을 지원하기 위하여 필요한 시책을 수립 · 실시하여야 한다.'고 규정하고 있다. 이를 위해서 「초 · 중등교육법」 제7절 '특수학교 등'과 「장애인복지법」 제20조(교육)의 규정, 그리고 「장애인 등에 대한 특수교육법」을 통해 장애인교육에 대한 구체적인 사항을 규정하고 있다. 이러한 법률적 기반을 자세히 살펴보면 [그림 10-1]과 같다.

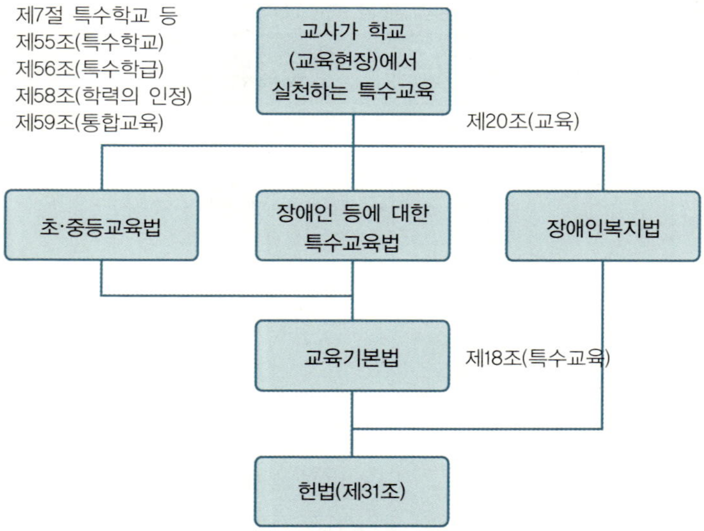


**그림 10-1 | 우리나라 장애인교육의 법률적 기반**

우리나라의 장애인관련법 중 최초로 제정된 법은 1977년 12월에 제정된 「특수교육진흥법」이다. 이 법을 통해 당시 우리나라 장애인교육을 공적으로 보장하기 시작하였고, 전국 시·도에 공립 특수학교와 특수학급을 설치하는 등 특수교육 발전의 기틀 마련을 위한 법적 근거를 만들게 되었다. 이후 수차례 개정을 통해 여러 가지 장애인교육을 위한 다양한 방안이 포함되었다. 그러나 이 법은 초·중등교육 중심으로 규정되어 있어 장애영·유아 및 장애성인을 위한 교육지원에 대한 규정이 미흡하며, 국가와 지방자치단체의 특수교육지원에 대한 구체적인 역할의 제시가 부족하여 법의 실효성을 담보하는 데 한계가 있다는 평가를 받아왔다. 이러한 현장의 요구와 사회변화 등을 반영하여 좀더 내실 있는 특수교육정책을 정착시키기 위하여 「특수교육진흥법」을 전체적으로 개정하는 방안을 추진하게 되었다. 이를 통해 지난 2007년 5월 「장애인 등에 대한 특수교육법」이 제정되어 2008년 5월부터 시행되게 되었다. 「장애인 등에 대한 특수교육법」과 기존의 「특수교육진흥법」과의 차별성을 중심으로 살펴보면 다음과 같다.

표 10-4 | 특수교육진흥법과 장애인 등에 대한 특수교육법 비교

| 주요내용 | 특수교육진흥법 | 장애인 등에 대한 특수교육법 | 입법 의의 및 효과 |
|---|---|---|---|
| 의무교육 연한 | • 초등, 중학교: 의무교육<br>• 유치 고등학교: 무상교육 | • 유치, 초등, 중, 고등: 모두 의무교육 | • 장애인교육에 대한 국가의 책무화 |
| 장애영아교육 | • 규정 없음 | • 3세 미만 장애영아: 무상교육 | • 장애아동 조기발견 및 조기교육, 장애아동 사교육비 절감 |
| 고등교육 | • 규정 없음 | • 대학 내 장애학생지원센터 마련, 각종 학습지원 근거 마련 | • 장애인의 고등교육권 확보 |
| 평생교육 | • 규정 없음 | • 장애인의 평생교육 지원 근거 마련 | • 특수교육 정책 수립의 정확성 제고 |
| 특수교육 실태조사 | • 5년마다 실시 | • 3년마다 실시 | • 설치기준 강화하여 법률에 명시 |
| 특수학급 설치기준 | • 시행령규정: 1~12인의 경우 1개 학급 설치 | • 유치원: 1~4인일 경우 1개, 초과 시 2개 학급 이상 설치<br>• 초 · 중학교: 1~6인일 경우 1개, 초과시 2개 학급 이상 설치<br>• 고등학교: 1~7인일 경우 1개, 초과 시 2개 학급 이상 설치 | • 설치기준 강화하여 법률에 명시 |
| 특수교육 지원센터 | • 규정 없음 | • 지역에 특수교육지원센터 설치 운영 근거 마련 | • 특수교육 관련 지원 강화를 위한 교육지원센터 설립의 법적 근거 마련 |
| 치료교육 | • 특수학교 및 특수학급에 치료교육담당교원 배치 | • 치료교육 조항 삭제, 치료지원 등을 관련 서비스에 포함 | • 의료서비스 외의 연계를 통해 강화된 치료지원 제공 |

## 2) 특수교육 내용

한편 「장애인 등에 대한 특수교육법」의 구분에 따른 특수교육 내용은 다음과 같이 정리할 수 있다(호승희 외, 2009).

- 시각장애 교육: 듣기교육, 보행훈련 등 이동훈련, 사회적 기능(생활적응) 훈련, 시기능 훈련(잔존시력 활용교육), 컴퓨터 사용교육, 점자 읽기와 쓰기 교육, 큰 활자를 읽고 쓰는 교육 등
- 청각 · 언어장애 교육: 청능훈련(잔존청력 적극 활용 훈련), 수어지도 및 구화지도, 발어지도 및 언어지도 등
- 발달장애 교육: 감각훈련 강화, 사회생활 적응 훈련, 능력에 적합한 직업교육 등
- 지체장애 교육: 일반교과 과정, 장애를 극복하는 데 필요한 재활훈련, 생활훈련, 직업교육 등
- 정서장애 교육: 정신분석학적 · 교육심리학적 · 생태학적 · 행동학적 측면으로 각각 범주화하여 교육목적과 방법 선택. 교육 전에 문제해결을 위한 치료 선행 필요

### 3) 특수교육 발전 계획

「장애인 등에 대한 특수교육법」 제5조(국가 및 지방자치단체의 의무)에서는 '장애인에 대한 특수교육종합계획'을 국가 및 지방자치단체가 수립하도록 하고 있다. 이에 교육부에는 지난 1998년부터 5년 단위의 '특수교육발전 5개년 계획'을 수립하여 추진하고 있으며, 이를 통해 장애인의 교육발전을 꾀하고 있다. 1차부터 5차까지의 특수교육발전 5개년 계획의 주요 내용은 다음과 같다.

표 10-5 | **특수교육발전 5개년계획(1~5차)의 주요 내용**

| 구분 | 비전 | 주요 성과 |
|---|---|---|
| 1차<br>('98~'02) | 우리나라 실정에 맞는<br>21세기 복지사회형<br>장애아교육 모형 정립 | • 무상교육 기회 확대를 위해 특수학교(급) 신 · 증설<br>※ 특수학교 23교, 특수학급 327학급<br>• 시간제 특수학급 운영('02, 25,265명)<br>• 특수학교 전공과 설치 · 운영(29교)<br>• 장애학생 대학입학 특별전형 확대(45개 대학 → 61개 대학)<br>• 한국재활복지대학 설립('02) |
| 2차<br>('03~'07) | 일반교육과 특수교육의<br>책무성 공유에 의한 모든<br>학생의 교육성과 최대화 | • 건강장애를 특수교육대상에 포함('05)<br>• 특수학급 1,800개 증설로 특수교육대상자 통합교육 확대<br>• 180개 모든 교육지원청에 특수교육지원센터 설치<br>• 일반학교 장애인 편의시설 확충<br>※ ('03) 41.1% → ('07) 81.3% |

| 구분 | 비전 | 주요 성과 |
|---|---|---|
| 3차<br>('08~'12) | 장애유형 정도를 고려한 교육지원으로 모든 장애인의 자아실현과 사회통합 기여 | • 장애영아 무상교육 전면 실시('08~)<br>• 특수학교(급) 급당 학생 수 감축 조정('08.5., 시행)<br>※ 1학급 기준: (기존) 12명 → (개선) 유 4명, 초 · 중 6명, 고 7명<br>• 교원 양성대학 내 특수교육 교과목 이수 필수화('09~)<br>• '장애학생 진로 · 직업교육 내실화 방안' 수립 · 추진('09~)<br>※ 특수학교 학교기업, 통합형 직업교육 거점학교 운영 등<br>• 유치원 · 고등학교 과정 의무교육 단계적 확대('10~'12) |
| 4차<br>('13~'17) | 꿈과 끼를 키우는 맞춤형 특수교육으로 장애학생의 능동적 사회참여 실현 | • 유치원 특수학급 신 · 증설(387학급)<br>• 시 · 청각장애 특성화 특수교육지원센터 지정 · 운영(38개)<br>• '장애학생 인권보호' 정책과제 선정 · 추진<br>• 장애대학생 학습도우미 지원(3,000명) |
| 5차<br>('18~'22) | 생애단계별 맞춤형 교육으로 특수교육대상자의 성공적 사회통합 실현 | • 특수교육기관 신 · 증설 및 특수교육교원 확충<br>※ 특수학교 19교, 특수학급 2,387학급, 교원 5,928명<br>• 통합교육 모델 '정다운학교'(104교) 및 통합교육지원단 운영<br>• 중도중복장애학생 지원 법적 근거 마련<br>• 범부처 장애학생 진로취업지원시스템 구축(행정망 연계)<br>• 국가장애인평생교육진흥센터 설립, 장애인 평생학습도시 운영 |

가장 최근으로는 지난 2022년 12월, '모두가 존중받는 국가책임 맞춤형 특수교육 실현'이라는 비전 아래 4대 추진전략과 11개 주요과제로 구성된 '제6차 특수교육 발전 5개년계획('23~'27)'을 발표하였다. 제6차 특수 교육발전 5개년 계획의 주요 내용을 살펴보면 [그림 10-2]와 같다.

**비전**

모두가 존중받는 국가책임 맞춤형 특수교육 실현

**목표**

| 장애영유아의 평등한 출발선 보장 | 특수교육 수요자가 선택할 수 있는 다양한 교육환경 조성 | 장애인과 비장애인의 고등 · 평생교육 격차 완화 |
|---|---|---|

| 추진전략 | | 주요 과제 |
|---|---|---|
| 1 학생중심 전달체계 내실화 | 1–1 | 장애영유아 교육 지원 확대 |
| | 1–2 | 학생 중심 특수교육 지원체계 강화 |
| | 1–3 | 특수학교(급) 다양화로 교육 선택권 확대 |
| 2 모두를 위한 통합교육 지원 강화 | 2–1 | 협력 기반 통합교육 여건 조성 |
| | 2–2 | 학교 구성원의 통합교육 역량 강화 |
| | 2–3 | 일상적 장애공감문화 정착 |
| 3 개별 맞춤형 특수교육 확대 | 3–1 | 에듀테크 활용 맞춤형 교육과정 운영 |
| | 3–2 | 장애유형 · 정도에 따른 교육지원 확대 |
| | 3–3 | 지역사회 연계 진로 · 직업교육 다양화 |
| 4 장애인 고등·평생교육 기회 확대 | 4–1 | 장애인 고등교육 지원체계 강화 |
| | 4–2 | 장애인 평생교육 활성화 기반 조성 |

그림 10–2 | **제6차 특수교육발전 5개년계획(2023~27)의 비전 · 목표 및 추진과제**

# 6. 우리나라 특수교육 현황

## 1) 특수교육 대상학생 현황

2024년 4월 기준 우리나라의 특수교육 대상자 수는 115,610명이다. 장애영역별로 보면, 지적장애가 57,833명으로 전체 학생의 50.1%를 차지하고 있으며, 다음으로는 자폐성장애 22,194명(19.2%), 발달지체 14,301명(12.4%), 지체장애 9,263명(8.0%) 등의 순으로 조사되었다. 연도별 장애영역별 학생 현황을 보면 특히 지적장애와 자폐성장애, 그리고 발달지체 학생의 수가 지속적으로 증가한 것을 알 수 있다.

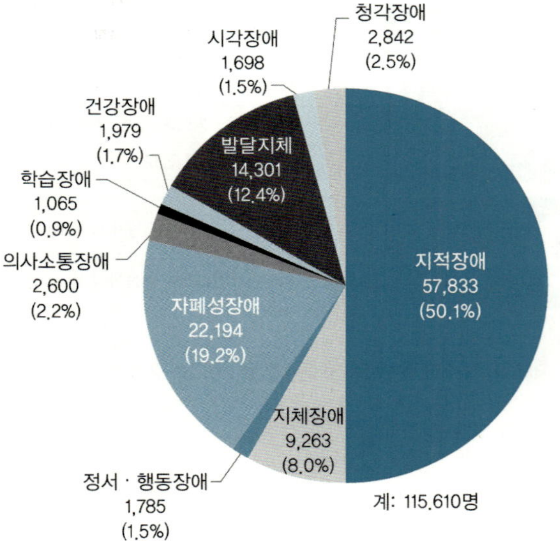


그림 10-3 | **장애영역별 특수교육 대상학생 현황(2024년 4월 기준)**

출처: 교육부(2024). 특수교육통계.

**표 10-6 | 특수교육 대상학생 장애영역별 연도별 학생 수** (단위: 명, %)

| 연도 | 시각 장애 | 청각 장애 | 지적 장애 | 지체 장애 | 정서·행동 장애 | 자폐성 장애 | 의사소통 장애 | 학습 장애 | 건강 장애 | 발달 지체 | 전체 |
|---|---|---|---|---|---|---|---|---|---|---|---|
| 2020 | 1,908<br>(2.0) | 3.132<br>(3.3) | 50,693<br>(53.1) | 9,928<br>(10.4) | 1,993<br>(2.1) | 13,917<br>(14.6) | 2,404<br>(2.6) | 1,226<br>(1.3) | 1,785<br>(1.9) | 8,434<br>(8.8) | 95,420<br>(100) |
| 2021 | 1,826<br>(1.9) | 3.026<br>(3.1) | 51,788<br>(52.8) | 9,695<br>(9.9) | 1,874<br>(1.9) | 15,215<br>(15.5) | 2,450<br>(2.5) | 1,114<br>(1.1) | 1,799<br>(1.8) | 9,367<br>(9.5) | 98,154<br>(100) |
| 2022 | 1,753<br>(1.7) | 2,961<br>(2.9) | 53,718<br>(51.8) | 9,639<br>(9.3) | 1,865<br>(1.8) | 17,024<br>(16.4) | 2,622<br>(2.5) | 1,078<br>(1.0) | 1,948<br>(1.9) | 11,087<br>(10.7) | 103,695<br>(100) |
| 2023 | 1,745<br>(1.6) | 2,907<br>(2.6) | 55,867<br>(50.9) | 9,522<br>(8.7) | 1,831<br>(1.7) | 19,275<br>(17.6) | 2,645<br>(2.4) | 1,037<br>(0.9) | 1,956<br>(1.8) | 12,918<br>(11.8) | 109,703<br>(100) |
| 2024 | 1,698<br>(1.5) | 2,842<br>(2.5) | 57,883<br>(50.1) | 9,263<br>(8.0) | 1,785<br>(1.5) | 22,194<br>(19.2) | 2,600<br>(2.2) | 1,065<br>(0.9) | 1,979<br>(1.7) | 14,301<br>(12.4) | 115,610<br>(100) |

출처: 교육부(2024). 특수교육통계.

교육환경별 특수교육 대상학생 현황을 살펴보면 일반학급(전일제 통합학급) 19,254명(16.6%), 특수학급 65,966명(57.1%) 등 전체 특수교육 대상학생의 73.7%인 85,220명이 일반학교에서 교육을 받는 것으로 나타나 통합교육을 받는 학생들의 수가 특수학교에서 교육을 받는 학생에 비해 많은 것을 알 수 있다. 학교과정별로 살펴보면, 유치원과 초등학교에서는 통합교육을 받는 학생들의 비율이 각각 89.7%와 81.0%로 비교적 높은 것을 알 수 있다. 그러나 중학교에서는 이 비율이 72.4%로 급격하게 낮아지며, 고등학교(전공과 제외)에서는 68.7%로 더욱 낮아지는 것으로 나타나, 학년이 올라갈수록 통합교육의 비율이 줄어드는 것을 알 수 있다(표 10-7 참조).

**표 10-7 | 특수교육 대상학생 및 교원 학교유형별 현황(2024년 4월 기준)** (단위: 명)

| 구분 | | | 특수학교 | 일반학교 | | 특수교육 지원센터 | 계 |
|---|---|---|---|---|---|---|---|
| | | | | 특수학급 | 일반학급 (전일제 통합학급) | | |
| 특수교육대상자 수 | | | 30,027 | 65,966 | 19,254 | 363 | 115,610 |
| 학생 수 | 장애유형별 | 시각장애 | 1,025 | 213 | 459 | 1 | 1,698 |
| | | 청각장애 | 535 | 666 | 1,630 | 11 | 2,842 |
| | | 지적장애 | 14,777 | 37,299 | 5,798 | 9 | 57,883 |
| | | 지체장애 | 3,784 | 3,097 | 2,308 | 74 | 9,263 |
| | | 정서 · 행동장애 | 73 | 1,154 | 558 | - | 1,785 |
| | | 자폐성장애 | 8,742 | 11,876 | 1,574 | 2 | 22,194 |
| | | 의사소통장애 | 201 | 1,405 | 994 | - | 2,600 |
| | | 학습장애 | 6 | 632 | 427 | - | 1,065 |
| | | 건강장애 | 12 | 100 | 1,867 | - | 1,979 |
| | | 발달지체 | 872 | 9,524 | 3,639 | 266 | 14,301 |
| | | 계 | 30,027 | 65,966 | 19,254 | 363 | 115,610 |
| | 학교과정별 | 장애영아 | 107 | - | - | 363 | 470 |
| | | 유치원 | 905 | 5,803 | 2,038 | - | 8,746 |
| | | 초등학교 | 10,316 | 35,042 | 8,925 | - | 54,283 |
| | | 중학교 | 6,904 | 13,778 | 4,331 | - | 25,013 |
| | | 고등학교 | 6,895 | 11,185 | 3,960 | - | 22,040 |
| | | 전공과 | 4,900 | 158 | - | - | 5,058 |
| | | 계 | 30,027 | 65,966 | 19,254 | 363 | 115,610 |
| 학교 및 센터 수 | | | 195 | 12,166 | | 197 | 12,558 |
| | | | | 9,512 | 8,352 | | |
| 학급 수 | | | 5,582 | 13,931 | 18,255 | 69 | 37,837 |
| 특수학교(급) 교원 수 | | | 10,441 | 14,904 | - | 1,739 | 27,084 |
| 특수교육 지원인력 수 | | | 5,355 | 11,001 | 369 | - | 16,725 |

출처: 교육부(2024). 특수교육통계.

한편 지난 2020년 이후 연도별 특수교육 대상자 배치현황을 보면 특수교육 대상 학생들이 지속적으로 증가하고 있으며, 또한 미약하지만 일반학교를 다니는 학생들의 비율이 지속적으로 증가하고 있는 것을 알 수 있다.

**표 10-8 | 연도별 특수교육 대상자 배치 현황** (단위: 명, %)

| 연도 | 특수학교 및 특수교육지원센터 | 일반학교 | 전체 |
|---|---|---|---|
| 2020 | 26,615<br>(27.9) | 68,805<br>(72.1) | 95,420<br>(100) |
| 2021 | 27,288<br>(27.8) | 70,866<br>(72.2) | 98,154<br>(100) |
| 2022 | 28,233<br>(27.2) | 75,462<br>(72.8) | 103,695<br>(100) |
| 2023 | 29,236<br>(26.7) | 80,467<br>(73.3) | 109,703<br>(100) |
| 2024 | 30,390<br>(26.3) | 85,220<br>(73.7) | 115,610<br>(100) |

출처: 교육부(2024). 특수교육통계.

## 2) 특수학교 현황

우리나라 특수학교 현황을 보면 2024년 4월 기준으로 전국에 195개의 특수학교, 5,582개의 학급에서 30,027명이 교육을 받고 있으며, 담당교원은 10,441명으로, 교사 1인당 2.9명의 학생을 교육하고 있는 것으로 나타났다. 15년 전인 지난 2009년 150개 특수학교, 3,637개의 학급에서 23,606명의 아동이 6,612명의 교원에 의해서 교육을 받던 것(교사 1인당 3.6명 학생비율)과 비교하면, 학급 수와 교원 수 모두 비교적 큰 폭으로 증가하여 교육환경이 예전에 비해 좋아진 것을 알 수 있다.

**표 10-9 | 특수학교 현황(2024년 4월 기준)** (단위: 명)

| 구분 | 학교 수 | 학급 수 | 학생 수 | 교원 수 |
|---|---|---|---|---|
| 전체 | 195 | 5,582 | 30,027 | 10,441 |
| 국립 | 5 | 166 | 851 | 319 |
| 공립 | 100 | 3,412 | 18,506 | 6,351 |
| 사립 | 90 | 2,004 | 10,670 | 3,771 |

출처: 교육부(2024). 특수교육통계.

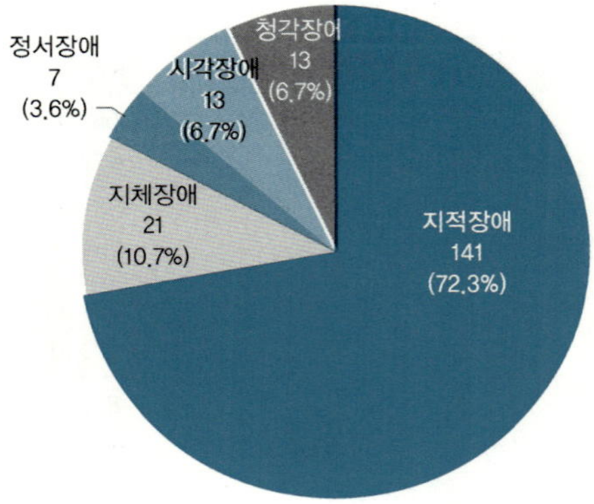


**그림 10-4 | 장애영역별 특수학교 수(2024년 4월 기준)**

출처: 교육부(2024). 특수교육통계.

장애영역별 특수학교 수를 보면, 전체 195개 학교의 72.3%인 141개교가 지적장애와 자폐성장애아동 대상 학교로 나타났다. 특수교육 대상아동 중 지적·자폐성 장애아동의 숫자가 약 70%에 이르기 때문이기는 하지만, 상대적으로 감각장애를 갖고 있는 시·청각장애아동이 교육을 받는 데 어려움이 있다는 것을 짐작할 수 있게 하는 부분이다.[2)]

한편 일반학교의 특수학급과 일반학급(전일제 통합학급) 현황을 보면 다음의 〈표 10-10〉, 〈표 10-11〉과 같다. 앞서 살펴보면 것처럼 중학교와 고등학교로 갈수록 학교와 학급수가 모두 줄어들고 있으며, 초등학교까지 통합교육을 하던 학생들이 중·고등학교에서는 다시 특수학교로 진학하는 사례가 늘고 있는 상황이다.

한편 2024년 4월 기준 가정·시설·병원·학교 등에 순회 또는 파견 형태로 실시하는 순회교육은 총 520개 학급 2,204명의 교사가 4,616명의 학생들에게 실시하고 있다. 순회교육을 받는 학생들이 소속된 교육기관은 특수학교 1,074명,

2) 2021년 4월 통계(전체 특수학교 187개, 지적장애 132개, 시각장애 13개, 청각장애 14개 등)와 비교하면 지적·자폐성 장애아동 대상 학교는 9개 증가한 반면, 시각장애아동 대상학교는 그대로이고, 청각장애아동 대상학교는 오히려 1개 줄어든 것을 알 수 있다.

특수학급 646명, 특수교육지원센터 2,896명 등이다.

**표 10-10 | 일반학교 특수학급 현황(2024년 4월 기준)**

| 과정별 | 학교 수 | 학급 수 | 학생 수 | 교원 수 |
|---|---|---|---|---|
| 전 체 | 9,512 | 13,931 | 65,966 | 14,904 |
| 유치원 | 1,252 | 1,623 | 5,803 | 1,687 |
| 초등학교 | 4,938 | 7,360 | 35,042 | 7,669 |
| 중학교 | 2,142 | 2,899 | 13,778 | 3,078 |
| 고등학교 | 1,163 | 2,020 | 11,185 | 2,411 |
| 전공과 | 17 | 29 | 158 | 59 |

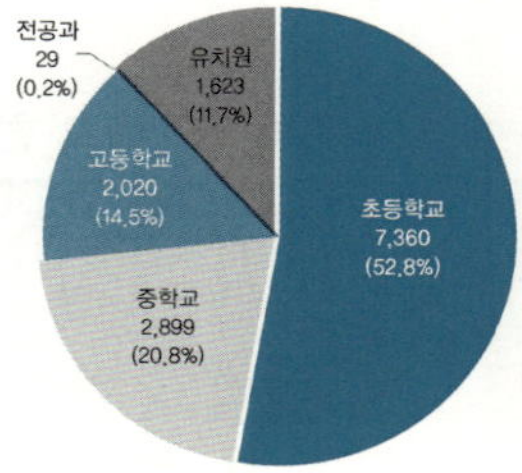


계 : 13,931개

출처: 교육부(2024). 특수교육통계.

**표 10-11 | 일반학급(전일제 통합학급) 현황(2024년 4월 기준)**

| 학교급 | 학교 수 | 학급 수 | 학생 수 |
|---|---|---|---|
| 전 체 | 8,352 | 18,255 | 19,254 |
| 유치원 | 1,376 | 1,822 | 2,038 |
| 초등학교 | 3,601 | 8,598 | 8,925 |
| 중학교 | 1,951 | 4,114 | 4,331 |
| 고등학교 | 1,424 | 3,721 | 3,960 |

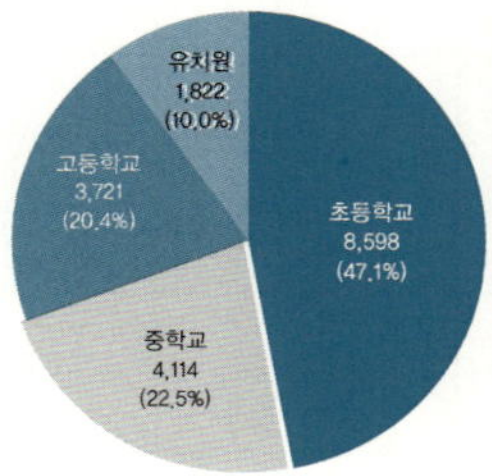


계 : 18,255개

출처: 교육부(2024). 특수교육통계.

**표 10-12 | 순회교육 현황(2024년 4월 기준 기준)**

| 구분 | 학생 수 | | | | | | | | | | | 학급 수 | | | 교사 수 | | | |
|---|---|---|---|---|---|---|---|---|---|---|---|---|---|---|---|---|---|---|
| | 기관 | | | | | 학교과정 | | | | | | | | | | | | |
| | 가정 | 시설 | 병원 | 일반학교 | 계 | 장애영아 | 유치원 | 초등학교 | 중학교 | 고등학교 | 계 | 순회 | 파견 | 계 | 순회 | 파견 | 겸임 | 계 |
| 전체 | 1,782 | 327 | 108 | 2,399 | 4,616 | 150 | 1,110 | 1,791 | 828 | 737 | 4,616 | 479 | 41 | 520 | 2,147 | 45 | 12 | 2,204 |
| 특수학교 | 877 | 134 | 63 | - | 1,074 | 46 | 119 | 469 | 193 | 247 | 1,074 | 268 | 37 | 305 | 274 | 41 | - | 315 |
| 특수학급 | 481 | 143 | 4 | 18 | 646 | - | 62 | 265 | 140 | 179 | 646 | 211 | 4 | 215 | 211 | 4 | 12 | 227 |
| 특수교육 지원센터 | 424 | 50 | 41 | 2,381 | 2,896 | 104 | 929 | 1,057 | 495 | 311 | 2,896 | - | - | - | 1,662 | - | - | 1,662* |

* 특수교육지원센터 순회교육 비정규교사 169명 포함.

출처: 교육부(2024). 특수교육통계.

시 · 도별 특수학교 현황을 살펴보면 전체 195개 학교 중 19.5%인 38개교가 경기도에 있으며 다음으로는 서울시 32개(16.4%)로 나타나, 전체의 35.9%가 서울과 경기도에 소재하고 있는 등 수도권 편중 현상[3]이 높은 것을 알 수 있다.

**표 10-13 | 시·도별 특수학교 현황(2024년 4월 기준)**

| 시도 | 설립별 학교 수 | | | | 장애유형별 학교 수 | | | | | |
|---|---|---|---|---|---|---|---|---|---|---|
| | 국립 | 공립 | 사립 | 계 | 시각장애 | 청각장애 | 자적장애 | 지체장애 | 정서장애 | 계 |
| 전체 | 5 | 100 | 90 | 195 | 13 | 13 | 141 | 21 | 7 | 195 |
| 서울 | 3 | 11 | 18 | 32 | 3 | 4 | 16 | 6 | 3 | 32 |
| 부산 | - | 8 | 7 | 15 | 1 | 1 | 12 | 1 | - | 15 |
| 대구 | - | 5 | 6 | 11 | 1 | 1 | 6 | 2 | 1 | 11 |
| 인천 | - | 6 | 4 | 10 | 1 | 1 | 7 | 1 | - | 10 |
| 광주 | - | 4 | 2 | 6 | 1 | - | 4 | 1 | - | 6 |
| 대전 | - | 4 | 2 | 6 | 1 | - | 4 | 1 | - | 6 |
| 울산 | - | 2 | 2 | 4 | - | 1 | 3 | - | - | 4 |
| 세종 | - | 2 | - | 2 | - | - | 2 | - | - | 2 |
| 경기 | 2 | 14 | 22 | 38 | - | 2 | 32 | 3 | 1 | 38 |
| 강원 | - | 8 | 1 | 9 | 1 | 1 | 7 | - | - | 9 |
| 충북 | - | 4 | 7 | 11 | 2 | 1 | 5 | 2 | 1 | 11 |
| 충남 | - | 8 | 2 | 10 | - | - | 9 | 1 | - | 10 |
| 전북 | - | 6 | 4 | 10 | 1 | 1 | 6 | 2 | - | 10 |
| 전남 | - | 4 | 5 | 9 | 1 | - | 8 | - | - | 9 |
| 경북 | - | 3 | 5 | 8 | - | - | 7 | - | 1 | 8 |
| 경남 | - | 9 | 2 | 11 | - | - | 11 | - | - | 11 |
| 제주 | - | 2 | 1 | 3 | - | - | 2 | 1 | - | 3 |

출처: 교육부(2024). 특수교육통계.

3) 한편 2021년 이후 신설된 8개의 특수학교가 수도권이 아닌 다른 지역에 설립된 것을 고려하면 이러한 수도권 편중 현상이 조금씩 낮아지고 있다고도 할 수 있다.

표 10-14 | 시·도별 학교과정 설치별 학교 현황(2024년 4월 기준)

| 시도 | 학교 수 | 학교과정 설치별 학교 수 | | | | | |
|---|---|---|---|---|---|---|---|
| | | 영아학급 | 유치원 | 초등학교 | 중학교 | 고등학교 | 전공과 |
| 전체 | 195 | 26 | 133 | 178 | 182 | 180 | 166 |
| 서울 | 32 | 6 | 24 | 28 | 28 | 27 | 26 |
| 부산 | 15 | 5 | 9 | 12 | 13 | 11 | 9 |
| 대구 | 11 | - | 4 | 10 | 10 | 11 | 11 |
| 인천 | 10 | 1 | 7 | 9 | 10 | 9 | 8 |
| 광주 | 6 | 4 | 6 | 6 | 6 | 6 | 5 |
| 대전 | 6 | 3 | 4 | 6 | 6 | 6 | 6 |
| 울산 | 4 | - | 3 | 4 | 4 | 4 | 4 |
| 세종 | 2 | 2 | 2 | 2 | 2 | 2 | 2 |
| 경기 | 38 | 2 | 31 | 33 | 35 | 35 | 28 |
| 강원 | 9 | - | 5 | 9 | 9 | 9 | 8 |
| 충북 | 11 | 1 | 9 | 10 | 10 | 10 | 10 |
| 충남 | 10 | 1 | 4 | 9 | 9 | 10 | 9 |
| 전북 | 10 | 1 | 4 | 9 | 9 | 9 | 9 |
| 전남 | 9 | - | 6 | 9 | 9 | 9 | 9 |
| 경북 | 8 | - | 5 | 8 | 8 | 8 | 8 |
| 경남 | 11 | - | 7 | 11 | 11 | 11 | 11 |
| 제주 | 3 | - | 3 | 3 | 3 | 3 | 3 |

출처: 교육부(2024). 특수교육통계.

# 7. 장애인 고등교육

## 1) 장애인 고등교육의 필요성과 의의

대학과 대학 수준의 교육 기관을 기반으로 이루어지는 교육을 의미하는 고등교육은 전문인력 양성이라는 사회적 차원의 요구와 개인의 사회적 계층 상승효과 및 보다 나은 삶의 기회 확대라는 개인적 차원의 요구를 동시에 만족시키기 위해 매우 중요하다(윤정일, 1985; 이태수 외, 2023 재인용). 이러한 측면에서 고등교육은 사회에 대한 적응과 참여에 많은 제한을 갖고 있는 장애인에게 기회 균등의 차원에서 더욱 중요한 의미를 지닌다고 할 수 있다.

한편 장애인에게 고등교육 기회의 제공 효과는 기회 균등의 이념 이외에 다음과 같은 의의를 찾을 수 있다(이태수 외, 2023). 첫째, 장애인은 고등교육을 통하여 장애인이 지닌 학문적 욕구를 충족시킬 수 있으며, 이를 통하여 학문적 수월성(秀越性)을 더욱 발전시킬 수 있다. 둘째, 장애인의 고등교육 기회 확대를 통하여 비장애인의 장애인에 대한 편견과 선입견 및 장애인의 비장애인에 대한 잘못된 편견이나 선입견을 수정할 수 있다. 셋째, 사회가 요구하는 전문적인 기술습득 요구에 부응할 수 있게 되었다. 넷째, 장애인들의 활동 영역을 제조업이나 단순 노동의 범위로부터 다양한 영역으로 확대해 준다. 즉 장애인에 대한 고등교육 기회 확대는 장애인이 대학에서 습득한 전공지식을 살려 보다 전문적인 분야로 진출할 수 있는 기회를 제공해 준다. 다섯째, 고등교육기관에서 이루어지는 다양한 교육은 삶을 더욱 풍요롭게 할 뿐만 아니라 다양한 사람들과 함께 생활하고 토론하며 활동할 수 있는 기회를 제공해 줌으로써 자아를 발견할 수 있는 기회를 증진시키고 인간적인 이해를 높일 수 있다.

이를 종합하면 장애인이 고등교육을 통해 이 사회에서 독립된 생활인으로 역할과 기능을 수행할 있으며, 이 사회에 당당한 일원으로 자리 잡을 수 있는 계기를 마련할 수 있다고 할 수 있다.

### 2) 장애인의 대학입학 현황

장애인의 고등교육에의 참여가 확대된 것은 1995년 특수교육대상자 특별전형 제도가 실시되면서 부터이다. 당시 8개 대학에 113명의 장애인이 특별전형으로 입학하였다. 이후 지속적으로 특수교육 대상자 특별전형이 확대되어 2023년 장애인 등에 대한 특별전형(특수교육 대상자 특별전형 포함)을 통해 입학한 학생은 전문대학 18개교 100명, 대학 85개교 834명 등 총 103개 대학 934명이다(교육부, 2023). 한편 특별전형과 일반전형을 모두 합친 장애대학생의 수를 살펴보면 2006년 4,045명이었으나, 2020년 기준 9,717명으로 늘어났다(관계부처합동, 2022). 이러한 통계수치를 볼 때, 장애학생의 고등교육에 대한 기회가 증가하고 있고, 고등교육 참여를 통한 역량 개발 및 자아실현을 할 수 있는 가능성이 높아지고 있다고 할 수 있다.

그러나 이러한 증가추세에도 불구하고, 장애인의 고등교육기회가 충분히 제공되고 있다고 할 수 없다. 고등학교에서 대학으로 진학하는 비율을 살펴보면, 2020년 기준 비장애학생들은 72.5%의 대학 진학율을 보였으나 특수교육대상자는 16.7%에 그치고 있다(관계부처합동, 2022). 이는 여전히 많은 장애인들이 고등교육의 기회를 접하지 못하고 있음을 보여주는 것이라고 할 수 있다.

### 3) 장애인 고등교육 현황과 문제점

장애인 고등교육 현황을 비장애인과 비교하여 살펴보면 다음과 같다(윤상용 외, 2021). 지난 2019년 기준 26~64세 전체 인구의 고등교육 이수율은 50.0%로 나타난 데 비해, 동 연령대 장애인의 고등교육 이수율은 23.9%로서 비장애인에 비해 절반에 불과하였다. 또한 2019년 기준 고등교육기관(전문대학, 대학 및 대학원)에 재학 중인 장애학생 비율은 전체 재학생의 0.4%에 불과한 것으로 나타났는데, 이는 고등교육기관 재학생 연령대인 20~24세 및 25~29세의 장애출현율이 각각 1.75%, 1.58%인 것과 비교할 때 매우 낮은 수치라고 할 수 있다. 한편 2019년 기준 18~29세 장애인구(112,812명) 중 고등교육기관 재학 장애인 비율은 8.5%로서, 이는 같은 해 18~29세 전체인구(8,007,373명) 중 고등교육기관 재학생 비율 30.3%와 비교할 때 약 1/4에 불과하였다. 이마저도 대학에 직접 등교하지 않는 사이버 대학에 집중되고 있는 상황이다.[4)]

---

4) 2020년 기준 장애대학생의 수는 9,717명, 전체 학생의 0.4%정도 이다. 이를 대학 유형별로 살펴보면, 일반적인 4년제 대학 5,018명(51.6%), 전문대학 1,322명(13.6%), 사이버대학 3,358명

**표 10-15 | 장애인 재학생 현황(2019년 기준)** **(단위: 명, %)**

| 구분 | 학교 수 | 전체 재학생 수(A) | 장애인 재학생 수(B) | 장애인학생비중(B/A) |
|---|---|---|---|---|
| 전문대학 | 147 | 463,667 | 1,551 | 0.3 |
| 대학 | 222 | 1,691,778 | 7,672 | 0.45 |
| 대학원 | 89 | 268,224 | 405 | 0.15 |
| 계 | 458 | 2,423,669 | 9,628 | 0.4 |

출처: 홍성두 외(2019).

이렇듯 장애인구 중 고학력자 비율이 현저히 낮은 이유는 무엇일까? 이는 장애에 대한 부정적인 인식과 차별, 교육기관의 장애인 편의시설 부족 등 심리적, 물리적 장벽도 주요한 원인이나, 초중등 특수교육이 대학 진학보다는 취업에 더 초점을 두어 온 것도 원인이라고 할 수 있다. 즉 학령기 장애인의 경우에는 비장애학생과 달리 고등학교에서 대학교로의 전환 지원이 충분치 않았기 때문에 그 결과로서 장애인의 대학 진학률이 낮게 나타난다고 볼 수 있다. 또 대학에 진학한 장애학생의 높은 중도탈락률과 낮은 학업성취도와 비장애인에 비해 현저히 낮은 취업률 역시 고학력 장애인구가 적을 수밖에 없는 주요한 원인이라고 할 수 있다(윤상용 외, 2021).

지난 1995년 특수교육대상자 특별전형 제도 시행 이후 장애대학생의 수가 증가함에 따라 교수·학습 지원의 필요성이 꾸준히 제기되기 시작하였다. 이에 정부는 2005년부터 학습편의 지원을 위한 도우미를 배치하기 시작하였으며 지난 2008년 5월부터는 「장애인 등에 대한 특수교육법」이 시행되면서 대학에 '장애학생지원센터'를 설치하여 장애학생의 교육편의를 제공할 수 있도록 하였다. 또한 2011년 4월 「장애인차별금지법」이 시행됨에 따라 장애대학생의 교육 활동에 불이익이 없도록 각종 지원과 의사소통수단, 적절한 교육 및 평가방법을

(34.6%), 대학원 대학 19명(0.2%)이 재학하고 있다(관계부처합동, 2022). 이러한 수치를 통해 보면, 대학에 직접 등교하지 않는 사이버 대학에 장애대학생이 집중되고 있음을 알 수 있다. 이는 장애와 비장애학생을 모두 합친 전체 재학생의 경우 사이버 대학에 다니는 비율이 10.8%라는 것과 비교하면 그 차이를 확연하게 알 수 있다.

제공해야 하는 것에 대한 구체적인 법률적 근거가 마련되었다(홍성두 외, 2019). 이와 같이 정부 및 대학 차원에서 장애대학생의 학교생활 적응을 위해서 여러 가지 노력을 기울이고 있다. 그러나 여전히 많은 대학에서는 장애학생지원센터 등 장애학생을 지원하는 기구를 제대로 설치하지 않고 있다. 또 전담직원을 배치하지 않거나 담당자가 자주 교체되는 등 장애인들이 대학을 다니면서 제대로 된 지원을 받지 못하는 경우도 자주 발생하고 있다.

## 8. 장애인평생교육: 발달장애인을 중심으로[5)]

발달장애인을 중심으로 정규교육을 이수한 후에도 지속적인 교육, 즉 평생교육의 중요성이 제기되고 있으며, 관련 지원이 확대되고 있는 추세이다. 장애인 평생교육을 발달장애인 중심으로 살펴보면 다음과 같다.

### 1) 장애인과 평생교육

#### (1) 평생교육의 의의

평생교육은 평생에 걸친 교육으로 개인의 잠재능력 신장과 사회발전에 참여하는 능력의 개발을 목적으로 하는 교육을 의미한다(이해주 외, 2018; 정윤태 외, 2022 재인용). 우리나라 「평생교육법」 제2조(정의)에서는 평생교육을 '학교의 정규교육과정을 제외한 모든 형태의 조직적인 교육활동'이라 정의내리고 있는데, 이는 학령기 교육이 아닌 모든 형태의 교육활동을 의미하는 것으로, 성인이 주 대상이 되는 것을 의미하는 것이라고 할 수 있다.

즉 평생교육은 모든 사람을 위한 계속적 교육으로, 전체 인간이 개인의 권리

5) 이 부분은 '정윤태 · 윤상용 · 남세현 · 박석환(2022). 세종시 발달장애인 평생교육센터 설치 및 운영을 위한 연구'를 중심으로 정리하였다.

로서 전(全)생애에 걸친 교육의 수혜를 받아야 하며, 여기에 장애인이 예외가 되어서는 안 된다.

### (2) 발달장애인 평생교육의 의의

발달장애인 평생교육은 교육의 대상이자 교육의 참여자가 발달장애인이 되는 평생교육을 의미한다. 즉, 정규교육에서의 배제에 대한 사후적 보완과 회복이라는 장애인 평생교육의 의의를 공유하면서, 동시에 발달장애 때문에 발생하는 학습의 어려움 때문에 필요한 정규교육의 연장선으로서의 평생교육이라는 개념의 확장이 추가된 것이라고 할 수 있다. 앞서 살펴본 것처럼 발달장애인은 다른 장애인보다 차별과 사회적 배제를 많이 경험하고 있다. 따라서 교육, 사회참여, 여가의 복합적 활동으로서 평생교육의 효과성은 비장애인은 물론 다른 유형의 장애인에 비해 더 크다고 할 수 있다.

발달장애인 평생교육은 교육시기, 교육내용, 교육주체(제공기관)의 측면에서 다음과 같이 개념화할 수 있다(정윤태 외, 2022: 19). 첫째, 발달장애인 평생교육은 정규교육을 이수한 후, 즉 성인전환기 직후부터 남아있는 전 생애주기에 걸쳐 지속적으로 제공되어야 하는 교육으로서, 학령기 교육과 높은 연관성을 갖고 있으며 학령기 교육의 연장선에 있는 지속적이고 연속적인 교육으로서의 특징을 지닌다. 둘째, 교육내용의 측면에서 발달장애인 평생교육은 범주별 교육내용을 동일하게 하되, 발달장애의 특성상 그 수준을 다소 완화하여 적용함과 동시에 별도의 교육내용으로서 발달장애인의 자립생활능력 강화를 목적으로 하는 다양한 교육내용을 포함하는 특징을 지니고 있다. 셋째, 교육주체(제공기관)의 측면에서, 발달장애인 평생교육은 정규교육에 대한 사후적 보완과 회복의 적극적 실현을 위해 요구되는 장애인 전담 평생교육기관(또는 발달장애인 전담 평생교육기관)을 통해서 주로 평생교육이 제공된다는 특징을 지닌다. 이상의 논의를 토대로 할 때 발달장애인 평생교육은 '평생교육 개념의 확대 및 기준의 완화가 요구되는 발달장애인을 대상으로 공공과 민간의 다양한 교육주체

들이 제공하는 교육'으로 정의할 수 있다.[6)]

최근 서울시와 경기도를 중심으로 설치되고 있는 장애인 및 발달장애인 전담 평생교육기관은 이러한 배경에서 추진되고 있는 것이며, 특히 장애인평생교육사업의 고도화와 장애인평생 교육사업의 안정적·효율적 운영 체계 확립에 기여할 수 있을 것으로 전망된다.

## 2) 장애인 평생교육 시설 현황 및 의의

### (1) 장애인 평생교육 관련시설 현황

장애인 평생교육 관련시설에는 장애인평생교육시설과 발달장애인평생교육센터가 있다. 먼저 장애인 평생교육시설은 「평생교육법」 제20조의2(장애인평생교육시설 등의 설치)를 근거로 설치된 시설로 교육청 인가 · 등록 및 지방자치단체 지정 · 위탁 기관을 의미한다. 한편 발달장애인평생교육센터는 「발달장애인법」 제26조에 따라 설치된 지방자치단체 지정 · 위탁기관을 의미한다.

2023년 11월 현재 장애인 평생교육 관련시설 현황을 보면 전국에 123개의 시설이 있다. 지역별로는 서울이 29개로 가장 많고, 경기 27개, 경남 10개, 인천 8개, 광주 · 전남 · 전북 각각 7개 등의 순이다.

**표 10-16 | 지방자치단체별 장애인 평생교육 관련시설 현황** (단위: 개소)

| 구분 | 서울 | 인천 | 대전 | 대구 | 부산 | 울산 | 광주 | 세종 | 경기 | 강원 | 충남 | 충북 | 경남 | 경북 | 전남 | 전북 | 제주 | 계 |
|---|---|---|---|---|---|---|---|---|---|---|---|---|---|---|---|---|---|---|
| 1 | 5 | 7 | 3 | 2 | 1 | 3 | 7 | 2 | 24 | 2 | 2 | 3 | 10 | 2 | 5 | 6 | 3 | 87 |
| 2 | 24 | 1 | 0 | 1 | 1 | 3 | 0 | 0 | 3 | 0 | 0 | 0 | 0 | 0 | 2 | 1 | 0 | 36 |
| 소계 | 29 | 8 | 3 | 3 | 2 | 6 | 7 | 2 | 27 | 2 | 2 | 3 | 10 | 2 | 7 | 7 | 3 | 123 |

※ 구분 1: 장애인평생교육시설, 구분 2: 발달장애인평생교육센터.
※ 출처: 국가장애인평생교육진흥센터 홈페이지(2023. 11. 14. 검색).

6) 이 정의에서 핵심은 평생교육 개념의 확대 및 기준의 완화이다. 일반 평생교육의 경우 학습에 필요한 인지 및 지적능력이 요구되나, 학습능력의 제한이 있는 발달장애인 대상의 평생교육은 사회적 포용을 위한 조정과 재배치의 의미를 가진다고 할 수 있다(정윤태 외, 2022).

### (2) 장애인평생교육센터의 의의

장애인 평생교육시설, 특히 발달장애인평생교육 지원을 통해 확인된 기존서비스 및 교육과 차별화된 강점은 다음과 같다(이인재 외, 2021). 먼저 소규모 지역에 서비스 공급기관이 제한적이었고, 성인 발달장애인을 대상으로 맞춤형 프로그램이 부재했던 현실에서 새로운 선택지가 생기게 되었고, 성인으로 존중받는 프로그램의 제공, 미래(부모노후)를 고민하게 되는 계기가 되었다. 또한 평생교육센터의 설치가 기존 서비스 기관들에게 자극제로 작용되면서 동반 성장이 가능해진 것으로 진술되었다. 결국 이러한 발달장애인평생교육지원센터의 등장으로 발달장애인 서비스와 정책의 분위기가 새롭게 확산되고 있다.

## 9. 우리나라 장애인교육의 문제점과 개편 방향

### 1) 우리나라 장애인교육의 문제점

최근 특수교육 대상 학생 대비 통합교육을 받는 학생들의 수가 꾸준히 증가하고 있으며, 특수학교 특수교사 대비 학생의 비율이 낮아지고 있는 등 최근의 장애인교육에 있어서 긍정적으로 평가할 수 있는 부분이 있다. 그러나 우리나라 장애인교육에 있어, 다음과 같은 몇 가지 문제가 여전히 존재하고 있다.

첫째, 2024년 4월 기준 전체 특수학교 195개 중 사립이 90개(41.1%) 거의 절반이 이르고 있어, 국·공립특수학교의 설립이 추가적으로 필요한 상황이다. 또한 수도권에 많은 학교가 몰려 있으며, 대부분 지적·자폐성장애학생들을 대상으로 하는 '지적장애학교'인 것으로 나타나 지역별·장애영역별 불균형 현상이 심한 것을 알 수 있다. 즉 여전히 특수학교에 대한 수요는 존재하는데 주위에 학교가 없어서 다닐 수가 없는 사례가 많은 실정이다.

둘째, 특수학급의 유·초·중·고등학교의 연계성이 부족하고, 특수학급의

학급당 인원수가 여전히 과다한 것을 알 수 있다. 앞서 살펴본 것처럼 유치원과 초등학교의 경우에는 비교적 특수학급의 수가 많으나, 중 · 고등학교에서는 이 수가 급격하게 감소하는 것을 알 수 있다. 이는 중 · 고등학교까지 통합교육이 지속적으로 연계되지 못한다는 것을 의미하는 것이라고 할 수 있다. 또 일반학교 특수학급의 경우 2024년 4월 기준 13,931개의 학급에 65,966명의 학생이 재학하고 있는 것으로 조사되었다. 이는 한 학급당 4.7명의 학생이 있는 것으로 여전히 학급당 학생 수가 적지 않은 것을 알 수 있다. 한편 특수학교는 5,582개의 학급에 30,027명의 학생이 재학하고 있는 것으로 조사되었다. 학급당 5.4명의 학생이 있는 것으로 특수학교가 일반학교 특수학급보다 더 열악한 것을 알 수 있다(특수교육통계, 2024).

셋째, 최근 많이 개선되기는 했지만, 여전히 장애학생들은 낮은 취학률을 보이고 있다. 또 장애인교육에서 무엇보다 조기교육이 중요한데 여전히 유치원 이후 특수교육을 시작하는 경향을 많이 보이고 있어, 장애영아를 위한 조기 중재서비스 진단 체제가 미비한 상황이다.

넷째, 앞서 살펴본 것처럼 최근 장애인 대상 평생교육의 중요성이 제기되고 있으며, 지원이 확대되고 있는 추세이며 관련 시설들도 새롭게 설치[7]되고 있다. 또한 고등학교 졸업 이후 대학에 진학하는 학생도 늘어나고 있으며, 최근에는 발달장애인만을 대상으로 하는 고등교육과정[8]이 신설되고 있다. 그러나 장애학생을 위한 대학의 각종 편의시설이 여전히 부족하며, 대학내 장애학생을 지원하는 기구가 설치되지 않거나 전담직원이 자주 교체되는 등 장애학생에

---

7) 이러한 장애인평생교육센터 운영사례로는 발달장애인을 대상으로 하는 '중구발달장애인 평생교육센터' 등이 있으며, 뇌병변장애인을 대상으로 하는 '노원뇌병변장애인비전센터 : 비전꿈터' 등이 있다. 서울시의 경우 2024년 7월 중구에 발달장애인 평생교육센터를 열면서 25개 모든 자치구에 센터를 갖추게 되었다.

8) 이러한 발달장애인 대상 고등교육과정으로는 지난 2009년에 최초로 신설된 '나사렛대학교 재활자립학부'를 비롯하여, '안산대학교 에이블자립학과', '대구사이버대학교 발달재활학과' 등이 있다. 한편 미국 워싱턴 DC에는 농인을 위한 고등교육기관인 '갤러뎃 대학교(Gallaudet University)'가 있다.

맞는 적절한 교육관련 서비스가 여전히 부족한 상황이다.

### 2) 우리나라 특수교육 개편 방향

첫째, 장애아동의 완전한 교육 기회를 보장하는 것이 필요하다. 이를 위해 먼저 장애아동의 정확한 실태 파악을 시작으로, 특수학교의 학급당 학생 수를 더욱 감축하는 것이 필요하며, 상대적으로 열악한 사립특수학교의 여건을 국공립 수준으로 개선하는 것이 필요하다. 그리고 모든 일반학교에 장애아동 편의시설을 완비하도록 하여야 할 것이다. 다음으로 장애유아 무상교육 지원 및 조기발견체제를 구축하고 특수학급 역시 대폭적으로 증설하고 전문인력 배치를 확대하여 학급당 학생 수를 더욱 줄여 교육의 질을 높일 수 있도록 하여야 할 것이다. 이어 최근 늘어나는 고등교육에 대한 장애인의 욕구에 발맞추어 입학기회 제공확대부터 교수-학습 지원, 그리고 취업 및 진로지도에 이르기까지 대학의 장기적이고 체계적인 지원체제 구축이 필요한 상황이다.

둘째, 특수교육 내용과 방법의 질적 제고를 위한 구체적인 방안 마련이 필요하다. 이를 위해 개별화 교육 중심의 계획을 작성하고 교사 등의 협력 교육 및 특수교육 보조인력 등의 활용을 통한 개별화 교육이 제공되어야 하며, 이러한 개별화 교육을 위한 관련자료 개발 및 활용을 적극적으로 지원하여야 할 것이다. 한편 언어치료 등 치료지원의 경우에는 장애학생 유형, 개별적인 평가 결과 및 요구, 그리고 교육적 효과 등을 모두 고려하여 다각적으로 검토 후 결정해야 하며, 특수교육지원센터와 부처 간의 협력체제 구축을 통한 서비스를 제공하여야 할 것이다.

셋째, 통합교육에 참여하는 학생과 교원, 그리고 직원 등 행정인력의 의식전환이 필요하다. 이를 위해 장애이해교육 자료의 개발과 보급, 봉사활동 및 장애체험활동 참여 등을 통하여 비장애학생의 특수교육 대상 학생에 대한 이해를 넓히고, 통합교육 담당교사, 일반교사는 물론 교장과 교감 등 학교행정가들을 대상으로 하는 연수내용에 반드시 통합교육과 특수교육에 대한 내용을 포함하도록 하여야 할 것이다. 또한 통합교육 환경에서 적절한 교육을 제공받을 수 있도록 하기 위해 교육과정 운영자료, 학습자료의 연구와 개발을 담당하는 전담부서 설치 및 운영을 하도록 한다.

넷째, 특수교육 대상 학생들의 직업 · 진로 · 전환교육을 강화하기 위해 학교졸업 후 성인으로서 독립생활을 영위할 수 있도록 지원하는 것이 필요하다. 이를 지원하기 위해서는 지역사회 관련 기관과 부모의 참여를 보장하고, 기업이나 고등교육기관과 협력하며, 자기주장을 강조하는 교육과정을 마련하며, 고용의 이점을 지도하며, 다양한 직장경험 등을 포함한 교육방안을 마련해야 할 것이다.

다섯째, 장애인 고등교육 지원 방안으로 고등학교에서 대학으로의 전환 지원을 강화하여야 할 것이다. 구체적으로 장애학생의 고등학교에서 대학으로의 전환을 촉진하기 위한 조치로 장애대학생 멘토, 학습 지원, 대학의 장애학생 예비대학 운영, 장애학생 대상 대학 입학 설명회 개최 및 장애학생의 대학의 정당한 편의 제공 이해도 제고 등을 추진할 필요가 있다.

여섯째, 대학의 장애학생 지원서비스를 강화하여야 한다. 즉 대학 내 보편적 행정 및 지원 체계로 충족되지 않는 장애 학생의 특수욕구를 충족하기 위해 장애학생지원센터를 중심으로 장애서비스를 체계화하고 강화해야 한다. 이러한 장애학생지원센터는 고유 업무를 수행하는 전담 인력을 갖춘 독립적인 행정 조직으로서 모든 대학에 의무적으로 설치되어야 하며, 장애학생지원센터가 장애학생에게 제공하는 장애서비스는 장애 유형과 정도 및 사회환경적 특성을 고려한 개인 맞춤형 서비스라는 사례관리 관점에서 수행되어야 할 것이다. 특히 최근에 발달장애인구 증가 및 지원체계 활성화에 따라 발달장애학생의 대학 진학 비율이 높아지고 있는 추세[9]를 고려하여, 발달장애인 지원과 관련하여

9) 장애대학생의 장애유형을 살펴보면 2012년의 경우 지체 · 뇌병변장애 56%, 시각장애 16%, 청각장애 13%, 지적 · 자폐성 장애 8% 등의 순이었으나, 2021년에는 지체 · 뇌병변장애 39%, 시각장애 14%, 청각장애 14%, 지적 · 자폐성 장애 14%로 최근 발달장애의 비중이 확대되고 있다

전문적인 역량을 갖춘 전담인력을 추가적으로 배치하는 것을 적극적으로 검토할 필요가 있다.

(관계부처합동, 2022).

## 생각해보기

1. 모든 장애인에게 통합교육이 적합하다고 생각하는가?
2. 통합교육이 필요한 장애인과 분리교육이 필요한 장애인이 장애유형별로 구분될 수 있다고 생각하는가?
3. 장애학생 고등교육 참여를 확대하기 위하여 어떠한 노력이 필요하다고 생각하는가?
4. 발달장애인에게 평생교육은 어떠한 의미가 있으며, 어떻게 제공되어야 한다고 생각하는가?

11 Chapter

# 장애와 사회서비스 보장

**주요 학습문제**

- 사회서비스의 개념은 무엇인가?
- 사회서비스의 등장배경은 어떠한가?
- 전자바우처의 발전은 어떻게 진행되고 있는가?
- 사회서비스는 장애인복지 영역에서 어떠한 것들이 있는가?

## 1. 사회서비스의 의미

한 사회에서 인간다운 삶을 영위하기 위해서는 다양한 욕구의 충족이 필요하다. 우리나라처럼 자본주의 질서를 추구하는 사회의 경우 욕구 충족은 기본적으로 개인적인 노력에 따른 보상을 통해 이루어진다. 문제는 개인이 받는 보상이 거의 없거나 부족한 사람이 어느 사회든지 늘 존재해 왔으며 우리나라의 경우도 예외는 아니라는 점이다. 이러한 취약계층에 대해 사회는 어떠한 형태로든지 그들의 생존, 나아가 인간다운 삶을 보장하기 위해 기본적인 소득보장, 의료보장, 주택보장 등 제도적 장치를 마련하기 위해 노력해 왔으며, 최근 들어 서비스 제공을 통한 삶의 보장이 주요 논의 과제로 부각되고 있다.

서비스는 가시적인 형태가 있는 물적 재화와는 달리, 인간의 노동이 투여되어야 하는 특성을 가지고 있으며, 무형의 방식을 띤 욕구충족 수단이다. 서비스는 크게 시장에서 자유롭게 구매할 수 있는 서비스와 시장 주도가 아닌 사회가 제공하는 서비스로 양분된다. 시장을 통해 만들어진 서비스를 구입하기 어려운 사람들의 경우, 사회가 제공하는 서비스에 의존할 수밖에 없다. 특히 공공성을 지니는 서비스의 경우 이를 시장에 맡겨 놓을 경우 이윤 창출의 어려움 때문에 필요한 서비스가 충분히 생산되지 않는 시장실패 현상이 발생함으로써 사회에서 필요로 하는 양보다 서비스가 부족해진다.

이윤 창출의 어려움으로 서비스에 대한 충분한 제공이 이루어지지 않거나 공공성 때문에 사회가 책임져야 하는 서비스 영역은 통칭하여 사회서비스라 불린다. 따라서 사회서비스는 사회의 필요에 의해 사회의 총체적 노력을 통해 제공되는 대인 서비스라고 할 수 있다. 우리나라의 경우 사회서비스는 비교적 최근의 개념이며, 전통적으로 사회복지서비스라는 용어가 사용되어 왔다. 2007년 이후 사회투자국가를 지향하는 한 방법으로 사회서비스라는 용어가 본격적으로 사용되었고, 2012년 「사회보장기본법」의 전부개정으로 사회서비스가 법률적 용어로 채택되었다. 동법 제3조 제4호는 사회서비스를 '국가 · 지방자치단체 및 민간부문의 도움이 필요한 모든 국민에게 복지, 보건의료, 교육, 고용, 주거, 문화, 환경 등의 분야에서 인간다운 생활을 보장하고 상담, 재활, 돌봄, 정보의 제공, 관련 시설의 이용, 역량 개발, 사회참여 지원 등을 통하여 국민의 삶의 질이 향상되도록 지원하는 제도'라고 규정하고 있다. 이러한 사회서비스의 개념은 일상생활의 모든 영역에서 삶의 질 향상을 위한 제반적 서비스 내용을 포괄하는 것으로, 전통적으로 사용되는 사회복지서비스의 내용보다 확장된 것이다.[1)]

사회복지서비스에서 사회서비스로의 용어 변경과 내용의 확장은 사회의 발

1) 2012년 「사회보장기본법」 개정 전에는 사회서비스가 아닌 사회복지서비스라는 용어를 사용하였으며, 그 내용은 '국가 · 지방자치단체 및 민간부문의 도움이 필요한 모든 국민에게 상담, 재활, 직업의 소개 및 지도, 사회복지시설의 이용 등을 제공하여 정상적인 사회생활이 가능하도록 지원하는 제도'로 제한된 영역에서의 서비스 개념이었다.

전과 더불어 개인 및 가족의 인간다운 삶을 위하여 지원되어야 하는 영역이 일상생활의 전반으로 넓어지고 사회의 책임도 그만큼 무거워진 것이라고 할 수 있다.

## 2. 사회서비스의 발전 배경

사회서비스라는 용어가 2007년 이후 사회복지영역에서 광범위하게 사용되기 시작하였고, 사회서비스의 도입을 위한 이론적 근거는 사회투자이론이었다. 전통적인 복지정책의 경우 기초소득보장 및 취약계층에 대한 제한적 서비스 제공을 주축으로 하여 사후 구제적 성격이 강했다면, 사전예방적 성격을 강조하면서 인적자본과 사회적 자본에 대한 투자를 통해 복지를 해결하자는 것이 사회투자이론의 요체이다.

일부에서는 사회투자의 개념이 제3의 길에 기반한 신자유주의적 정책과 다름없다는 비판도 있으나, 이와 다른 점은 공공부분의 개입이 보다 강조된다는 점이며, 사회투자의 내용이 복지를 넘어서 문화 및 일반 행정 영역까지 포괄하고 있다는 것이다.

2007년 당시 사회투자이론에 따른 사회서비스는 복지정책의 패러다임을 바꿀 획기적인 내용으로 지지받았으며 발전 속도도 매우 빨랐다. 우리나라의 경우 정부, 특히 보건복지부에서 사회서비스 발전을 위해 집중적 정책을 실시하였고, 새로운 복지정책으로 자리 잡았다. 사회서비스를 발전시키기 위한 정부의 입장은 크게 일자리 창출과 서비스 영역에서의 이용자 중심적 체계의 도입 두 가지였다.

### 1) 일자리 창출

사회복지의 영역은 일반적으로 국가 재정의 소비 영역으로 인식되고 경제발전을 가로막는 걸림돌로 회자된다. 사회복지 급여 대상자에게 제공되는 재원과 서비스는 대상자의 소비로 매몰되고 사회투자로 이어지지 않으므로 사회복지의 급여를 확장하는 것은 사회 및 경제발전에 도움이 되지 않는다는 것이다. 이에 대한 비판으로 사회복지 급여 대상자에게 제공되는 급여는 어떠한 형태로든지 거의 모두 지역사회로 환원되므로 그 자체가 투자라는 것과, 경제적 효율성만으로 가늠할 수 없는 사회통합 및 불평등 해소에의 기여, 경기순환에 따른 경제변동성을 완화시키는 자동안정화 장치 등이 이야기되고는 있지만 경제발전의 발목을 잡는다는 시각은 여전히 유효하다.

사회서비스가 급속히 발전할 수 있었던 것은 이러한 시각을 뛰어넘는 단초를 보여주었기 때문이며, 그 핵심적 내용이 바로 일자리 창출이었다. 전반적인 일상생활 영역을 포괄하여 지원되는 사회서비스는 기본적으로 휴먼서비스적 성격을 지니고 있다. 이것은 사회서비스를 제공하기 위해 그에 대응하는 서비스 제공 인력이 있어야 한다는 것을 의미하며, 사회서비스의 외연이 확장되고 내용이 완비될수록 그에 대응하는 인력의 양성이 필요하고 이것이 바로 일자리 창출로 이어지는 것이다.

경제적 위기 상황이나 일자리 부족 시에 정부가 추구하는 일자리 창출 방식은 주로 대규모 토목공사나 한시적인 공공근로 사업을 통한 단발성 지원인데 비하여, 사회서비스를 통한 일자리 창출은 지속성과 더불어 사회 취약계층 및 중산층을 포함한 대다수 국민의 삶의 질을 제고하는 데에 기여하는 장점을 가지고 있다. 특히, 사회서비스를 통해 인적 자본의 확충과 사회적 위험의 사전적 예방이 가능하다는 점은 사회서비스를 발전시킨 주된 요인이었다.

## 2) 이용자 중심적 체계의 도입

사회복지 영역에서 서비스를 제공하는 체계와 방식은 공급자 중심적이다. 서비스를 이용하고자 하는 사람들은 사회복지법인 등에서 운영하는 서비스제공기관이 정해 놓은 정형적인 서비스를 이용하는 것이 일반적이며, 이용자가 자신이 필요로 하는 서비스를 선택할 수 있는 경우는 거의 없다. 또한, 서비스 제공기관은 운영에 필요한 재원을 국가 및 지방자치단체로부터 보조금 형식으로 상당부분을 지원받아 사용하고, 이용자가 부담하는 이용료 수입은 매우 제한적이므로, 이용자의 욕구를 반영한 서비스 구성은 매우 어려운 구조로 되어 있다.

이러한 공급자 중심적 방식이 사회서비스의 확장 시에도 동일하게 적용될 경우, 정부는 신규 사회서비스의 도입 시에, 해당 서비스를 제공할 수 있는 기관을 설립하거나 기존 기관에 보조금을 지급하여 서비스 공급이 이루어지도록 해야 한다. 이러한 방식은 사회서비스가 확장될수록 서비스 산출에 막대한 비용을 수반하게 되며 이용자가 필요로 하는 서비스를 탄력적으로 운영하기 어려운 한계를 가지게 된다(이승기, 2012).

이를 해결하기 위해 새로 고안된 방식이 이용자 중심적 체계이며 대표적으로 바우처 제도를 꼽을 수 있다. 바우처 제도는 일반적으로, 급여 방식 중 현금지급방식과 현물서비스 방식의 중간단계로 성격이 규정되지만 이것은 바우처의 보다 주요한 특징을 간과하는 것이다. 바우처는 이용자의 선택방식이라는 점에서 현물서비스와는 질적으로 다른 급여 방법이며 오히려 현금지급방식에 훨씬 가까운 제도이다.

바우처 제도를 도입할 경우 정부입장에서는 서비스를 공급할 기관을 따로 설립하거나 기존 기관에 보조금을 지원하지 않아도 되며, 바우처가 작동 가능한 영역을 파악한 후 이용자에게 바우처를 지급하면 되므로 행정비용을 절감할 수 있다. 또한 서비스의 성격에 따라서는 새로운 시장이 형성될 수 있어서 서비스제공에서 경쟁체제의 도입도 가능하다. 사회복지 영역, 특히 장애인복지 영역에서 중시되는 자기결정권 행사 권한의 신장에도 기여할 수 있는데, 바우처를 지급받은 이용자가 서비스 제공기관을 선택하여 자신이 필요한 서비스를 구매할 수 있기 때문이다(이재원 · 손정원, 2011).

공급자 지원방식과 바우처 방식으로 대표되는 이용자 지원방식이 가지고 있는 특징을 표로 정리하면 아래와 같다.

표 11-1 | **공급자 지원방식과 이용자 지원방식**

| 구분 | 공급기관 지원방식 | 이용자 지원방식 |
|---|---|---|
| 대상 | 수급자 등 저소득층 | 중산층까지 확대 |
| 서비스 비용 | 전액 국가 지원 | 일부 본인부담 |
| 서비스 시간 | 공급기관 재량 | 대상자 욕구별 표준화 |
| 공급기관 | 단일기관 독점 | 다수기관 경쟁 |
| 특징 | 획일적이고 정형화된 서비스 제공 | 경쟁 및 다양한 서비스 제공 |

이러한 이유로 우리나라의 경우 사회서비스의 확장과 바우처 제도의 도입은 상호간 긴밀한 관계를 맺으면서 발전하고 있다. 바우처 제도가 가져온 부정사용, 선택권의 제한적 보장 등 부작용적 측면이 여전히 발생하고 있지만, 사회서비스의 급속한 확장에 바우처 제도의 도입이 매우 큰 역할을 한 것은 분명하다.

## 3. 사회서비스의 내용

사회서비스의 영역은 복지, 보건의료, 교육, 고용, 주거, 문화, 환경 등의 분야를 망라하여 모든 일상생활을 포괄하고 있다. 공공영역 측면에서 보면, 이것은 거의 모든 중앙부처 및 지방자치단체와 연결되어 사회서비스가 발전할 수 있다는 것을 의미하며 취약계층뿐만 아니라 서비스가 필요한 모든 국민에게 적용되어 삶의 질을 향상시키는 제도가 됨을 말한다.

사회서비스의 내용이 지속적으로 확장되고 있음에도 불구하고 이 책에서 다루는 사회서비스는 주로 사회복지와 관련된 영역으로 한정하고자 한다. 이미 언급한 바와 같이 우리나라 사회서비스의 발전은 곧 바우처 제도로 연결되어 있고, 바우처 사업이 사회복지 영역에서 사회서비스의 중심이기 때문이다.

### 1) 전자바우처 사업

사회복지 영역에서의 바우처 제도는 크게 보건복지부에서 시행하는 국가사업과 지방자치단체에서 운영하는 사업으로 나누어지는데, 국가사업 바우처의 경우 전자바우처 방식으로 수행되고 있다. 지방자치단체에서 운영하는 사업은 국가 전자바우처 시스템을 운영하는 경우도 있고 자체적인 시스템을 갖추어 운영하는 곳도 있다. 전자바우처의 경우 2007년에 장애인활동보조서비스, 노인돌봄서비스, 지역사회투자사업서비스 사업에서 최초로 도입되었다. 장애인활동보조서비스는 장애인의 자립생활을 실현하기 위해 활동보조인이 장애인의 일상생활을 지원하는 제도이며, 노인돌봄서비스의 경우 노인의 일상 활동을 지원하는 것으로 시작하였으나 2008년 노인장기요양보험이 도입되면서 현재는 노인장기요양보험의 수급자격이 없는 노인을 중심으로 서비스를 지원하고 있다. 지역사회투자사업은 지방자치단체에서 발굴한 사회서비스에 대해 바우처를 지급하는 제도로 지역별 상황에 맞는 특색 있는 서비스가 발굴되어 시행되고 있다.

### 2) 전자바우처 사업 규모

2021년 12월을 기준으로 전차바우처 사업의 전체 예산이 3조 346억 원에 달한다. 2007년 도입당시 재원규모가 1,874억 원인 것에 비하면 16배 가까이 증가한 규모이다. 이용자 수를 보면 2020년에 62만 명 가량 이용하여 2007년 도입 당시 35만 명에 비해 2배 가까이 증가하였다. 재원 규모가 16배 가까이 증가한 데 비하여 이용자 수의 증가가 2배에 머무른 것은 바우처 단가 및 이용시간 등이 늘어나 예산의 증가가 더 빠르게 진행되었기 때문이다.

사회서비스 제도 도입의 주요 목적 중의 하나인 일자리 수를 보면 17만 개 이상이 사회서비스 분야에 고용된 것으로 나타나 일자리 창출에 기여하고 있는 것을 알 수 있다. 2007년 도입 당시의 일자리 수는 3만 6천 개였으므로, 약 5배 넘게 증가한 수치이다. 그러나 이러한 일자리의 양적 증가가 고용의 질을 담보하지 못한다는 비판이 계속되고 있다. 대표적인 것이 사회서비스 분야의 일자리가 안정되고 수입이 보장된 좋은 일자리라기보다는 파트타임 또는 불안정한 수입 등 처우가 열악한 일자리를 양산했다는 것이다.

바우처 사업의 서비스 제공기관 수의 경우에도 1만여 개 이상으로 증가하여 2007년 1,274개소에 비하여 9배 가까이 증가하였다. 서비스 제공기관의 수는 정부에서 보조금을 지급하는 기관을 새로이 설치하는 대신에, 이미 존재하고 있던 혹은 자체적으로 서비스 제공조직을 만들어 바우처 사업을 진행하고 있는

표 11-2 | **전자바우처 사업의 규모(기준: '20. 1. 1.~'20. 12. 31.) (단위: 억 원, 백 명, 개소)**

| 구분 | 예산 | 이용자수 | 일자리 | 제공기관 |
|---|---|---|---|---|
| 계 | 30,346 | 6,252 | 1,760 | 11,258 |
| 장애인활동지원 | 22,499 | 1,095 | 1,115 | 1,018 |
| 산모 · 신생아건강관리지원 | 1,950 | 1,257 | 188 | 1,083 |
| 가사 · 간병방문지원 | 365 | 85 | 48 | 397 |
| 지역사회서비스투자 | 2,616 | 2,860 | 220 | 5,371 |
| 발달재활서비스 | 1,411 | 844 | 133 | 2,327 |
| 언어발달지원 | 12 | 4 | 3 | 177 |
| 발달장애인부모지원 | 11 | 8 | 3 | 188 |
| 발달장애인주간활동서비스 | 1,027 | 54 | 32 | 377 |
| 발달장애학생 방과후활동서비스 | 446 | 45 | 19 | 320 |

출처: 사회서비스 전자바우처 홈페이지(www.socialservice.or.kr)

곳을 의미하므로, 전통적인 공급자 기관과는 성격을 달리하는 기관들이라고 말할 수 있다.

### 3) 장애인복지관련 전자바우처

장애인복지관련 전자바우처 제도는 장애인활동지원서비스, 발달재활서비스, 언어발달지원사업, 발달장애인부모 상담지원 사업, 발달장애인 주간활동 서비스, 청소년 발달장애학생 방과후활동서비스 등이 시행되고 있다.

장애인활동지원서비스의 대상자는 6세 이상 65세 미만 장애인이며, 사업내용은 활동보조, 방문목욕 및 방문간호 사업으로 구성되어 있다. 지원수준은 서비스지원종합조사 결과에 따른 종합점수에 따라 1~15구간으로 나누어져 활동지원급여가 지급된다.

발달재활서비스는 18세 미만의 장애아동에게 장애특성별로 언어치료, 놀이치료 등이 지원되며 기준중위소득 180% 이하의 가구를 대상으로 시행되고 있다. 언어발달지원사업은 부모가 장애인인 경우 만 12세 미만 비장애아동에게 언어발달진단서비스, 수어지도 등에 대해 지원된다.

발달장애인부모 상담지원 사업은 발달장애인의 부모 및 보호자에게 발달장애인 주간활동 서비스는 만 18세 이상 65세 미만의 발달장애인에게 낮 시간 동안 서비스를 제공하여 자립생활 및 사회참여를 증진시키기 위한 사업이다.

청소년 발달장애학생 방과후활동서비스는 발달장애학생의 여가활동과 지립준비 지원을 목적으로 만 6세 이상 18세 미만의 발달장애학생과 만 18세 이상일 경우 재학증명서를 제출하는 경우 제공된다.

**표 11-3 | 장애인복지관련 전자바우처 사업**

| 사업명 | 지 원 대 상 |
| --- | --- |
| 장애인 활동지원 | • 만 6세~만 64세의 장애인복지법상 등록 장애인 중 서비스 지원 종합조사 결과 산출된 종합점수에 따라 수급자격을 받은 자 |
| 발달재활 서비스 | • 연령기준: 만 18세 미만 장애아동<br>• 장애유형: 뇌병변, 지적, 자폐성, 언어, 청각, 시각 장애아동<br>• 소득기준: 기준중위소득 180% 이하 |
| 언어발달지원사업 | • 연령기준: 만 12세 미만 비장애아동<br>• 소득기준: 기준중위소득 120% 이하 |
| 발달장애인 부모상담 지원 사업 | • 발달장애인 자녀를 가진 부모 및 보호자<br>• 소득기준 없음 |
| 발달장애인 주간활동 서비스 | • 연령기준: 만 6세 이상 18세 미만 지적 및 자폐성 장애인. 만 18세 이상의 경우 재학증명서를 제출하는 경우 이용 가능 |
| 청소년 발달장애 학생 방과후 활동서비스 | • 연령기준: 만 18세 미만 중증장애아동<br>• 장애유형: 장애인복지법에 근거한 지적 및 자폐성 장애인<br>• 소득기준: 전국가구평균소득 100% 이하 |

출처: 사회서비스 전자바우처 홈페이지(www.socialservice.or.kr).

## 4) 장애인 활동지원제도

### (1) 장애인 활동지원제도의 의미 및 발전

장애인 활동지원제도는 자립생활 이념을 뒷받침하는 핵심적 제도로서 장애인의 자립생활 및 사회참여를 위하여 활동지원급여를 제공한다. 우리나라에서 장애인 활동지원제도의 발전은 장애인 자립생활센터의 발전과 궤적을 같이한다. 2000년 8월과 9월, 한국 최초의 장애인자립생활센터로 광주 우리이웃자립생활센터와 서울 동대문종합복지관부설 피노키오자립생활센터가 설립되면서 장애인 활동지원제도 시행을 위한 기관 태동이 시작되었다.

2002년 11월 상반기부터 '서울시자립생활센터시범사업'이 시작되어 5개의 서울지역 장애인자립생활센터가 지원을 받아 활동보조사업을 시작하였다. 중앙정부의 지원은 2005년 3월부터 시작되었는데, 보건복지부는 '중증장애인자립생활지원 시범사업'시에 서울 3개소와 부산, 대구, 광주, 충남, 전북, 경남, 제주에 각

1개소씩, 총 10개소를 지원하였다. 이후 2007년 「장애인복지법」이 개정되면서 자립생활 규정이 명문화되었고, 장애인활동보조서비스가 같은 해 4월 시행되었다.

2007년 장애인 활동보조서비스 제도가 중대한 기로에 서게 된다. 2007년 「노인장기요양법」의 제정으로 노인장기요양보험제도가 도입되었는데, 이때 노인장기요양보험의 대상에서 장애인이 제외되면서, 장애인에 대한 요양서비스를 노인장기요양보험에 포함시킬지 여부에 대한 갈등이 발생하였다. 정부는 활동보조서비스와 노인장기요양보험을 통합하여 운영하고자 하는 의지가 있었으나, 장애계는 장애인 활동보조서비스가 단순 요양서비스가 아닌 자립생활을 실현하는 제도여서 이 두 제도의 통합은 불가하다는 입장이었다. 국회는 「노인장기요양법」을 통과시키면서 부대결의를 통해 장애인 활동보조서비스와 노인장기요양보험의 관계에 대해 향후 방향을 보고하라고 하였고, 2008년부터 시범사업이 진행되게 되었다. 결국 노인장기요양보험에 장애인을 포함시키지 않고, 장애인 활동보조서비스에 방문간호, 방문목욕 등 노인요양에 준하는 서비스를 추가로 도입하는 것으로 결정되어 활동보조지원사업의 전반적인 내용이 완성되었다(이승기 외, 2011).

특히, 2011년 장애인활동지원에 관한 법률이 제정되어, 기존에 사용되었던 활동보조지원사업, 활동보조서비스라는 용어 대신 장애인 활동지원제도 및 장애인 활동지원급여라는 용어가 보편화되었고, 독립적인 개별법에 근거하여 장애인 활동지원제도가 시행되는 괄목할 만한 성과를 거두었다.

### (2) 장애인 활동지원제도의 내용

#### ① 신청

우리나라의 경우 사회복지 급여를 제공받기 위해서는 대상자가 급여신청을 해야 하는 신청주의를 채택하고 있으며, 장애인 활동지원제도도 예외는 아니다. 신청자격은 만 6세 이상에서 만 65세 미만의 「장애인복지법」상 등록장애인으로 소득과 무관하게 신청이 가능하다. 활동지원 수급을 받다가 65세가 되는 경우 노인장기요양보험 급여와의 충돌 문제가 발생하는데, 현재는 65세가 된 이후에는 활동지원이 중단되고 노인장기요양 급여로 전환되는 방식을 취하고 있다. 다만, 전환 이후 노인장기요양 수급자격이 안되어 노인장기요양급여를 받지 못하는 경우 장애특성상 활동지원급여가 적절하다고 판단된 경우에 활동지원급여를 제공한다.

서비스 신청과 관련한 논란 중 하나는 장애등급에 따라 서비스 신청자격을 제한하는 것의 타당성에 관한 것이었다. 현행 제도 이전에는 신청자격을 장애등급 1~3급의 장애인으로 제한하였는데 장애등급제가 폐지되면서 모든 등록장애인이 서비스 신청자격을 갖게 되었다. 그간 신청자격을 장애등급 1~3급 장애인으로 한정한 것에 대해 비판이 있었는데, 활동지원급여를 받기 위해서는 활동지원인정조사표에 따른 조사를 필수적으로 받아야 하고 그 결과에 따라 급여수준이 결정되기 때문에 신청 시에 등급에 따른 제한은 불필요하다는 지적이 있었다. 이러한 주장이 반영되어 모든 장애인에게 서비스 신청자격이 부여된 것은 다행스러운 일이다.

그간에 있었던 또 하나 논란은 활동지원급여 신청을 하기 위해서 장애인으로 하여금 이미 받았던 장애등급에 대한 심사를 다시 받도록 하는 것이었다. 활동지원서비스를 신청하기 위해 이미 행정기관에 의해서 장애등급을 부여받은 1~3급 장애인이 해당 장애등급이 적정한지 재심사를 받아야 하도록 한 것인데, 이것은 장애등급에 대한 신뢰 문제 때문에 발생한 것이다. 현재의 장애등급심사는 국민연금공단을 거쳐 확정을 하도록 되어 있지만, 이전에는 의사의 장애진단서가 사실상 최종 장애등급판정의 역할을 하였고, 부정확한 판정이 많아 이를 개선할 필요가 있다는 문제가 꾸준히 제기되었다. 문제는 재심사를 거쳐 장애등급의 하락을 경험한 장애인이 약 30% 이상 되어 장애계의 상당한 반발이 있었고, 이것이 기폭제가 되어 장애등급제 폐지 운동까지 이어지게 되는 결과를 낳았다. 장애등급폐지로 활동지원서비스의 신청을 장애등급에 따라 제한하는 제도도 폐지된 만큼 현재는 이와 같은 논란도 해결되었다.

### ② 급여결정 및 급여 내용

신청 후 다음 단계는 신청자에 대한 방문조사를 통해 급여를 결정하는 것이다. 장애등급제 폐지 이전에는 활동지원인정조사표를 활용하여 서비스 급여와 내용을 결정하였다. 이때의 인정조사표는 신체 · 정신 기능, 생활환경 영역 및 서비스 욕구에 대해 평가를 하고 조사 결과에 따라 급여가 차등적으로 지원 되었다.

2019년 7월 장애등급제가 폐지되면서 장애등급 대신 장애정도라는 용어가 사용되기 시작하였고, 서비스에 대한 전반적인 조사를 하도록 개편되어 서비스 지원 종합조사라는 용어가 사용되고 있다.

서비스 지원 종합조사를 위한 종합조사표의 내용은 만 19세 이상 성인용과 만 19세 미만 아동용으로 구분되어 있으며, 조사내용은 일반사항, 서비스 필요도 평가를 위한 기본조사, 욕구조사 및 급여이용 계획으로 구성되어 있다. 이 중 급여결정을 위해 종합점수를 산정하는 항목과 산정방법은 다음과 같다.

표 11-4 | **서비스 지원 종합조사표 조사항목 및 종합점수 산정방법**

① 성인용(만 19세 이상)

| 조사영역 | 조사항목 | 문항별 점수 | | | | 산정방법 |
|---|---|---|---|---|---|---|
| | 일상생활동작(ADL) | ① | ② | ③ | ④ | |
| 기능제한 ($X_1$) | 1. 옷 갈아입기 | 0점 | 4점 | 8점 | 24점 | 13개 항목의 문항별 점수를 합산한다. |
| | 2. 목욕하기 | 0점 | 3점 | 6점 | 18점 | |
| | 3. 구강청결 | 0점 | 2점 | 4점 | 12점 | |
| | 4. 음식물 넘기기 | 0점 | 2점 | 4점 | 12점 | |
| | 5. 식사하기 | 0점 | 4점 | 8점 | 24점 | |
| | 6. 누운 상태에서 자세 바꾸기 | 0점 | 2점 | 4점 | 12점 | |
| | 7. 옮겨앉기 | 0점 | 5점 | 10점 | 30점 | |
| | 8. 시청각복합평가 | 0점 | 6점 | 12점 | 36점 | |
| | 9. 앉은 자세유지 | 0점 | 3점 | 6점 | 18점 | |

| | | | | | | |
|---|---|---|---|---|---|---|
| | 10. 실내이동 | 0점 | 4점 | 8점 | 24점 | |
| | 11. 실외이동 | 0점 | 8점 | 16점 | 48점 | |
| | 12. 배변 | 0점 | 6점 | 12점 | 36점 | |
| | 13. 배뇨 | 0점 | 4점 | 8점 | 24점 | |
| | 계 | 318점 | | | | |
| | **수단적 일상생활동작(IADL)** | ① | ② | ③ | ④ | 8개 항목의 문항별 점수를 합산한다. |
| | 1. 전화사용 | 0점 | 2점 | 4점 | 12점 | |
| | 2. 물건사기 | 0점 | 2점 | 4점 | 12점 | |
| | 3. 식사준비 | 0점 | 4점 | 8점 | 24점 | |
| | 4. 청소 | 0점 | 2점 | 4점 | 12점 | |
| | 5. 빨래하기 | 0점 | 2점 | 4점 | 12점 | |
| | 6. 약 챙겨먹기 | 0점 | 2점 | 4점 | 12점 | |
| | 7. 금전관리 | 0점 | 2점 | 4점 | 12점 | |
| | 8. 대중교통 이용 | 0점 | 4점 | 8점 | 24점 | |
| | 계 | 120점 | | | | |
| | **인지행동특성** | ① | ② | ③ | | 8개 항목의 문항별 점수를 합산한다. |
| | 1. 주의력 | 0점 | 10점 | 20점 | | |
| | 2. 위험인식 및 대처 | 0점 | 9점 | 18점 | | |
| | 3. 환각 · 망상 | 0점 | 2점 | 4점 | | |
| | 4. 조울상태 | 0점 | 2점 | 4점 | | |
| | 5. 문제행동 | 0점 | 4점 | 8점 | | |
| | 6. 공격행동 | 0점 | 4점 | 8점 | | |
| | 7.자해행동 | 0점 | 4점 | 8점 | | |
| | 8.집단생활부적응 | 0점 | 12점 | 24점 | | |
| | 계 | 94점 | | | | |
| 사회활동 $(X_2)$ | **사회활동** | ① | ② | | | 항목 간 합산되지 않고 최대 24점만 인정한다. |
| | 1. 직장생활 | 0점 | 24점 | | | |
| | 2. 학교생활 | 0점 | 12점 | | | |
| 가구활동 $(X_3)$ | **가구특성** | ① | ② | | | 항목 간 합산되지 않고 최대 36점만 인정한다. |
| | 1. 독거가구 | 0점 | 36점 | | | |
| | 2. 취약가구 | 0점 | 36점 | | | |
| | 3. 본인을 제외한 가족의 사회생활 | 0점 | 12점 | | | |
| | **주거특성** | ① | ② | | | 항목 간 합산되지 않고 최대 4점만 인정한다. |
| | 1. 이동에 제한이 있고, 지하층, 또는 2층 이상 거주 | 0점 | 2점 | | | |
| | 2. 이동에 제한이 있고, 엘리베이터 없는 지하층 또는 2층 이상 거주 | 0점 | 4점 | | | |

② 아동용(만 19세 미만)

| 조사영역 | 조사항목 | 문항별 점수 | | | | 산정방법 |
|---|---|---|---|---|---|---|
| 기능제한 ($X_1$) | 일상생활동작(ADL) | ① | ② | ③ | ④ | 9개 항목의 문항별 점수를 합산한다. |
| | 1. 옷 갈아입기 | 0점 | 4점 | 8점 | 24점 | |
| | 2. 목욕하기 | 0점 | 2점 | 4점 | 12점 | |
| | 3. 구강청결 | 0점 | 2점 | 4점 | 12점 | |
| | 4. 식사하기 | 0점 | 5점 | 10점 | 30점 | |
| | 5. 누운 상태에서 자세 바꾸기 | 0점 | 2점 | 4점 | 12점 | |
| | 6. 옮겨앉기 | 0점 | 3점 | 6점 | 18점 | |
| | 7. 걷기 | 0점 | 9점 | 18점 | 54점 | |
| | 8. 화장실 사용하기 | 0점 | 7점 | 14점 | 42점 | |
| | 9. 시청각복합평가 | 0점 | 5점 | 10점 | 30점 | |
| | 계 | 234점 | | | | |
| | 수단적 일상생활동작(IADL) | ① | ② | ③ | ④ | 6개 항목의 문항별 점수를 합산한다. |
| | 1. 전화사용 | 0점 | 2점 | 4점 | 12점 | |
| | 2. 물건사기 | 0점 | 2점 | 4점 | 12점 | |
| | 3. 금전관리 | 0점 | 2점 | 4점 | 12점 | |
| | 4. 대중교통 이용 | 0점 | 4점 | 8점 | 24점 | |
| | 5. 본인물건관리하기 | 0점 | 2점 | 4점 | 12점 | |
| | 6. 학습하기 | 0점 | 4점 | 8점 | 24점 | |
| | 계 | 96점 | | | | |
| | 인지행동특성 | ① | ② | ③ | ④ | 5개 항목의 문항별 점수를 합산한다. |
| | 1. 문제행동 | 0점 | 3점 | 6점 | 18점 | |
| | 2. 공격행동 | 0점 | 2점 | 4점 | 12점 | |
| | 3. 자해행동 | 0점 | 2점 | 4점 | 12점 | |
| | 4. 위험인지하기 | 0점 | 3점 | 6점 | 18점 | |
| | 5. 의사소통하기 | 0점 | 4점 | 8점 | 24점 | |
| | 계 | 84점 | | | | |
| 사회활동 ($X_2$) | 사회활동 | ① | | ② | | 항목 간 합산되지 않고 최대 24점만 인정한다. |
| | 1. 직장생활 | 0점 | | 24점 | | |
| | 2. 학교생활 | 0점 | | 12점 | | |

<table>
<tr><td rowspan="8">가구활동<br>($X_3$)</td><th>가구특성</th><th>①</th><th>②</th><td rowspan="4">항목 간 합산되지 않고 최대 36점만 인정한다.</td></tr>
<tr><td>1. 한부모 및 조손가족</td><td>0점</td><td>18점</td></tr>
<tr><td>2. 취약가구</td><td>0점</td><td>36점</td></tr>
<tr><td>3. 본인을 제외한 가족의 사회생활</td><td>0점</td><td>12점</td></tr>
<tr><th>주거특성</th><th>①</th><th>②</th><td rowspan="3">항목 간 합산되지 않고 최대 4점만 인정한다.</td></tr>
<tr><td>1. 이동에 제한이 있고, 지하층, 또는 2층 이상 거주</td><td>0점</td><td>2점</td></tr>
<tr><td>2. 이동에 제한이 있고, 엘리베이터 없는 지하층 또는 2층 이상 거주</td><td>0점</td><td>4점</td></tr>
</table>

이상과 같은 서비스 지원 종합조사표에 따른 조사내용을 종합적으로 점수화하여 활동지원급여와 출산 시 및 거주시설 퇴소 시에 지급하는 특별지원급여가 지급된다.

표 11-5 | **활동지원급여(2024년 기준)**

| 활동지원 급여의 구간 | 종합점수 | 월 한도액 |
|---|---|---|
| 1구간 | 465점 이상 | 7,754,000원 |
| 2구간 | 435점 이상~465점 미만 | 7,269,000원 |
| 3구간 | 405점 이상~435점 미만 | 6,785,000원 |
| 4구간 | 375점 이상~405점 미만 | 6,301,000원 |
| 5구간 | 345점 이상~375점 미만 | 5,816,000원 |
| 6구간 | 315점 이상~345점 미만 | 5,332,000원 |
| 7구간 | 285점 이상~315점 미만 | 4,845,000원 |
| 8구간 | 255점 이상~285점 미만 | 4,362,000원 |
| 9구간 | 225점 이상~255점 미만 | 3,878,000원 |
| 10구간 | 195점 이상~225점 미만 | 3,393,000원 |
| 11구간 | 165점 이상~195점 미만 | 2,909,000원 |
| 12구간 | 135점 이상~165점 미만 | 2,424,000원 |
| 13구간 | 105점 이상~135점 미만 | 1,940,000원 |
| 14구간 | 75점 이상~105점 미만 | 1,456,000원 |
| 15구간 | 42점 이상~75점 미만 | 971,000원 |
| 특례 | 기존 수급자 중 42점 미만 | 762,000원 |

* 2024년 기준

표 11-6 | **특별지원급여**

| 구분 | 지급기간 | 월 한도액 |
|---|---|---|
| 출산(유 · 사산) | 특별지원급여 개시일로부터 만 6개월이 되는 날이 속한 달까지 | 1,294,000원 |
| 자립준비 | 특별지원급여 개시일로부터 만 6개월이 되는 날이 속한 달까지 | 325,000원 |
| 보호자 일시부재 | • 결혼, 사망, 지역사회보호자 및 기타 천재지변 등: 1개월<br>• 출산: 3개월<br>• 입원: 입원일수가 5일 이상인 달에 대해 1개월 단위로 최대 6개월 | 325,000원 |

* 2024년 기준

### ③ 급여의 종류

활동지원제도의 급여 내용은 활동보조, 방문목욕, 방문간호로 구분되며, 활동보조는 활동지원사가 수급자의 가정 등을 방문하여 신체활동, 가사활동 및 이동보조 등을 지원하는 것으로 급여의 내용이 따로 정해져 있다. 방문목욕은 활동지원인력인 요양보호사가 목욕설비를 갖춘 장비를 이용하여 수급자의 가정 등을 방문하여 목욕을 제공하는 급여이며, 방문간호는 간호사 등이 의사, 한의사 또는 치과의사의 지시서에 따라 수급자의 가정 등을 방문하여 간호, 진료의 보조, 요양에 관한 상담 또는 구강위생 등을 제공하는 급여를 의미한다.

### ④ 바우처 지급 및 서비스 제공

활동지원급여에 대한 제공은 바우처 방식으로 이루어진다. 바우처는 인정점수 등에 따른 급여수준에 맞추어 매월 생성되며, 서비스 이용에 따라 바우처 금액이 차감된다. 바우처를 이용할 수 있는 기관은 활동지원급여를 제공할 수 있는 곳으로 지정받은 기관인데, 대표적으로 중증장애인자립생활센터, 장애인복지관, 자활후견센터 등을 통해 활동지원사를 소개 받고 이용하는 형태를 취하게 된다. 활동지원사를 중개하는 기관의 무분별한 난립을 방지하기 위해 기관을 지정하는 방식이 운영되고 있다. 다만, 경쟁을 통한 서비스 질 제고를 위하여 하나의 시 · 군 · 구당 복수(2개소 이상)의 활동지원기관을 지정하도록 되어 있으며, 지정은 공모에 의하여 적합한 기관을 선정하되, 기관운영의 적정성 및 공익성 확보 등을 위하여 공공·비영리기관을 우선 지정하도록 하고 있다.

활동지원인력은 가족 및 친척관계에 있는 사람에게 급여를 제공할 수 없는 것이 원칙이다. 다만, 수급자가 농어촌, 도서벽지 등 일반적인 활동지원급여를 받기 어렵다고 인정하는 경우에 한하여 급여 제공이 가능하도록 하고 있다.

#### ⑤ 본인부담금

활동지원서비스를 이용하는 장애인은 본인부담금을 납부해야 한다. 본인부담금은 사회서비스 이용 시 무분별한 사용이 발생할 수 있는 도덕적 해이를 방지하기 위해 도입되었다. 기초생활수급자 중 생계급여와 의료급여 수급권자는 면제, 차상위계층은 정액제로 2만 원, 기준중위소득을 기준으로 70% 이하 4%, 120% 이하 6%, 180% 이하 8%, 180% 초과 10%를 부담하게 된다.

**표 11-7 | 활동지원급여에 대한 본인부담금**

| 구분 | | 본인부담금(율) |
|---|---|---|
| 생계·의료급여 수급자 | | 면제 |
| 차상위계층 | | 20,000원 |
| 기준중위소득 | 70% 이하 | 4% |
| | 120% 이하 | 6% |
| | 180% 이하 | 8% |
| | 180% 초과 | 10% |

* 2024년 기준(최대 200,200원까지 부담)

## 4. 사회서비스의 성과와 과제

사회서비스는 그 대상이 취약계층으로부터 중산층까지 확대되었고 향후에는 모든 국민에게 영향을 미치는 제도로 발전할 것으로 예상된다. 전통적으로 사회복지제도의 체계는 빈곤해결을 위한 공공부조와, 노령, 질병, 실업, 산업재해 및 노후질환에 대비한 사회보험제도가 주요 근간이었다. 이를 제외한 서비스 영역은 인간의 복잡하고 다양한 욕구 파악의 어려움 그리고 이에 대응한 적합한 서비스기관의 설립 및 운영이라는 두 가지 난제에 부딪혀 제한적인 영역에 머물러 있었고, 획기적인 돌파구를 찾지 못하고 있었다.

그러나 최근 들어 인구학적, 사회·경제적 구조의 급속한 변화로 새로운 사회문제가 발생하고, 특히, 그간 표준가족인 4인 가족을 기반으로 한 제도 설계의 불합리, 가족해체, 비정규직의 양산, 사회적 양극화 및 불평등 심화 등으로 기존의 체제만으로 해결이 어려운 산적한 과제들이 표출되었다. 더 이상 가족 구성원의 희생적 서비스 기능의 존속이 어려워지고 있으며, 개인적인 노력에 의한 해결도 점차 기대하기 쉽지 않은 상황이 되었다. 국가 및 사회적 지원의 필요성과 제도 재구조화가 필요한 시점에서 사회서비스는 서비스 영역에서의 대안으로서 그 기대가 높아지고 있으며, 공공부조와 사회보험의 설계에 견줄만한 사회서비스 제도의 정교한 제도 마련이 필요하게 되었다.

전자바우처 방식을 통해 우리 사회의 사회서비스는 양적으로 상당한 확대와 발전을 실현해 왔고, 재정, 이용자 수, 제공인력 수, 제공기관 등 모든 측면에서 괄목할 만한 성장을 거두고 있는 것이 사실이다. 그러나 내면을 들여다보면 제도적 허술함이 여전하며 개선해야 할 과제도 산적해 있다.

기본적으로 사회서비스는 획일적 기준에 의한 서비스 제공이 아니라 개별적 상황에 맞는 서비스 설계와 지원이 필요한 영역이다. 그러나 전자바우처 제도가 사회서비스의 발전과 동일시되는 우리나라의 경우 개별적 상황에 맞는 서비스 제공이 아닌 소득기준, 연령기준, 장애정도 등 획일적 기준이 급여제공 과정에서 여전히 주요하게 활용되고 있다. 이러한 방식은 사회구조 다변화에 대응하고 개인별 지원을 위한 이용자 중심적 지원 체계를 구축하는 데에 본질적 한계를 드러낸다. 따라서 앞으로는 획일적 기준 설정 외에 개인별 상황에 맞는 지원을 설계하고 실천해 나가는 것이 핵심 과제가 되어야 할 것이다(김진우 외, 2014).

또 하나의 문제는 서비스 품질에 관한 것이다. 현재와 같은 단순한 기관평가만으로 서비스 품질의 향상을 기대하기 어렵고, 사회서비스 제공기관에 대한 서비스 품질관리도 전반적으로 실효성을 갖추고 있지 못하다. 서비스에 대한 적정수준을 담보하기 위해서는 서비스제공기관에서 제공하는 서비스의 수준에 대한 실질적 평가가 이루어지도록 체계를 다듬어 나가야 한다. 그렇지 않으면 사회서비스의 확장에도 불구하고 그 효과성이 반감될 수밖에 없을 것이다.

마지막으로 사회서비스 일자리의 안정성과 적절성에 관한 사항이다. 일자리 수가 상당수 창출된 것은 사실이지만, 사회서비스 일자리를 통해 안정적인 생활을 유지할 정도에는 이르지 못하고 있다. 주로 여성일자리 창출이 많으며 그 중에서도 시간제, 비정규직 일자리가 대다수를 차지함으로써 가뜩이나 분절된 노동시장의 계층화 현상을 심화시킬 수 있는 여지가 높다. 사회서비스 일자리에 대한 적정 처우 및 안정적 신분 보장 등을 통해 사회서비스가 단순하게 일자리를 양적으로 창출하는 것이 아니라 고용시장의 미래 가능성을 여는 영역이 되도록 성장시켜야 할 것이다.

## 생각해보기

1. 사회서비스와 사회복지서비스의 관계를 설명할 수 있는가?
2. 사회서비스의 등장 이유와 발전 내용은 무엇인가?
3. 장애인복지 영역에서의 사회서비스의 전망은 어떠한가?

PART 03

# 장애와 사회복지실천

# 12 Chapter

# 장애인복지서비스 제공기관

**주요 학습문제**

- 한국의 장애인복지서비스 제공의 구조는 어떠한가?
- 장애인복지서비스 제공기관은 어떻게 운영되는가?
- 장애인복지서비스 제공기관의 과제는 무엇인가?
- 장애인복지서비스 제공기관 간의 협업은 가능한가?

## 1. 장애인복지서비스 제공의 의미

장애인의 기본적 권리 중의 하나는 자신이 속한 사회에서 비장애인과 동등한 삶을 살아가는 것이다. 이것은 국적, 신분, 지위, 성, 연령 등 다양한 이유로 약자인 사람이 그렇지 않은 사람과 차별받지 않고 동등하게 삶을 영위할 권리가 있는 것과 마찬가지로 장애로 인한 불리함을 겪지 않아야 한다는 것을 의미한다. 장애로 인해 지역사회에서의 삶의 자립성이 훼손되지 않도록 하기 위해, 우리 사회는 소득, 건강, 교육, 문화 등 전반적인 영역에서 장애인을 지지하는 체계를 만들고 있으며, 장애인복지서비스를 제공하는 것도 이러한 노력 중의 하나이다.

장애인복지서비스를 제공하는 기관은 유형별로 보다 세분화할 수 있지만, 한 공간에 거주하는 것을 전제로 만들어지는 장애인거주시설, 지역사회에서 삶을 살아가면서 서비스를 이용하는 장애인 지역사회재활시설, 지역사회의 삶 중에서 특별히 장애인의 자립생활을 강조하는 장애인자립생활센터를 중심으로 설명하도록 한다. 이 세 가지 유형의 서비스 제공기관은 장애인의 삶의 연속선상에서 뚜렷한 특징을 가지면서 제공기관으로서의 핵심적 역할을 각자의 영역에서 담당하고 있기 때문이다.

## 2. 장애인거주시설

### 1) 의미

「장애인복지법」 제58조는 장애인거주시설을 '거주공간을 활용하여 일반가정에서생활하기 어려운 장애인에게 일정 기간 동안 거주·요양·지원 등의 서비스를 제공하는 동시에 지역사회생활을 지원하는 시설'로 규정하고 있다. 2011년 「장애인복지법」 개정 전에는 장애인생활시설이라는 명칭을 사용하였으나 지역사회에서의 삶을 강조하는 측면에서, 그리고 한 공간에서의 24시간 생활하는 개념이 아닌 일반 가정의 주택에서 거주하는 개념으로 전환하여야 한다는 것을 강조하여 거주시설이라는 용어를 사용하게 되었다.

그러나 문제는 용어는 바뀌었지만, 아직도 생활시설과 같이 운영되는 시설이 상당하며 이로 인해 지역사회와의 단절, 수용소와 같은 이미지를 벗어나지 못하다는 데에 있다. 인권침해와 같은 장애인의 삶에 치명적인 악영향을 미치는 사례가 지속적으로 반복되고 있으며, 이로 인해 거주시설 기능 자체에 회의를 품는 시각도 여전히 계속되고 있다. 특히, 장애인복지의 이념 중 하나인 탈시설과 정면으로 배치되는 현재와 같은 거주시설의 기능은 앞으로 새로운 개념의 거주공간으로서의 방향성이 제시되지 않을 경우 비판에서 자유롭지 못한 상황을 계속 맞이할 수밖에 없다.

이러한 문제를 해결하기 위해, 인권침해의 개연성이 매우 높은 대규모 시설의 설치와 유지를 억제하는 정책이 시행되고 있으며, 신규 거주시설의 설치 시 30인 미만의 소규모거주시설만이 가능하도록 법제화되어 있다. 또한, 거주시설의 투명성과 개방성을 확보하고 인권침해를 예방하기 위해 인권지킴이단을 신설하여 운영하는 등 다각적인 노력이 이루어지고 있다.

## 2) 종류

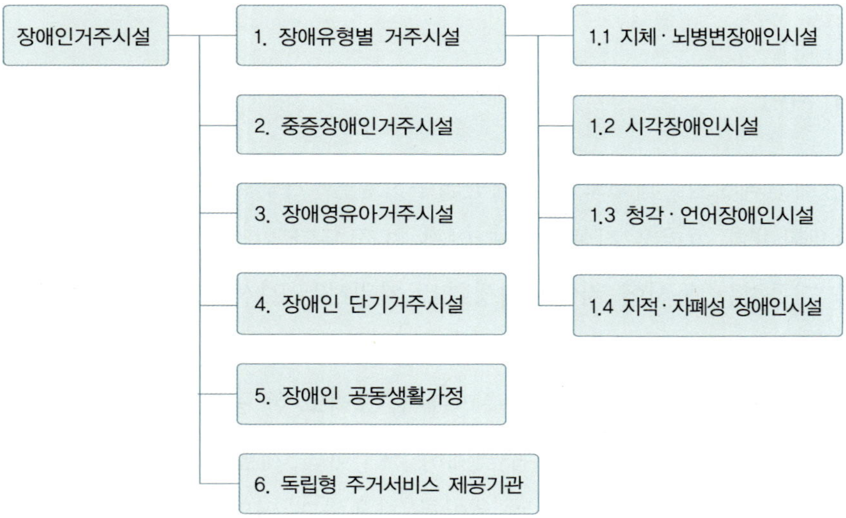


그림 12-1 | **장애인거주시설의 종류**

장애인거주시설은 현재 6가지 유형이 있다. 장애유형별 거주시설, 중증장애인거주시설, 장애영유아거주시설, 장애인단기거주시설, 장애인 공동생활가정, 독립형 주거서비스 제공기관이 거주시설에 속해 있으며, 장애유형별 거주시설은 다시 지체 · 뇌병변장애인시설, 시각장애인시설, 청각 · 언어장애인시설, 지적 · 자폐성장애인시설로 나누어진다.

### (1) 장애유형별 거주시설

장애유형별 거주시설은 장애유형을 기준으로 하여 구분되는 시설로, 장애유형이 동일하거나 유사한 장애인이 이용하게 함으로써, 장애유형에 맞는 서비스 제공이 가능토록 하는 장점이 있다. 현재는 지체·뇌병변, 시각, 청각·언어장애, 지적·자폐성장애의 4가지 유형에 대해 장애유형별 거주시설 설치가 가능하다.

### (2) 중증장애인거주시설

중증장애인거주시설은 장애 정도를 기준으로 하여 설치되는 시설로, 장애의 정도가 심하여 항상 도움이 필요한 장애인에게 주거지원·일상생활지원·지역사회생활지원·요양서비스를 제공하는 시설이다. 동 시설에 입소하는 장애의 정도가 심한 장애인이며, 서비스 내용의 강도가 높기 때문에 적절한 서비스를 제공하기 위해서는 물적·인적 인프라가 더 필요하여, 시설유형을 따로 구분하여 설치토록 하였다.

### (3) 장애영유아시설

장애영유아시설은 연령을 기준으로 설치되는 시설로, 입소일 기준으로 6세 미만의 장애영유아의 이용이 가능하며, 입소 후에는 성인이 되기 전까지 이용할 수 있는 시설이다. 장애영유아를 보호하고 재활에 필요한 주거지원·일상생활지원·지역사회생활지원·요양서비스를 제공하고 있다.

### (4) 장애인단기거주시설

장애인단기거주시설은 입소기간을 기준으로 구분되는 시설로, 단기는 1개월이 기준이 된다. 장애인 보호자의 일시적 부재 등으로 도움이 필요한 장애인에게 단기간의 주거서비스, 일상생활지원서비스, 지역사회생활서비스를 제공하는 시설이다. 장기적인 시설이용이 필요 없는 장애인이 일시적으로 이용할 수 있는 시설이나, 상당수의 시설이 단기가 아닌 장기로 운영되는 경우가 많아 문제점으로 지적되고 있다.

### (5) 장애인 공동생활가정

장애인 공동생활가정은 시설을 이용하는 장애인의 수를 기준으로 구분하는 것으로 10명 미만으로 운영되기 때문에 최대 9명까지 공동생활가정에서 거주할 수 있다. 장애인들이 스스로 사회에 적응하기 위하여 전문 인력의 지도를 받으며 공동으로 생활하는 지역사회 내의 소규모 거주시설이다. 와상상태의 중증장애인과 6세 미만의 장애영유아의 경우에도 이용이 가능하기는 하나 중증장애인거주시설과 장애영유아 시설의 입소가 권고된다.

### (6) 독립형 주거서비스 제공기관

장애인에게 가정과 같은 주거여건을 제공하는 여러 개의 개별 주거 공간을 설치하고, 지역사회 자원을 활용하여 주거지원 · 일상생활지원 · 지역사회생활지원 등의 서비스를 제공하는 기관으로 2023년에 새롭게 신설된 주거유형이다. 집단생활 성격이 강한 기존의 거주시설 유형보다 개별적인 환경을 제공하는 목표를 가지고 있다.

표 12-1 | **장애인거주시설의 종류 및 기능**

| 종류 | 기능 |
|---|---|
| 1. 장애유형별 거주시설 | 장애유형이 같거나 유사한 장애를 가진 사람들을 이용하게 하여 그들의 장애유형에 적합한 주거지원 · 일상생활지원 · 지역사회생활지원 등의 서비스를 제공하는 시설 |
| 2. 중증장애인거주시설 | 장애의 정도가 심하여 항상 도움이 필요한 장애인에게 주거지원 · 일상생활지 원 · 지역사회생활지원 · 요양서비스를 제공하는 시설 |
| 3. 장애영유아거주시설 | 6세 미만의 장애영유아를 보호하고 재활에 필요한 주거지원 · 일상생활지원 · 지역 사회생활지원 · 요양서비스를 제공하는 시설 |
| 4. 장애인 단기거주시설 | 보호자의 일시적 부재 등으로 도움이 필요한 장애인에게 단기간 주거서비스, 일상 생활지원서비스, 지역사회생활서비스를 제공하는 시설 |

| 종류 | 기능 |
|---|---|
| 5. 장애인 공동생활가정 | 장애인들이 스스로 사회에 적응하기 위하여 전문인력의 지도를 받으며 공동으로 생활하는 지역사회 내의 소규모 주거시설 |
| 6. 독립형 주거서비스 제공기관 | 장애인에게 가정과 같은 주거여건을 제공하는 여러 개의 개별 주거 공간을 설치하고, 지역사회 자원을 활용하여 주거지원·일상생활지원·지역사회생활지원 등의 서비스를 제공하는 기관 |

## 3) 장애인거주시설의 현황

장애인거주시설은 2023년 12월 기준, 총 1,529개소가 있으며, 장애유형별 시설 중 지체장애인 25개소, 시각장애인 15개소, 청각장애인 7개소, 지적장애인 308개소이고, 중증장애인 252개소, 장애영유아 9개소, 단기거주시설 167개소, 공동생활가정 746개소이다. 시설을 실제로 이용하는 장애인은 총 27,352명이며, 장애유형별 시설 중 지체장애인시설 849명, 시각장애인시설 557명, 청각장애인시설 172명, 지적장애인시설이 10,689명이고, 중증장애인시설 10,220명, 장애영유아시설 324명, 단기거주시설 1,735명, 공동생활가정이 2,806명이다.

표 12-2 | **장애인거주시설 현황(2023년 12월 기준)** (단위: 시설 수, 명)

| 합계 | | 지체장애 | | 시각장애 | | 청각장애 | | 지적장애 | | 중증장애 | | 장애 영유아 | | 단기 | | 공동 | |
|---|---|---|---|---|---|---|---|---|---|---|---|---|---|---|---|---|---|
| 시설 수 | 현원 | 시설 수 | 현원 | 시설 수 | 현원 | 시설 수 | 현원 | 시설 수 | 현원 | 시설 수 | 현원 | 시설 수 | 현원 | 시설 수 | 현원 | 시설 수 | 현원 |
| 1,529 | 27,352 | 25 | 849 | 15 | 557 | 7 | 172 | 308 | 10,689 | 252 | 10,220 | 9 | 324 | 167 | 1,735 | 746 | 2,806 |

## 4) 이용대상 및 이용 절차

### (1) 이용대상

장애인거주시설의 이용자는 무료이용 대상자와 실비이용 대상자로 구분된다. 무료이용 대상자는 등록 장애인으로 「국민기초생활보장법」에 따른 수급권자 또는 수급권자가 아닌 경우에는 등록 장애인이면서 「국민기초생활보장법」

에 의한 부양의무자가 없거나 부양의무자가 있어도 부양능력이 없거나 부양을 받을 수 없는 경우이다. 실비이용 대상자는 소득조건에 상관없이 등록 장애인이면 가능하나, 시설 정원의 30% 이내에서만 이용이 가능하다.

### (2) 이용절차

장애인거주시설을 이용하고자 하는 장애인은 자신의 주소지를 해당 시설로 이전해야 하며, 이용의 긴급성을 기준으로 일반 이용 대상자와 긴급이용 대상자로 구분되고, 이용절차에서 차이가 있다.

#### ① 일반 이용 대상자

##### 가. 시설서비스의 신청

장애인 본인 또는 그 친족, 그 밖의 관계인이 관할 시장·군수·구청장에게 시설서비스를 신청하면 입소절차가 진행된다. 그러나 현실에서는 입소절차가 진행된 후 시장·군수·구청장에게 통보하는 경우가 있으며, 시장·군수·구청장에게 통보하지 않고 입소하여 입소 여부를 알 수 없는 경우도 있다. 이 경우 인권침해 발생이 매우 높으므로 입소절차는 반드시 해당 시·군·구를 통해 하는 것으로 일원화하고 이를 위반할 경우 제재를 가할 필요가 있다.

##### 나. 적격성 여부 심사

시설서비스 신청이 되면 시장·군수·구청장은 신청내용을 확인하고 국민연금공단에 서비스지원 종합조사를 의뢰하여, 그 결과가 거주시설 선정기준에 적합한지 여부를 결정하는 적격성 심사를 진행한다.

**표 12-3 | 시설 종류별 입소 대상 장애인 유형**

| 대상시설 | 시설별 대상 장애인 | 서비스지원 종합조사 기능제한(×1) 점수 |
|---|---|---|
| 장애유형별 거주시설 | | |
| - 지체장애인 및 뇌병변장애인을 위한 시설 | 지체 · 뇌병변장애인(중복장애 포함) | 성인 120점<br>아동 110점 |
| - 시각장애인을 위한 시설 | 시각장애인(중복장애 포함) | |
| - 청각 · 언어장애인을 위한 시설 | 청각 · 언어장애인(중복장애 포함) | |
| - 지적장애인 · 자폐성장애인을 위한 시설 | 지적 · 자폐성장애인(중복장애 포함) | |
| 독립형 주거서비스 제공기관 | 장애유형별 거주시설 대상 장애인과 동일 | 성인 120점<br>아동 110점 |
| 중증장애인 거주시설 | 중증장애인 | 성인 240점<br>아동 190점 |
| 장애영유아 거주시설 | 6세 미만의 장애영유아 | 비해당 |
| 장애인 단기거주시설 | 보호자의 일시적 부재 등으로 단기간 도움이 필요한 장애인 | |
| 장애인 공동생활가정 | 유형별 거주시설 입소대상자와 동일 | |

* 장애인단기거주시설, 장애인공동생활가정의 경우 별도의 장애유형을 고려하지 않으나 와상상태의 중증장애인 또는 6세 미만 장애영유아의 경우에 중증장애인거주시설 또는 장애인영유아거주시설로 이용(입소)권고
* 11장 장애와 사회서비스 보장 〈표 11-4〉 참조.

### 다. 이용계약체결

시설 이용 여부가 확정되기 전 시설장은 해당 장애인과 그 가족, 시장 · 군수 · 구청장 등 이용 대상자에게 시설에서 제공되는 서비스 및 이용에 대한 정보를 제공해야 하며 시장 · 군수 · 구청장으로부터 이용을 의뢰받은 시설장은 이용 대상자 또는 보호자와 거주시설 이용 계약체결 여부에 대해 협의하여 시설 입소를 확정해야 한다.

### 라. 본인부담금 산정

실비로 입소하는 장애인에 대하여는 1인당 일정 비용을 수납할 수 있으며, 입소 장애인 또는 그 보호자의 생활능력에 따라 차등 수납할 수 있다.

#### 마. 보증금의 수납 및 반환

시설장은 본인부담금 납부를 담보하기 위해 이용보증금을 수납할 수 있는데 이용보증금은 월 이용료의 1년분 이내에서 수납하고, 입소자가 퇴소하는 때에는 수납한 보증금을 지체 없이 입소자 등에게 반환해야 한다. 본인부담금 납부가 지체된 액수에 대해서는 이를 감하여 반환할 수 있다.

#### ② 긴급이용자

긴급한 상황이 발생할 경우에는 장애인 거주시설 이용 절차인 시설서비스 신청과 이용적격성 여부를 심사하지 않은 채 장애인 거주시설을 이용할 수 있는데, 인권침해상황 발생 시 구제조치를 실시해야 하는 이용자 또는 갑작스런 사고 등으로 인해 무연고가 된 이용자 등이 이에 해당한다.

긴급이용자가 이용하는 장애인 거주시설 운영자는 시설 이용자, 친족 또는 그 밖의 관계인의 인적사항, 시설이용 개시일, 시설서비스 신청과 이용적격성 심사를 거치지 아니한 이유를 시장 · 군수 · 구청장에게 보고하여야 하며, 이와 함께 장애인 거주시설 운영자는 시설 이용자, 그 친족 또는 그 밖의 관계인에게 장애인 거주시설 이용절차(장애인 거주시설 시설서비스 신청, 이용적격성 심사)를 안내하여 긴급이용자가 장애인 거주시설 신청 절차를 이행토록 해야 한다.

### (3) 퇴소절차

장애인의 요구 · 원가정 복귀 · 지역사회 자립 · 시설폐쇄 등으로 장애인에 대한 시설서비스가 종료되는 경우, 해당 시설장은 복지실시기관(시장 · 군수 · 구청장 등) 및 장애인 가정 등에 퇴소 사실을 통보하여야 한다. 시설의 전원 및 장애인의 요구 등으로 시설서비스가 종료되는 경우, 해당 시장 · 군수 · 구청장 및 시설장은 전원되는 시설에 대한 정보나 시설서비스 종료 후 지역사회에서 이용할 수 있는 서비스 및 지역사회자립지원에 관한 정보를 제공하여야 하고 서비스 종료를 위해서는 본인 및 부양의무자의 동의서를 받아야 한다.

# 3. 장애인 지역사회재활시설

## 1) 의미

「장애인복지법」 제58조는 장애인 지역사회재활시설을 '장애인을 전문적으로 상담 · 치료 · 훈련하거나 장애인의 일상생활, 여가활동 및 사회참여활동 등을 지원하는 시설'로 규정하고 있다. 장애인이 지역사회에서 자립적인 삶을 영위할 수 있도록 전반적인 서비스를 제공하는 시설로 거주기능을 제공하지 않는다는 점에서 장애인 거주시설과는 주된 기능을 달리한다.

## 2) 종류

장애인 지역사회재활시설은 현재 9가지 유형이 있다. 대표적인 시설로는 지역사회 생활에 필요한 종합적인 서비스를 제공하는 장애인복지관이 있으며, 장애인을 주간에 일시적으로 보호하여 필요한 재활서비스를 제공하는 장애인 주간보호시설이 있다. 지역사회재활시설의 종류 및 기능은 〈표 12-4〉와 같으며, 여기서 종합적인 서비스를 제공하는 장애인복지관을 중심으로 설명하고자 한다.

표 12-4 | **장애인 지역사회재활시설의 종류 및 기능**

| 종류 | 기능 |
|---|---|
| 1. 장애인복지관 | 장애인에 대한 각종 상담 및 사회심리 · 교육 · 직업 · 의료재활 등 장애인의 지역사회생활에 필요한 종합적인 재활서비스를 제공하고 장애에 대한 사회적 인식 개선사업을 수행하는 시설 |
| 2. 장애인 주간이용시설 | 일상생활 및 지역사회생활을 영위하는 데 지원이 필요한 장애인에게 낮 시간 동안 활동 위주의 프로그램 및 교육 지원 등을 제공하는 시설 |
| 3. 장애인 체육시설 | 장애인의 체력증진 또는 신체기능 회복활동을 지원하고 이와 관련된 편의를 제공하는 시설 |
| 4. 장애인 수련시설 | 장애인의 문화 · 취미 · 오락활동 등을 통한 심신수련을 조장 · 지원하고 이와 관련된 편의를 제공하는 시설 |

| 종류 | 기능 |
|---|---|
| 5. 시각장애인 등 생활지원센터 | 시각장애인 등에게 이동서비스를 지원하고, 지역사회 거주 시각장애인 등을 적시에 발굴하여 재활상담, 보행 · 점자 · 정보화 등 교육, 일상생활기술 훈련 등 개인별 맞춤 복지서비스를 제공하는 시설 |
| 6. 수어통역센터 | 의사소통에 지장이 있는 청각 · 언어장애인에게 한국수어통역 및 상담 서비스를 제공하는 시설 |
| 7. 점자도서관 | 시각장애인에게 점자간행물 및 녹음서를 열람하게 하는 시설 |
| 8. 점자도서 및 녹음서 출판시설 | 시각장애인을 위한 점자간행물 및 녹음서를 출판하는 시설 |
| 9. 장애인 재활치료시설 | 장애아동을 포함한 장애인에게 언어 · 미술 · 음악 등 재활치료에 필요한 치료, 상담, 훈련 등의 서비스를 제공하고 서비스를 이용한 자로부터 비용을 수납하여 운영하는 시설 |

### 3) 장애인 지역사회재활시설의 현황

장애인 지역사회재활시설은 2023년 12월 기준, 총 1,621개소가 있으며, 장애인복지관 266개소, 주간이용시설 849개소, 체육시설 30개소, 생활지원센터 165개소, 수어통역센터 206개소, 점자도서관 19개소, 도서 및 출판시설 1개소, 재활치료시설 66개소가 있다.

**표 12-5 | 장애인 지역사회재활시설 현황(2023년 12월 기준)** (단위: 시설 수)

| 합계 | 장애인 복지관 | 주간 이용 | 체육 시설 | 생활지원 센터 | 수어통역 센터 | 점자 도서관 | 도서 및 출판시설 | 재활치료 시설 |
|---|---|---|---|---|---|---|---|---|
| 1,621 | 266 | 849 | 30 | 165 | 206 | 19 | 1 | 66 |

### 4) 이용대상

지역사회재활시설의 이용자는 등록 장애인이어야 한다. 다만, 지역사회와의 유대강화 및 사회통합 분위기 조성을 위하여 해당 지역 주민도 사회통합 프로그램(장애발생예방 및 인식개선사업 등)에 한하여 일부 이용할 수 있다.

## 5) 지역사회재활시설의 위탁

국가 또는 지방자치단체가 설치한 시설은 필요한 경우 사회복지법인 또는 장애인복지단체 등 비영리법인에게 위탁하여 운영할 수 있으며, 우리나라는 국가 또는 지방자치단체에서 직영하기보다는 대부분 위탁방식을 취하고 있다. 위탁계약기관은 5년이며 갱신이 가능하다.

## 6) 장애인복지관

### (1) 기본방침

장애인복지관은 장애인에 대한 각종 상담 및 사회심리·교육·직업·의료재활 등 장애인의 지역사회생활에 필요한 종합적인 재활서비스를 제공하고 장애에 대한 사회적 인식개선 사업을 수행하는 시설이다.

장애인복지관의 수행사업은 어떠한 경우에도 정치활동, 영리활동 및 특정 종교활동 등에 이용될 수 없으며, 인도주의적 원칙하에 장애인의 인간적 존엄성과 기본적 권리가 유지되도록 해야 한다. 기관 운영 및 사업수행에 있어 지역장애인의 의사와 선택권을 존중하고 이를 사업에 적극 반영해야 한다. 또한, 장애인복지 관련분야의 전문적인 지식과 기술을 가진 전문 인력에 의해 수행되도록 노력해야 한다.

### (2) 주요 사업

장애인복지관은 지역사회에서 장애인의 자립생활을 지원하기 위해 종합적인 사업을 수행한다. 〈표 12-6〉은 대표적으로 이루어지는 7가지의 서비스 사업을 정리한 것이다. 복지관에 따라 이러한 사업들 중 일부를 진행하기도 하며, 장애유형별로 특화된 복지관의 경우에는 해당 사업이 추가되기도 한다. 최근에 장애인에 대한 개인별 지원 기능이 강조되고 지역사회와의 네트워크 강화사업이 중요해지고 있다. 이것은 전통적으로 장애인복지관에서 만든 프로그램을 일방적으로 진행하는 것에서 벗어나서, 장애인 중심 그리고 지역사회 중심 기관으로 변화하는 것을 의미하며 앞으로 이러한 추세는 지속될 것으로 예상된다.

**표 12-6 | 장애인복지관의 주요 서비스 기능**

| 서비스 영역 | 장애인복지관의 역할 |
|---|---|
| 1. 개인별 지원계획 수립 | - 이용자 욕구에 따른 서비스 이용 계획<br>- 지역 장애인의 개별적 욕구에 부합하는 유연한 지원 |
| 2. 중재(치료)와 컨설팅 | - 기능향상을 통해 발달을 촉진시키는 환경조성<br>- 치료 효과를 향상 시키기 위한 부모 대응방법 컨설팅<br>- 컨설팅 과정을 통해 부모와 치료사가 창의적인 방법 개발 |
| 3. 낮활동 및 행동지원 | - 장애인 낮 시간을 위한 재미있고 의미 있는 활동 개발<br>- 관심행동 중증장애인 대상 서비스 제공 및 긍정적 변화 지원 |
| 4. 직업지원 | - 지역사회 고용 중심 네트워크 거점기관<br>- 직업적 중증장애인 고용지원 중점기관 |
| 5. 가족(지원자) 지원 | - 가족대상 개별 지원 및 옹호<br>- 가족 역량 강화 집중 지원<br>- 지역사회 내 돌봄 지원체계 구축을 위한 전문적 개입 |
| 6. 사례관리 및 권익옹호 | - 장애인이 지역사회에서 자신의 의사에 따라 본인이 원하는 바를 말하고 권리를 확보하고 필요한 서비스를 얻을 수 있도록 지원<br>- 장애인들과 협력관계를 형성하여 실천 |
| 7. 지역사회중심지원서비스 | - 장애인이 지역사회 내에서 성공적으로 자립할 수 있는 기반 조성 및 완전한 사회 참여 도모 |

출처: 보건복지부(2024). 장애인복지시설 사업안내 제Ⅲ권.

### (3) 장애인복지관의 직제

장애인복지관의 복지관의 직제는 일반적으로 관장, 사무국장, 일반직(1~5급), 기능직 및 고용직으로 구성되며, 관장 1인, 사무국장 1인, 종사자 정원 규모 및 사업의 특수성에 따라 6~8개 범위 내에서 각 팀을 편재하여 운영할 수 있다.

장애인복지관의 팀은 지원부서로 기획·운영지원팀을 두고, 상기 서비스 기능을 수행하는 사업부서로 〈표 12-7〉에 명시된 다양한 팀 등을 두며 팀장 1인 및 팀원 약간 명을 두되 필요시 당해 시설장이 자치단체장과 협의하여 직제를 증감할 수 있으며, 정원의 범위 내에서 팀 명칭 등은 자치단체장과 협의하여 사업특성에 맞게 정할 수 있다.

**표 12-7 | 장애인복지관의 각 팀별 주요 업무(예시)**

| 구분 | 팀명 | 주요업무 |
|---|---|---|
| 1 | 상담 · 사례지원팀 | 사례발굴, 접수 및 사정, 개입계획, 개입, 지역회의, 기타 |
| 2 | 기능향상지원팀 | 운동 · 지각향상, 의사소통향상, 학습능력향상, 사회적응력향상, 기타 |
| 3 | 가족지원팀 | 상담 및 교육, 가족기능강화, 양육지원, 장애여성 복지증진, 기타 |
| 4 | 권익옹호지원팀 | 역량강화 및 지역사회참여 활동지원, 권익옹호, 정보제공, 수화관련, 기타 |
| 5 | 직업지원팀 | 직업상담 및 평가, 전환교육, 직업적응 및 역량개발훈련, 사업체 개발 및 관리, 기타 |
| 6 | 지역연계팀 | 지역사회 장애인복지서비스 개발 및 지원, 지역의 사회통합 환경조성, 주민조직지원, 민관협력 네트워크 구축, 지역자원 개발 및 관리, 기타 |
| 7 | 문화지원팀 | 문화 및 스포츠 지원, 평생교육, 정보접근 지원, 기타 |
| 8 | 사회서비스팀 | 장애인활동지원, 장애아동재활치료, 기타 |
| 9 | 기획 · 운영지원팀 | 총무, 기획, 홍보, 고객만족, 윤리경영, 기타 |

# 4. 장애인자립생활센터

## 1) 의미

「장애인복지법」 제54조는 장애인자립생활센터(이하 자립생활센터)를 통하여 필요한 각종 지원서비스를 제공토록 하고 있다. 자립생활센터는 장애인의 자립생활을 실현하기 위하여 각종 서비스를 제공하는 기관으로 장애인복지의 이념 중 하나인 장애인 자립생활 실현을 직접적인 목표로 하고 있는 곳이다. 장애인 거주시설이나 장애인 지역재활시설과 달리 장애인들의 직접적인 참여와 운영을 강조하는 특성을 가지고 있다.

아울러 장애인거주시설과 장애인 지역재활시설은 장애인복지시설로 규정되어 있으나(「장애인복지법」 제57조), 자립생활센터는 시설로 분류되지 않는다는 차이점이 있다. 다만, 「장애인복지법」의 개정으로 2025년 7월 3일부터 장애인 복지시설의 종류에 장애인자립생활지원시설이 포함되어 자립생활센터의 기능을 흡수할 전망이다.

장애인 자립생활지원시설은 장애인의 자립생활 역량을 강화하기 위하여 동료상담, 지역사회의 물리적 · 사회적 환경개선 사업, 장애인의 권익 옹호 · 증진, 장애인 적합 서비스 등을 제공하는 시설로 「장애인복지법」에 규정되어 있다. 자립생활센터의 목표 중의 하나가 장애인이 시설로부터 벗어나는 탈시설을 통해 지역사회에서 삶을 살아갈 수 있도록 하는 것이기 때문에 시설로 규정되는 것은 자립생활센터의 목표와 기능상 맞지 않다는 지적이 있다. 그러나 현실적으로 시설로 분류되지 않을 경우 국가 및 지방자치단체로부터 안정적인 보조금을 받기가 어려워 자립생활센터운영에 문제가 발생하므로 장애인복지시설로 포함되었으나 여전히 논란이 진행 중이다.

## 2) 운영 및 기능

### (1) 운영

자립생활센터의 의사결정, 서비스 제공 및 운영 등은 장애인 주도여야 하며, 의사결정기구의 경우 과반수가 장애인으로 구성되어야 한다. 장애동료 상담가를 의무적으로 배치해야 하고, 센터장과 이외의 직원 중 1인 이상은 장애인이어야 하므로, 자립생활센터의 기본적 특성은 장애인에 의한 운영을 일정 부분 확보하는 데에 있다. 장애인의 자립생활을 실현하는 기관의 특성상 장애인 당사자 주의가 서비스 제공기관 중에서 가장 잘 드러난다.

### (2) 기능

자립생활센터의 주된 기능은 크게 4가지로 구분할 수 있다. 먼저, 장애인 동료에 의한 서비스 지원, 두 번째, 장애인의 지역사회로의 통합과 지역사회의 물리적 · 사회적 환경개선 사업, 세 번째, 장애인에 대한 차별 해소 및 장애인 인권의 옹호 · 증진, 네 번째, 중증장애인에게 적합한 서비스의 제공이다. 따라서 자립생활센터는 장애인이 지역사회에서 차별 없이 인간으로서의 권리를 가지고 살아갈 수 있도록 지원하는 임무를 부여받고 있다고 할 수 있다.

장애인 동료에 의한 서비스 지원은 장애인의 자립생활을 위한 역량을 강화하고 동료상담 등의 서비스를 지원하는 것이며, 지역사회로의 통합은 장애인이 지역사회에서 참여적이고 통합적인 생활이 가능하도록 정보를 제공하는 등 다양한 서비스를 지원하는 것이다. 차별 해소 및 인권의 옹호 · 증진은 「장애인차별금지법」 등의 실천과 인권교육 등을 통해 이루어지며, 중증장애인에게 적합한 서비스의 제공은 장애인의 직업재활 및 취업정보 제공 등과 같이 지역사회에서의 삶을 확보하기 위한 노력이다.

그러나 이러한 기능의 기본적 수행 외에 현실적으로 가장 중추적 역할을 차지하는 업무는 활동지원제도와 관련된 활동지원사 중개사업이다. 중개사업에서 발생하는 수수료를 통해 수입을 창출할 수 있어 상당수의 자립생활센터가 활동지원업무에 매진하는 듯한 모습을 보이고 있다. 그러나 중개사업에 편중되는 것은 자립생활센터의 기본적 목적을 손상시킬 수 있다는 비판이 제기되고 있다.

### 3) 장애인자립센터의 현황

2021년 12월 기준 전국적으로 약 251개소가 있는 것으로 파악되고 있다(서해정 외, 2022). 그러나 자립생활센터의 경우 정확한 통계 수집이 이루어지지 않고 있어서 실제로 운영되고 있는 곳은 파악된 개소수보다 많을 것으로 추정된다.

### 4) 장애인지원 서비스 프로그램

장애인지원 서비스 프로그램으로 기본사업과 선택사업이 있다. 기본사업은 자립생활센터가 필수적으로 시행하여야 하는 사업으로 〈표 12-8〉의 구분에서 중분류를 기준으로 1개 사업 이상을 수행하여야 하며, 선택은 센터 여건에 따라 특정 서비스를 1개 이상 제공하거나 제공하지 않을 수 있다.

**표 12-8 | 기본사업과 선택사업**

| 주요기능 | | | 주요사업(예시) |
|---|---|---|---|
| 구분 | 대분류 | 중분류 | |
| 기본 사업 | 동료상담 | 동료상담 및 동료상담가 지원 | - 지역사회 자립 위한 정보제공<br>- 개별 및 집단 동료상담<br>- 동료상담가 양성(자조 및 자기옹호, 자립기술, 정보제공과 의뢰, 동료상담, 지역사회로의 전환, 동료 관계 등)<br>- 동료상담프로그램 개발 |
| | 장애인 권익옹호 지원 | 이용자 중심 권익옹호 지원 | - 장애인 인권침해, 학대 긴급지원 및 자원연계<br>- 장애인권 교육<br>- 차별 대응 및 법률지원 연계 활동<br>- 장애인 차별 모니터링 및 긴급구제 활동 |
| | | 지역사회 역량 강화 활동 | - 장애인 지역사회 사회참여 활동 지원<br>- 장애인 자립을 위한 (포용적) 지역사회 환경변화 지원<br>- 장애인 권익향상 네트워크 구축·운영<br>- 장애인 자립생활 지원 및 기타 복지증진 활동(제도 및 서비스 개선, 정책제안 및 모니터링 등) |
| | 개인별 자립지원 | 개인별 자립생활지원 및 자립생활기술훈련 | - 개인별 자립생활지원 계획 수립 및 지원<br>- 개인별 자립지원 모니터링 및 사후지원(금융피해, 법률자문 등 연계)<br>- 개인별 자립생활기술 훈련 지원<br>- 개인별 지역사회 자원 정보제공과 의뢰<br>- 장애인 자립생활을 위한 지역사회 내 협력체계 구축 |
| | 거주시설 장애인 지역사회 자립지원 | 지역사회 자립 장애인 자립지원 기획 및 관리 | - 지역사회 자립 위한 자원 정보제공<br>- 지역사회 거주 지원 위한 상담(고립감 해소 등)<br>- 자립생활 기술 훈련 및 교육 실시<br>- 지역사회 거주 지원 위한 관련 기관 네트워크 협력<br>- 자립장애인 사각지대 발굴<br>- 체험 홈 등 자립지원 시설 관리<br>- 자립생활 서비스 지원 |

| 주요기능 | | | 주요사업(예시) |
|---|---|---|---|
| 구분 | 대분류 | 중분류 | |
| 선택<br>사업 | 지역사회<br>서비스<br>지원 | 자립지원 서비스 | - 자원개발 활동(정부 지원 외 추가 자원개발, 후원개발 등)<br>- 이동 서비스 및 보장구 지원<br>- 문화 여가 활동<br>- 평생교육 및 문해 교육<br>- 의사소통 지원<br>- 사각지대 발굴 등 현장지원활동<br>- 재난 피해 예방 및 응급안전서비스 연계<br>- 주거서비스(주택개조, 자립생활 주택 등)<br>- 활동지원서비스<br>- 고용 및 직업 서비스 연계<br>- 기타 자립생활 지원 위한 서비스 |

출처: 보건복지부(2024). 2024년 장애인복지 사업안내(II).

## 5. 서비스 제공기관의 협업

지금까지 서비스제공기관을 장애인거주시설, 장애인 지역사회재활시설, 장애인 자립생활센터로 구분하여 설명하였다. 세 유형의 기관은 각각의 고유목적을 가지고 있는데, 거주시설의 경우는 거주공간 및 생활, 돌봄을 제공하는 기관으로 24시간 생활이 가능한 서비스를 제공하며, 지역사회재활시설은 장애인이 자신의 거주 공간에 머물면서 필요한 특정 서비스를 이용할 수 있도록 하는 기관이다. 자립생활센터 역시 거주공간은 제공하지 않으며 자립생활에 필요한 다양한 서비스를 제공하는 기관으로 지역사회재활시설과 중첩되는 서비스 영역이 있긴 하지만 자립생활에의 목표가 보다 분명한 곳이다. 이러한 세 기관의 특성상 현재까지는 각 기관이 독립적 성격을 가지고 운영되어 왔으며 상호 간 네트워크 내지 연계체계 없이 분절적으로 서비스를 제공해 왔다.

특히, 탈시설과 관련해서 거주시설과 자립생활센터의 입장 차이는 계속되고 있으며, 거주시설은 거주공간이 없는 사람들에게 거주를 제공할 필요성에 대한 기조를 유지하고, 자립생활센터는 탈시설을 촉진하는 데에 거주시설이 걸림돌이 되고 있다는 시각을 견지함으로써 갈등이 일상적으로 발생하고 있다.

장애인의 입장에서 바라본다면, 거주공간이 없는 장애인에게 공간을 제공하지 않은 채 지역사회에서의 생활과 자립생활을 강조하는 것은 현실을 무시한 처사이고, 또한 24시간 한 공간에서 거주하면서 일생을 살아가라는 것은 인권 침해적 요소가 다분하기 때문에 심각한 문제를 야기한다. 따라서 거주-지역사회에서 삶-자립생활 실현이라는 장애인의 삶의 중요 지점에서 각 역할을 수행하는 세 기관이 협업하지 않는다면, 장애인이 필요한 세 가지 지점을 충족하지 못한 채, 삶에서의 단절을 겪을 수밖에 없다.

장애인복지의 궁극적 목표는 비장애인과 더불어 지역사회에서 동등하게 살아가는 것이라고 할 때에 향후 거주시설-지역사회재활시설-자립생활센터의 역할을 재정립할 필요가 있다. 먼저 거주시설에서 생활하는 장애인의 경우 거주시설에서 제공하는 서비스 중 지역사회 혹은 자립생활과 연결된 기능은 거주시설 공간이 아닌 지역사회재활시설과 자립생활센터에서 담당하도록 하는 것이 바람직할 것이다. 또한, 거주시설공간이 일상적 삶의 공간이 아닌 일반가정과 같은 거주공간으로 기능이 전환되도록 노력해야 한다.

세 기관만의 노력으로 장애인의 자립적 삶을 실현하는 것은 사실상 어렵기 때문에 국가, 지방자치단체, 지역사회 기관이 힘을 합쳐 협업을 통해 장애인의 자립적인 삶을 실현해야 할 것이다.

## 생각해보기

1. 장애인복지서비스 제공기관은 어떻게 구성되어 있는가?
2. 장애인 거주시설, 장애인복지관, 장애인자립생활센터의 목적, 기능, 현황에 대해 설명할 수 있는가?
3. 장애인복지서비스 제공 기관의 협업은 어떻게 가능해질 수 있는가?

# 13 Chapter
# 장애인복지 프로그램 개발과 관리

**주요 학습문제**

- 장애인복지 프로그램 개발과정에서 고려해야 할 점은 무엇인가?
- 장애인이용자의 욕구를 파악하는 방법으로 어떠한 것들이 있는가?
- 장애인복지 프로그램의 논리는 어떻게 세워 나가야 하는가?
- 장애인복지 프로그램의 목표 수립, 평가는 어떻게 이루어져야 하는가?
- 장애인복지 프로그램 운영에서 직원과 기관의 책무로는 어떤 것들이 있는가?

장애인복지서비스 실천에서 프로그램은 중요한 의미를 갖는다. 모든 유형의 장애인복지실천 기관에서는 프로그램 기획 과정을 거쳐, 기관 및 재정 부담주체의 승인을 받아 서비스를 전달하기 때문이다. 그런 의미에서 장애인복지서비스는 기관에서 이루어지는 프로그램의 일환이라고 이해해도 무방하며, 일선 장애인복지기관 사회복지사의 주된 과업은 이용자를 위하여 프로그램을 기획하고 관리하는 일이다.

여기서는 먼저 장애인복지서비스에서 프로그램이 어떤 의미를 가지며, 기획 과정에서 고려할 것이 무엇인지 검토하고자 한다. 또한 장애인의 욕구를 파악하기 위한 다양한 방법을 살펴보며, 이를 바탕으로 좋은 목표를 어떻게 수립하는지 검토한다. 나아가 프로그램 기획 당시 기대했던 결과를 도출하기 위한 논리를 세우는 요령, 프로그램의 성과를 평가하기 위한 다양한 방법과 고려할 점을 살펴보고자 한다. 마지막으로 장애인복지 프로그램이 이용자와 지역사회의 요구에 부응하기 위해 어떤 책무를 지니고 있는지 살펴보고, 이를 위해 장애인복지기관과 직원이 어떠한 노력을 기울여야 할 것인지 살펴본다.

# 1. 장애인복지서비스에서 프로그램의 의미

## 1) 프로그램이란

프로그램은 '특정 목표를 달성하기 위한 조직화된 활동 모음'이다. 장애인복지서비스에서의 '특정 목표'는 기관을 이용하는 장애인의 욕구 충족을 통하여 장애인의 안녕(well-being)을 이루기 위한 복지국가의 이념과 연결되어 있다. 장애인의 욕구는 대개 복합적이고 만성적인 경우가 많아 단순한 지원과 서비스로 충족되지 않는다. 그런 의미에서 다양한 활동이 장애인의 욕구 충족이라는 목표를 향하여 적절한 구조를 갖추어 전개된다. 이 목표는 사회적 기능향상, 자원 및 기회의 연결 등의 다양한 방법을 수행하거나 조합하여 이루어진다. 이렇게 목표와 활동을 연결하여 장애인의 욕구 충족을 위한 활동들을 구조화하고 조직화한 것이 프로그램이다.

## 2) 장애인복지 프로그램에서 고려해야 하는 것

모든 프로그램은 필요하고, 논리적 구조를 갖추며, 실현가능성이 담보되어야 한다. 논리적이고 실현가능하지만 필요하지 않은 프로그램은 수행할 이유가 없다. 필요하고 실현가능성이 있는데 실천과 결과가 유리된 비논리적 구조를 갖추면 원하는 결과를 도출할 수 없다. 필요성과 논리적 구조를 갖추었지만, 기관에서 감당할 수 없는 구조라면 시행 자체가 불가능하다. 따라서 필요성, 논리성, 실현가능성이라는 고려 요소는 중요한 의미를 가진다. 또한 장애인복지 프로그램은 자신이 속한 기관에서 소중하게 여기는 가치와 일치된 기획을 기반으로 두어야 한다. 이를 테면 이용자의 자립과 자기결정을 중요하게 생각하는 서비스 기관이라면, 공급자 중심으로 빈틈없이 프로그램보다는 이용자의 자기결정을 충분히 반영할 융통성을 갖춘 구조를 고려하여 프로그램을 운영할 필요가 있다.

### (1) 필요성

장애인복지서비스에서 프로그램의 필요성은 주로 이용자의 욕구, 전문가의 전문적 판단, 사회적 요구에서 나온다. 다수의 기관 이용자가 서비스를 희망할 때, 이는 프로그램 기획의 가장 중요한 이유가 된다. 또한 사회복지사를 비롯한 전문가도 서비스 필요성에 대한 판단을 할 수 있다. 이를 테면 이용자가 자신을 압도하는 여건으로 인해 지나치게 낮은 수준의 욕구를 가지고 있는 경우, 사회적 기능 향상 등을 위해 기관의 노력이 필요하지만 이용자가 자각하지 못한 경우가 그러하다. 마지막으로 이용자의 욕구, 전문가들의 요구들이 사회적 지지를 얻으면서 법규나 지침 등의 제도적 요구로 재편되는 경우가 있다. 이를 테면 「장애인복지법」이 개정되면서(2011년), 장애인거주시설의 서비스 최저기준 시행은 시설 운영자의 당연한 의무가 되었다. 제도적 압력이 발생할 경우, 이용자의 일상생활 지원, 개별지원 등과 관련한 주제로 프로그램을 기획할 필요가 생길 수 있다.

### (2) 논리

장애인복지 프로그램은 목표, 이를 달성할 수 있는 활동이 잘 연결되어야 한다. 이를 위한 논리는 주로 실천 이론, 실천 경험에서 비롯된다. 실천 이론은 '특정한 유형의 개입이나 지원을 통해 이용자에게 임상적, 통계적으로 의미가 있는 변화가 나타났다'는 방식으로 표현된 학술 문헌에서 나온다. 만일 사회복지사가 장애인 이용자의 유의미한 변화를 추구한다면, 효과가 입증된 실천 이론에서 적절한 실천과 지원요소를 확인하여 프로그램에 포함시켜 논리를 갖추어야 한다. 현장에서의 실천 경험도 프로그램을 논리를 확보하기 위해 활용될 수 있다. 긍정적인 결과를 도출했던 과거 개인 및 기관의 실천 경험, 타기관의 우수한 실천 사례를 검토하여 이를 반영하면서 프로그램의 논리를 갖추는 것이다. 장애인에 대한 서비스 지원이라는 공적 책임을 사회로부터 위임받은 장애인복지기관은 서비스 전달의 효과성을 담보해야 할 책무가 있기 때문에, 계획된 변화의 논리를 제공하기 위한 실천이론, 실천경험을 민감하게 고려하여 프로그램에 반영하여 사업운영의 정당성을 확보해야 하기 때문이다.

### (3) 실현가능성

장애인복지 프로그램은 실현가능해야 한다. 실현가능하지 않은 기획은 공적 자원의 낭비를 가져오고, 이해관계자로서 직원과 이용자 모두를 좌절시키기 때문이다. 실현가능성은 이용자 모집, 예산 확보, 전문 인력 활용, 공간 여건, 지역사회의 지지 등 다양한 국면에서 나타날 수 있다.

### (4) 기관에서 소중하게 생각하는 가치와 이념

샤인 등(Schein et al., 2016)에 따르면, 조직문화는 우리가 일을 하는 데 가장 강력하면서도 눈에 보이지 않으며, 무의식 수준에 놓여있는 현상으로 작용한다. 장애인복지서비스 기관도 장애를 바라보는 관점, 모델에 따라 다양한 문화를 형성한다. 조직문화는 조직사회화 과정에서 직원의 행위를 규제하며 바람직한 서비스 방향을 이끄는 힘으로 작용한다. 샤인 등은 조직문화를 눈에 보이는 구체적 실체(artifacts), 소중히 여기는 신념과 가치(espoused beliefs and values), 이를 바탕으로 무의식에 자리 잡은 기저 가정(basic underlying assumptions)으로 규정하고 있다. 이와 관련하여 조직을 둘러싼 주요한 이해관계자가 설정하는 장애 이념과 가치관은, 프로그램을 구성할 때 영향을 미친다. 만일 이용자의 '재활'을 강조하는 입장이라면, 프로그램은 기능향상에 초점을 둔 재활프로그램이 선택된다. 혹은 이용자의 '자립'을 강조하는 입장이라면, 프로그램은 이용자의 자기결정을 강조하며 지역사회에서의 이용자의 개별 선택을 지원하는 프로그램 구조가 선택된다. 혹은 조직의 리더가 장애를 사회적 모델로 바라보고 이러한 입장이 직원들에게 뿌리 내렸다면, 장애인이 지역사회에서 수용되지 못하는 현실에 초점을 두고 이용자에 대한 차별과 걸림돌로 작용하는 상황을 개선해 나가는 옹호활동에 초점을 둘 가능성이 높다. 이렇게 조직의 가치와 이념은 프로그램의 내용과 지향을 결정하게 된다.

## 2. 장애인 이용자의 욕구를 파악하는 다양한 방법

### 1) 욕구의 의미

장애인 복지프로그램은 장애인의 사회적 욕구를 충족시키기 위해 존재한다. 욕구는 다양한 방식으로 정의되는데, 알트슐드(Altschuld, 1994)는 '바라는 바와 현재 상태와의 차이'로 욕구를 규정한다. 이러한 차이가 결핍이며, 결핍의 상태에서는 스트레스가 생긴다. 차이를 좁히기 위해 사람들은 자기가 가진 사회적 기능과 자원으로 대응한다(Gitterman & Germain, 2008). 장애인복지 프로그램도 장애인이 경험하는 사회적 욕구를 충족시키기 위해 동일한 초점을 가지고 대응해 나간다. 이를 테면 장애인의 사회적 기능(예: 일상생활 수행능력, 직업능력 등)을 향상시키거나, 필요한 자원이나 기회를 연계(예: 금전, 후원물품 지원, 서비스 연계, 장애인 취업기회 알선 등)하는 식으로 내용을 갖추어 프로그램이 전개되는 것이다. 욕구가 바라는 바와 현재 상태의 차이라면, 이를 충족시키기 위해 어떠한 서비스가 얼마나 필요한가? 이를 파악하고 규정하는 일은 쉬운 일이 아니다. 가장 바람직한 것은 '장애인 당사자와 가족의 목소리'에서 출발하는 것이다. 현재 상태에서 이용자가 원하는 것(wants)에 이르는 데 도움이 되는 자원과 방해되는 걸림돌을 동시에 검토하게 되면, 결국 어떠한 서비스가 얼마나 필요한지 발견하게 된다. 이러한 발견은 서비스의 필요성을 정당화하는 중요한 근거가 된다. 이용자의 원하는 것에서 출발하여, 이들이 가지고 있는 자원과 걸림돌을 모두 고려하면, 사회복지사를 비롯한 전문가가 이용자의 필요에 좀더 귀를 기울이게 되는 겸손한 자세를 지닐 수 있다.

### 2) 욕구를 파악하는 다양한 방법

장애인복지 프로그램을 기획하기 위하여 이용자의 욕구를 파악하는 최우선적인 방법은 이용자의 목소리에 귀를 기울여 더 많이 듣고 이를 체계적으로 정리하려는 노력이다. 이러한 자세는 모든 서비스 과정에서 견지해야 할 가장 중요한 원칙이다. 이러한 원칙을 전제하고, 이용자의 욕구를 파악하는 다양한 방법을 할로우와 터너(Harlow & Turner, 1993)의 욕구조사 피라미드를 참조로 하여 소개하고자 한다.

#### (1) 1차 작업: 기관행정자료, 전국단위보고서, 이차적 자료, 타 기관 및 지역자료 참고하기

욕구조사의 가장 첫 번째 단계는 기존에 우리가 알고 있는 것, 조사된 것을 참조하여 정리하는 것이다. 우선 기존 기관의 행정자료를 검토한다. 기관행정자료 중 대표적인 것은 이용자 명부, 대기자 명부 등이다. 이를 바탕으로 어떤 서비스에 대한 수요(demand)가 많은지 파악하여, 해당 서비스의 존폐 및 확장 여부를 결정할 수 있다. 혹은 전국 단위의 보고서 등 지역사회의 통계를 활용하는 작업도 필요하다. 지역사회에 해당 욕구를 가진 이들이 얼마나 되는지 장애유형별 인구를 확인하거나, 장애인의 다양한 상황을 이해하기 위한 장애인실태조사 결과를 활용하여 어떠한 서비스를 개발할지 검토할 수 있다. 그러나 대규모 사회조사는 대개 포괄적이고 한정적인 조사 문항을 기반으로 하고 있기 때문에, 프로그램 구성을 위한 구체적인 아이디어를 얻기 힘든 경우가 있다. 그러한 경우에는 학술문헌, 신문기사 등의 이차적 자료를 토대로 해당 욕구를 가진 인구가 얼마나 되며 어떠한 경험을 하고 있는지 살펴보거나 추정할 수 있다. 마지막으로 기존에 기관 내부적으로 조사된 자료가 없다면, 다른 기관 및 가용한 지역자료를 참조하여, 소속 기관의 이용자도 유사한 욕구를 경험하고 있다고 가정하여 서비스를 기획하게 된다.

#### (2) 2차 작업: 초점그룹 인터뷰, 공청회, 지역사회 자원조사

욕구조사의 두 번째 단계는 프로그램을 둘러싼 이해관계자의 이야기를 구조화된 틀에서 듣는 것이다. 초점그룹 인터뷰(focus group interview)는 장애인 당사자와 가족, 관계자들을 집단으로 구성하여 2~3문항으로 이루어진 주제에 대해 집중적인 집단 인터뷰를 실시하는 방식이다. 욕구조사를 위한 초점그룹 인터뷰에서는, 장애인 이용자가 경험하는 현재의 어려움은 무엇인지, 앞으로 기대하는 서비스가 무엇인지 묻게 된다. 혹은 프로그램 중간 및 종결 시기에 운영하는 초점그룹 인터뷰에서는, 기존의 프로그램을 평가 질문을 포함하여 프로그램 개선의 아이디어를 얻을 수 있다. 공청회는 개별 장애인복지 프로그램 기획 과정보다는 더 큰 규모의 장애인정책, 제도 등의 초안을 소개하고, 관련 이해당사자의 의견을 수렴하는 방식으로 진행되며 주로 공공정책 개발영역에서 많이 활용된다. 마지막으로 지역사회 자원조사는 이미 이용자에게 가용한 자원을 사전에 검토함으로써, 채워지지 않는 이용자의 필요를 확인하기 위한 차원으로 진행되는 조사이다. 만일 지역사회 자원이 충분하다면 이러한 자원을 연계하는 방식으로 프로그램을 구성하게 되고, 지역사회자원이 부족하다면 이를 보충하기 위한 대안을 마련하는 내용을 포함한 프로그램을 고려하게 된다.

#### (3) 3차 작업: 이용자 및 서비스 제공자 조사, 주요 정보제공자 조사

욕구조사의 세 번째 단계는 이용자와 서비스 제공자에 집중하여 욕구를 조사하거나, 중요한 정보를 제공해 줄 수 있는 관계자를 대상으로 장애인 이용자의 욕구를 조사하는 것이다. 물론 프로그램을 기획하기 위해서 이용자에 한정하여 설문 혹은 인터뷰를 실시하여 진행할 수 있지만, 사실 평상 시 이용자와의 관계에서 언급되는 욕구를 수시로 적어 두었다가 이를 정리하는 방식도 매우 유용하고 현실적으로 많이 활용되는 방식이다. 경우에 따라 서비스 제공자를 통해 이용자 욕구를 확인하는 방법도 있을 수 있다. 이를 테면 시각장애인의 점자도서관 이용 욕구에 대한 조사를 위해 시각장애인 도서관에서 근무하는 사서를 대상으로 설문이나 인터뷰를 한다면 서비스 개발을 위한 자료를 효율적으로 얻을 수 있을 것이다. 마지막으로 주요 정보제공자 조사도 중요한 욕구조사의 방법일 수 있다. 만일 저소득 독거 장애인에 대한 서비스를 기획한다면, 이들에 대하여 직접적으로 서비스를 제공하지 않지만 많은 교류를 하는 지역유지, 종교단체 관계자 등에게서 욕구를 파악할 수 있다. 그러나 가장 중요한 것은 '장애 당사자의 목소리'에 집중하는 것인데, 이용자는 '자신의 욕구를 이야기'하고, 관련자는 '타인의 욕구에 대해 보고 듣고 생각한 것'을 이야기하기 때문에 간접적일 수밖에 없기 때문이다.

#### (4) 4차 작업: (잠재)이용자 설문조사

앞의 작업을 모두 거친 후에 욕구조사의 마지막 단계로 (잠재)이용자를 포함한 대상으로 한 설문조사를 실시할 수 있다. 이용자의 욕구를 검토하기 위한 다양한 준비와 고민을 거치게 되면, 서비스 제공자는 파악한 다양한 욕구의 규모와 정도, 이용자가 생각하는 대안의 선호도 등을 종합적으로 검토할 필요를 느끼게 된다. 이를 검토하기 위해 설문문항을 구성하여 확인하는 작업을 거치면, 비교 가능한 자료(빈도, 평균, 분포 등)를 산출할 수 있게 된다. 이러한 종합적인 설문조사는 기관 운영과 서비스 자원의 배분을 결정하는 중요한 준거자료로 활용될 수 있다. 이렇게 (잠재)이용자 설문조사로 얻은 자료는 전반적인 이용자 현황을 파악하는 데 도움이 되고, 전반적인 사업방향을 확인하는 데 도움이 된다. 그러나 대규모 설문조사는 개별 서비스 기획을 위한 구체적인 정보를 문항에 담아내기 힘들다. 또한 기술적인 문제도 존재하는데, 대표성이 있는 응답자를 확보하기 힘들고 비용이 많이 들어서 시의 적절하게 운영하기 힘들다는 어려움이 있다는 점이다.

## 3. 장애인복지 프로그램 목표 설정

장애인복지기관에서는 기관의 설립목적과 장애인 이용자의 욕구를 고려하여 프로그램을 선택한다. 선택된 프로그램은 각기 지향하는 목적과 목표가 있고, 이는 프로그램을 구성하는 뼈대로 작용한다. 기관에서는 프로그램 목적과 목표에 맞는 활동들을 연결하면서 프로그램을 구성해 나가기 때문이다.

### 1) 목적과 목표

목적은 프로그램을 통해 이루고자 하는 것을 말하며, 이용자의 욕구 및 기관의 설립목적과 관련되어 있다. 목적은 보통 추상적인 이념을 담고 있으며 이루고자 하는 방향을 담은 표현으로 되어 있다. 반면 목표는 목적을 구체적인 수준에서 표현한 것이다. 따라서 목표는 목적에 종속되어 있으며, 목표가 달성되면 목적은 이룬 것이라 볼 수 있다. 그런 의미에서 목표를 잘 세우고, 이와 관련된 활동을 잘 연결하는 데 더욱 신경을 쓰는 것이 실용적인 유익이 있다.

### 2) SMART한 목표 세우기

목표를 잘 세우기 위해서 강조되는 것은 SMART한 목표이다. SMART한 목표는 구체적이고, 측정 가능하고, 달성 가능하고, 결과 지향적이며, 시간제한이 있는 형태의 목표를 말한다.

**표 13-1 | SMART한 목표의 의미와 예**

| 구분 | 의미 | 비고 |
|---|---|---|
| S(Specific) 구체적인 | 목표는 프로그램이 지향하는 바를 현실적으로 드러낼 수 있도록 구체적으로 표현되어야 함. | 구체적 목표는 과업성취를 위한 진행자, 이용자 동기를 강화시킴. |
| M(Measurable) 측정 가능한 | 목표는 달성 정도가 측정 가능할 정도로 구체적으로 제시되어야 함. | 프로그램 성과 평가와 관련됨. |
| A(Attainable) 달성 가능한 | 목표는 현실적으로 달성 가능한 수준이어야 함. 그러나 너무 쉬운 목표보다는 적정한 노력이 부가되는 것이 바람직함. | 목표에 대한 사회적 승인과 기대를 고려함. |
| R(Result-oriented) 결과 지향적인 | 목표는 기관이 해야 할 일이 아니라 이용자에게 나타날 욕구의 충족, 변화 등에 초점이 맞추어 진술되어야 함. | 기관의 과업은 이용자 욕구 및 변화를 위해 존재하기 때문임. |
| T(Time-bound) 시간제한이 있는 | 목표는 시간 한계를 명시한 형태로 표현되어야 함. | 시간제한은 활동 몰입, 책무 이행의 기준이 됨. |
| 스마트한 목표의 예 | | |
| 연말까지, 직업재활프로그램에 참여한 이용자 중 50% 이상의 이용자가 취업에 성공할 수 있도록 한다. | | |

### 3) 다양한 수준의 목표

프로그램 목표는 상황에 따라 다양한 방식으로 구분된다. 서비스 제공량을 중심으로 기술되는 산출목표(output objectives), 서비스가 제공되는 주요한 이정표(milestones)를 중심으로 기술되는 과정목표(process objectives), 서비스를 통해 이루고자 하는 이용자의 변화나 욕구충족 정도를 중심으로 기술되는 결과목표(outcome objectives)로 구분된다. 동일한 목적으로 이행되는 프로그램이라면, 산출목표, 과정목표, 결과목표는 서로 밀접하게 관계가 있어야 한다. 수준별 목표에 대한 설명과 예는 다음과 같다.

표 13-2 | 다양한 수준별 목표와 예

| 구분 | 의미 | 예 |
|---|---|---|
| 산출목표 | 기관에서 제공되는 서비스 양에 근거한 목표 (서비스 빈도, 기간, 투입된 자원에 근거) | 10명(실인원)에게 각 2건의 직업을 연계함 (연인원 20명=10명*2건) |
| 과정목표 | 산출목표 및 결과목표를 달성하기 위해 진행해야 하는 과정을 담은 목표 | 3/4분기까지 직업연계를 위해 취업체 5곳을 개발함 |
| 결과목표 | 프로그램을 통해 궁극적으로 달성하고자 하는 결과를 담은 목표 | 연말까지, 연계한 이용자 중 50%가 취업에 성공함. |

# 4. 장애인복지 프로그램의 논리 세우기

장애인복지 프로그램은 장애인복지기관에서 제공되는 서비스로서 의도한 산출과 결과를 낳는 일종의 설계 결과이자 서비스 체계라 볼 수 있다. 이러한 관점을 반영한 것이 성과평가 모델이다. 성과평가 모델은 프로그램을 투입-전환-산출의 과정으로 보고, 산출 결과에 따라 투입요소와 전환요소를 변환시켜 나가는 체계이론을 수용하고 있다(Kettner, Moroney & Martin, 1999). 장애인복지기관에서 진행되는 사업이 1회로 이루어지는 사업이 아니라면, 이전 회기의 사업 결과에 따라 다음 회기의 사업 요소를 개선·발전시켜 나가도록 하는 것도 이러한 성과평가 모델을 통해 설명할 수 있다. 케트너 등(Kettener et al., 1999)이 제시한 성과평가 모델은 논리모델(logic model)이라고도 불리는데, 다음은 이를 구분하여 표현한 것이다.

표 13-3 | 프로그램 성과평가 모델

| 투입 | 전환 | 산출 | 품질산출 | 결과 |
|---|---|---|---|---|
| - 이용자<br>- 직원<br>- 물적 자원<br>- 시설 및 장비 | 프로그램 과정<br>- 이용절차<br>- 회기 구성<br>- 활동 | 서비스 제공량 (명/건 등) | 품질기준을 달성한 산출 | - 이용자 욕구충족<br>- 이용자 변화<br>- 지역사회 영향 등 |

물론 장애인복지프로그램이 시행착오를 거쳐 발전하는 것은 사실이지만, 기획 과정에서 목표 달성(결과 도출)과 관련한 논리를 갖추어야 하는 것은 우선적 고려 사항이다. 그 이유는 자신의 욕구를 충족시키기 위해 프로그램을 찾은 장애인이용자의 절박한 상황, 한정된 자원을 선용하여 최선의 기여를 해주기를 바라는 지역사회 요구에 부응하는 길이기 때문이다. 프로그램을 기획할 때 투입-전환-산출-품질산출-결과가 유기적으로 연결될 수 있도록 하면, 프로그램을 이루는 활동들과 목표들의 논리적으로 연결된다. 이로 인해 기관 및 직원의 노력과 투입이 장애인이용자의 욕구충족과 변화라는 긍정적 결과로 이어질 수 있게 되는 것이다. 프로그램 기획 과정에서 성과평가 모델을 구성하는 개별 요소를 정리해 보면 다음과 같다.

### 1) 투입

프로그램 투입요소는 이용자, 인력, 예산을 포함한 물적 토대이다. 장애인복지 프로그램의 투입요소로 가장 중요한 것은 이용자이다. 장애인복지 프로그램에는 장애인 이용자 판정, 변화, 유지를 위한 과업요소들이 포함된다. 하센펠드(Hasenfeld, 2009)는 휴먼서비스 이용자가 이러한 과정에 참여하는 점에 주목하여 "휴먼서비스에서 원료는 사람이다"라고 선언한 바 있다. 따라서 장애인 이용자도 프로그램의 중요한 원료, 투입요소가 된다. 우선 프로그램을 기획할 때는 이용자 선정이 적절하게 이루어질 필요가 있다. 추후 활동이 해당 이용자의 욕구와 관련된 것이기에 당연하다. 이용자 선정은 거주시설의 경우에는 주로 기존 이용자 위주가 되고, 지역사회기관일 경우에는 기존 이용자 이외에도 신규 이용자도 좀더 고려하는 특성이 있다. 인력으로는 프로그램을 수행하는 담당자, 전문인력, 자원봉사자 등이 포함되며, 물적 토대로는 예산, 시설 및 기자재 등이 포함된다.

### 2) 전환

프로그램 투입요소들이 적재적소에서 조화를 이루도록 하여, 일련의 유기적 활동이 되도록 배치하는 것이 전환 과정이다. 전환과정은 프로그램의 내용을 구성하는데, 접수과정, 활동들(회기구성), 서비스 과정을 설계하는 것과 관련되어 있다. 여기서 전환이라는 표현을 쓰는 것은 투입요소들이 서비스를 통해 산출, 결과로 바뀌는 과정을 표현하기 때문이다. 욕구를 가진 이용자가 프로그램을 통해 욕구가 충족된 이용자가 되는 과정을 논리적으로 연결하는 것은 프로그램 기획에서 핵심적인 과정이라 볼 수 있다.

### 3) 산출

산출은 전환과정을 경험한 이용자가 접촉할 서비스의 양을 의미한다. 서비스를 경험한 순인원수는 실인원이 되고, 이들이 서비스에 접하는 횟수를 곱하여 모두 합하면 연인원이 된다. 산출은 프로그램별로 다른 형태를 띠기도 한다. 이를 테면 상담프로그램 같은 경우에는 예정된 상담시간을 합하여 산출로 표현하거나, 모금프로그램 같은 경우에는 모금 목표액을 토대로 산출로 표현할 수 있다. 이는 앞에서 언급한 목표 중 산출목표와 관련되어 있다.

### 4) 품질산출

서비스 산출이 의미가 있으려면, 그러한 산출의 상당 부분이 질적으로 우수해야 한다. 산출 중에서 질적으로 우수한 산출을 어느 정도 유지할지 고려하여 세운 목표치는 품질산출의 기준이 된다. 프로그램 산출은 참여인원수를 미리 검토하며 확인할 수 있다. 그러나 품질산출은 이 중에 만족한 참여자의 비율, 품질기준을 충족시킨 산출이 어느 정도 되게 할 것인지 목표치를 설정하여 결정하게 된다.

### 5) 결과

결과는 투입-전환-산출-품질산출을 통해 궁극적으로 이루고자 하는 것이다. 이는 주로 이용자의 욕구 충족, 변화를 나타내는 표현으로 정리된다. 결과는 결과목표가 달성되었을 때의 상태를 가정하여 기록된다. 결과는 이용자의 욕구의 충족 정도를 중심으로 주로 정리되지만, 지역사회에 미치는 영향까지 검토하여 제시되는 경우가 있다. 물론 지역사회의 변화는 프로그램 계획서상 결과목표보다는 기대효과라는 별도의 표현으로 기록되는 경우가 많다.

여기 제시한 성과평가 모델은 프로그램 계획서에 순서대로 담기지 않는다. 프로그램 계획서에 해당되는 항목에 각각 편재되어 나타난다. 투입요소는 대상자, 담당 직원, 예산, 장소, 기자재 등의 항목에 나누어 정리된다. 전환요소는 참여자 모집, 세부 활동계획, 시간계획, 관련 실천기술 등의 형태로 정리된다. 산출요소, 품질산출요소, 결과요소는 목표, 평가계획에 나누어 정리된다. 물론 대다수의 장애인복지프로그램은 이전에 존재했던 프로그램 계획서의 세부 항목을 수정, 보완해 가면서 기획되기 때문에 이러한 성과평가 모델을 크게 고려하지 않을 수 있다. 그러나 프로그램을 전면적으로 재검토하거나, 새로운 프로그램을 기획하는 상황에서는 앞에서 제시한 모델의 틀은 채워 가면서 전반적인 설계도로 삼는 것이 도움이 된다. 그렇게 해야 목표-활동-평가가 유기적으로 연결될 수 있으며, 프로그램이 지향하는 바가 효과적이고 효율적으로 달성될 수 있기 때문이다.

## 5. 장애인복지 프로그램에서의 결과평가

장애인복지 프로그램에서의 결과평가는 이용자의 욕구의 충족, 기능의 향상 등 의도한 결과가 나타났는지 확인하는 것을 말한다. 이를 통해 서비스를 유지할지를 결정하거나, 어떤 방식으로 개선시킬지 대안을 찾아나갈 수 있다. Kettner 등(1999)은 결과를 평가하기 위한 기준으로 수량집계, 표준화된 척도, 기능수준 척도, 클라이언트 만족도를 검토할 필요가 있다고 밝혔다. 이러한 틀은 장애인복지 프로그램 평가에도 유효하다.

수량집계(numeric counts)는 프로그램 전후에 이용자의 상태, 지위, 행동이 달라졌는지 여부를 숫자를 세서 비교하는 방식을 말한다. 이를 테면 장애인직업연계 프로그램은 장애인을 취업시키는 것을 주요한 결과로 삼게 된다. 이때 사업평가는 전체 이용자 중에 취업자의 수가 얼마나 되는지 집계하여 사업의 결과로 제시하는 것이 합리적이다. 다른 예로 도전적 행동을 하는 발달장애인에 대한 대안적 행동을 조성하기 위한 서비스의 효과를 평가한다면, 이 이용자가 낮 시간을 보내는 주간보호센터에서 도전적 행동의 유형과 빈도를 서비스 이전과 비교하여 프로그램의 효과를 평가할 수 있다.

표준화된 척도(standardized scales)는 프로그램 전후에 이용자의 느낌, 태도와 지각 등이 어떻게 달라졌는지 비교하기 위하여 신뢰도와 타당도가 검증된 척도를 활용하여 그 정도를 비교하는 방식으로 활용된다. 이를 테면 장애부모 대상의 부모교육의 효과는 자녀양육효능감을 향상시키는 것을 주요 목표로 삼는다. 이러한 상황에는 자녀양육효능감에 대한 척도측정을 프로그램 전후에 실시하여 전후 수치를 비교하여 효과를 결과로 제시할 수 있다. 이러한 표준화된 척도는 사회복지척도집, 장애인복지실천을 다룬 학술논문 등을 찾아 활용할 수 있다. 그러나 척도를 활용할 때 주의할 점이 있다. 척도를 활용할 때 신뢰도와 타당도가 확보되었는지 여부를 확인해야 한다.[1] 또한 해당 척도가 어떤 대상에게 맞추어 개발되었는지도 면밀하게 검토해야 한다. 이를 테면 성인대상으로 개발된 척도를 아동대상으로 활용할 때, 비장애인 대상으로 개발된 척도를 장애인을 대상으로 적용할 때는 타당한 결과를 얻어낼 수 없는 경우가 많다. 특히 발달장애인을 대상으로는 척도개발이 어려워 장애진단을 위한 도구 이외에는 표준화된 척도를 거의 찾아보기 힘들다는 문제가 있다.

기능수준 척도(level of functioning scales)는 프로그램 전후에 이용자의 기능적인 면이 얼마나 향상되었는지 비교하기 위해 만들어 낸 척도이다. 표준화된 척도가 관련 분야 전문연구자에 의해 개발된 경우가 많다면, 기능수준 척도는 전문실천가가 이용자의 기능적인 측면이 얼마나 향상되었는지 살펴보기 위해 체크리스트 형태로 구성하는 경우가 많다. 이를 테면 발달장애인의 자립능력을 향상시키기 위하여 '이를 닦는 과정을 훈련시키는 프로그램'을 진행한다고 가정해 보자. 현장의 전문가는 기능수준을 평가하기 위해 '이를 닦는 과정'에 대해 과제분석을 하여, 어떤 과제가 어떤 순서로 진행되는지 정리한다. 이를 통해 프로그램 과정에서 수행할 수 있는 과제의 수의 변화, 과제수행의 숙련도를 평가하여 기능수준의 변화를 측정해 낼 수 있다. 장애인의 욕구와 기능은 개별적으로 각기 다른 측면이 있어 표준화되기 어렵다는 측면에서, 이러한 기능수준 척도는 장애인실천현장에서 매우 유용하게 활용될 수 있다.

---

1) 척도의 측정결과가 안정적으로 나타나고(신뢰도), 측정하고자 하는 개념을 정확하게 반영(타당도)할 때 표준화되었다고 부른다. 대개 척도집이나 학술논문에 활용된 척도는 표준화된 척도라 봐도 큰 무리가 없다.

표 13-4 | **기능수준척도의 예: 중증장애인거주시설에서의 양치질 기능을 평가하기 위한 척도**

| 목표 관련 기능 | 이용자가 양치질을 스스로 원활하게 진행할 수 있다. | | | | |
|---|---|---|---|---|---|
| | 평 가 일 | | | | |
| | | ( / ) | ( / ) | ( / ) | ( / ) |
| 치약 정량을 짠다. | 지원정도 평가 | | | | |
| 우측 윗니를 10회 이상 닦는다. | | | | | |
| 우측 아랫니를 10회 이상 닦는다. | | | | | |
| 좌측 윗니를 10회 이상 닦는다. | | | | | |
| 좌측 아랫니를 10회 이상 닦는다. | | | | | |
| 앞니 전체를 위, 아래로 10회 이상 닦는다. | | | | | |
| 안쪽 이를 위, 아래를 골고루 닦는다. | | | | | |
| 양치물을 삼키지 않고 깨끗이 헹군다. | | | | | |
| 양치할 때 치약이나 침을 옷에 안 흘린다. | | | | | |
| 양치할 때 필요할 때만 물을 튼다. | | | | | |
| 지원 정도 | | | | | |
| 1. 전체적인 도움 2. 부분적, 신체적 도움 3. 시범적 수행 4. 언어적 도움 5. 도움 없이 과제 수행 | | | | | |

이용자 만족도(client satisfaction scales)는 프로그램이 종결할 때 애초에 기대했던 만족의 수준에 이르렀는지 평가하는 조사를 말한다. 이용자 만족도는 품질평가의 중요한 부분이면서도, 그 자체가 최종결과일 수 있다. 프로그램이 이용자의 만족을 최종 목표로 삼는 경우도 종종 있기 때문이다. 이를 테면 재가장애인 대상의 야유회 같은 1회성 프로그램은 재가장애인의 중대한 변화를 위해 기획된 것은 아니다. 이 프로그램의 효과는 이용자가 얼마나 만족했는지를 평가함으로 충분하다.

평가 과정에서 중요한 것은, 목적과 목표가 달성여부를 파악하기 위해 적절한 도구를 활용해야 한다는 점이다. 목표에 따라 변화된 이용자의 수를 셀 수도 있고, 표준화된 척도를 써서 이용자의 변화를 측정할 수도 있고, 기능수준 척도를 통해 이용자의 기능을 면밀하게 체크해야 할 수도 있으며, 이용자의 만족 여부를 확인하기 위한 질문을 할 수 있다. 이와 관련하여 장애인 이용자의 유형별 특성에 부합된 평가도구와 평가수단을 세심하게 마련해야 한다. 이를 테면 대다

수 발달장애인에게는 표준화된 척도의 활용이 어려워서, 기능수준 척도를 개발해서 활용해야 할 상황이 많다. 이럴 때, 서비스제공자가 발달장애인을 세심하게 관찰하고 면밀하고 정직하게 기록하는 것은 매우 중요하다. 장애인의 변화의 가능성을 한정지어 놓고 관찰하게 되면 불가능하다는 편견을 강화하는 방향의 왜곡이 반영된 관찰평가가 발생하기 쉽다. 반면에, 이용자의 긍정적인 변화를 열망할 수밖에 없는 프로그램 진행자가 직접 관찰할 때는 무의식적으로 긍정적인 방향의 변화가 나타났다고 결과를 왜곡시키는 편향이 발생할 수 있다. 이러한 문제를 해결하기 위해 동료들을 활용한 객관적 평가를 동시에 진행하여 관찰의 정확도를 높이기 위한 노력이 병행되어야 한다. 물론 관찰을 할 경우에는, 평가자료 수집의 출발점으로서 무엇을 관찰해야 할 것인지에 대한 개념, 즉 감응개념(sensitizing concept)을 정하고 시작하게 된다(Patton, 2015). 다음은 다양한 질적 연구자들이 강조한 관찰의 요령이다(Bogdan & Bikeln, 2003; Cresswell, 2015).

- 일어난 일을 시간 순으로 포착하기 위해 노력한다. (시간을 병기하면 좋음.)
- 미루지 않고 즉시 기록한다. (시간이 흐르면 세부적인 것을 기억하기 힘이 듦.)
- 관찰노트에 핵심사항이 떠오를 수 있는 약어를 적극 활용한다. (대개 세부적인 모든 부분을 서술할 시간적 여유가 없음.)
- 현장 모습을 그림으로 그린다.
- 관찰을 시행하기 전이나 관찰 중에 연구를 위해 떠오르는 질문을 적는다. 그리고 이러한 질문에 대한 반응으로 관찰을 기록한다.
- 방해받지 않는 장소에서, 충분한 시간을 확보하여 작업한다.
- 관찰된 내용 중에 핵심 주제라 생각하는 내용을 이야기로 만들어 적는다.

앞에서 제시한 평가 결과는 그 자체로도 의미가 있지만, 장애인복지 프로그램을 향상시키기 위한 환류의 과정으로 중요한 의미가 있다. 만일 평가에서 의도한 결과가 충분히 나타나지 않았을 때에는 투입요소를 변화시키거나 프로그램

과정을 개선해야 한다. 투입요소를 변화시키는 경우의 예로는 프로그램 대상자를 변경하거나, 서비스 제공인력을 변경하거나, 예산 등을 변화시키는 것 등을 말한다. 전환 과정(프로그램 활동)의 개선을 위해서는 각 회기별 활동을 변경하거나, 효과가 검증되거나 기대되는 다른 실천요소를 포함하는 등의 노력을 할 수 있다. 상황에 따라서 평가도구를 적절하게 선정하지 못하여 프로그램 효과를 드러내지 못했다면, 다른 평가도구를 활용하는 방안도 고려할 수도 있다.

다음 사례는 중증 장애인거주시설에서 기획한 프로그램으로, 성과평가 모델에 근거를 두고 기획된 연간 사업계획서의 일부이다. 연간 사업계획서라 상세하고 구체적인 측면은 다소 부족하지만, 성과평가모델에 따라 구성된 서식에 따른 기획이고 목표, 활동, 평가 등이 논리적으로 연결되었다는 점에서 살펴볼 가치가 있다.

**■ 중증 장애인 거주시설에서의 취미 건강 프로그램의 예**

| 예산항목 | 사업비 - 사업비 - 사회심리재활사업비, 개인통장 | 사업연도 | 2018년 |
|---|---|---|---|
| 사업명 | 두 개의 심장 '말아톤' | 담당자 | *** |
| 필요성 | - 마라톤 및 다른 여가생활 중 마라톤이라는 욕구를 보이며 선택하는 거주인들에게 욕구에 따를 경험을 제공하기 위함.<br>- 활동적인 성격으로 건강한 여가에 대한 필요성이 있는 분들을 거주인으로 우선 선정하여 알맞은 여가생활을 제공할 수 있음. | | |
| 목적 | 1-3. 거주인의 경험확대와 주기별 욕구선택 보장을 위한 평생교육 활성화 (기관 전체 연간 목적) | | |
| 목표 | 마라톤 대회 2회 참여 및 지속적인 운동으로 인한 적절한 체지방 유지 | | |
| 사업대상(선정기준) | 샘솟는뜰 거주인 4명(A씨, B씨, C씨, D씨) | | |
| 수행기간 | 2018년 3월~11월 | | |
| 사업장소 | 원주변, 지역사회 오름(사라봉, 원당봉, 도두봉 등), 마라톤 참가지역 | | |

| | 세부활동 | 수행방법 | 수행시기 | 목표량 | | | 수행인력 |
|---|---|---|---|---|---|---|---|
| | | | | 실인원 | 연인원 | 건(회) | |
| 사업내용 | 체력단련 | - 마라톤 대회 참가하기 전 일정을 계획함.<br>- 일정을 계획한 후에 보건소에 들러 인바디 측정을 실시.<br>- 정해진 일정에 따라 마라톤 대회 전 체력 단련 연습을 진행함. | 3월~11월 (7, 8월 제외) | 4명 | 84명 | 21회 | 생활교사 1명 |

| | | | | | | | |
|---|---|---|---|---|---|---|---|
| | | - 날씨와 다른 일정들을 고려하여 10일에 1회 정도 훈련을 실시함.<br>- 장소로는 원주변 및 실외스포츠센터에서 실시할 예정이며, 한 달에 1회에는 지역사회 내 오름을 등반하는 시간을 가짐. | | | | | |
| 사업내용 | 대회 참가 | - 마라톤 일정이 나오면 대상자들과 일정을 논의.<br>- 참가하고자 하는 대회를 선정.<br>- 대회신청 후 당일날 일정 진행. | 5월, 11월 | 4명 | 8명 | 2회 | 생활교사 1명 |
| | 격려 식사 | - 마라톤 대회 참여 후 돌아오는 길에 다 함께 모여 식사하는 시간을 마련.<br>- 식사 시에 마라톤 대회에 대한 대화를 나누며 격려하는 시간을 가짐. | 상, 하반기 1회씩 마라톤 참가시 | 4명 | 6명 | 4회 | 생활교사 1명 |

| | 구분 | | 평가지표 | 평가방법 |
|---|---|---|---|---|
| 평가 | 산출목표 | 사업실적 | 체력단련: 4명 / 84명 / 21회<br>대회참가: 4명 / 8명 / 2회<br>격려식사: 4명 / 16명 / 4회 | 출석부(이용자수, 횟수), 결과 보고서 |
| | | 예산집행 | 90% 이상 달성 | 예산서, 결산서 결과확인 |
| | | 진행일정 | 일정, 수행방법 계획 준수 여부 | 사업진행서류(운영일지 등) |
| | 품질목표 | 만족도 향상 | 상, 하반기 만족도 조사 | 만족도 묻기 |
| | 성과목표 | 체지방 유지 및 향상 | 사전, 사후 인바디 검사 실시 | 인바디 검사지 |
| | | 성취감 향상 | 상, 하반기 성취도 조사 | 기록지 확인, 성취감 묻기 |
| | | 마라톤 대회 참가 | 참가 신청서 및 사진 | 사진 |
| 기대효과 | 일상생활에서의 활력 증가 및 건강한 삶 유지 | | | |

| 지원활용 | ■ 지역사회 마라톤대회 주최 및 참가 기관 ■ 보건소 | | | | | | | | | | | | | |
|---|---|---|---|---|---|---|---|---|---|---|---|---|---|---|
| 추진일정 | 세부사업명 | | 1월 | 2월 | 3월 | 4월 | 5월 | 6월 | 7월 | 8월 | 9월 | 10월 | 11월 | 12월 |
| | 기획 | 사업설명회/보건소이용 | | ○ | | | | | ○ | ○ | | | | ○ |
| | 실행 | 체력단련 | | | ○ | ○ | ○ | ○ | | | ○ | ○ | ○ | |
| | | 대회참가 | | | | | ○ | | | | | ○ | | |
| | | 격려식사 | | | | ○ | ○ | | | | | ○ | ○ | |
| | 평가 | 자체평가 | | | | | | | ○ | | | | | ○ |

| | 세출 (단위:원) | | | 세원구분 |
|---|---|---|---|---|
| | 내용 | 산출근거 | 금액 | |
| 소요예산 | 식사비 | 10,000 × 5명 × 4회= 200,000 | 200,000 | 사업비 |
| | 간식비 | 3,000 × 5명 × 7월 × 4회= 420,000 | 420,000 | 개인부담 |
| | 유니폼 구입비 | 20,000 × 5벌= 100,000 | 100,000 | 사업비 |
| | 참가비 | 20,000 × 5명 × 2회= 200,000 | 200,000 | 사업비 |
| | 계 | | 920,000 | |

출처: 제주애덕의 집 연간사업계획서 중 일부.

# 6. 책무성에 기반한 장애인복지프로그램을 위한 향후 과제

## 1) 장애인복지프로그램 운영에서의 책무성

앞에서 언급한 사항은 장애인복지프로그램을 둘러싼 책무를 감당하기 위해 필수적으로 고려되어야 할 사항이다. 이는 '기관 이용자를 위해 최선을 다한다'는 책임성(responsibility)을 뛰어 넘는 개념이다. 최근에는 「사회복지사업법」 제43조에 규정된 시설평가 요구, 「장애인복지법」 제60조의3에 규정된 장애인거주시설 최저서비스 기준 등과 관련하여, 서비스 기관이 책임을 다하고 있다는 것을 증명해 보일 것을 요구한다. 이러한 요구는 책무성(accountability)이라 불린다. 다음은 장애인복지프로그램과 관련한 책무성 요구들이며, 이와 관련하여 고려할 점이다. 여기 제시된 책무성 요구에 대해 충분히 답을 하는 것은, 장애인복지를 공공으로부터 위임받은 기관의 책무라 볼 수 있다.

**표 13-5 | 장애인복지 프로그램과 관련된 책무성**

| 책무성 차원 | 프로그램은... |
|---|---|
| 적용 | 이용자의 특성을 고려해야 함(장애유형, 정도, 연령, 성별 등). |
| 서비스 전달 | 계획에 따라, 자격이 있는 직원이나 인력이 제공해야 함. |
| 영향(효과) | 기획 당시 의도한 변화를 발생시켜야 함. |
| 효율 | 비용대비 산출을 최대화해야 함. |
| 재정 | 재무관련 규칙을 준수해야 함(예: 사회복지법인 및 시설 재무회계규칙). |
| 법률 | 법에서 요구하는 책임을 준수해야 함(복지부 규정까지 포함). |
| 윤리 | 법규에 없더라도 사회복지실천윤리 등 윤리기준을 준수해야 함. |
| 이미지 | 이용자의 사회적 이미지를 향상시킬 수 있도록 기획되어야 함. |
| 욕구 | 이용자의 욕구를 최우선적 목표로 삼아야 함. |

## 2) 장애인복지 프로그램 운영에서의 유념할 점과 향후 과제

상기 제시된 책무를 감당하기 위하여, 프로그램 개발과 관리 과정에서 유념해야 할 사항과 향후 과제에 대해 정리하면 다음과 같다.

### (1) 장애인 이용자의 욕구, 필요를 최우선적으로 고려한 프로그램 기획

장애인복지 프로그램은 장애인 이용자에게 꼭 욕구, 필요에 부응한 프로그램이어야 한다. 이는 프로그램에 대한 책임을 지닌 장애인복지기관의 존재의 이유이기 때문이다. 실제로 프로그램에서 이용자의 욕구를 등한시 여기게 된다면, 단기적으로는 이용자를 모집하기 힘들고 장기적으로는 이용자를 비롯한 지역사회의 지지를 얻기 힘들다는 점은 분명하다. 따라서 각 기관에서는 이용자의 욕구를 파악하기 위해 항상 노력해야 하며, 직원의 전문적 판단보다 장애인 이용자의 바람에 최우선적인 초점을 맞추어야 한다.

이를 위해 장애인복지기관에서는 이용자의 욕구를 파악하기 위한 다양한 수단과 방법에 대한 지식과 기술을 가지고 있어야 한다. 이를 테면, 이용자 정보, 설문결과 등을 분석하고 정리할 수 있는 기초적인 통계활용 역량을 기관 내부에 보유하고 있어야 한다. 또한 이용자의 욕구는 주로 상호작용에서 나온다는 점을 고려하여, 이용자의 말과 글, 관찰내용을 분석할 수 있는 질적 자료 정리와 분석 역량을 갖출 필요가 있다. 문제는 이러한 실질적 역량을 갖추기 위한 사회복지 분야 교육이 부족하며, 기관에서도 욕구 파악을 위한 충분한 시간과 자원을 투자하지 못하고 있다는 점이다. 특히 언어장애인, 청각장애인, 발달장애인, 뇌병변장애인 등 의사소통이 상당히 어려운 이용자와의 관계에서, 이들의 욕구를 파악하기 위해서는 충분한 시간을 확보하고 노력을 기울일 필요가 있다.

### (2) 목표달성과 활동이 논리적으로 연결된 프로그램 기획

장애인복지 프로그램은 장애인의 욕구를 충족시키기 위해 다양한 활동이 논리적으로 연결된 형태로 구성되어야 한다. 즉 프로그램 활동을 통해 욕구가 충족된다는 증거가 분명히 나타나야 한다는 의미이다. 프로그램을 이용하는 장애인 이용자에게 약속한 결과를 보장해 줄 수 없다면, 이용자들의 신뢰를 위반하게 된다. 따라서 공적 자원을 투입하여 서비스를 제공하는 장애인복지기관에서, 목표를 달성하기 위하여 충분히 검증된 활동을 목표와 연계하는 것은 장애인복지서비스직에 요구되는 전문적 책무이다.

이를 위해 장애인복지기관에서는 직원이 이러한 역할을 충분히 감당하도록 교육 및 연구에 대한 투자를 충분히 제공할 필요가 있다. 현재 장애인복지기관에서의 교육훈련은 산발적으로 이루어지고 있으며, 직원의 수준과 역량에 맞추어 전문적 사회화를 이룰 수 있는 형태의 인적자원관리는 충분히 이루어지지 못하고 있다. 직원은 서비스 개발을 위한 연구보다는 당면한 대면서비스, 행정업무를 수행하기에도 시간이 부족하다. 다행히 더 나은 서비스를 기획하기 위해 새로운 대안과 아이디어를 찾아 나서는 사회복지사들은 늘어나고 있고, 이들은 다른 기관 직원과의 네트워크를 활용하여 조언과 아이디어를 얻기 위해 노력하고 있다. 일부 기관에서는 장애인복지, 재활서비스 등과 관련한 학술연구를 보다 가까이 접하여 더 나은 서비스를 기획할 수 있도록, 한국장애인복지학회 등에 기관회원으로 등록하여 최신 연구를 직원들이 접하고 있다. 그러나 이러한 개별적 노력이 확대되기 위해서는 장애인복지 관련 학회, 장애인복지 관련 협의회, 사회복지사협회 등이 협력하여 실천 및 연구 성과가 공유되기 위한 플랫폼을 마련해야 하며, 깊이 있는 교류의 장이 자주 마련될 필요가 있다.

### (3) 실현가능하며 지속가능한 프로그램 운영

장애인복지 프로그램은 현실에 기반을 두고 기획되고 관리된다. 선한 이념과 방향으로 진행되는 프로그램이라 하더라도 실현가능성이 없는 프로그램은 자원의 낭비를 가져오고, 이용자에게 도움이 되기 힘들며, 직원들을 소진시킨다. 이를 위해 기관에서는 주어진 예산, 공간, 직원의 업무량과 능력 등을 고루 고려하여 실현가능한 기획이 될 수 있도록 조정할 필요가 있다. 물론 고려되는 프로그램이 장애인 이용자에게 매우 중요한 의미가 있는 프로그램이라면, 기관에서는 관련된 기획이 실현될 수 있도록 예산배정, 공간 확보, 직원 업무 조정과 교육훈련 등으로 보완해 줄 필요가 있다.

장애인복지 프로그램을 비롯한 사회복지 프로그램 운영에서 중요하게 검토해야 할 다른 부분은 지속가능한 업무구조를 만드는 것이다. 장애인복지기관에서 운영되는 대부분의 프로그램은 필요해서 만들어졌다. 이렇게 생겨난 프로그램은 완전히 없어지지 않고, 존속하는 경우가 많다. 프로그램을 없애면 기존 이용자에게 피해를 주거나 민원이 발생할 수 있다는 이유로, 이전보다 충분한 에너지를 투여하지 못하는 상태로 유지되기 쉽다. 문제는 이러한 사업이 유지된 상태, 여기에 매년 몇 가지의 신규 사업이 추진되면서, 직원들이 감당해야 할 업무량이 계속 늘어나는 상황이다. 직원들의 수는 크게 늘어나지 않는데 관리해야 할 프로그램의 수가 증가하면서, 프로그램의 양과 비례하여 질이 향상되지 않는 상황이 전개되는 것이다. 이 문제를 해결하기 위해, 직원이 프로그램의 질을 제고하기 위해 일부 프로그램에 대한 조정을 리더가 검토해 주어야 한다. 물론 기존에 서비스를 이용하는 사람이 피해를 입지 않도록 대안을 마련하는 것은 매우 중요하다. 하지만 기관의 배려 속에서 직원들이 일정 정도의 여유시간을 확보할 수 있을 때의 장점도 명확하다. 직원은 이용자들의 이야기를 경청할 수 있게 되고, 프로그램 기획을 위해 더 많은 연구를 할 수 있게 되며, 사업의 질도 향상될 계기가 마련될 수 있는 것이다.

## 생각해보기

1. 실천가로서 무엇이 '필요하다'고 판단을 내리기에 앞서, 장애인 이용자가 무엇을 '원한다'는 것에 주목해야 하는 이유는 무엇인가?
2. 좋은 프로그램을 기획하기 위하여 실천가가 갖추어야 할 자질(지식, 기술, 태도 등)은 무엇인가?
3. 장애인복지 프로그램 평가과정이 다른 분야 사회복지 프로그램 평가과정에 비해 어려운 점이 있다면 무엇인가? 직원과 기관은 이를 해결하기 위해 어떤 대안을 마련해야 할까?

# 14 Chapter
# 장애인복지 분야의 사례관리

**주요 학습문제**

- 장애인복지 분야에서 사례관리는 왜 필요한가?
- 장애인복지 분야에서 사례관리의 실천은 어떤 과정으로 이루어지는가?
- 발달장애인을 대상으로 한 사례관리에서 고려할 점은 무엇인가?

장애인을 비롯한 사회복지서비스 이용자의 상당수는 일시적 서비스 지원으로 욕구가 충족되기 어려운 복합적인 욕구를 지니고 있는 경우가 많다. 이 교재의 다른 장에서 살펴볼 수 있듯이, 장애인은 장애로 인한 경제적 욕구, 취업에 대한 욕구, 교육과 발달지원의 욕구, 건강 관련 욕구 등을 다양하게 동시에 지니고 있다. 이러한 욕구는 복합적으로 장애인의 삶의 질에 영향을 미치고 있으므로, 장애인복지기관에서는 지속적인 지원과 관리를 수행해야 한다.

이러한 욕구는 개별적인 서비스를 단편적으로 반복 지원한다고 충족되지 않는다. 장애인이 지니고 있는 욕구는 서로 영향을 미쳐 가중되기 때문에, 체계적이고 통합적인 지원이 요구된다. 또한 이러한 서비스는 쉽게 해결되지 않는 만성적인 측면이 있어서, 서비스 지원은 지속적으로 이루어져야 한다. 이러한 상황과 관련하여, 장애인 가족 지원의 방법으로 사례관리 지원 항목이 「장애인복지법」(2017년 개정)에 추가되었다. 또한 그 이전부터 다양한 장애인복지서비스 기관에서는 사례관리를 대안으로 삼아 이미 실행하고 있다. 실제로 장애인복지 분야 실무자를 대상으로, 11개의 사회복지실천 이론과 모델을 제시하고 이 중에서 활용정도와 적용효능감이 가장 높은 실천접근을 선택하라고 하였을 때 1순위로 나온 것이 사례관리이다(김경미, 2013). 이 장에서는 사례관리실천은 무엇이며, 사례관리 모델로는 어떤 것들이 있으며, 장애인복지 분야 사례관리는 어떠한 과정을 통해 이루어지는지 살펴보고자 한다.

# 1. 사례관리의 개념

사례관리(case management)는 '사례(case)'라는 용어와 '관리(management)'라는 용어의 합성어이다. 그러나 장애인을 비롯한 대다수 사회복지기관의 이용자는 자신이 '관리'되어야 할 '사례'로 여겨지는 것을 원하지 않을 것이다. 따라서 장애인복지 분야에서는 이러한 비판을 수용하여 서비스 조정, 맞춤 서비스, 개별 서비스 지원 등 다양한 표현을 사용하기도 한다. 그러나 사회복지실천 영역에서 사례관리는 하나의 실천 방법으로 통용되므로 이 용어를 수용하여 논의를 진행하고자 한다.

사례관리에 대한 정의는 다양한 방식으로 논의된다. 미국사회복지사협회(2013)에서는 사례관리를 다음과 같이 규정한다.

> 단일 클라이언트를 위하여 다양한 사회서비스와 건강보호조직 및 직원이 생성한 서비스를 계획, 탐색, 옹호하는 과정이다. 이를 통해 단일 · 복수 조직에서 일하는 사회복지사들이 팀워크를 통해 서비스를 확장하고 클라이언트를 섬기는 노력을 조정할 수 있게 된다. 사례관리는 파편적 서비스, 직원 이직, 공급자 간 부적절한 조정으로 생기는 문제를 줄일 수 있다.

미국사회복지사협회의 공식 입장은, 개별 이용자를 위하여 계획을 수립하고, 자원을 탐색하고 연결하며 옹호하는 과정으로, 서비스 확장과 조정에 기여하는 서비스를 사례관리로 보는 것이다. 일찍이 사례관리와 관련한 이론적 기여를 해온 목슬리(Moxley, 1989)는, '사례관리는 복합적인 욕구를 가진 사람들의 기능을 향상시키고 그들의 복지를 위해 공식적, 비공식적 자원과 활동의 관계망을 조직, 조정, 유지하는 활동'이라 정의했다. 사회복지실천 현장에서 사례관리 실무를 25년 이상 수행하면서 연구를 계속해 온 발루(Ballew)와 밍크(Mink)는 사례관리를 연속적인 원조과정(sequential helping process)으로 보고 있다. 이들은 사례관리는 여러 명의 원조자가 동시에 지원해야 하는 복합적인 문제로 인해 삶이 만족스럽지 않거나 생산적이지 않은 이들을 사례관리의 대상자로 규정하였다. 이들을 위하여 사례관리는 두 가지 중요한 역할을 수행해야 한다고 강조하였다. 사례관리자는 자원 연결망을 개발하고 증진시키는 일, 클라이언트가 자원을 획득하고 활용하는 능력을 강화하는 일을 동시에 해나가야 한다고 본 것이다(Ballew & Mink, 1996). 이러한 논의를 정리하면 사례관리는 다음과 중요한 특성을 지니고 있다.

- 대상: 복합적이고 만성적인 욕구를 지닌 이용자
- 목적: 사회적 기능향상, 지역사회자원의 개발과 접근 및 활용
- 원조 방법: 서비스 계획, 자원 탐색, 서비스 조직화와 유지, 옹호

## 2. 장애인복지 분야에서의 사례관리의 필요성

권진숙과 박지영(2015)은 사례관리 방법론이 등장하게 된 배경으로 '탈시설화, 서비스 전달의 지방분권화, 복합적인 욕구를 지닌 인구의 증가, 기존 서비스의 분산, 사회적 지원체계와 지지망의 중요성에 대한 인식, 대인복지서비스 비용효과'를 이유로 들었다. 이 틀을 기본으로 하되, 한국의 장애인복지 분야에 나타나

는 특수한 상황을 고려하여 사례관리의 필요성을 정리해 보고자 한다.

### 1) 탈시설화, 지역사회 통합 돌봄의 추진

탈시설화는 사례관리의 필요성이 강조된 가장 중요한 배경이 된다. 대규모 수용시설에서는 서비스 제공은 시설 내부에서 모두 이루어진다. 그러나 대규모 시설은 시설이용자들이 지역사회에서 자연스럽게 통합할 수 있는 기회를 상당히 제약하여 노멀라이제이션(normalization)에 도움이 되지 않는다. 사실 미국 등에서는 신자유주의의 영향으로 대규모 시설의 비용 문제를 해결하기 위해 기존의 시설을 재편하면서 탈시설화를 가속했다. 한국에서는 비용 문제보다는 시설 거주 장애인을 위한 최소한도의 서비스보장을 위한 당위에 의해 시설의 변화를 모색하고 있다. 「장애인복지법」(2011년 개정)은 장애인의 지역사회 통합을 통한 노멀라이제이션을 위한 규정을 포함하고 있다. 구체적으로 장애인 생활시설은 장애인 거주시설로 명칭이 변경되면서, 장애인의 모든 생활이 시설 내부에 한정하여 이루어지는 상황을 개선하려고 하였다. 법 개정을 통하여 장애인 거주시설의 정원을 30명을 초과할 수 없도록 규정하고 있으며, 기존 대규모 시설의 정원을 줄여나가는 정책을 지속하고 있다.

최근에는 지역사회 통합 돌봄(community care)이라는 정책 추진 방향에 맞추어, 장애인 선도사업이 추진되고 있다. 이 과정에서 장애인거주시설에서는 탈시설을 지원하면서 개인별 지원계획을 수립해 자립생활주택이나 지원주택 등으로의 자립을 지원하기 시작했고, 재가장애인을 위해서는 지역케어회의 등을 통하여 케어안심주택을 연결하려는 정책시도가 시범적으로 진행되고 있다. 이로 인해 장애인복지기관에서는 장애인의 지역사회에서의 자립생활을 고려해야 하는 요구를 받고 있고, 시설에 집중된 서비스 지원을 넘어 다양한 지역사회자원의 맞춤 연계를 고려할 수밖에 없게 되었다. 이를 위해 최우선적으로 고려되는 실천의 수단이 사례관리가 된 것이다.

### 2) 서비스 전달의 지방분권화, 민간 위탁의 관행

2018년 기준, 장애인거주시설은 중앙으로 환원되어 운영되고 있지만, 상당수의 장애인복지기관은 지방정부의 관할을 통해 서비스가 이루어지고 있다. 이러한 정책은 이용자 입장에서 부담이 될 수밖에 없다. 지방 정부에서 추진하는 서비스의 경우, 서비스의 지역 간 편차가 상당하며, 이용자는 관련 정보를 파악하기 쉽지 않다. 따라서 지역사회에 존재하는 다양한 서비스 자원에 대한 정보를 제공하고 연계하는 사례관리 기능이 주목을 받게 된다.

더욱이 한국의 장애인서비스는 사회복지법인 등을 통한 민간 위탁에 상당부분 의존하고 있다. 물론 민간 위탁은 서비스의 절대량을 늘리고, 시설을 자율적으로 운영하여 효과적인 프로그램 개발에 유리하게 작용할 수 있다. 그러나 표준화된 서비스의 부재로 동일한 주제의 프로그램도 각기 다른 방식으로 진행될 수 있으며, 서비스의 질도 차이가 나타난다. 이러한 상황에서 장애인은 서비스 정보 수집을 위한 숱한 시행착오를 경험할 수밖에 없다. 이러한 상황을 극복하기 위해 사례관리는 중요한 의미를 가지게 된다.

### 3) 복합적인 욕구를 지닌 인구의 증가

장애인은 장애로 인한 기능상의 제한을 경험한다. 이러한 기능상의 제한은 종종 사회적 차별의 이유로 작용하고, 취업 및 소득, 건강, 주거, 교육 및 재활서비스 등 삶의 전 영역에서 장애인의 어려움은 가중된다. 이러한 욕구는 개별적으로 존재하는 것이 아니라 서로 동시에 영향을 미쳐서 장애인 및 가족의 삶의 질을 낮춘다. 이들을 위한 서비스는 전통적인 개별사회사업(social casework)로 해결이 되기 어렵다. 이러한 복합적 욕구는 한 번에 해결이 될 수 없는 만성적인 것이어서 지속적으로 장애인의 삶의 질에 영향을 미치기 때문이다. 따라서 이러한 인구가 증가하게 되면서, 이러한 욕구를 효과적으로 관리하기 위한 대안을 마련하고 연결하는 사례관리의 '관리(management)와 조정(coordination)' 기능이 중요한 의미를 갖게 되는 것이다.

### 4) 기존 서비스의 분산

다양한 차원에서 복합적인 욕구를 지닌 장애인은 다양한 서비스를 동시에 이용해야 한다. 그러나 이러한 서비스가 통합적으로 제공되지 않을 경우에 어려움을 경험하기 쉽다. 이동상의 어려움, 정보 탐색의 어려움, 서비스 이용절차의 상이함으로 발생하는 곤란함 등에 대해 스스로 해결책을 마련하는 것은 쉽지 않다. 한국에서의 사회복지서비스는 기본적으로 신청주의에 기반을 둔다. 그러나 기존의 서비스가 연결되지 못한 상태에서, 장애인의 개별적인 신청으로 서비스를 진행하게 되면 욕구충족의 기회가 차단되거나 방해받기 쉽다. 더욱이 지역사회통합돌봄이라는 이름으로 탈시설화가 추구되면서, 시설중심의 집중서비스를 생활공간에서 자연스럽게 받아왔던 장애인에게는 사례관리가 서비스의 지속성을 담보할 안전장치가 될 수밖에 없다. 사례관리는 이러한 상황에서 서비스 조정, 연결, 필요시 이용자 옹호를 통한 서비스 개선의 가능성을 열어준다.

### 5) 사회적 지원체계와 지지망의 중요성에 대한 인식의 증가

상당수의 장애인은 자신의 욕구와 필요에 따라 가족, 친족, 친구, 서비스 기관 등과 관계를 맺고 있다. 관계를 통한 사회적 지지는 신체적 건강, 정신적 건강, 필요한 자원에 대한 접근에 매우 중대한 영향을 미치게 된다. 문제는 이러한 중요한 지지망에 대해 접근할 수 있는 능력이 부족하거나, 지역사회의 다양한 자원을 모르거나, 이러한 자원에 대한 접근이 수월하지 않은 상황이 상당수의 장애인에게 나타난다는 점이다. 이 상황에서 사례관리자는 공식적 기관에서 대인 서비스의 연결자의 역할을 해줄 수 있으며, 비공식적 영역에서 장애인에 대한 지원을 조정하는 역할을 할 수 있다.

### 6) 대인복지 서비스의 비용 감소 효과

사례관리는 복합적 욕구를 지닌 이용자와 서비스를 연결하고 조정하는 활동을 기본으로 이루어진다. 서비스가 꼭 필요한 이들과 서비스를 연결함으로써, 서비스의 효율을 증대시키는 효과가 있다. 서비스는 소멸성이 있기 때문에, 이용되지 않으면 낭비된다. 따라서 이용자의 욕구에 부합된 서비스를 연결함으로써 자원의 누수를 막을 수 있다는 점이 사례관리가 기여할 수 있는 점이다. 또한 사례관리는 중복 서비스 이용도 통제할 수 있다는 점에서 비용 효과성의 한 요소로 작용할 수 있다.

## 3. 장애인복지 분야에서의 사례관리 과정

사례관리의 일반적인 과정은 이용자, 기관의 특성, 사례관리자의 역할 등에 따라 다양한 형태로 존재한다. 몇몇 학자가 제시한 사례관리의 과정을 제시하면 다음과 같다. 여기서는 발루와 밍크의 논의를 기반으로 장애인복지 영역의 사례관리 과정을 정리하고자 한다.

**표 14-1 | 사례관리 과정에 대한 다양한 의견**

| 학자 | 과정 |
|---|---|
| Moxley(1989), 김미옥(2003) | 사정 → 계획 → 개입 → 점검 → 평가 |
| Ballew & Mink(1996) | 진입 → 사정 → 계획 → 자원접근 → 조정 → 분리 |
| 정순둘(2005) | 사정 → 서비스 계획 → 실행 및 모니터링 → 종결 → 평가 |
| 권진숙, 박지영(2015) | 초기과정 → 사정과정 → 개입계획 → 조정과 점검 → 평가와 분리 |

### 1) 진입

초기 과정은 서비스를 신청한 장애인을 이용자로 수용 혹은 거절하고, 신뢰를 쌓고, 서로의 역할을 분명하게 하고, 상호 기대가 무엇인지 협상하는 과정을 말한다(Ballew & Mink, 1996). 초기 사례관리자와 관계를 맺을 때 장애인은 자신의 욕구가 해결되었으면 하는 기대와 거절당할 것에 대한 두려움이라는 양가감정을 가진 채로 관계에 참여한다. 이 과정에서 사례관리자는 소속된 기관에서 서비스를 제공할 수 있는지에 대한 자격여부를 파악하기 위한 신속 사정을 하게 되고, 이를 통해 서비스 대상으로의 수용여부를 결정하게 된다. 만일 사례관리 서비스 대상이 아닌 경우에는 서비스 신청자에게 거절 사유를 이야기하거나 필요한 서비스를 즉각 연결하거나 다른 기관으로 의뢰하는 것이 일반적이다.

초기 관계에서 이용자와의 효과적인 관계를 맺기 위하여 신뢰가 중요하다. 초기에 신뢰를 형성하는 것은 중요하지만, 신뢰관계는 사례관리의 전 과정에 걸쳐 발달된다. 사례관리를 비롯한 장애인복지실천의 전 과정에서 신뢰를 얻기 위하여 사회복지사가 갖추어야 하는 것은 능력, 호의, 성실, 진솔함이다(염태산, 2018). 사례관리자의 신뢰성(trustworthiness)은 다음의 자질과 태도와 관련되어 나타난다. 우선 이용자의 욕구가 충족될 수 있다는 확신을 심어주기 위하여 사례관리자는 능력(ability)을 보여주어야 한다. 또한 이용자를 위해 최선을 다한다는 자세를 보여주는 호의(benevolence)를 보여줄 필요가 있으며, 언행일치의 일관성이 있는 성실함(integrity)을 보여주어야 한다. 때로는 사례관리자가 부족함도 솔직히 인정하며, 이용자와 함께 이루어 나가야 할 공동의 프로젝트임을 강조해 가는 진솔함(openness)도 요구된다.

사례관리의 과정에서 중요한 것은 상호기대를 분명하게 하되, 사회복지사와 이용자가 함께 해나가야 할 과업이라는 점을 분명하게 하는 것이다. 물론 사회복지사의 역할, 이용자의 역할은 서비스 계획에 따라 각기 다르게 나타난다. 사회복지사는 상담자, 조정자, 옹호자의 역할로 참여할 수 있지만(Ballew & Mink, 1996), 사례관리서비스 이용자는 이해관계자, 협력자, 과제수행자 등으로 참여해야 함을 강조하며 의존성이 생기지 않도록 각별히 신경을 써야 한다.

참고로 장애인거주시설의 경우에는 초기 과정이 상당부분 생략될 수 있다. 시설에서 꾸준한 지원을 통해 이미 신뢰가 형성되어 있거나, 이용자의 상호 기대가 무엇인지 대략적으로 알고 있는 경우가 많기 때문이다. 그러한 경우에는 바로 사정 단계로 넘어가게 된다.

## 2) 사정

사정은 장애인 이용자의 주위환경을 포함한 그의 상황을 이해하는 집중적이고 체계적인 과정이다. 사례관리 과정에서 사정은 욕구, 자원, 걸림돌에 대한 체계적인 검토를 통해 전개된다.

### (1) 욕구 사정

욕구는 바라는 바와 현재상태의 차이이다. 이러한 차이는 욕구를 충족시키고자 하는 갈망을 낳게 되고, 이용자는 이로 인해 발생하는 스트레스를 해결하기 위해 자신의 기능과 자원을 동원한다. 욕구를 사정할 때 중요한 것은 이용자의 목소리이며, 사례관리자는 '이용자에게 무엇이 필요한지' 예단하면 안된다. 이용자의 현재의 어려움이 무엇인지 듣고, 이들이 진정으로 원하는 것을 관심을 갖고, 이들이 이를 위해 어떠한 노력과 시행착오를 해왔는지를 듣는 것이 우선이다. 이러한 과정에서 자연스럽게 이용자에게 필요한 것이 무엇인지 상호 합의할 수 있게 된다. 욕구를 파악하기 위해 상호간 충분한 의사소통이 요구된다. 이 과정에서 어려움을 겪는 장애인 이용자는 발달장애인과 의사소통에 어려움을 겪는 장애인이다. 이들의 욕구를 깊이 있게 이해하기 위해서는 충분한 시간을 함께 보내야 할 수 있으며, 쉬운 표현이나 그림을 활용하여 의사소통을 지원하는 것도 도움이 된다.

### (2) 자원과 강점 사정

욕구 충족을 위해 이용했었던 기존의 서비스, 도움이 되었던 주변 환경 등의 자원을 두루 살피며 이를 구체화해 나가는 것은 사정 과정에서 매우 중요하다. 사례관리 과정에서 자원을 탐색해야 하는 이유는, 욕구를 충족시키기 위한 중요한 수단이기 때문이다. 자원을 사정하기 위해 생태도를 그려볼 수 있고, 자원목록을 마련하여 가용성, 충분성, 접근성 등을 고려하여 다양한 방식으로 정렬해 나갈 수 있다.

장애인 이용자가 가진 강점은 중요한 사정 항목이다. 강점을 의도적으로 탐색하려는 노력을 하지 않을 때에는 장애인에 대한 고정관념을 극복하기 힘들고, 장애인 이용자와 동등하고 협력적 관계를 형성하기 힘들다. 강점사정에는 이들이 욕구충족에 도움이 되는 자질과 능력(기존의 노력과 성공경험 포함), 사례관리 실천 과정을 효과적으로 수행해 나가기 위한 자질과 능력을 고루 검토하여야 하며, 이를 통해 서비스 계획의 실현가능성이 높아진다.

### (3) 방해물 사정

욕구 충족을 위한 방해물을 사정할 때는 장애인 이용자 개인이 가진 특성, 사회 환경을 모두 검토하도록 한다. 개인이 가진 방해물의 예로는 스스로를 돌볼 수 없는 상황, 일상생활 수행 능력의 제한, 변화에 대한 저항 등을 들 수 있다. 사회 환경 방해물로는 필요한 서비스에 대한 이용이 부적격한 상황, 이용자격이 되더라도 주변에 서비스가 없는 상황, 주거비용을 부담할 수 없는 빈곤 상황, 일자리를 얻을 수 없는 상황 등을 들 수 있다.

이러한 다양한 측면에 대한 사정을 한 이후에, 욕구 - 자원과 강점 - 방해물을 연결지어 검토한다. 이를 통해 어떠한 서비스 지원을 함께 모색해 나갈지 정하게 된다. 이는 서비스 계획 과정에서 사례관리 목표로 전환된다.

## 3) 계획

사례관리에서 서비스 계획은 사정을 바탕으로 욕구충족을 위한 일련의 활동으로 전환시키기 위한 과정이다(김미옥, 2003). 발루와 밍크(Ballew & Mink, 1996)의 논의를 기초로, 이를 위한 세부 과정을 정리하면 다음과 같다.

### (1) 상호 목표 설정하기

목표는 사례관리자의 전문적 판단만으로 정해지는 것이 아니라 장애인 이용자와의 협의를 거쳐야 하며, 이용자의 자기결정을 기반으로 이루어져야 한다. 자기결정은 장애인의 자유를 신장하는 인권존중의 방식이며, 사회복지실천 관계의 기반이 되며(Biestek, 1957), 욕구충족을 위한 내재적 동기를 이끌어내는 데에도 효과적이다(Deci & Ryan, 1985). 목표는 다음의 특성을 지녀야 한다. 바람직한 결과로 기술되고, 행동을 중심으로 묘사되며, 예상 시간까지 성취될 수 있도록 하며, 이용자와 환경을 개선시켜야 한다(Ballew & Mink, 1996).

### (2) 목표 우선순위 결정하기

사례관리 목표의 우선순위는 다음의 기준에서 세워진다. 이용자가 중요하게 생각하는 것, 이용자의 삶에서 당면한 위험과 관련된 것, 쉽게 성취할 수 있는 것을 중심으로 우선순위를 정해야 한다는 것이다. 물론 사례관리를 위한 목표의 우선순위를 세우기 어려운 경우가 있다. 특히 발달장애인 이용자와의 관계에서 이러한 상황은 빈번하게 발생한다. 이러한 상황에서는 사례관리 이용자의 꿈과 비전에서 목표를 발전시키는 사람중심계획(person-centered planning)의 아이디어는 매우 유용한 절차와 지침을 제공한다. 예를 들어 발달장애인에게 유용한 적용점을 갖는 PATH(Planning Alternative Tomorrows with Hope)에서는, 발달장애인 이용자가 진정으로 원하는 꿈이 무엇인지 장기적인 관점에서 살펴보고, 이를 바탕으로 1~2년 후의 초점을 결정한 후, 현재에 기반을 두고 대안을 만들어 가는 방식을 취한다(Pearpoint et al., 1995). 이용자의 꿈과 밀접하게 관련된 목표에 우선순위를 두도록 하는 것이다.

### (3) 전략 생성하기

사례관리 목표가 우리가 이루려고 하는 것이라면, 전략은 목표 달성을 위한 길을 알아보는 것이다. 전략을 생성하기 위해 브레인스토밍을 활용하거나 과거에 욕구를 충족했던 성공적인 경험을 참조할 수도 있다. 물론 사례관리서비스 이용자가 경험하는 만성적이고 복합적인 욕구의 상태로 인해 목표를 달성하기 위한 전략을 생성하는 데 어려움을 경험할 가능성이 매우 높다. 이러한 상황에는 과거에 실패했던 행동의 목록을 피하도록 권하는 것도 도움이 된다.

### (4) 목표를 달성하기 위한 최선의 전략을 선택하기

목표를 달성하기 위한 다양한 전략을 세웠다면, 그 속에서 최선의 대안을 선택해야 하는 일이 남게 된다. 사례관리자와 이용자는 각 전략을 수행할 때 활용할 수 있는 능력과 자원의 목록을 적어 보고, 방해되는 요소도 함께 적어본다. 이 과정에서 무엇이 가능한 최선의 대안인지 정할 수 있게 되며, 구체적으로 어떠한 조치를 취해야 하는지에 대한 감을 잡을 수 있게 된다.

### (5) 전략 실행하기

선택한 전략을 수행하기 위하여 누가, 언제, 무엇을 할지 분명히 정한다. 사례관리자와 이용자 각자에게 맡겨진 전략을 수행하며, 성공여부를 평가한다. 달성되지 않은 목표는 유지할지, 버릴지 검토하며, 필요한 경우 계획과정으로 다시 환류한다. 만일 목표를 유지할 경우에는 전략을 수정하고, 목표를 버릴 경우에는 새로운 목표를 세울지를 검토하게 된다.

### 4) 자원접근하기

사례관리 과정에서 활용될 수 있는 자원은 이용자 내외부에 존재한다. 내적 자원은 개인과 가족이 지니고 있는 강점이고, 외적 자원은 공공서비스와 지역사회에 존재하는 다양한 자원이다. 내 외부의 자원에 접근하는 과정에서, 사례관리자는 두 가지 역할을 하게 된다. 우선 이용자의 사회적 기능을 향상시키기 위한 직접적 서비스 제공자로서의 역할을 해야 한다. 다음으로 이용자가 원하는 자원에 접근할 수 있도록 중개, 연결, 조정하는 역할을 해야 한다.

사례관리의 도입 배경을 고려해 볼 때, 사례관리 서비스의 핵심 기능은 이용자와 자원을 연결해주는 것이라고 대체로 의견이 모아진다. 물론 자원의 활용을 막는 내적 방해물(패배주의, 비판주의, 운명주의, 냉소주의 등)을 극복하도록 돕고, 개인이 가지고 있는 강점이 잘 발휘될 수 있도록 지원하고 격려해 주는 과정이 병행되어야 사례관리 과정에서 이용자와 합의된 목표가 잘 달성될 수 있다. 이러한 과정을 원활하게 수행하기 위해서 사례관리자는 지역사회에 장애인이 이용할 수 있는 서비스의 목록, 서비스 자격요건, 관련 서비스 이용 규정 등을 사전에 알고 있어야 한다. 또한 이러한 서비스를 제공하는 기관과 긍정적인 관계망을 형성하여, 장애인 이용자가 수월하게 관련 서비스에 접근할 수 있도록 도움을 줄 수 있어야 한다.

### 5) 조정

사례관리 과정이 효과적으로 이루어지기 위해서는 서비스에 대한 조정이 필수적이다. 이러한 조정은 원조 노력을 조직화하고, 공동의 목표를 다시금 조율해 나가며, 목표의 달성 정도를 지속적으로 모니터링하고, 목표 달성을 지원하는 다양한 활동을 통해 전개된다.

사례관리는 복합적이고 만성적인 욕구를 충족시키기 위해 전개되기 때문에 여러 서비스가 동시다발적으로 진행될 가능성이 높고 서비스 진행기간도 길다. 그러므로 일정 정도의 서비스 목표와 활동이 조율되어야 할 필요가 높고, 서비스 진행을 모니터링하는 것이 매우 중요한 의미를 갖는다. 모니터링이란 계획에서 정해진 서비스와 지원의 전달과정을 추적하는 과정으로 이해할 수 있다. 김미옥(2003)은 사례관리에서 모니터링 과정을 다음과 같이 정리한다.

- 서비스 계획이 적절하게 이루어지는지 그 정도를 검토한다.
- 이용자에 대한 서비스와 지원계획의 목표 성취를 검토한다.
- 서비스와 사회적 지지의 산출을 검토한다.
- 이용자의 욕구변화를 점검하여 서비스 변화 여부를 검토한다.

### 6) 분리

사례관리에서 분리는 일반적인 사회복지실천 과정의 종결에 해당된다. 분리 과정에서는 결과를 평가하고, 분리의 징후를 확인하고, 분리를 계획하며, 지속적인 책임성을 확인해 나가는 과정을 의미한다. 분리가 되는 이유는 다양하다. 이용자가 서비스를 원하지 않거나, 이사나 사망 등의 이유로 분리되는 경우가 있다. 혹은 사례관리자가 이직 등으로 서비스가 종결되거나, 사례관리를 수행할 예산이 없어지거나 연계 기관이 없어지면서 분리되는 경우가 있다. 가장 바람직한 것은 이용자와 사례관리자가 애초에 세운 목표가 달성되면서 예측 가능한 분리를 하는 경우이다. 물론 사례관리서비스를 이용하는 장애인 중 상당수는 복합적이고 만성적인 욕구를 지니고 있기 때문에 목표가 충족되면서 성공적인 분리를 하기 힘든 경우가 많다. 그로 인해 성공적인 분리가 이루어지기까지 상당한 시간과 에너지를 투여해야 하는 경우가 많다.

분리를 하게 되는 경우에서 중요한 것은 사례관리 이용자의 욕구가 충분히 충족되어야 한다는 점, 관련 욕구가 발생했을 때에도 스스로 해결할 수 있는 능력을 길러주어야 한다는 점, 이용자가 스스로 해결할 수 없는 상황에는 필요한 도움을 얻을 수 있도록 문을 열어 놓아야 한다는 점이다.

다음 〈표 14-2〉는 중도시각장애인이 된 이용자에 대한 사례관리계획서의 예이다. 이 자료에서는 중도시각장애인이 된 이용자를 대상으로 일상생활에서 자립의지를 고취하고, 일상생활지원을 위한 활동지원서비스를 연계하며, 직업정보에 대한 검토를 아우르는 사례관리 계획을 담고 있다. 이 사례에서 이용자 욕구는 서비스 계획의 목표를 구성하는 가장 중요한 기준이 되었으며, 이용자와 사회복지사와의 공동작업이 요구되므로 합의 및 서명의 절차가 강조되었다. 각 목표를 달성하기 위하여 공식자원으로서 장애인복지관, 장애인자립생활지원센터, 유관 기관 등을 연계하였으며, 비공식자원으로 가족의 협력을 추가하였다. 이 과정에서 이용자의 내적 강점과 자원의 목록을 검토하였는데, 향후 사례관리 목표가 변경될 때 활용될 수 있는 강점과 자원이 무엇인지 검토하기 위한 목적으로 정리되었다. 이 계획은 서비스 연계가 강조되는 중개모델의 특성을 지니고 있으면서도, 활용할 수 있는 강점과 자원을 살펴보고 이용자의 욕구에 기반을 두고 서비스가 진행되도록 했다는 측면에서 강점 모델의 특성도 지니고 있다고 볼 수 있다.[1)]

1) 이 계획은 서비스 계획서와 계약서를 겸하는 형태이고, 서비스 초기에 급히 작성된 계획여서 보완되어야 할 부분이 있다. 이를 테면 사례관리계획서에서 위한 목표, 서비스 제공 기간, 빈도 등의 활동 요소 등이 모니터될 수 있는 형태로 구체화될 필요가 있다. 또한 사례관리 진행하는 과정에서 목표 달성을 위한 활동을 세부적으로 정리하고, 상호 역할을 분명하게 재정리하여 보다 명확한 정리를 해둘 필요가 있다.

**표 14-2 | 장애인복지관에서의 사례관리계획서의 예(중도시각장애인 이용자 사례)**

| 기 관 명 | **장애인종합복지관 | 사례관리자 | 사례관리팀 *** 사회복지사 |
|---|---|---|---|
| 이용자성명 | *** | 생년월일 | 19**년 *월 *일 |
| 주소 | 서울 **구 **동 *** | 연락처 | 010-**** - **** |

**이용자의 욕구와 합의 내용**

**이용자의 욕구**

* 장애발생한지 얼마 안 되어서 시각장애 관련 정보가 필요함
* 자립생활을 위해 보행연습을 실질적으로 받을 수 있었으면 함
* 장기적으로 직업생활을 준비하여 참여하기를 바람

| 합의된 욕구 | 합의를 요하는 욕구 |
|---|---|
| * 시각장애에 대한 정보제공<br>* 원활한 일상생활 도모 | * 이용자 가족들의 장애 이해<br>* 직업은 시일을 두고 준비하기로 합의되어야 함<br>(보행, 기본 일상생활 능력이 향상된 이후에 검토 예정) |

| 활용할 수 있는 강점 | 활용할 수 있는 자원 |
|---|---|
| * 장애로 인한 변화에 대한 적응 의지 | * 가족의 지원 (서비스 동행 등)<br>* 장애인활동지원서비스<br>* 인근 시각장애인복지관 등 |

**목표 및 세부 목표**

| 목 표 | 세부 목표 | 연계 자원 | 담당 | 서명 | |
|---|---|---|---|---|---|
| | | | | 이용자 | 사례관리자 |
| 자립의지 고취 | 시각장애에 대한 정보제공 | - | 담당자 | | |
| | 원활한 일상생활도모 (보행연습) | **시각장애인복지관 | | | |
| | 정서지원을 통한 적절한 지지체계 | 가족, 필요 시 정신보건센터 | 담당자, 가족 | | |
| 활동지원 | 장애인활동지원서비스 연계 | **장애인자립 생활지원센터 | 활동지원사 | | |
| 직업정보 | 재사정 시기에 일상생활수행 능력을 고려하여 가능한 직업 목록에 대해 검토함 | **시각장애인복지관 | 담당자 | | |

본 서비스 계획서의 목표는 이용자와 함께 논의하여 설정하였습니다. 따라서 이용자 _____와(과) 사례관리자 _____는(은) 서비스의 목적을 달성하기 위해 함께 협력함은 물론, 서비스 이용자의 의무와 사례관리자의 책임을 이행할 것을 약속하며 위 내용을 확인한 후 서비스 계획서에 서명합니다.

서명일: 20** 년 *월 **일　　　서명일: 20**년 *월 **일
이용자: _________ (서명)　　　사례관리자: _________ (서명)

## 4. 발달장애인 등을 위한 사람중심 사례관리 실천

사례관리의 중요성은 「장애인복지법」, 「발달장애인권리보장 및 지원에 관한 법률」(이하 「발달장애인법」), 정부 지침 등에서도 수용되고 있다. 「장애인복지법」에서는 장애인거주시설에 대해 서비스 최저기준을 마련할 것을 규정하고 있으며, 관련 시행령에서는 서비스 안내, 개인의 욕구와 선택, 이용자 참여와 권리, 능력개발, 일상생활, 개별지원, 환경, 직원관리, 시설운영, 그밖에 서비스 최저기준으로 필요한 사항을 포함한 최저기준을 매년 고시하도록 되어 있다. 이를 효과적으로 수행하기 위하여 사례관리 영역에서 특별히 신경 써야 할 부분이 많이 있다. 장애인 거주시설에서의 사례관리의 실천은, 이용자의 참여를 바탕으로 개인의 욕구와 선택을 반영할 수 있도록 하고, 이용자의 욕구와 관련하여 일상생활과 능력개발을 유도하기 위한 개별지원을 연계하는 형태로 진행될 필요가 있기 때문이다. 물론 지역사회재활시설 중에서 가장 대표적인 역할을 수행하는 장애인복지관의 조직 및 직제기준에도 시설의 규모를 막론하고 상담 및 사례관리를 주요 기능으로 포함하여 인력배치를 규정하고 있다. 「발달장애인법」 제19조에서는 지역발달장애인지원센터에서 개인별지원계획을 수립하도록 명시하고 있고, 이를 지자체장의 승인을 얻도록 하여 서비스 지원의 공적 책임을 담보하는 구조를 갖추도록 하고 있다. 발달장애인 지원에서의 복합적 욕구를 고려한 사례관리 지원의 책임을 맡아서 수행하는 전문적 전달체계가 전방위적으로 마련되어가고 있음을 고려할 필요가 있는 것이다.

한편 발달장애인의 평생계획, 평생과정설계 등의 사례관리와 유사한 접근도 비교하여 검토할 필요가 있다. 유수진(2016)에 따르면, 평생계획은 장애자녀를 돌보는 1차적 보호자가 주체가 되어 노화나 질병, 죽음 등의 사유로 장애자녀와 함께 할 수 없는 상황을 대비하여 계획을 세우는 것을 말한다. 또한 평생과정설계는 장애인과 보호자가 함께 장애인이 자립생활을 이루기 위해 전 생애에 걸쳐 삶의 포괄적 영역을 지속적으로 설계하고 실행, 조정하는 과정을 전반적으로 말한다. 평생계획은 보호자가 중심이 되고, 평생과정설계는 장애인당사자와 보호자가 함께 세우게 된다. 이 과정에서 장애인복지기관은 평생계획, 평생과정 설계를 지원하는 제한적 역할을 맡게 되는 경우가 많으며, 실제로는 상대적으로 1~3년 내외의 단기적 목표를 지닌 사례관리에 집중하는 측면이 있다. 그렇지만 사례관리자는 발달장애인의 장기적 꿈과 욕구, 가족과 시설이 바라는 자립 목표를 염두하며 사례관리 목표를 수립해 나가고, 이용자 개인의 개별적 욕구와 선택을 존중하기 위해 의사소통에 힘쓰면서, 그 과정에서 요구되는 일상생활지원, 능력개발을 위한 지원 등을 전개해야 할 큰 틀 속에서 활동해야 한다. 여기서는 발달장애인에 대한 사례관리, 평생과정설계의 기본적 전제로 폭넓게 수용되는 사람중심계획을 살펴보고, 사람중심계획이 개별서비스계획으로 어떻게 연결되는지 검토해 보고자 한다.

### 1) 사람중심계획(person-centered planning)

의사소통에 상당한 어려움이 발생하는 발달장애인과의 사례관리의 과정은 보다 이용자의 욕구와 바람에 의도적으로 더욱 집중해야 한다. 그렇지 않으면 사례관리자의 편견과 가정을 이용자의 바람이라고 판단하기 쉽기 때문이다. 사실 발달장애인 이용자는 존중받아야 할 시민이고 인격을 보유하고 있다. 비장애인 사례관리자가 발달장애인의 바람과 욕구를 이해하기까지 충분한 관심과 노력을 기울이지 못하여, 이들에게 필요한 것을 단정하고 처리해야 할 '사례'로 치부하는 업무 상황이 문제가 되는 것이다.

최근 발달장애인을 위한 실천에서는 사례관리라는 표현을 피하고, 사람중심계획, 개별 서비스 지원 등 대안적 표현을 종종 활용한다. 발달장애인을 사례로 치부하는 경향을 피하려는 노력과 관련이 있는 것이다.

사람중심계획은 장애인 본인과 그의 가족 그리고 그와 관계를 갖고 있는 사람들이 모여 장애인 대상자가 가지고 있는 희망, 삶의 목적을 성취하기 위해 계획하고 자원을 할당하는 과정이다. 이러한 이념을 가지고 여러 학자들이 다양한 접근법을 개발했다. 대표적인 것은 Essential life Planning(ELP), McGill Action Planning System(MAPs), Planning Alternative Tomorrows With Hope(PATH), Personal Futures Planning(PFP) 등이다. 이러한 사람중심 계획의 공통요소에 대하여 버터워스, 스티르, 위트니-토마스(Butterworth, Steere, & Whitney-Thomas, 1997)는 아래와 같이 사람중심계획의 공통 요소를 정리했다. 아래 기록된 사람중심계획은 긍정적이고 우호적인 분위기에서 발달장애인의 강점과 자원을 활용하여, 발달장애인의 삶과 미래를 당사자가 주도적으로 설계할 수 있도록 함께 노력해 나가는 과정으로 정리할 수 있다.

- 당사자를 임파워시킨다.
- 자원을 위한 자연 자원(친구, 가족, 사회지지망)을 참여시킨다.
- 독립적인 촉진자를 활용한다.
- 모든 참여자를 위하여 장애인을 긍정적으로 재규정하기 위한 기회를 갖는다.
- 미래에 대한 분명하고 제한되지 않은 비전을 갖는다.
- 창의적인 브레인스토밍을 실시한다.
- 즉각적인 생활양식 변화를 시도한다.

## 2) 사람중심계획이 담긴, 개별서비스계획

사례관리에 이러한 사람중심계획의 요소를 담으면, 개별서비스계획이 가능해진다. 낸커비스(Nankervis, 2006)는 사람중심계획과 개별서비스계획을 연결하는 모델을 제시했다. 그 과정은 다음과 같다. 우선 사람중심계획의 과정으로서 당사자의 삶, 미래에 대한 비전을 확인한다. 이를 위하여 꿈과 비전, 희망과 악몽, 행동, 누가 삶에 관여되는지, 누가/무엇이 중요한지, 좋아하는 것, 싫어하는 것, 강점과 재능을 탐색한다. 이를 위하여 장애인 당사자, 촉진자, 가족, 친구, 기타 인물이 함께 참여하여 브레인스토밍 등을 통하여 사람중심계획을 준비한다. 이렇게 개발된 사람중심계획을 바탕으로 사례관리자의 개별서비스계획이 세워지는 것이다. 이를 위해 서비스의 목적과 목표, 이를 달성하기 위한 전략, 이를 수행할 책임자를 정하고 조치가 이루어진다. 사람중심계획과 개별서비스계획이 어울리게 될 때에 사람지향의 실천이 가능하게 되는 것이다. 이러한 실천이 이루어진 후에 장애인 당사자에게 나타날 수 있는 주요한 성과는 이들이 지역사회에 더욱 많이 나타나게 되고, 본인이 원하는 선택을 하게 되며, 자신이

**사람중심계획**

- 초점은 당사자의 삶, 미래에 대한 비전
- 계획에 포함되는 정보
  - 꿈과 비전
  - 희망과 악몽
  - 행동
  - 누가 그들의 삶에 관여되는지
  - 누가/무엇이 그들에게 중요한지
  - 좋아하는 것/ 싫어하는 것
  - 강점과 독특한 재능
- 계획을 함께 준비하는 사람
  - 초점 인물(장애인 당사자)
  - 촉진자
  - 가족
  - 친구
  - 기타
- 당사자의 개인적 네트워크에 속한 모든 이해당사자에 의해 얻어진 계획의 결과로 조치가 취해짐

▶

**개별서비스계획**

- 초점은 인간-지향의 서비스 전달·지원
- 사람중심계획에 의해 유도됨
- 포함되는 정보
  - 목적과 목표
  - 전략
  - 책임
- 초점인물, 다른 서비스 공급자, 가족, 옹호자와의 자문을 통해 서비스 전달자에 의해 개발됨
- 지원조직의 직원에 의해 얻어진 계획의 결과로 조치가 취해짐

▼

**사람 지향의 실천**

▼

- 당사자에 대한 중대한 성과들
  - 지역사회에 나타남
  - 역량의 개발
  - 참여
  - 선택
  - 존중

그림 14-1 | **사람중심계획과 개별서비스계획의 연결**

원하는 것을 달성할 수 있는 역량이 개발되고, 존중받는 역할을 맡으며, 다양한 참여를 통해 사회적 관계를 확장하는 것이다.

상기 기준과 원칙에 따라 구성된 사람중심계획을 바탕으로 개별서비스계획을 세울 때 고려할 기준과 원칙에 대하여 스멀과 샌더슨(Smull & Sanderson, 2002)은 다음과 같이 제안하였다.

표 14-3 | **개별서비스계획을 위한 핵심가치와 원칙**

| 개별서비스계획을 위한 핵심 가치 | 개별서비스계획을 위한 원칙 |
|---|---|
| • 장애인은 양질의 서비스를 받을 권리와 지원하는 사람의 최선의 노력을 받을 자격이 있다.<br>• 장애인은 삶의 주류에 포함되어야 가장 잘 지원받는다.<br>• 장애인은 다른 시민과 동등한 지위를 가진다.<br>• 장애인을 지원하는 사람들은 장애인에 대한 고정관념(stereotype)을 갖지 않아야 한다.<br>• 장애의 정도와 상관없이 모든 사람은 배우고 성장한다.<br>• 모든 이는 동등한 인간으로서 가치를 지녔으며 존중받을 자격이 있다.<br>• 기대로 인해 인간의 성장과 기회는 도전을 받거나 제한받을 수 있다. | • 우리가 능숙함과 존중함으로 경청할 때 장애의 심각함과 상관없이 각 사람에게 중요한 것이 무엇인지 배울 수 있다.<br>• 사람들이 오늘 원하는 것과 내일 원하는 것은 다르기 때문에 계획에는 지속적인 노력이 요구된다.<br>• 사람들이 자신이 원하는 것에 대한 기회를 얻고 자기 삶에 중요한 것을 추구하는 가운데, 성장과 학습은 자연스럽게 일어난다.<br>• 우리가 '비동조', '도전', '문제행동'이라고 이름 붙인 많은 행동은 그 사람에게 현재 중요한 것이 존재할 때 사라진다.<br>• 장애가 심각해도 우리가 듣는 법을 배워가고 신뢰가 발달하면, 사람들은 삶에 대해 긍정적 통제력을 가질 수 있다.<br>• 비록 시간이 걸리더라도 지역사회에서 관계망은 발생할 수 있다. |

### 3) 사람중심계획 및 실천을 위한 몇 가지 아이디어

사람중심계획 및 실천을 돕는 몇 가지 아이디어를 소개하면 다음과 같다.[2) ] 우선 '한 페이지 프로파일(1 page profile)'은 자기표현이 어려운 장애인이 자신을 소개하고 어떻게 지원해야 하는지 보여주는 문서이다. 여기에는 장애당사자의

2) 사람중심실천을 위한 아이디어는 사람중심실천의 연구자이자 실천가인 헬렌 샌더슨이 운영하는 다음 사이트를 참조하여 정리하였다. http://helensandersonassociates.co.uk

이름, 다른 사람이 자신을 좋아하는 면(장점), 자신에게 중요한 것, 자신을 어떻게 하면 잘 돌볼 수 있는지 장애 당사자의 관점에서 소개하는 문서로, 서비스 기획 및 연계 등에서 활용될 수 있다.

'장애당사자에게 중요한 것(important to)과 장애당사자를 위해 중요한 것(important for)의 구별'이다. 모든 사회복지실천에는 욕구를 파악할 때에 이용자가 원하는 것과 필요한 것을 구별해야 한다. 이 때 장애인의 자기 결정의 중요성을 고려한다면, '장애당사자에게 필요한 것'을 짐작하여 계획에 반영하기 이전에, 소박한 것이더라도 '장애당사자에게 중요한 것'을 묻고 관찰하여 살펴봐야 한다. 또한 장애당사자의 자립을 위해 꼭 필요한 것을 당사자와 협의하여 포함해야 한다. 이러한 사항은 사람중심계획, 개별서비스계획에 욕구에 고루 반영되어 다루어져야 한다.

'관계의 원(relationship circle)'은 당사자의 관계를 검토하고, 사람중심계획을 함께 개발해나갈 때 장애당사자와 함께 계획을 준비하고, 실천에 도움을 줄 사람을 선정하는 도구이다. 장애당사자를 중심으로 동심원을 그려 장애당사자와 가까운 사람을 가까이 표현하고, 관련은 있지만 먼 사람을 멀리 표현하는 방식을 취한다. 장애당사자는 가족, 학교, 친구, 유급 직원과의 관계, 기타 이웃 등과 관계를 맺고 있다. 이러한 영역을 모두 포함시킬 수 있도록 고려할 필요가 있다.

'효과적인 것(working)과 효과적이지 않은 것(not working)의 구별'은 장애당사자의 욕구 충족을 위해 도움이 되는 활동과 그렇지 않은 활동을 구별해 적어두는 것을 의미한다. 이는 사례관리 실천의 과정과 모니터링에 유용하다. 이 과정을 통해 효과적인 방법을 찾고 사례 지원에 참여하는 관계자들과 공유할 수 있다.

그 밖에 사람중심계획과 실천을 위하여 다양한 아이디어를 활용할 수 있다. 예를 들면 직원의 역할과 책임을 분명하게 하기 위하여 도넛이라는 그림 도구를 활용할 수 있는데, 반드시 해야 할 일을 도넛의 중간에, 판단과 창의성을 발휘하여 도움을 줄 수 있는 일을 도넛의 몸통에, 직원의 책임이 아닌 것을 도넛 바깥에 표현하여 장애당사자 및 직원의 이해를 도울 수 있다. 혹은 장애당사자의 학습 과정에 대하여 4+1질문법을 활용하여, '시도한 것, 배운 것, 좋았던 것, 걱정되는 것'을 검토하고 '앞으로 할 것'을 추가적으로 질문하고 이를 일상의 지원에 활용하는 것이다.

## 5. 장애인복지 분야 사례관리 전망과 과제

지역사회의 장애인과 가족은 자신에게 필요한 서비스를 스스로 찾아 나서고, 다른 장애인과 가족을 통해 귀동냥에 상당부분 의존한다(염태산, 2017). 지역사회 장애인복지기관에서는 사례관리 서비스를 시행한다고 하지만, 대다수의 이용자들은 본인이 사례관리 서비스를 받는다고 생각하지 못하고 번거로운 접수 과정을 이용할 때마다 반복한다고 느끼는 경우도 적지 않다. 복잡한 서비스 전달 체계, 분산된 서비스 기관 속에서, 장애인 자신의 욕구를 충족시키기 위한 방안을 스스로 해나가는 것은 쉽지 않다. 그런 의미에서 장애인복지 분야의 사례관리는 거주시설, 이용시설을 막론하고 중요한 서비스 방법으로 고려된다.

현재 장애인복지 분야 사례관리는 서비스 정책에서 매우 중요한 대안으로 고려된다. 「장애인복지법」 개정에 의한 장애인거주시설의 소규모화는 이미 상당부분 추진되어, 지역사회의 서비스 연계 시도는 가속화되고 있다. 탈시설 장애인에 대한 중앙 정부의 지역사회 돌봄은 '커뮤니티 케어'라는 방향성에서 검토되고 있다. 장애인은 다양한 욕구를 복합적으로 경험하고, 욕구 해결이 쉽지 않아 만성적이기 때문에, 체계적이고 종합적인 서비스 지원이 필요하기 때문이다. 그러나 이를 둘러싼 과제는 상당히 많다.

### 1) 종합 안내 창구로서 사례관리 체계 마련

우선 서비스 접근을 지원해 주기 위한 종합 안내 창구로서의 사례관리 체계 마련이 절실하다. 현재 장애인서비스는 다른 서비스와 마찬가지로 신청주의를 기반으로 한다. 서비스 신청을 위해서는 관련 서비스에 대한 정보가 있어야 하는데, 복잡한 서비스 구조 속에서 관련한 정보를 얻기가 쉽지 않다. 따라서 스스로 어떠한 서비스를 이용할 수 있는지, 자신의 욕구와 부합된 서비스를 어떤 곳에서 제공하는지 안내받을 수 있는 기능이 존재할 필요가 있다. 물론 장애인복지관을 처음 이용할 때 초기 상담과 사정을 통해 어떠한 서비스를 이용하면 좋은지 판정하고 안내하는 구조를 갖추고 있다고 하지만, 기관 내부 자원에 한정하여 정보 전달과 연계가 이루어지고 있다는 한계가 분명히 존재한다. 개별 기관을 통한 사례관리는 개별 기관 혹은 긴밀히 연결된 소수의 자원과 연결된다는 한계가 있는 것이다.

### 2) 생애주기별 사례관리 지원 체계 마련

사례관리서비스가 꼭 필요한 시점에 필요한 지원을 받도록 생애주기별 사례관리 지원 체계를 마련할 필요가 있다. 사례관리서비스가 필요한 시점은, 장애진단을 처음 받아 어떻게 할지 모를 때, 특수학교를 졸업한 이후에 서비스의 단절을 경험할 때, 사회환경이 변화하여 긴급히 서비스 연계가 필요할 때 등이다. 이러한 상황은 장애인 생애주기에 한 번 이상 경험할 상황이다. 장애진단을 처음 받을 때는 의사의 영향력이 크고, 특수학교를 졸업한 이후에는 특수학교 교사 혹은 평소 이용하던 사회복지기관의 영향이 크다. 추후 장애인에 대한 개인예산제가 확산된다면 지자체의 사회복지담당 공무원이 일정 부분 더 많은 역할을 감당하게 될 것이 전망된다. 그러나 이러한 역할은 관련 서비스 제공자의 업무 중 하나일 뿐이며, 기존에 자신이 제공하고 있는 서비스를 넘어서는 자원 연계까지 고려하기 힘들다. 이를 아우를 수 있도록 사례관리를 전담하는 기능에 특화된 조직이 있다면, 이미 복합적인 욕구를 지닌 사람들의 생애과정에 적절한 지원을 해줄 수 있을 것이라 판단된다. 최근 「발달장애인법」에 의해 지역별로 설립되는 지역발달장애인지원센터에서 이러한 역할을 충실히 수행하고 있지만, 서비스 지역과 이용자의 수를 고려할 때 이를 충분히 지원하기 위한 국가적 지원이 더욱 요구된다.

### 3) 사례관리의 효과를 증대시키기 위한 협력적 네트워크 구축

개별 기관에서 근무하는 사례관리자들이 서로 정보를 교류하고 연계할 수 있는 기회가 더욱 장려되고 증가해야 한다. 현재 지역사회보장협의체의 통합사례분과, 장애인분과 등에서 이러한 관계망을 형성할 수 있지만, 지자체마다 운영의 양과 질이 매우 차이가 난다. 경우에 따라 사례관리자가 속해 있는 조직의 문화에 따라 직원의 대외 협력보다는 '기관의 일'에 집중하라는 메시지를 받기도 한다. 그러나 사례관리자가 지역사회의 서비스 자원과 일반 자원을 알아야, 복합적이고 만성적인 장애인 이용자의 욕구를 체계적으로 지원할 수 있다. 사례관리자의 서비스 지원의 질을 높이기 위한 방안으로 다음과 같은 활동이 도움이 될 수 있다. 장애인복지 기관 사례관리자들이 함께 모여 지역사회 장애인들이 활용할 수 있는 자원지도를 그리거나, 기관별 욕구조사 결과를 공유하거나, 각 기관의 사업의 목록과 현안을 공유하는 것이다. 그리고 이러한 자료는 사례관리자, 지역사회에 거주하는 장애인과 가족이 함께 검토할 수 있도록 인터넷 홈페이지 등을 통해 공개될 필요가 있다.

### 4) 이용자 참여, 다양한 주체의 옹호를 통한 임파워먼트 과정으로서 사례 관리 운영

장애인 분야 사례관리서비스에서는 이용자 참여, 사례관리자의 옹호 활동이 함께 강조되어야 한다. 이용자 참여는 이용자의 욕구에 집중할 수 있게 해주며, 이용자의 자기결정에 따른 임파워먼트의 출발점이 될 수 있다. 또한 이용자 참여를 통해, 이용자는 수동적 수혜자에서 욕구 해결을 위한 이해관계자로서 새로운 역할을 부여받을 수 있다.

옹호(advocacy)는 목소리(voc)를 더하여(ad) 사회적 억압에 맞서는 행위라 볼 수 있다. 그런 의미에서 사례관리 과정에서 연계할 기존의 자원이 없을 경우에 서비스가 불가능하다고 단정하기보다는, 지역사회에서 장애인의 욕구충족을 좌절시키거나 단념시키는 여러 조건들을 억압이라 판단하고 이를 개선하기 위한 목소리를 더하는 노력을 사례관리의 목표와 활동에 추가시키는 폭넓고 담대한 시도를 진행해야 한다. 옹호활동은 사례관리자에 의해, 자원봉사자 등의 이웃 시민에 의해, 장애인 당사자를 통해 다양하고 복합적으로 전개될 수 있다. 물론 사례관리자도 스스로의 역량을 강화하기 위해 노력하고, 장애인과 이웃시민을 지속적으로 연결하여 생활공간 주변에서 서로의 필요를 채울 수 있는 기회를 모색하며, 서비스 제공자라는 정체성을 넘어 이용자를 대변하는 역할을 수행한다는 정체성을 가지고 사례관리 실천을 해 나갈 필요가 있다.[3] 이러한 과정을 통하여, 장애인 스스로가 자신의 입장을 명확하게 표현하며 지역사회를 변화시킬 수 있는 주체로서의 시민이 될 수 있도록 지원하는 것도 사례관리의 궁극적인 지향적으로 삼아야 할 것이다.

---

3) 최근 서울시복지재단을 중심으로 전개되었던 장애인 시민옹호활동가 육성사업(약칭: 옹심이)이 장애인을 둘러싼 시민옹호의 의미 있는 시도라 볼 수 있다. 이렇게 시민옹호활동가를 육성하고, 이들과 협력하여, 지역장애인 사례관리의 목표를 지역사회와 함께 이루어내려는 노력이 확대될 필요가 있다.

## 생각해보기

1. 사례관리라는 표현이 어떠한 어감으로 다가오는가? 장애인 이용자에게 해당 개념을 쉽게 이해할 수 있도록 설명한다면 어떤 표현이 적절할까?
2. 사례관리 계획과 운영 과정에서 공급자가 중심이 아니라 장애인, 가족과 함께 해나가기 위해서 직원과 기관은 어떠한 노력을 기울여야 하는가?
3. 사람중심계획 및 실천을 위한 몇 가지 아이디어를 활용하여, 자신의 바람을 이루기 위한 계획을 세우는 데 활용해 보도록 하자. 발달장애인을 돕는다고 가정할 때, 어떤 점을 특히 고려하여 사례관리를 해야 하는가?
4. 장애인복지기관에서 가례관리를 수행하기 어려운 조건이 있다면 무엇인가? 직원과 기관은 이를 해결하기 위해 어떤 대안을 마련해야 할까?

# 15 Chapter
# 최근 쟁점과 전망

**주요 학습문제**

- 최근 장애인복지예산의 증가 추이 및 국제비교적 관점에서 우리나라의 장애인복지 수준은 어떠한가?
- 장애인 개인예산제의 발전 경로 및 향후 과제는 무엇인가?
- 장애인의 자립을 위한 주거는 어떠한 형태여야 하고, 어떠한 지원이 필요한가?
- 디지털사회로의 전환 속에서 장애인복지 현장의 과제는 무엇인가?

이 책의 마지막 장에서는 장애인복지와 관련한 최근 쟁점과 전망을 다룬다. 여기서 다루는 주제는 장애인복지예산, 개인예산제, 자립과 주거지원, 장애인을 둘러싼 기술혁신과 관련된 주제이다. 저자들이 이러한 주제를 따로 검토하는 이유는 다음과 같다. 장애인복지의 현재는 결국 국가의 장애인복지에 대한 인색한 투자와 관련이 있음을 함께 확인할 필요가 있다고 보았기 때문이다. 또한 개인예산제, 주거지원을 검토하는 이유는 두 영역이 장애인의 자기결정과 자립과 관련하여 중요한 의미가 있고, 최근 시작하여 규모가 작고 느리지만 큰 변화를 기대할 수 있는 영역으로 판단했기 때문이다. 마지막으로 제4차 산업혁명으로 인한 디지털 전환에 주목하는 이유는, 이러한 기술환경의 변화가 장애인복지 영역에 잠재적 도움이 될 것을 기대하며, 장애인복지 지원인력에게는 실천 윤리 측면에서 어떤 고려사항이 있는지 함께 검토할 필요가 있다고 판단했기 때문이다.

이를 위한 저자들의 작업은 다음과 관련되어 있다. 우선 장애인복지예산의 현재를 검토하면서, 현 시기의 사회투자가 장애인의 발생, 고용, 급여의 수준 등을 조정해 나가는 데 적절성을 담보할 수 있는지 검토해 본다. 또한 장애인의 자기결정과 자립의 대안으로 고려되어 시범사업으로 진행되는 개인예산제의 특성과 진행경과를 영국의 사례를 중심으로 검토하고 전망한다. 다음으로 장애인을 둘러싼 다양한 주거, 이를 테면 장애인거주시설, 장애인자립생활센터, 지원주택, 일반 지역사회에서의 주거지원을 검토하고 장애인의 자립에 더욱 도움이 되는 운영 방안을 모색한다. 마지막으로는 디지털 전환으로 표현되는 4차 산업혁명의 기술혁명이 장애인복지와 관련하여 어떻게 전개되는지 검토하고 향후 발전방안을 모색한다.

## 1. 장애인복지예산 및 국제비교

### 1) 최근 장애인복지예산 변화 추이

1981년 「심신장애자복지법」이 제정된 이후 현재에 이르기까지 다른 사회복지분야와 마찬가지로 장애인복지 분야에서도 많은 변화가 있었다. 특히 2000년 이후에는 다른 여느 분야보다 장애인복지 분야의 변화가 두드러진 기간이었다고 할 수 있다.

이 기간 동안 이루어진 주요한 변화의 내용을 살펴보면, 우선 2000년과 2003년의 장애 범주 확대와 더불어 2001년 장애인차량 LPG 지원사업이 시작되면서 장애인구가 급격히 증가하였으며, 2007년 장애수당과 장애아동수당의 지급 대상이 기초보장수급자에서 차상위 수급자로 확대되고 지급액도 2배 이상 인상됨으로써 소득보장정책에서 획기적인 개선이 이루어졌다. 또한 UN 장애인권리협약 제정 과정에서의 적극적인 참여 및 비준, 「교통약자의 이동편의 증진법」

과 「장애인차별금지법」의 제정 및 시행 등 장애인복지 관련 법제가 확대되었으며, 장애인복지관 등 기존 장애인복지시설이 지속적으로 설치되고 자립생활센터와 같은 새로운 전달체계가 등장하는 등 장애인복지서비스 인프라에 대한 확충도 계속되었다.

또한 2007년부터 사회서비스 바우처 사업이 본격화되면서 장애인복지 분야에서도 활동보조서비스와 장애아동재활치료바우처사업 등과 같은 장애인 및 가족의 욕구가 높은 새로운 서비스들이 제공되기 시작하였으며, 2010년 7월부터는 새로운 장애급여로서 장애인연금이 도입되었다. 이어서 2016년 발달장애인지원법이 제정된 이후에는 발달장애인주간활동서비스, 최중증발달장애인도전행동지원서비스(서울시 챌린지사업, 광주융합돌봄서비스 등), 발달장애인긴급돌봄서비스 등 발달장애인 대상 사회서비스가 지속적으로 확대되어져 왔다. 이러한 변화는 1990년대 중반 이후 자립생활이념의 확대에서 비롯된 장애인 당사자들의 조직적 연대와 다양한 복지권 운동, 그리고 보건복지부를 위시한 정부당국의 적극적인 정책 의지가 결합되어 나타난 성과라고 할 수 있다.

장애인복지 분야에서 이루어진 변화와 성과에 대한 가시적 결과물은 중앙정부 장애인복지예산의 증가이다. 1981년에 14억 원으로 시작한 보건복지부의 장애인복지예산은 이후 1990년에 296억 원으로 10년동안 20배가 증가하였고, 2000년에는 1,437억 원으로 1990년보다 4.8배 증가하였다. 그리고 2010년 예산은 6,475억 원으로 2000년과 비교하여 약 4.5배가 증가하였으며, 2020년 예산은 32,474억 원으로 2010년에 비해 약 5배 이상 증가하였다. 또한 2024년 예산은 50,013억원으로 2020년에 비해 약 1.5배 이상 증가하였다.

## 2) 주요 장애인복지 지표를 통해 살펴본 우리나라 장애인복지 수준

### (1) 장애출현율

2022년 기준 31개 OECD 회원국의 16세 이상 인구 중 장애인 비율(장애출현율)은 평균 25.2%이며, 근로연령대에 해당하는 16~64세 인구 중 장애출현율은 19.9%인 것으로 나타났다(한국장애인개발원, 2023). 한편 우리나라의 경우에는 16세 이상 인구의 장애출현율은 5.7%, 16~64세 인구의 장애출현율은 3.3%인 것으로 나타났다.

이렇듯, OECD 등 국제 비교에 활용되는 우리나라의 장애출현율 통계가 상대적으로 매우 낮게 나타나고 있는 것은 통계 집계 방식의 차이에서 비롯된 것이라고 할 수 있다. 우리나라의 장애출현율은 장애인복지법에서 정하고 있는 장애종류와 기준을 충족한 등록장애인 통계를 토대로 산출한 것인 반면, 우리나라와 같은 장애인 등록제도가 거의 없는 다른 OECD 회원국의 경우에는 장애(손상) 유형을 제한하지 않고 일상생활 및 사회생활에서의 제약이 있는지를 묻는 질문을 활용하여 장애 여부를 파악하는 사회조사 결과를 토대로 장애출현율을 산출하고 있다.

### (2) 장애인 고용률

2023년 기준 우리나라의 장애인 고용률은 49.8%로 24개 OECD 회원국 평균인 48.2%를 상회하는 수준으로 나타났다(한국장애인고용공단, 2024). 이렇듯 우리나라의 장애인 고용률이 OECD 평균을 상회하고 있는 것은 장애인을 대상으로 한 취업지원 등의 고용서비스가 다른 국가들보다 성과를 더 거두고 있어서라기보다는 장애인과 가족의 생활안정을 위해 지급되는 장애인연금, 장애수당 등의 소득보장제도의 수준이 낮아서 장애인이 일을 하지 않으면 최저 수준의 생활을 영위하기 어려운 데서 비롯된 결과라고 보는 것이 타당할 것이다.

### (3) 장애관련 현금급여 수급률

2016년 기준 우리나라의 전체 인구 중 장애관련 현금급여를 수급하고 있는 비율은 OECD 회원국 평균인 6.1%에 크게 못 미치는 1.8%로 조사 대상 국가 중 가장 낮았다.[1] 이는 우리나라가 다른 OECD 회원국들처럼 장애연금, 장애인연금, 장애수당 등 장애인과 가족의 생계 및 장애 추가비용 보전을 목적으로 다양한 현금급여를 지급하고 있으나, 엄격한 장애 기준으로 인해 실제 장애관련 현금급여를 지급받고 있는 장애인의 수는 매우 적다는 것을 보여주는 결과이다.

표 15-1 | **장애관련 현금급여 수급률** (단위: %)

| 국가 | 장애급여 수급율 | 국가 | 장애급여 수급율 |
|---|---|---|---|
| 스웨덴 | 6.4 | 이탈리아 | 4.5 |
| 노르웨이 | 13.4 | 포르투갈 | 3.3 |
| 덴마크 | 5.8 | 스페인 | 3.8 |
| 핀란드 | 6.6 | 영국 | 5.7 |
| 독일 | 6.9 | 미국 | 9.4 |
| 네덜란드 | 7.0 | 호주 | 4.9 |
| 스위스 | 17.0 | 캐나다 | 1.7 |
| 오스트리아 | 3.2 | 뉴질랜드 | 2.8 |
| 프랑스 | 7.0 | 일본 | 2.7 |
| 벨기에 | 7.8 | 한국 | 1.8 |
| 아일랜드 | 5.9 | 평균 | 6.1 |

출처: OECD Social Benefit Recipients Database(SOCR).

### (3) GDP 대비 공적 장애인복지지출 비중

앞서 보건복지부소관 장애인복지예산이 비약적으로 증가하는 경향을 보이고 있음을 확인했음에도 우리나라의 전체 장애인복지예산 지출 수준은 OECD회원국 평균과 비교할 때 여전히 현저한 격차를 보이고 있는 것으로 나타났다. 2019

1) 장애관련 현금급여 수급률 계산에 있어서 모집단을 전체 장애인이 아닌 전체 인구로 설정한 것은 국가들마다 장애 기준이 다르기 때문이다.

년 OECD 회원국의 GDP대비 장애관련 지출 비중 평균은 1.98%인데 비해 한국은 0.71%로 OECD회원국 평균의 1/3을 약간 상회하는 수준에 불과하였다.

표 15-2 | 우리나라와 OECD회원국의 GDP 대비 장애인복지지출 비중 (단위: %)

| 구분 | 1990 | 2000 | 2010 | 2019 |
|---|---|---|---|---|
| 한국 | 0.24 | 0.32 | 0.50 | 0.71 |
| OECD 평균 | 2.18 | 2.07 | 2.15 | 1.98 |

출처: OECD Social Expenditure Database(SOCX).

# 2. 장애인 개인예산제[2)]

## 1) 개인예산제 개념

장애인 개인예산제(personal budgets)는 장애인에게 필요한 서비스를 파악하고 이에 해당하는 금액을 장애인에게 현금으로 지급하여 장애인 당사자가 직접 서비스를 구매할 수 있도록 하는 제도를 말한다.

한 국가에서 복지서비스를 제공하는 방식을 살펴보면 해당 국가의 복지서비스에 대한 전반적인 철학과 가치를 조망해 볼 수 있다. 복지서비스는 전반적인 제도적 내용을 담고 있으면서, 상호 이해관계 당사자가 직접적으로 맞닿아 있는 영역이어서 정책과 실천 분야를 모두 포함하고 있기 때문이다.

일반적으로 복지서비스 제공 방식의 첫 번째 단계는 국가에서 직접적으로 필요한 서비스를 생산하고 제공하는 방식인데 이러한 방법은 초창기 서비스가 부족하던 시절 국가에서 필요한 서비스를 직접적으로 제공하는 것이 불가피했고 이것이 또한 국가의 책무라고 생각했기 때문이다.

2) 본 내용은 이승기 · 이성규(2014)의 내용을 수정 · 보완한 것임.

두 번째 단계는 서비스가 다양해지고 복잡해지면서 국가에서 서비스를 직접 생산하고 제공하는 것이 효율적이지 못하다는 반성 아래, 비영리민간기관에 복지서비스의 직접적인 생산과 제공을 맡기고 그에 소요되는 재정을 지원하는 방식이다. 해당 국가의 역사적 경험과 특성에 따라 일부 서비스를 여전히 국가책임 하에 두는 것을 제외한다면, 현재의 대부분의 국가에서 활용하는 방식이다.

두 번째 단계의 방식인 비영리민간기관에 서비스 생산 및 제공을 맡기는 경우에도 2가지 유형이 나타나고 있는데, 하나는 국가에서 직접적으로 서비스를 생산하고 제공하지 않더라도 비영리민간기관에서 제공하는 복지서비스에 대한 관리를 국가가 책임지고 수행하는 방식이다. 이러한 유형은 복지서비스에 대해 일정 정도 민영화가 이루어져 있다 하더라도 국가의 서비스에 대한 책임이 여전히 강조되고 있는 경우이다. 이에 비해 또 다른 유형은 국가가 비영리민간기관에 재정지원만을 책임질 뿐, 복지서비스에 대한 개입이 거의 없는 방식이며 전자를 영국의 경우라고 한다면 후자가 한국의 상황에 해당된다.

장애인에 대한 직접지불제(direct payments, 내용에 대해서는 후술함)와 개인예산제(personal budgets)는 복지서비스에 대한 두 번째 단계인 비영리 민간기관의 서비스 생산 및 제공과 이에 대한 국가 재정지원방식에 대한 회의에서 출발한 것이다. 이 제도는 국가가 기존의 비영리기관에 대한 자원 할당 방식에서, 장애인에게 직접적으로 재정을 지원함으로써 장애인이 서비스에 대한 선택과 통제를 직접적으로 행사할 수 있도록 하는 것을 요체로 한다.

이것은 국가와 비영리민간기관이 전통적인 서비스 공급에서의 헤게모니를 관장하던 관행에서, 장애인이 또 하나의 주요한 주체로 등장하는 것이고 그간의 복지서비스 판도를 공급자 중심적 구조에서 이용자 중심적 구조로 변화시키겠다는 질적 변혁을 의미한다.

## 2) 개인예산제의 가치

### (1) 선택과 통제(choice and control)

장애인 개인예산제는 선택과 통제를 주된 가치로 삼는다. 선택은 장애인이 스스로 서비스를 선택할 수 있도록 하는 것이고, 통제는 서비스 이용에 대한 주도권을 장애인 당사자가 행사하는 것을 말한다.

그간 서비스 제공과정에서 장애인이 피동적 존재에 머물면서 서비스 이용의 주도적 주체가 되지 못했다면, 장애인 개인예산제는 서비스에 상응하는 현금을 장애인에게 지급하여 구매력을 확보해 줌으로써 장애인이 서비스 이용의 주도자가 되도록 하며, 이때 선택과 통제는 서비스 이용의 핵심적 가치가 된다.

### (2) 개별유연화(personalisation)

개별유연화(personalisation)는 개인이 강점과 선호를 갖고 있음을 인정하고, 돌봄과 지원의 중심에 개인을 놓는 것을 의미한다(Carr, 2010). 개인이 필요로 하는 서비스를 개별적 상황에 맞추어 지원하는 것에 가치를 두며 이를 실현하기 위한 실천적 방안을 포괄한다.

우리나라에서 일반적으로 사용되는 '맞춤형', '이용자 중심' 혹은 '수요자 중심'이라는 용어가 서비스 전달체계 측면에서, 공급자 구조의 탈피에 중점을 둔다면, 개별유연화는 이러한 전달체계의 변화를 포함한 서비스 이용자의 개별적 선호와 지원을 포괄하는 개념으로 사용된다.

### (3) 자기주도지원(self-directed support)

자기주도지원(self-directed support)은 개별유연화를 실행하는 틀(framework)이다. 자기주도지원은 시민이 자신의 지원에 대해 최대한 통제(control)할 수 있도록 서비스를 구성하는 융통성 있는 시스템을 말한다(Carr, 2010).

자기주도지원은 첫째, 시민이 자신의 예산을 통제하고 자신의 계획을 개발하며, 자신의 지원을 감독할 수 있는 과정, 둘째, 정부가 시민의 안전과 통제를 할 수 있도록 하는 조건부 계약의 틀, 셋째, 시민이 적절한 수준의 추가적인 지원을 받을 수 있도록 하는 일련의 지역사회 기반의 지원을 포함하는 포괄적인 시스템을 말한다(Duffy, 2010).

자기주도지원은 거주시설을 포함해서 사람이 사는 곳이라면 어디든 가능해야 한다. 한편 자기주도지원이라고 해서 혼자 모든 것을 다한다는 것을 의미하지는 않는다. 오히려 개인이 자기주도지원 계획을 수립하기 위해 동료, 실천가, 또는 다른 사람들과 함께 작업을 할 수 있어야 한다.

## 3) 개인예산제의 발전 경로: 영국을 중심으로

### (1) 서비스지원체계의 제도적 변화

장애인에 대한 영국 정부의 전통적인 서비스제공방식은 크게 두 가지인데, 하나는 정부가 직접 시설을 건립하고 운영하는 방식으로 장애인에게 직접적인 서비스를 제공하는 것이고 다른 하나는 장애인에게 필요한 서비스 생산비용을 서비스 제공자에게 지급하는 방식으로, 공급자모델방식이라고 할 수 있다(Sanderson & Lewis, 2012).

1990년에 도입된 커뮤니티 케어(Community Care) 제도는 이러한 두 가지 방식 중에서 첫 번째의 직접 운영 방식을 축소하고, 서비스 공급자에 대한 재정지원방식으로 전환하기 위해 도입된 것으로, 지방정부에 장애인에 대한 욕구사정, 케어플랜 등 사례관리시스템을 도입하고 장애인의 참여를 보장하며 서비스의 질이 확보되도록 서비스 지원체계를 구축하였다.

이에 따라 지방정부의 역할은 서비스를 직접 공급하는 주체에서 서비스구매자로서의 기능이 강화되는 커뮤니티 케어의 주도자적 지위에 서게 되며, 서비스공급자의 경쟁 및 서비스 시장의 촉진화를 추구하게 되었다(Means et al., 2008). 이와 같은 서비스체계는 서비스에 대한 비용을 공급자에게 제공하는 간접지불

(indirect payment) 방식이라고 할 수 있으며, 장애인에게 현금을 직접지불할 수 있도록 허용한 직접지불제도(direnct payments)의 도입 전까지 서비스 비용을 장애인에게 직접 현금으로 지급하는 것은 금지되었다(Glasby & Littlechild, 2009).

그러나 장애계는 이러한 공급자 중심형 간접지불방식이 장애인의 서비스에 대한 선택과 통제를 심각히 훼손한다고 주장하며 서비스 비용을 현금으로 장애인에게 직접 지급하도록 하여 당사자인 장애인이 현금구매력을 가지고 서비스를 선택하고 통제할 수 있도록 제도화할 것을 영국 정부에 지속적으로 요구하였다(Pearson, 2006).

### (2) 직접지불제도(Direct Payments)의 도입

장애인에게 현금을 직접 지급하는 직접지불제도(Direct Payments)는 1996년의 커뮤니티 케어 법(Community Care Act)의 수정에 의해 제도화되었고, 유예기간을 거쳐 1997년 4월 1일 시행되었다(Glasby & Littlechild, 2009). 직접지불제도는 서비스에 대한 장애인의 선택(choice)과 통제(control)를 강화함으로써 장애인의 자립생활에 기여하고자 추진된 장애운동에 뿌리를 두고 있으며, 초기에 직접지불제도에 부정적이었던 영국 정부를 설득함으로써 제도화에 성공하였다.

당시 영국 보수당 정부에서는 직접지불제도의 도입으로 서비스 비용이 급격히 증가할 것이라는 우려가 팽배하였고, 이것은 직접지불제도 도입 전의 자립생활기금(Independent Living Fund) 운영 경험에서 비롯된 것이다. 1986년 영국 정부는 장애계의 꾸준한 장애운동을 받아 들여 자립생활기금을 한시적으로 도입하였는데, 자립생활기금은 제한된 서비스 영역에서 저소득층 장애인에게 현금지원을 허용하는 것으로, 현금지원을 원하는 장애인의 수가 당초 예상을 뛰어넘어 폭발적으로 증가하는 현상이 발생했던 것이다.

이러한 현상은 장애인에게 자신이 필요한 서비스를 구매할 수 있는 권한을 주었기 때문에 발생한 것으로 이에 대한 제어 필요성을 느낀 영국 정부는 1993년 자립생활기금의 수혜자를 65세 이하 장애인으로 제한하면서 금액의 한도도 축소하는 대책을 시행하게 된다. 그러나 영국 정부의 이러한 대책에도 불구하고 자립생활기금은 장애인 자신의 선택과 통제아래 서비스를 구매할 수 있다는 가능성을 의미하는 것이었으며, 서비스에 대한 권한이 서비스 제공자 및 전문가로부터 이용자에게로 이동하는 질적 변화의 계기가 되었다.

직접지불제도의 도입 압력에 직면한 영국 정부는 딜레마에 빠지게 되는데, 하나는 자립생활기금의 경험을 통해 얻은 직접지불제도의 전면적 시행이 가져올 비용의 폭발적 증가 가능성에 대한 우려와 또 하나는 당시 보수당 정권의 가치였던 소비자주의(consumerism)에 의한 소비자의 참여와 선택권의 신장이 직접지불제도를 통해 가능할 것이라는 기대의 충돌이었다.

이러한 딜레마는 직접지불제도가 정부 측면에서 보면 오히려 비용을 절감할 수 있는 방안이 될 수 있으며 질적으로 보다 향상된 서비스가 보장될 것이라는 내용의 일련의 연구결과가 발표되었고, 이것은 영국 정부가 직접지불제도의 도입을 받아들이는 계기가 되었다(Zarb & Nadash, 1994).

표 15-3 | **서비스 제공방식에 따른 시간당 평균비용**

| 서비스 방식 | 시간당 평균비용 |
|---|---|
| 직접서비스 제공방식 | 8.52 파운드 |
| 직접지불 방식 | 5.18 파운드 |

출처: Zarb & Nadash(1994).

따라서 직접지불제도는 장애계에서는 장애운동을 통해 장애인의 자립생활을 실현시킬 수 있는 주요한 수단으로 인정되어 도입이 추진되었던 반면에, 영국 정부의 입장에서는 비용을 증가시키지 않으면서 소비자의 선택권을 확장시킬 수 있다는 신자유주의적 가치실현이 보다 주요한 결정 근거였다고 할 수 있다.

### (3) 개인예산제도(Individual Budgets)로의 확장

개인예산제도(Personal Budgets)는 장애인 이용자에게 현금을 직접 지급한다는 점에서 직접지불제도와 일부 공통점을 가지고 있지만 발전과정에 있어서는 뚜렷한 차이를 보이고 있다. 먼저 직접지불제도가 오랜 기간 동안 장애인 당사자들의 운동과 노력에 의해 도입된 제도라고 한다면 개인예산제도는 2003년에 도입된 제도로 장애인당사자에 의해 추진되었다기보다는 학습장애인에 대한 서비스 제공자들의 연합적 노력에 출발되었다는 점에서 다르다.

이것은 개인예산제도가 자립생활확보를 위한 장애운동이 아닌 학습장애인의 통합운동(inclusion movement)을 주창했던 사람들이 2003년에 모임을 결성되면서 추진되었다는 데에서도 알 수 있으며(Glasby, & Littlechild, 2009)[3], 아울러 직접지불제도의 도입에 대해 영국 정부가 오랫동안 반대하는 입장을 취했던 것에 비해 개인예산제도는 오히려 영국 정부가 적극성을 가지고 추진했다는 점에서 차이를 보이고 있다.

또한, 직접지불제도가 간접지불 방식으로 이미 지원되고 있었던 성인 케어서비스 영역에 해당하는 비용을 장애인에게 직접 현금으로 지급하는 방식으로 시작한 것이라면, 개인예산제도는 개인의 욕구를 기반으로 하여 필요한 모든 서비스 영역에 대해 현금지급이 이루어지는 것으로 그 범위에 있어서도 차이가 있다. 예를 들어, 직접지불제도가 활동지원서비스를 받는 장애인에게 해당 활동지원서비스를 보장하기 위해 그에 대응되는 현금을 지원하는 방식이라면, 개인예산제도는 활동지원서비스를 포함하여 교육서비스, 사회생활서비스, 주거서비스 등 장애인에게 필요한 서비스를 포괄적으로 파악하고, 인정된 모든 서비스에 대응하여 현금을 지급할 수 있는 제도이다.

이에 따라 직접지불제도에 비하여 개인예산제도에는 다양한 제도적 변화가 뒤따르게 된다. 먼저, 욕구를 파악하고 파악된 욕구 중 지원이 가능한 욕구를 선별하며 선별된 욕구를 충족하기 위한 서비스를 특정하고, 특정된 서비스를

---

3) 이 모임이 개인예산제도의 정착화에 결정적으로 기여했던 영국의 비영리단체 In Control의 기원이기도 하다.

현금으로 환산하고 할당할 수 있는 시스템이 구축되어야 한다. 현금 할당을 통해 구매력을 확보한 장애인이 실제 서비스를 구매할 수 있도록 해야 하므로, 장애인이 손쉽게 접근할 수 있는 서비스 구매 지원시스템도 만들어야 한다.

욕구에 대응하여 이를 현금화하는 시스템으로 개인예산제도의 발전에 핵심적인 역할을 했던 In Control이 개발한 RAS(Resources Allocation System)가 대표적이며, 서비스 구매를 지원하는 제도의 일환으로 다양한 형태의 중개자(broker)가 활동하고 있다. 영국의 개인예산제는 2014년 돌봄법(Care Act)에서 법제화되어 현재에 이르고 있다.

### 4) 우리나라에의 도입 시사점

직접지불제도와 개인예산제도가 도입되기 위해서 우리나라에도 넘어야 할 산은 매우 많다. 서비스에 해당하는 현금을 장애인에게 직접 지급한다고 했을 때의 저항과 현금 오남용 우려, 보조금 축소에 따른 서비스제공기관의 반발, 장애인당사자의 수용가능성, 서구문화와의 차이에서 오는 현금지급 시 일선에서의 충돌과 저항 등 상당한 과제가 놓여있다고 볼 수 있다. 그러나 이러한 문제에도 불구하고 장애인에게 직접적으로 현금을 지급할 수 있는 제도적 발전도 상당부분 진척되어 있어 상황에 따라 전격적으로 이 제도가 도입될 가능성도 배제할 수 없다. 특히, 장애등급제 폐지 이후 후속적 상황이 매우 급속히 논의되는 상황은 직접지불제도와 개인예산제도의 도입 검토가 보다 심도 있고 조속히 진전될 수 있음을 시사하는 것이다.

직접지불제도와 개인예산제도의 도입가능성의 교두보로 작용할 수 있는 제도로 크게 2가지를 꼽을 수 있는데, 하나는 사회서비스와 바우처 제도의 발전이고 또 다른 하나는 새로운 장애인복지서비스 전달체계의 지속적인 개편 노력이다. 이 중 장애인복지서비스 전달체계 개편에 대해서는 이미 7장에서 다루었기에 본 장에서는 바우처 제도의 발전을 중심으로 논의하고자 한다.

2007년 사회서비스가 도입되고 제공방법으로써 바우처가 확산되면서 이제 사회서비스와 바우처 제도는 복지서비스 영역에서 주요한 역할을 감당하고 있다. 바우처는 서비스 공급자가 아닌 서비스 이용자에게 재정을 지원하는 방식을 특징으로 하고 있으며, 이러한 방식은 서비스 공급기관에게 보조금을 지급하는 전통적인 방식과는 질적인 차이를 가지고 있다. 우리나라의 사회복지서비스는 대부분 보조금 지급 방식을 통해 운영되고 있으며 이것은 장애인복지서비스의 경우에도 동일하다. 장애인복지 분야에서의 바우처 방식은 장애인활동지원 바우처가 대표적이라고 할 수 있으며, 예산액도 매우 큰 폭으로 증가하고 있는 추세이다.

장애인복지에 도입할 수 있는 직접지불제도와 개인예산제도와 관련하여 장애인활동지원서비스를 주목할 필요가 있는데, 동 제도를 바우처 방식으로 운영하지 않고 직접지불제도 방식으로 운영한다면, 적어도 정부에서 우려하고 있는 재정적 문제의 증가 우려 부분과 비영리민간기관에서 반대할 수 있는 보조금 축소 부분에 대한 문제는 해결이 가능하다. 따라서 장애인복지에 사용되는 바우처제도의 직접지불제도 혹은 개인예산제도로의 전환의 문제는 이를 지지할 수 있는 지원체계를 만들어 내는 것 외의 갈등은 거의 없다고 할 수 있으므로, 생각하는 것처럼 도입 시기가 멀지만은 않은 것이라고 할 수 있다.[4)]

## 3. 장애인의 자립과 주거 지원

장애인 중에서도 자립 지원이 필요하지 않은 경우가 많다. 이 경우에는 장애인 등 사회적 약자에게 공공임대주택 입주에 우선권을 부여하는 방식으로 주

---

4) 보건복지부는 장애인활동지원바우처를 활용하여 개인예산제 도입을 위한 시범사업을 2024년 현재 진행 중이며, 서울시도 개인예산제 도입을 위한 시범사업을 2024년 진행 중에 있다.

거 문제를 일정 부분 대응할 수 있다. 그러나 문제는 장애인의 자립이 문제가 되는 경우의 주거 지원이다.

자립은 '경제적 자립', '도움이 필요없는 삶'을 떠올리기 쉽다. 그러나 장애인에게 자립은 '장애인이 적절한 지원을 통해 자기 주체적 삶을 사는 것'을 말한다. 자기주체적 삶을 사는 것은 스스로의 선택과 판단에 의해 의사결정을 하고 사는 것이다. 따라서 일상의 생활양식과 리듬에 막대한 영향을 미치는 주거의 형태와 지원이 어떻게 되어야 하는지 반드시 고려해야 한다.

장애인은 비장애인과 마찬가지로 가족과 함께 살거나 독립적인 주거를 이루어 지낼 수 있다. 그러나 장애인의 자립 여건과 의지에 따라 장애인거주시설에서 지내거나, 자립생활을 훈련하는 체험홈이나 자립생활주택, 지원주택 등 다양한 형태의 주거 속에서 살아갈 수도 있다.

장애인거주시설을 반대하는 탈시설론자들은 시설이 장애인의 삶을 보통의 삶과 멀게 만들고 지역사회와의 통합을 저해한다고 주장한다. 이들은 장애인거주시설을 철폐하고 독립적인 주거를 할 수 있는 여건을 만들고, 거기에 걸맞는 지원을 해줄 수 있어야 함을 주장한다. 반면 장애인거주시설의 필요에 공감하는 이들은 장애인거주시설도 중증 장애인 중 상당수에게는 장애인거주시설을 통한 전면적 지원이 필요하고, 장애인 당사자가 이미 살고 있는 지역사회에 있는 집이고, 당사자가 원하는 주거의 형태일 수 있으며, 제도적 지원이 충분하다면 장애인거주시설도 당사자의 자유와 지역사회 참여를 촉진할 수 있는 구조로 변모해갈 수 있다고 주장한다.[5] 여기서는 장애인을 둘러싼 다양한 주거 형태별 상황과 쟁점을 정리하면서, 장애인을 위한 주거와 주거지원 개편에서 고려되어야 할 사항을 검토한다.

---

5) 2011년 개정된 장애인복지법에서는 기존의 장애인생활시설을 장애인거주시설로 변경하였다. 여기서는 장애인거주시설을 '거주공간을 활용하여 일반가정에서 생활하기 어려운 장애인에게 일정 기간 동안 거주, 요양, 지원 등의 서비스를 제공하면서 지역사회생활을 지원하는 시설'로 명시하고 있다.

### 1) 장애인거주시설

「장애인복지법」 58조에 의하면, 장애인거주시설은 '거주공간을 활용하여 일반가정에서 생활하기 어려운 장애인에게 일정 기간 거주 · 요양 · 지원 등의 서비스를 제공하는 동시에 지역사회생활을 지원하는 시설'이다. 장애인거주시설은 중증장애인거주시설, 장애유형별거주시설, 장애영유아거주시설, 장애인단기거주시설, 장애인공동생활가정(그룹홈)으로 구분된다. 2022년말 현재, 장애인거주시설의 정원은 32,658명이고 27,946명이 이용하고 있는데, 지적장애인과 중증장애인 시설을 이용하는 경우가 전체의 76%를 넘는다.

2012년 장애인거주시설의 소규모화를 통해 대단위 수용방식의 시설정책에 제한이 생기게 된다. 즉 신규 장애인거주시설 설립에는 30명을 초과한 정원으로 시설을 설치하지 못하도록 제한하였고, 장애인거주시설에서 지역사회에서의 생활지원이 급격하게 증가하게 된다. 2017년 문재인 정부가 들어서면서 100대 국정과제에 '탈시설'이 등장하면서, 장애인거주시설의 변화 및 단계별 축소에 대한 계획이 담긴 이른 바 '장애인 탈시설 로드맵'이 발표되기에 이르렀다. 일부 장애인 단체에서는 시설을 '감옥'으로 묘사하는 운동을 통해 장애인거주시설에 대한 부정적 이미지를 고착화하는 방식을 취하고 있으나, 장애인거주시설에서는 이용자의 적극적 지역사회참여를 통해 시설이 하나의 '집(주거)'의 형태로 작용하고 있음을 강조하고 있다. 예를 들어, 광주 엠마우스의 집은 여러 아파트를 하나의 시설로 설치하여 운영하고 있고(한 집에 4명 거주), 충남 메종드로제는 모든 거주인이 1~2인실 생활을 하고 있다. 결국 장애인거주시설이 '장애인의 자립을 저해하는 감옥인가, 장애인 자립을 지원하는 집인가'를 둘러싸고 나타나는 여러 쟁점과 변화는 장애인시설을 둘러싼 개별 시설의 변화노력, 정치 집단 및 당사자 집단의 운동역학 등에 따라 다양한 방식으로 나타나고 있다고 볼 수 있는 것이다.

한편 장애인거주시설 중에서 '체험홈'에 대해 검토할 필요가 있다. 2009년 장애인생활시설(당시) 이용장애인 중에서 지역사회로 이주를 희망하고 지역사회에서의 생활이 적절하다고 판단되는 자에게 '자립생활 체험홈'을 이용할 수 있는 기준이 마련되었다. 또한 2012년 시행된 장애인복지법에는 장애인거주시설이 '일정기간' 서비스를 제공하는 것으로 묘사되기 시작하였다. 시설이용이 끝이 아니라 '체험홈' 등을 거쳐 장기적인 자립을 위해 거쳐가는 곳으로 이해된 것이다. 체험홈은 일반주택, 아파트, 연립주택 등과 같은 일반주거지에 설치되고, 대개 1~2인 1실로 거실과 주방 등을 공유하며 생활하게 되며, 상대적으로 사생활과 자유로운 일상생활을 꾸려나가는 방식으로 운영된다. 다만 이용기간이 2년으로 자립생활을 준비하기에 매우 부족하다는 점, 체험홈 이후 자립을 위한 여건이 충분하지 않은 상황이라는 점 등을 들 수 있다. 이러한 상황을 극복하기 위하여 교남소망의집에서는 '지역사회 통합지원센터'를 운영하여 그룹홈, 체험홈, 탈시설 독립세대의 주거유지를 지원하고 있다.

최근 복지부에서도 장애인복지법 시행규칙 개정(2024년)을 통해 장애인 거주시설의 종류에 '독립형 주거서비스 제공기관'을 포함하여, 장애인에게 가정과 같은 주거여건을 제공하는 여러 개의 개별 주거공간을 설치하고, 지역사회 자원을 활용하여 주거지원 · 일상생활지원 · 지역사회생활지원 등의 서비스를 제공할 수 있도록 하는 토대를 마련하였다. 이러한 정책 변화가 추후 장애인거주시설의 지역사회 주거로의 분산, 체험홈 등 다양한 주거를 지원하는 장애인거주시설의 개편의 중요한 계기가 될 수 있을지 검토가 요구된다.

### 2) 자립생활주택

자립생활주택은 '장애인거주시설에서 퇴소하거나 지역사회에서 생활하는 장애인이 자립할 수 있도록 서비스 제공기관으로부터 일정기간 관련 서비스를 지원받는 주택'을 말한다. 보통 자립생활주택은 지자체 조례에 법적인 근거를 두고 있고, 장애인자립생활지원센터(장애인자립생활지원시설, 2025년 7월부터)에서 운영한다. 장애인자립생활주택은 1인 1실을 원칙으로 기본 2년, 최장 4년까지 거주가 가능하다. 이곳에서는 전담인력(코디네이터) 1인이 개별자립생활계획을 세워 지원하고, 낮동안에는 자신이 원하는 일상과 활동을 위해 장애인활동지원제도를 활용하여 생활하는 구조를 취한다. 이를 통해 일정 정도의 사생활이 보장되고, 지역사회 내에서 자립생활을 체험 및 훈련할 수 있는 기회를 얻을 수 있는데, 탈시설 장애인에게는 지역사회에서의 자립을 위한 중요한 가교의 역할을 할 수 있다.

다만 문제는 장애인거주시설 이용자 입장에서는 체험홈이라는 더욱 안전한 대안이 있고, 자립생활주택을 선택한 이후에는 엄격한 시설이용 기준을 충족하기 어려워 돌아가기 힘든 점이 부담으로 작용할 수 있다는 점이다. 또한 자립생활을 연습하기에 지나치게 짧은 이용 기간을 두는 점, 개인의 자립을 훈련한다는 명분이 있으나 지원의 양이 기존 장애인거주시설보다 부족해질 수 있다는 점도 해결해야 할 과제로 들 수 있다.

### 3) 지원주택

지원주택은 '돌봄이 필요한 주거취약자의 주거안정을 위하여' '(주거유지)지원서비스'와 함께 공급되는 임대주택을 말한다. 2023년 기준, 서울특별시, 경기도에서만 '지원주택 공급 및 운영에 관한 조례'에 의해서 시행되고 있다. 이 제도는 지원주택은 돌봄이 필요한 이에게 주거를 지원하되, 주거생활을 지원하기 위한 복지서비스를 함께 제공하는 방식을 취한다. 즉 주거가 필요한 이들을 거주시설에서 보호하기보다 공공(지자체, LH 혹은 SH)에서 마련한 임대주택에 장기간(20년) 지낼 수 있도록 하는데, 지원주택의 거주자는 1인 1가구에 거주하는 가구주이므로 비교적 사생활과 자유가 보장된다. 지원주택 거주자는 일상 생활을 위해 장애인활동지원제도를 이용하되, '지원서비스 제공기관'의 도움을 통해 주거생활을 유지할 수 있도록 하는 구조를 취하고 있다. 즉 (복지)지원 서비스를 제공하기 위한 기관을 인근에 두어 '시설 서비스'가 아닌 '재가 서비스'를 제공하도록 하면서, 지역사회의 다양한 활동과 참여의 기회를 연결하는 역할을 하는 구조를 취한다.

앞에서 언급한 자립생활주택과 유사해보일 수 있지만 다른 점은 거주기간의 20년까지 보장되는 '자가'에 산다는 점, 더 많은 지원 인력(수퍼바이저, 코디네이터, 주거 코치 등)의 지원을 받을 수 있다는 장점이다. 물론 단점도 존재한다. 아직 서울과 경기도에서만 이용할 수 있고, 주택 공급도 충분하지 않다. 2024년 3월 기준, 서울시에서는 270호의 장애인자립생활주택을 공급했다(서울시사회복지재단, 2024). 경기도에서는 2024년 사업을 시작하여 장애인을 비롯한 주거취약계층에게 2028년까지 총 410가구를 공급한다는 계획을 내어 놓았다. 이렇게 주택이 부족한 상황에서는, 장애인이 낯선 곳으로 이사하여 살면서 유익한 네트워크의 단절을 경험할 수 있다. 또한 현재 거주심사 과정에서 장애인의 자립의 의사보다 독립생활의 가능여부를 입증해야 한다는 점, 거주시설과는 달리 사업비 보조가 충분하지 않아 당사자 주도의 활동이 어렵다는 점 등은 해결 과제로 볼 수 있다.

### 4) 발달장애인 돌봄지원서비스

앞에 제시한 장애인거주시설, 자립생활주택, 지원주택은 물리적 공간으로서 거주 공간과 서비스를 함께 제공하는 형태이다. 그러나 장애인 상당수가 지역사회에서 이미 자립생활을 하고 있다면, 이들을 위해 돌봄을 지원하는 서비스가 필요할 것이다. 이와 관련한 서비스로 서울시의 '발달장애인 돌봄지원서비스 사업'에 주목할 필요가 있다. 이 서비스는 독립생활하는 발달장애인에 대해 주거 영역, 일상생활 영역, 사회참여 영역, 보건의료 영역, 옹호 영역에 대해 개인 맞춤형 서비스를 제공하는 것이다. 즉 지원주택에 거주하면 받을 수 있는 주거유지지원서비스를 지역사회에서 독립생활하는 발달장애인도 받을 수 있도록 하는 것이다. 이는 장애인의 자립생활을 촉진하거나 탈시설화 추진의 대안으로 고려될 수 있고, 보건복지부에서 최근에 발표한 '독립형 주거서비스 제공기관'의 운영방식을 정교화하기 위한 좋은 시험 무대가 될 수 있을 것이다.

다만 개선해야 할 점이 있다. 2024년 말 기준 서울시에서 이 서비스를 받는 가구가 53개에 불과하고, 4개 권역으로 나누어 서비스를 제공하므로 서비스 욕구에 즉각적으로 대응하기 어려운 한계가 있다. 또한 자립지원이 가장 절실하게 필요한 장애유형이 발달장애인이지만, 발달장애인에게 한정된 주거유지 서비스라는 점은 개선의 여지가 있다.

### 5) 장애인 주거지원의 전망

장애인에게 주거는 자립생활의 기반이다. 자립생활은 적절한 지원을 통해 지역사회에서 주체적이고 독립적인 존재로 지내는 것을 말한다. 이를 위해 안정된 거주 공간이 필요하고, 자립생활을 위해 적정한 주거지원이 필요하게 된다. 이를 위해 주거지원을 지원의 정도에 따라 '거주시설 - 자립생활센터 - 지원주택 - (독립거주자를 위한) 돌봄지원서비스'의 연속체에 따라 앞에서 검토해 보았다.

추후 장애인 주거지원이 어떤 방향으로 이루어지는 것이 바람직한 방향이 될지 제안하면 다음과 같다. 첫째, 지역사회에서의 독립적인 삶을 증가시키는 방향으로의 주거 지원이 확대될 필요가 있다. 현재 서울, 경기도를 중심으로 진행되는 지원주택, 독립거주를 하는 장애인에 대한 돌봄지원서비스(즉, 주거유지서비스)를 전국 단위로 확대하기 위한 중앙정부 차원의 입법 및 예산 확보가 필요하다. 나아가 장애인거주시설도 장기적으로 '독립형 주거서비스 제공기관'으로 변모할 수 있도록 거주 공간 확보, 재정적 지원이 촉진될 필요가 있다. 둘째, 지역사회에서의 다양한 삶의 기회 마련이 병행되어야 한다. 장애인 거주는 '독립적인 공간에서 할 일없이 우두커니 앉아 있는 모습'이어서는 안된다. 거주는 주택의 제공만을 의미하는 것이 아니라, 집을 기반으로 지역사회에 주체적으로 참여하는 삶으로 연결될 수 있도록 해야 한다. 이를 위해 장애인의 일상과 지역사회 참여를 연결하는 역할을 담당하는 중개기관이 필요하고, 지역사회에 장애인이 함께 할 수 있는 다양한 활동이 요구된다.

## 4. 4차 산업혁명과 장애인복지현장의 과제

### 1) 4차 산업혁명과 디지털 전환

최근까지 우리 사회의 가장 큰 화두는 4차 산업혁명이라고 할 수 있다. 디지털 혁명으로 불렸던 3차 산업혁명이 1980년대 이후 인터넷에 의한 정보화 시대를 의미한다면, 4차 산업혁명은 기계의 지능화를 통해 생산성이 고도로 향상되어 산업구조 근본이 변하는 것을 의미하는데, 이러한 변화의 동인은 '지능정보기술[6)]'이라고 불리는 것이다. 즉 4차 산업혁명은 인공지능(AI), 로봇기술, 생명과학 등이 주도하는 차세대 산업혁명으로 육체노동뿐 아니라 정신노동도 대체될 수 있다는 점이 기존 산업혁명과 큰 차이점이라고 할 수 있다(미래창조과학부, 2016).

이러한 4차 산업혁명에서의 지능정보기술로 인한 산업구조 변화는 필연적으로 일자리 및 업무 성격 등을 함께 변화시키고 삶 전반에 총체적 변화를 가져오고 있다. 2차와 3차 산업혁명을 통해 전기가 인간의 '육체노동'을 대체했다면, 지능정보기술은 인간의 '지적 노동'을 대체하게 되는 것으로 사회전반에 기계가 인간을 대신하여 일을 수행함으로써 생산성 향상, 근로시간 감소, 건강수

6) 지능정보기술이란 AI(인공지능)의 '지능'과 ICBM(IoT, Cloud Computing, Big Data, Mobile)에 기반한 '정보'가 종합적으로 결합된 형태를 의미한다. 인공지능, 사물인터넷, 클라우드, 빅데이터 등이 여기에 해당된다.

명증가 등 경제 사회적 혜택이 고루 확대되게 될 것이다. 즉 육체 노동력의 한계는 로봇으로 극복하고 정신노동은 인공지능(AI)이 보완해 주게 될 것이다.

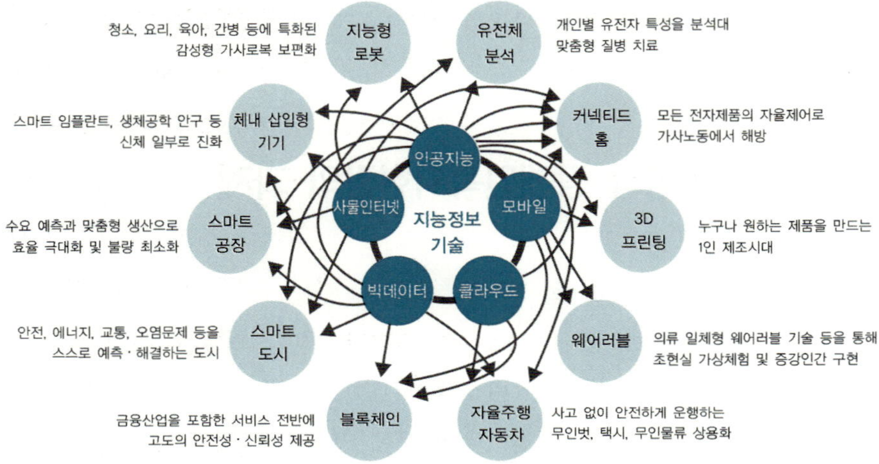


**그림 15-1 | 지능정보기술과 산업 · 기술 융합 예시**

출처: 미래창조과학부(2016).

2022년 11월 베타 버전이 등장하면서 전 세계적 관심을 끌었던 대화형 인공지능 '챗GPT'. 이후 챗GPT 개발사인 오픈AI는 텍스트와 이미지를 양방향으로 인식하는 '멀티 모달' 기술을 더해 2023년 3월 GPT-4 버전을 선보였다. 개발사인 오픈AI는 이번에 공개한 모델은 "문자뿐 아니라 이미지도 인식하며, 다양한 시험에서 인간과 비슷한 수준의 퍼포먼스를 보였다"고 설명했다(주간조선, 2023. 3. 18.).[7] 인공지능이 이미지 인식을 포함한 과제를 수 초 만에 해내며, 그림도 읽어내는 것이 가능한 것이다. 마이크로소프트(MS)는 2023년 3월 16일 개최한 'AI와 함께하는 업무의 미래를 주제로 한 온라인 이벤트에서 PPT나 엑셀을 스스로 생성하는 AI인 코파일럿(Copilot)'을 공개했다.[8] 이는 이후 발표 자료를 만

7) http://weekly.chosun.com/news/articleView.html?idxno=25071

8) https://www.youtube.com/watch?v=Bf-dbS9CcRU&t=23s

들고 기초적인 데이터를 관리하는 사무직이 더 이상 필요없을 수 있다는 것을 의미하는 것이라고도 할 수 있다. 1990년대에 제러미 리프킨(Jeremy Rifkin)이 예견한 '노동의 종말'이 현실이 되고 있다.

## 2) 장애인복지와 디지털 전환

이러한 우리 사회의 변화는 사회복지 영역에 어떠한 영향을 미치고 있는가? 사회복지의 다양한 영역에서 변화는 이미 진행되고 있다. 지금까지 감정이 있는 인간만이 할 수 있다고 생각하는 휴먼서비스 분야에서도 3D프린터, 로봇, 웨어러블, 가상현실(VR) 등의 다양한 기술과 인공지능이 심리 · 신체 · 사회적인 문제를 가진 대상에게 활용되기 시작했다(이윤수, 2018).

장애인 분야에서도 신기술을 적용한 서비스가 활발하게 진행되고 있다. 생각대로 움직이는 휠체어, 수어해석기 등의 인공지능을 활용한 기술이 이미 2009년에 개발되었다. 2012년 소프트뱅크는 휴머노이드 로봇 개발 분야에서 프랑스 벤처기업 '알데바란로보틱스' 지분 80%를 인수하는 조건으로 '페퍼' 공동 개발 작업을 시작하였으며, 2014년 상대방의 감정을 인식해 대화할 수 있는 휴머노이르 로봇인 인공지능 로봇 '페퍼'를 시장에 선보였다. 이미 돌봄이 필요한 사람에게 로봇을 활용하고, 인공지능의 빅데이터를 사회복지이용자들의 욕구에 이용하고 장애인을 위해 맞춤 웨어러블을 활용하는 등 긍정적인 편의성을 실용화시켜나가고 있는 것이다.

인공지능(AI), 가상현실(VR), 증강현실(AR) 그리고 로봇공학으로 대표되는 장애인 대상 디지털 기술을 활용한 사례는 다양한 분야에서 확인할 수 있다. 인공지능 기술은 시각장애인에게는 인식 보조, 이동성 보조, 쇼핑 보조, 학습 보조, 기타 생활 보조 역할을 지원하고, 청각장애인에게는 음성 언어를 텍스트 언어로 변환해 주는 캡셔닝, 듣기 보조, 수어 통역을 지원한다. 또한 지체장애인에게는 음성인식, 자율화, 조작, 보완대체 의사소통을 지원하고, 자폐성 장애와 발달장애인을 위해서는 진단, 사회적 상호작용 보조, 치료 보조 등을 지원하고 있다(권정민 · 이영선, 2020). 또한 현실과 유사한 환경을 제공하는 가상현실(VR)이 재활치료에 사용되어 왔으며, 증강현실(AR)을 기반으로 한 재활치료도 활발하게 진행되고 있다. 지체장애인의 제한된 운동능력을 보상하여 일상생활에 필요한 기능적 활동을 지원하는 로봇형 보조기(Robotic Assistive Devices)의 로봇공학도 재활치료에 활용되고 있다(이동림, 2022). 즉 돌봄이 필요한 장애인에게 로봇을 활용하고, 인공지능의 빅데이터를 장애인의 욕구에 이용하며, 장애인을 위해 맞춤 웨어러블을 활용하는 등 긍정적인 편의성을 실용화시켜나가고 있다.[9]

물론 이러한 기술의 발전이 최근의 이야기만은 아니다. 안경의 발명은 시각장애인의 삶을, 휠체어의 발명은 지체장애인의 삶을 근본적으로 변화시켰다고 할 수 있다. 이와 같이 전기를 사용하지 않는 낮은 수준의 기술(안경, 일반 휠체어)부터 전기를 사용하는 중간 수준의 기술(전동휠체어, 보청기), 그리고 디지털 기술을 사용하는 높은 수준의 기술(보완대체의사소통, 앱)까지 장애인에게 기술은 장애 정도 혹은 장애 여부까지 바꿀 수 있는 삶의 일부가 되었다. 이러한 연장선상에서 본다면 최근의 AI기술은 장애인의 삶을 더욱 편리하게 할 수 있는 많은 잠재성을 가지고 있다(권정민 · 이영선, 2020).

그러나 최근의 변화는 그동안의 변화를 현저하게 뛰어넘고 있다. 정부는 '제6차 장애인 정책종합계획' 등에서 이러한 기술을 활용하여 장애인의 삶을 지원하고자 하는 노력을 확대할 계획을 밝히고 있다.[10] 실례로 2024년부터 보건복

9) 과천시장애인복지관이 2022년 3월 재활로봇 워크봇 도입을 시작으로 성인용 웨어러블, 관절운동로봇 CPM, 스마트보드, 스마트글러브, 소아 · 청소년용 웨어러블 등 다양한 인공지능 로봇을 활용한 로봇재활서비스를 제공한 이래, 성북장애인복지관, 서울장애인종합복지관 등 다양한 장애인복지현장에서 로봇을 활용한 재활치료를 실시하고 있다. 또 서울장애인종합복지관은 로봇재활치료와 함께 증강현실(AR)을 활용한 콘텐츠 플랫폼 '디딤'과 인지기능 향상을 돕는 멀티 터치 테이블 '해피테이블' 등을 통해 이용자의 디지털 기반 서비스 및 콘텐츠 경험을 늘리고 있다.

10) 2023년에 발표한 '제6차 장애인정책종합계획'에서는 중점과제 2-3. '혁신기술 기반 장애인 헬스케어 활성화'의 세부 추진과제로 '장애인 재활 · 자립 · 돌봄 최적화 연구 개발'을 제시하고

지부에서는 '장애인 거주시설 사물인터넷(IoT)[11] · 인공지능(AI)활용 돌봄 시범사업'을 진행하고 있다. 이는 코로나19 등 감염병 위험이 높은 상황이거나 야간시간 등 인력이 부족하여 서비스 제공이 원활하지 않은 시간대에 장애인 거주시설 입소 장애인에 대한 돌봄 공백 발생을 방지하기 위하여 실시하는 것으로, 화재, 낙상, 감염병 등으로부터 안전한 생활을 지원하고, 응급상황 발생 시 응급알림을 전송하여 신속한 대처를 지원하고, 나아가 AI스피커 및 IoT기기를 통한 응급상황 관계 및 출동, 음원 제공, 인지 · 정서 · 발달 프로그램 지원 등의 서비스로 구성되어 있다(보건복지부, 2024).

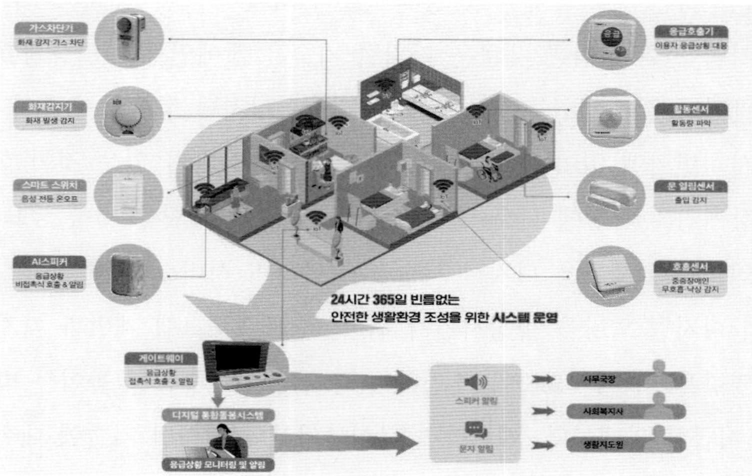


그림 15-2 | **장애인거주시설 IoT 활동 돌봄서비스**

출처: 보건복지부(2024).

---

있다. 여기에서는 '장애인과 노인의 삶의 질 향상을 위한 신체기능 보조 · 재활분야 고기술 · 고부가가치 제품 개발 및 실용화 연구개발'과 '장애인 돌봄 부담 경감 및 삶의 질 향상, 돌봄기술 산업 육성을 위해 기술기반 돌봄 로봇 및 서비스실증 연구개발 추진' 등을 주요 내용으로 제시하고 있다.

11) IoT 기기: 호흡센서, 활동센터, 문열림센서, 응급호출기, AI 스피커, 가스차단기, 화재감지기 등

### 3) 장애인복지전문가에 대한 시사점

이와 같이 AI와 로봇이 전면에 등장하는 자동화 시대, 인간의 노동력이 덜 필요하게 되는 '노동의 종말'의 시대 속에서 장애인복지영역에서의 사회복지사는 어떻게 변화되어야 할 것인가? 앞서 살펴본 것처럼 디지털 전환에 따른 새로운 디지털 기술은 사회복지의 다른 어떤 영역보다 장애인복지 분야에서 많은 변화를 가져오고 있다. 그러나 사회경제적으로 많은 어려움을 겪고 있는 장애인들은 4차 산업혁명이 가져오는 급격한 변화와 기술을 직접 받아들이는 데 한계가 있다. 이에 장애인에게 지원서비스를 제공하는 장애인복지관과 거주시설 등에서 근무하는 사회복지사 등 종사자들의 역할이 매우 중요하다고 있다.

즉 디지털 전환에 따른 새로운 디지털 기술은 장애인들의 일상생활과 밀접하게 연관되지만, 장애인들은 비장애인에 비해 디지털 정보화 수준이 낮고, 급변하는 사회변화에 있어 그 속도를 따라가는 데 한계가 있는 것이 현실이다. 그래서 장애인의 입장에 서서 옹호할 사회복지사의 역할은 더욱 중요하다. 또한 장애인들에게 새로운 디지털 기술을 접목하여 서비스를 제공해야 하는 종사자들의 디지털 역량을 향상시키기 위한 교육 프로그램 개발과 디지털 기술 수용에 영향을 미치는 요소를 확인하여 궁극적으로 수용을 높이는 방안을 찾는 것도 시급한 과제이다. 왜냐하면 사회복지사의 디지털 기술에 대한 긍정적인 수용태도는 디지털 기술을 활용한 서비스 제공으로 이어질 수 있으며, 궁극적으로 장애인의 삶의 질 향상에 도움을 줄 수 있기 때문이다(이동림, 2022).

한편 이러한 기술에 대한 인식전환과 기술에 대한 수용태도를 가지는 것과 함께 더욱 중요한 것은 윤리와 가치관의 수립이라고 할 수 있다. 최근 급격하게 진행되는 우리 사회의 변화는 여러 윤리적 문제와 화두를 제기한다. 사회복지는 사람을 대하고 사람과 함께하기 때문에 과학기술과의 일방적이고 단편적인 연계가 긍정적일 수만은 없다. 결국 사회복지사의 책임영역에 대한 논의가 지속적으로 필요한 상황이다. 예를 들어 클라이언트의 문제와 욕구분류, 그리고 기초면접은 인공지능이 한다고 하더라도, 인간만이 할 수 있는 감정과 공감의 능력을 높여 클라이언트에 대한 정확한 사정과 이에 따른 개입을 하는 것은 여전히 인간의 영역으로 남을 가능성이 높다. 인공지능이 아무리 발달해도 인간의 삶과 관련된 가장 중요한 결정은 결국 사람이 해야 하기 때문이다.

영리가 개입되는 기술과 기계, 또는 인간의 감정과 정서를 대신 해 줄 수 없는 인공지능의 개입은 사회복지실천에서 기존과는 다른 윤리와 가치를 요구할 수 있다. 기계와 휴먼서비스 종사자들의 근본적인 차이는 클라이언트의 여러 심리, 정서, 신체, 가정, 환경 등 다양한 부분에서 정확한 사정을 할 수 있는 정보와 판단력이 아니라 기본적으로 인간 존중을 통한 감정이입의 따뜻한 마음과 윤리적 사고에 있다. 따라서 기계나 데이터가 인간이 수행하는 휴먼서비스의 상당부분을 대신하는 날이 오더라도 우리는 새로운 상황에 대한 클라이언트의 반응과 부분적인 활용에 대한 논의를 계속해 나가야 한다. 인간성 상실의 문제에 대응하여 기존의 사회복지실천의 윤리와 가치에 대한 유용성과 변화를 위한 논의도 지속적으로 수행하여야 한다.

이러한 윤리적 실천은 다른 영역보다 장애인복지 영역의 사회복지사에게 더욱 요구되는 상황이라고 할 수 있다. 다재다능한 지식과 능력을 겸비한 사회복지사, 오지랖 넓은 사회복지사와 함께, 윤리적으로 깨어 있는 사회복지사가 더욱더 필요하다고 할 것이다.

## 생각해보기

1. 우리나라 장애인복지 예산 추이에 대한 설명이 가능한가?
2. 장애인 개인예산제의 도입이 우리나라 사회복지시스템에 시사하는 바는 무엇인가?
3. 장애인 자립에 적합한 주거의 형태는 무엇이며, 거기서 제공되어야 할 지원서비스는 어떤 것들이 있을까?
4. 장애인복지 미래에 대한 전망을 생각해 볼 수 있는가?

# 참고문헌


강상경, 권태연, 김문근, 이용표, 하경희, 홍선미 (2022). **정신건강사회복지론**. 서울: 학지사.

관계부처합동 (2022). 장애인 고등교육지원 종합방안.

교육부 (2023). 특수교육연차보고서.

교육부 (2024). 특수교육통계.

국가인권위원회 (2007). 장애인권리협약 해설집.

국가장애인평생교육진흥센터 평생배움세상 홈페이지. https://www.nise.go.kr/lifelong/main.do

권정민, 이영선 (2020). 장애인을 위한 인공지능 활용 동향. **한국초등교육, 31**(특집), 187-202.

권진숙, 박지영 (2015). **사례관리 이론과 실제**. 서울: 학지사.

김경미 (2013). 장애인복지. 최성재 외 공저. **한국사회복지실천의 고유성**. 서울: 집문당.

김기덕, 서동명, 신원우, 윤상용, 황보람 (2024). **사회복지학개론**. 서울: 신정.

김미옥 (2003). **장애인복지실천론**. 파주: 나남출판.

김미옥 외 (2006). 장애인생활시설 인권교육 교재 및 프로그램 개발. 국가인권위원회.

김성희, 이민경, 오욱찬, 오다은, 황주희, 오미애, 김지민, 이연희, 강동욱, 권선진, 백웅령, 윤상용, 이선우 (2020). 2020년 장애인실태조사. 보건복지부 · 한국보건사회연구원

김용득 (2000). 생애주기와 장애인복지서비스. 노틀담복지관 개관 13주년 기념세미나: 생애주기별 서비스 모델 적용과 전망 자료집, 1-21.

김용득 편 (2016). **장애인복지: Inclusive Society를 위한 상상**. 서울: EM커뮤니티.

김용득, 유동철, 권유경, 김교연, 김진우, 박경수, 서동명, 양숙미, 이지수 (2005). **한국 장애인복지의 이해(4판)**. 서울: 인간과 복지.

김용득, 이동석, 배융호, 유상용, 이은기, 허곤, 윤재영, 이복실, 김고은 (2012). **장애와 사회복지**. 서울: EM커뮤니티.

김종인, 우주형, 이준우 (2007). **장애인복지론**. 일산: 서현사.

김진우 외 15인 (2014). **발달장애인복지론**. 서울: EM 커뮤니티.

남상만, 나운환, 유명화 (2000). **장애인복지개론**. 서울: 홍익재.

네이버 지식백과. 이상수 (2005). Basic 고교생을 위한 사회 용어사전. 서울: 신원문화사. 신사회 운동(新社會運動).

네이버 지식백과. 이종훈, 김희남 (2006). 세계를 바꾼 연설과 선언. 파주: 서해문집. 필라델피

아 선언.

미래창조과학부 (2016). 4차 산업혁명에 대응한 '지능정보사회 중장기 종합대책'.

보건복지가족부 (2009). 장애인의 권리에 관한 협약.

보건복지부 (2024). 장애인복지시설 사업안내.

보건복지부 (2024). 장애인복지시설 사업안내(II).

보건복지부 (2024). 장애인복지시설 사업안내(III).

보건복지부(2024.4.30). 2023년 장애인실태조사 결과 발표 보도자료.

보건복지부 (2024). 장애인 일자리 사업 안내.

서동명 (2022). **사회복지법제와 실천**. 서울: 신정.

서울시복지재단 (2024). 장애인주거서비스 사업안내서.

서해정, 김재익, 배현, 전근배, 이미영, 김문규 (2022). 거주시설 장애인의 자립생활 지원체계 강화 방안 연구-장애인자립생활센터 중심으로-. 한국장애인개발원.

신현석 (2012). **장애인복지론**. 일산: 공동체.

오혜경 (1999). **장애인 사회복지 실천**. 서울: 아시아미디어리서치.

윤상용 (2013). 장애인 최저소득보장제도 국제 비교 연구: 최저소득보장체계의 국가간 유형화에 기초한 유사 국가군의 비기여 소득보전급여 내용분석을 중심으로. **보건사회연구, 33**(2), 159-188.

윤상용, 정용문, 이병재, 김보미 (2023). 장애인 자산형성 지원 방안 연구. 보건복지부·충북대학교 산학협력단.

윤상용, 전수빈, 윤희정 (2021). 교육 분야 장애인 고용정책의 분석 및 향후 정책 방향. 교육부·충북대학교산학협력단.

이동림 (2022). 장애인복지관 종사자 디지털 전환 교육 니즈 및 인식 조사 연구. 한국장애인복지관협회.

이미정, 유경민, 정지홍 (2010). 장애인복지 서비스 제공인력 체계화 방안 연구. 한국장애인개발원.

이석구 (2015). 유엔 장애인권리협약 이행현황과 과제. **월간복지동향, 2015**(3), 26-31.

이승기 (2012). 이용자 중심적 장애인복지전달체계 구축을 위한 전제조건 및 충족 방안에 관한 연구. **한국지역사회복지학, 40**, 81-102.

이승기, 김동기, 심창호, 윤재영, 최윤영, 김희진, 류소영 (2011). 장애인 활동지원제도 주요 쟁점사항 연구. 보건복지부.

이승기, 이성규 (2014). 직접지불제도와 개인예산제도 도입을 위한 탐색적 연구- 영국 사례를 중심으로. **장애인복지학, 26**, 235-249.

이윤수 (2018). 4차 산업혁명의 과학기술을 적용하는 사회복지실천에서의 윤리와 가치. 한국사회복지학회 2018년도 춘계학술대회 자료집, 850-873.

이인재, 강병노, 남세현, 박혜경 (2021). 경기도형 발달장애인 평생교육지원센터 시범사업 - 지역연계형 특성화 사업 모델 개발 연구. 경기도장애인복지종합지원센터 누림.

이재원, 손정원 (2011). 사회서비스 공급정책에서 시장과 산업 활성화 과제. **동향과 전망**, 82, 45-84.

이채식, 이은영, 이형렬, 김재익, 전영로 (2008). **장애인복지론**. 서울: 창지사.

이채식, 이은영, 이형렬, 김재익, 전영로 (2010). **장애인복지론**. 서울: 창지사.

이철수 (2009). **사회복지학사전**. 서울: 블루피쉬.

이태수, 강은영, 박경옥, 박윤정, 이두휴, 이정은, 이준석, 조영희, 김지은 (2023). 대학 기반 장애인 교육과정(학위, 비학위) 운영 사례 분석 연구보고서. 교육부 · 국립특수교육원

이혜경, 박주영, 김춘만, 이선화, 이태현 (2023). 장애인직업재활시설 실태조사. 한국장애인개발원.

임종호, 이영미, 이은미 (2010). **장애인복지론**. 서울: 학지사.

임종호, 이영미, 이은미 (2016). **장애인복지론**. 서울: 학지사.

정무성, 양회택, 노승현, 현종철 (2012). **장애인복지론**. 서울: 정민사.

정순둘 (2005). **사례관리실천의 이해-한국적 경험**. 서울: 학지사

정윤태, 윤상용, 남세현, 박석환 (2022). 세종시 발달장애인 평생교육센터 설치 및 운영을 위한 연구. 세종특별자치시 사회서비스원.

조상은, 서욱영 (2018). 장루요루 장애인의 복지욕구 및 정책방향. 한국장애인개발원.

주간조선 (2023. 3. 18.). 더 똑똑해진 챗GPT... 문서분석, 장애인 지원 가능한 이미지 분석도.

최성재, 남기민 (2010). **사회복지행정론**. 서울: 나남.

최윤영, 이경준 (2010). **장애인복지론**. 서울: 학지사.

통계청. 경제활동인구조사. 2021~2023년도.

한국장애인개발원 (2023). 2023 장애인통계연보.

한국장애인고용공단 (2023). 한눈에 보는 2023 장애인통계.

한국장애인고용공단 (2024). 2023년 장애인 의무고용 현황.

한국장애인고용공단 (2024). 한눈에 보는 2023 장애인통계.

한국장애인고용공단. 장애인경제활동실태조사. 2021~2023년도.

홍성두, 김수현, 박유정, 이가연 (2019). 장애대학생의 교육복지지원에 대한 요구 분석. 교육부.

Altshuld, J. (1994). Resource Materials for Needs Assessment. The Ohio State University.

Ballew, J. & Mink, G. (1996). Case *Management in Social Work: Developing the Professional*

*Skills Needed for Work with Multiproblem Clients*. IL: Charls C. Thomas

Bogdan, R. C., & Biklen, S. K. (2003). *Qualitative Research of Education: An Introductive to Theories and Methods* (4th ed.). Boston: Allyn and Bacon.

Boykin, L. L. (1957). Who is the Exceptional Child? *The Elementary School Journal, 58*(1), 42-57.

Brotherson. M. J., Cook, C., Erwin, E. J., & Weigel, C. J. (2008). Understanding self-determination and families of young children with disabilities in home environments. *Journal of Early Intervention, 31*(1), 22-43.

Carr, S. (2010). *Personalisation: a rough guide* (2nd revised edition). London: SCIE.

Chalton, J. I. (2009). 우리 없이 우리에 대한 것은 없다. 전지혜 번역. 서울: 울력.

Chiriacescu, D. (2006). Ensuring Access of People with Disabilities to Social Services: The need for regulatory mechanisms in South East Europe.

Cocks, E. (2001). Normalisation and social role valorisation: Guidance for human service development. *Hong Kong Journal of Psychiatry, 11*(1), 12-16.

Creswell, J. (2015). *Research Design: Qualitative, Quantitative and Mixed Methods Approaches*. Pearson Education Inc.

Davis, F. (1961). Deviance Disavowal: The Management of Strained Interaction by the visibly handicapped. Social Problem In Goffman, E. (1963). *Stigma: Notes on the management of spoiled identity*. Simon & Schuster

De Jong, G. (1981). Environmental accessibility and independent living outcomes: Directions for disability policy and research. Published in collaboration with the University Center for International Rehabilitation, Michigan State University.

Dixon, J. & Hyde, M. (2000). A Global Perspective on Social Security Programmes for the Disabled People. *Disability & Society, 15*(5), 709-730.

Duffy, S. (2010). The Citizenship Theory of social justice: exploring the meaning of personalisation for social workers. *Journal of Social Work Practice, 24*(3), 253-267.

Erikson, E. (1980). *Identity and the Life Cycle*. New York: Norton.

Erwin, E., & Brown, F. (2003). From theory to practice: A contextual framework for understanding selfdetermination in early childhood environments. *Infants and young Children, 16*(1), 77-87.

Gitterman, A., & Germain, C. B. (2008). *The Life Model of Social Work Practice: Advances in Theory and Practice* (Third Edition)(3rd ed.). Columbia University Press.

Glasby, J., & Littlechild, R. (2009). *Direct Payments and Personal Budgets.* Policy Press.

Goffman, E. (1963). *Stigma: Notes on the Management of Spoiled Identity.* New Jersey: Prentice Hall.

Harlow, K. S., & Turner, M. J. (1993). State Units and Convergence Models: Need Assessment Revisited. *The Gerontologist 33*, 190-199.

Hasenfeld, Y. (2009). *Human Service as Complex Organizations* (2nd. ed). Sage Publications.

Jarrett, S. (2022). **백치라 불린 사람들: 지능과 관념·법·문화·인종 담론이 미친 지적 장애의 역사**. 최이현 번역. 서울: 생각이음.

Kettner, P., Moroney, R., & Martin, L. (1999). *Designing and Managing Programs: An Effectiveness-based Approach.* Newbury Park: Sage Publication.

Leamy, M., Bird, V. Boutillier, C., Williams, J. and Slade, M. (2011). Conceptual framework for personal recovery in mental health: systematic review and narrative synthesis. The british journal of psychiatry 199: 445-452

Lee, Y. K., & Tang, C. S. (1998). Evaluation of a sexual abuse prevention program for female Chinese adolescents with mild mental retardation. *American Journal on Mental Retardation, 103*(4), 105-116.

Lesseliers, J., & Van Hove, G. (2002). Barriers to the development of intimate relationships and the expression of sexuality among people with developmental disabilities: Their perceptions. *Research and Practice for Persons with Severe Disabilities, 27*(1), 69-81.

Mackeprang, R. W., & Salsgiver, R. O. (1999). *Disability: A diversity model approach in human service practice.* CA: Brooks/Cole Publishing Company.

Malisoff, H. (1952). The British Disabled Persons (Employment) Act. *ILR Review, 5*(2), 249–257. https://doi.org/10.2307/2518977

Marineli, R. P., & Dell Orto, A. E.(Ed). (1997). **신체장애의 심리적·사회적 충격**. 한국뇌성마비복지회 역. 서울: 을유문화사.

Means, R., Richards, S., & Smith, R. (2008). *Communitiy Care.* Palgrave.

Moxley, D. P. (1993). *The Practice of Case Management.* Newbury Park: Sage.

Murphy, N. A., & Elias, E. R. (2006). Sexuality of Children and adolescents with developmental disabilities. *Pediatrics, 118*(1), pp.398-403.

Nankervis, K. (2006). Ch.5 Planning for Support. In Dempey, I & Nankervis, K. (2006) *Community Disability Services – An Evidence-based Approach to Practice.* Sydeny: UNSW Press.

Nielsen, K. E. (2020). **장애의 역사: 침묵과 고립에 맞서 빼앗긴 몸을 되찾는 투쟁의 연대기**. 김승섭 번역. 서울: 동아시아.

OECD. OECD Social Benefit Recipients Database(SOCR).

OECD. OECD Social Expenditure Database(SOCX).

Oliver, M. (2006). **장애화의 정치**. 윤삼호 번역. 대구: 대구DPI.

Patton, M. Q. (2015). *Qualitative Research and Evaluation Methods*(4th ed.). Sage Publications

Pearson, C. (2006). *Direct Pyaments and Personalisation of Care*. Dunedin Academic Press.

Powell, T. H., & Gallagher, P. A. (2000). **형제자매**. 김승돈, 안상희, 이지수 공역. 서울: 서울장애인종합복지관.

Sanderson, H. and Lewis, J. (2012). *A Practical Guide to Delivering Personalisaion*. Jessica Kingsley Publishers.

Schein, E. & Schein, P. (2016). *Organizational Culture and Leadership*(5th. ed). Wiley.

Shapiro, J. P. (1994). *NO PITY*. New York: Time Books.

Shogren, K. A., & Turnbull, A. P. (2006) Promoting self-determination in young children-with disabilities: The critical role of families. *Infants and Young children, 19*(4), 338-352.

Turnbull, A. P., & Turnbull, H. R. (2001). Self-determination for individuals with significant cognitive disabilities and their families. *Journal of the Association for persons with Severe Handicaps, 26*(1), 56-62.

Turnbull, A., Turnbull, R., Erwin, E. J., Soodak, L. C., & Shogren, K. A. (2013). **장애아가족지원**. 이미숙, 노진아, 김연하, 김정민, 김태영, 한민경 공역. 서울: 학지사.

WHO (1997). ICIDH-2: International classification of impairments, activities, and participation. A manual of dimensions of disablement and functioning. Beta-1 draft for field trials. Geneva: Author.

WHO (1998). ICIDH: International classification of impairments, disabilities and handicaps: A manual of classification relating to the consequences of disease. Geneva: Author.

WHO (2001). ICF: International classification of functioning, disability and health. Geneva: Author.

WHO, 보건복지부, 사회보장정보원 (2016). ICF: 국제 기능·장애·건강 분류 한글번역본 제2차 개정판.

Young, I. M. (2017). **차이의 정치와 정의**. 김도균, 조국 공역. 서울: 모티브북.

Zarb, G., & Nadash, P. (1994). Cashing in on independence: comparing the costs and benefits of cash and services for meeting disabled people's support needs. A BCODP Pulblication.

사회서비스 전자바우처 홈페이지(www.socialservice.or.kr).
헬렌샌더슨 어소시에이츠(www.helensandersonassociates.com)

# 찾아보기

## 저/자/약/력


**윤상용**

충북대학교 아동복지학과 교수

최종학력: 서울대학교 대학원 사회복지학과 졸업(사회복지학 박사)

주요경력: 한국보건사회연구원 부연구위원, 보건복지부 장애정도심사위원회 위원,
제11대 한국장애인복지학회 회장

**이승기**

성신여자대학교 사회복지학과 교수

최종학력: 영국 에든버러 대학교 사회정책대학원 졸업(사회정책학 박사)

주요경력: 보건복지부 행정사무관, 서울시복지재단 대표이사,
제7대 한국장애인복지학회 회장

**서동명**

동덕여자대학교 사회복지학과 교수

최종학력: 서울대학교 대학원 사회복지학과 졸업(사회복지학 박사)

주요경력: 한국장애인개발원 이사, 한국장애인복지시설협회 정책자문위원,
한국장애인복지관협회 자문위원, 한국장애인복지학회 수석부회장

**염태산**

강서대학교 사회복지학과 교수

최종학력: 서울대학교 대학원 사회복지학과 졸업(사회복지학 박사)

주요경력: 반포종합사회복지관 사회복지사/과장, 강서대학교 장애학생지원센터장

장애인복지론(4판)

**1판발행** 2016년 3월 10일 **1쇄** | 2016년 9월 10일 **2쇄** | 2017년 9월 10일 **3쇄**
2018년 9월 10일 **4쇄**
**2판발행** 2019년 3월 10일 **1쇄** | 2019년 9월 10일 **2쇄** | 2020년 3월 10일 **3쇄**
2020년 9월 10일 **4쇄** | 2021년 3월 10일 **5쇄** | 2021년 9월 10일 **6쇄**
**3판발행** 2022년 3월 10일 **1쇄** | 2022년 9월 10일 **2쇄** | 2022년 9월 20일 **3쇄**
2023년 3월 10일 **4쇄** | 2024년 3월 10일 **5쇄**
**4판발행** 2025년 3월 10일 **1쇄** | 2025년 9월 10일 **2쇄** | 2026년 3월 10일 **3쇄**

**지은이** 윤상용 이승기 서동명 염태산
**펴낸이** 최용구 | **펴낸곳** 도서출판 **신정**
**주소** (04316) 서울시 용산구 원효로 89길 19 (원효로1가)
**전화** 02)3211-4782, 0266(영업부), 3211-4783(편집부), 3211-4784(팩스)
**이메일** sjbook2002@naver.com | **홈페이지** www.sjbook.co.kr
**등록** 2001년 5월 11일 제13-702호
**기획마케팅** 최용구 장만동 최충구 송대용 | **책임편집** 석기은 황가연

ISBN 978-89-5912-929-4 93330
**정가** 27,000원